Vorwort.

Durch die Verordnung vom 3. Januar 1849 über die Einführung des öffentlich mündlichen Verfahrens mit Geschworenen in Untersuchungssachen hat bekanntlich der Preußische Strafproceß eine vollständige Umwandlung erfahren. Die bei Handhabung dieses Gesetzes schon im Laufe der ersten Jahre hervorgetretenen Uebelstände haben hierauf das Zusatzgesetz vom 3. Mai 1852 hervorgerufen mit den nothwendig befundenen Ergänzungen, Abänderungen und Modificationen jener Verordnung. Selbstverständlich sind dadurch die entsprechenden Bestimmungen der älteren Gesetze aufgehoben. Da die beiden genannten Gesetze aber nicht eine vollständige Strafproceßordnung bilden, so sind auch die älteren Gesetze, insonderheit die Criminalordnung vom 11. December 1805 mit ihren Ergänzungen und deklaratorischen Verfügungen so weit in Geltung geblieben, als sie mit den allgemeinen Principien des neueren Verfahrens vereinbar sind. Außerdem sind auch seit der Reform des Strafprocesses einzelne neuere Specialgesetze erlassen. Endlich haben die Entscheidungen des Königlichen Ober-Tribunals und manche Ministerialverfügungen auf die Gestaltung und Fortbildung unseres Strafverfahrens wesentlich eingewirkt, und die richtige Auslegung und Anwendung der Gesetze gesichert. Bei diesem Stande der Dinge ist der Ueberblick des Ganzen ungemein erschwert. Die juristische Literatur der letzten Jahre hat daher durch compilatorische Arbeiten nachzuhelfen und das Studium zu erleichtern gesucht. Allein wie es schon bei der großen Anzahl dieser Werke schwierig ist, ein einzelnes derselben vorzugsweise zu empfehlen, so erfordern sie auch sämmtlich, daß derjenige, welcher sich ihrer bedient, eine selbstständige Bearbeitung des darin niedergelegten Rechtsstoffes für sich vornimmt, wozu es dem in der Ausbildung begriffenen Juristen oft an der nöthigen Befähigung, dem Practiker aber an der erforderlichen Muße fehlen wird. Es dürfte daher wohl an der Zeit sein, das Gebiet der bloßen Compilation zu verlassen, und unter Benutzung der practischen Erfahrungen, welche hinter uns liegen, das Gebiet einer mehr systematischen Bearbeitung des in unseren Rechtsquellen aufgehäuften Materials zu betreten.

Indem ich an mich die Anforderungen stellte, welche ich an Jeden mache, der mit Erfolg die Rechtsquellen benutzen will, habe ich die Ergebnisse meiner Bestrebungen in der vorliegenden Schrift zusammengefaßt. Sie ist der erste Versuch das gegebene Material nach den Grundsätzen der Wissenschaft zu ordnen und dem entsprechend darzustellen.

Als erster Versuch bedarf sie der besonderen Nachsicht und würde ihren Zweck erreicht sehen, wenn sie zur Nachfolge auf dem betretenen Wege den Anstoß gäbe. In ihrer wissenschaftlichen Behandlung des Rechtsstoffs verfolgt die Schrift übrigens eine vorwiegend practische Richtung, sie bezweckt nur eine Darstellung des Strafverfahrens in seiner gegenwärtigen Gestaltung, eine historische Entwickelung der bestehenden Institutionen darf daher so wenig erwartet werden, wie eine kritische Beleuchtung derselben.

Wo bei zweifelhafter und bestrittener Auffassung des positiven Rechts aus inneren Gründen der einen Ansicht vor der anderen der Vorzug gegeben werden mußte, habe ich mich möglichst der Ansicht anzuschließen gesucht, welche durch die Entscheidungen des höchsten Gerichtshofes eine Anerkennung gefunden hat.

Die Belegstellen sind überall in den Noten angegeben, deren Benutzung vorausgesetzt wird, da ich oft um der Uebersichtlichkeit des Ganzen keinen Eintrag zu thun eine Ansicht nur habe aussprechen können, ohne sie im Einzelnen näher zu begründen.

Perleberg, im Februar 1858.

Der Verfasser.

Inhalt.

Allgemeiner Theil §. 1 — 26.

Allgemeiner Theil.

Einleitung.

§. 1.

Strafproceßrecht und Strafproceß. Begriffsbestimmung, Stellung im Rechtssystem, Verhältniß zu anderen Theilen der Rechtslehre.

Das Strafproceßrecht hat das Strafrecht zu seiner nothwendigen Voraussetzung. Das Strafrecht ist seiner subjectiven Seite nach das Recht des Staats zu strafen, seiner objectiven Seite nach der Inbegriff der Rechtsnormen über die Strafbarkeit menschlicher Handlungen. Indem es die Bedingungen aufstellt, unter denen Handlungen strafbar sind, und die Strafe ihrer Art und ihrem Maaße nach bestimmt, mithin das Verhältniß des Staats zu den möglichen Uebertretern der Strafgesetze ins Auge faßt, beschäftigt sich das Strafproceßrecht mit dem Verhältnisse des Staats zu den wirklichen Uebertretern der Strafgesetze und zeigt, wie der Staat im gegebenen Falle sein Forderungsrecht gegen den Verbrecher aus der Uebertretung der Strafgesetze geltend zu machen, und die Ausgleichung des begangenen Verbrechens durch die verwirkte Strafe herbeizuführen hat. Das hierauf abzielende Verfahren beruht auf bestimmten Rechtsregeln, deren Beobachtung eine unpartheiische Untersuchung des Sachverhältnisses, die Ermittlung der materiellen Wahrheit, die gerechte Entscheidung der Sache und eine dem entsprechende Vollziehung verbürgen soll. Der Inbegriff dieser Regeln ist das Strafproceßrecht, während das hiernach geregelte Verfahren im einzelnen Falle zum Zwecke der Anwendung des Strafgesetzes, den Strafproceß bildet. Dem Sprachgebrauche nach wird jedoch häufig auch das Strafproceßrecht als Strafproceß bezeichnet, zumal da wo von der wissentschaftlichen Behandlung des Ersteren die Rede ist. Das Strafproceßrecht ist ein Theil des öffentlichen

Rechts, weil hier der Staat in seiner öffentlichen Thätigkeit mit seinem Recht zu strafen dem einzelnen Uebertreter der Strafgesetze gegenübertritt. Dies Recht ist zugleich des Staates vornehmste Pflicht, weil dasselbe erst begründet wird durch das Bestehn des Strafrechts im objectiven Sinne, dieses aber seine Verwirklichung dem Staate als Staatszweck zur Pflicht macht. Die Strafe stellt bei begangenem Verbrechen die Verwirklichung des Rechts dar, und erfolgt allemal im öffentlichen Interesse, weil jede strafbare Handlung die öffentliche Rechtsordnung verletzt. Daher hat auch der Staat als Spender des Rechts statt Selbsthülfe zu üben Rechtshülfe zu gewähren, und als selbst verletzter Theil sein Forderungsrecht auf Strafe selbstständig zu verwalten. Dieser zweifachen Stellung verdankt die organische Einrichtung des Strafprocesses ihre Entstehung, so daß der Staat in seiner Strafthätigkeit sich nicht beliebiger Organe der öffentlichen Thätigkeit bedienen darf, sondern zur Verwaltung seines Forderungsrechts ein eigenes Amt einsetzen und durch dieses die Hülfe der Gerichte anrufen muß, welche durch ihre unabhängige Stellung im Staatsorganismus eine völlig unpartheiische Entscheidung zu geben im Stande sind.

Der Strafproceß steht zur Criminalpolizei, oder der sogenannten gerichtlichen Polizei in einem nahen Verhältnisse; indem die Polizei bei Verfolgung der Verbrecher und der Spuren der Verbrechen die Strafrechtspflege unterstützt und den Organen derselben Stoff und Mittel für ihre Thätigkeit an die Hand giebt.

Vom Civilprocesse unterscheidet der Strafproceß sich zunächst durch seinen Gegenstand. Der Civilproceß hat es nur mit Verletzung solcher Rechte zu thun, deren Existenz überhaupt oder in einem gewissen Umfange bestritten werden kann, mit dem sogenannten relativen Unrecht, welches allemal den Schein des Rechts annimmt, indem beide Theile das Recht für sich zu haben behaupten, und die Entscheidung, wer von ihnen Recht hat, dem Richter anheimstellen. Den Gegenstand des Strafprocesses bildet dagegen das absolute Unrecht, die Verletzung des Rechts überhaupt, der Bruch der rechtlichen Ordnung, das Unrecht welches gewußt und gewollt wird. Wenn diese Unterscheidung von der positiven Gesetzgebung auch nicht überall folgerichtig durchgeführt worden, so ist sie doch im Allgemeinen als maßgebend anzusehn, und bedingt zugleich die Verschiedenheit der Grundmaxime, von welcher der Civilproceß und der Strafproceß beherrscht werden. Denn da das relative Unrecht nur so lange besteht, als die Partheien sich nicht einigen, das absolute Unrecht aber einer solchen Ausgleichung gar nicht fähig ist, so schließt das Strafverfahren jeden Einfluß der Privatwillkühr aus, und entfernt jeden Anspruch oder Verzicht subjectiver Rücksichten und individueller Interessen, während diese Einflüsse und Rücksichten den Civilprozeß ganz und gar durchdringen. Auch die Subjecte sind in beiden Verfahrensarten ganz verschieden. Im Civilprocesse steht immer der Einzelne dem Einzelnen gegenüber, und erst durch das Proceßverhältniß treten beide in eine gewisse Beziehung zum Staate, welche auch den Civilproceß als Bestandtheil des öffentlichen Rechts erscheinen läßt, dem Strafprocesse liegt aber schon vor seiner Einleitung ein Rechtsverhältniß zwischen dem Staate in seiner Gesammtheit einerseits und dem einzelnen Uebertreter der Strafgesetze andrerseits zum Grunde, welches für die eigenthümliche Gestaltung desselben von der größten Bedeutung ist.

§. 2.

Das Preußische Strafproceßrecht. Quellen. Historischer Entwicklungsgang.

Das Preußische Strafproceßrecht hat sich zunächst aus dem des gemeinen Rechts entwickelt. Nachdem im 16. Jahrhundert die auf Grund der Bambergischen Halsgerichtsordnung entworfene Peinliche Gerichtsordnung Kaiser Karl V. das Herkommen in Deutschland fixirt, die zeitgemäßen neueren Ansichten berücksichtigt, und unter Beibehaltung ihrer historischen Grundlage der weiteren practischen und wissenschaftlichen Ausbildung die erforderliche Freiheit gelassen hatte, folgten die Criminalordnungen in den einzelnen deutschen Ländern im Wesentlichen der P. G. O. und der darauf sich gründenden gemeinen Praxis, so für einzelne Theile Preußens, wo schon seit 1516 die Bambergensis mit wenigen Abänderungen als Brandenburgische Peinliche Gerichtsordnung gegolten hatte, das Landrecht von 1620 und das im J. 1684 revidirte Landrecht. Die Preußische Criminalordnung von 1717 hat sich vornehmlich an die durch Carpzow festgestellte Praxis angeschlossen, desgleichen das verbesserte Landrecht von 1721. Die weiteren Fortschritte der gemeinrechtlichen Praxis, welche seit dem 18. Jahrhundert unter dem wohlthätigen Einflusse der Wissenschaft stand, veranlaßten in Preußen mehrere neue Verordnungen; in einzelnen Reformen, wie namentlich in Abschaffung der Folter ging Preußen allen anderen Staaten voran, dann folgte im Jahre 1805 die in vielen Theilen noch geltende Preußische Criminalordnung. Sie enthält eine Revision aller älteren Bestimmungen über das Strafverfahren, und hat auf manche im Laufe der Zeit eingetretene Veränderungen in der Gerichtsverfassung gebührende Rücksicht genommen. Sie beruht aber ganz auf den Grundlagen des gemeinrechtlichen Verfahrens, und ist nur als eine dem Zeitbedürfnisse entsprechende Feststellung dessen anzusehn, was die damalige Praxis und Wissenschaft anerkannte, so daß sie in keiner Weise den organischen und historischen Zusammenhang mit dem älteren einheimischen und mit dem gemeinen Recht gelöst hat.

Das Strafverfahren nach der K.-O. von 1805 ist der reine Inquisitionsproceß. In demselben war die Grundmaxime des Verfahrens das Untersuchungsprincip, der Grundsatz der Wahrheitserforschung von Amtswegen, welcher in der Weise durchgeführt wurde, daß der Richter aus eigenem Antriebe einschritt und die ganze Untersuchung von Anfang bis zu Ende führte, um die materielle Wahrheit zu ermitteln. Er vereinigte in seiner Person die Stellung des Anklägers, des Richters und des Vertheidigers und verfuhr eigentlich nur nach Rücksichten der Zweckmäßigkeit, indem seine Gewalt eine fast schrankenlose und die Stellung des Angeschuldigten mehr oder minder rechtlos war. Das ganze Verfahren war heimlich und schriftlich, der Vertheidigung war nur eine sehr untergeordnete Stellung zugewiesen, der erkennende Richter aber meistens vom untersuchenden Richter verschieden. Das richterliche Urtel gründete sich nur auf den Inhalt der Acten. Eine gesetzliche Beweistheorie bestimmte die Wirkungen der verschiedenen Beweise, und die Verurtheilung erfolgte nicht auf Ueberzeugung sondern nach dem positiven Beweisrecht. Zur Anwendung der ordentlichen Strafe war das Geständniß des Beschuldigten, oder die übereinstimmende Aussage zweier einwandsfreien Zeugen nöthig. Da letztere selten zu beschaffen waren, so war das Hauptstreben des Inquirenten darauf gerichtet, ein Geständniß zu erlangen, wobei er sich auch nach Aufhebung der Tortur nicht selten solcher Mittel bediente, die einen physischen oder moralischen Zwang gegen den Angeklagten enthielten. Das Schlußverhör oder bei schwereren Verbrechen das artikulirte Verhör, in welchem der Inquirent nach geschlossener Untersuchung eine Art Anklage formirte und darüber mit dem Inquisiten verhandelte, war meistens eine nichtssagende Procedur, wenn sie nicht noch zum Geständniß führte. In Ermangelung eines Geständnisses oder vollgültiger Zeugnisse berechtigte eine Mehrzahl von Indicien zur Anwendung einer außerordentlichen Strafe, während bei schwächerem Verdachte eine Entbindung von der Instanz eintrat, welche die Wiedereröffnung der Untersuchung jederzeit zuließ.

Nachdem die K.=O. mehrere Jahrzehnde in anerkannter Wirksamkeit bestanden, machten sich verschiedene Reformideen geltend; die kritischen Bestrebungen gingen einerseits von dem Standpunkt einer Reform des Strafverfahrens auf den bisherigen Grundlagen aus, andrerseits verfolgten sie eine wesentlich verschiedene Richtung, und schlossen sich demjenigen Verfahren an, welches die französische Occupation der Rheinlande dort zurückgelassen hatte. Das in den Rheinlanden bestehende öffentliche mündliche Anklageverfahren mit dem Institute der Staatsanwaltschaft und der Schwurgerichte, die collegialische Organisation der Untergerichte und die Aufhebung der gesetzlichen Beweistheorie gewann im Laufe der Zeit in Preußen wie im übrigen Deutschland zahlreiche Anhänger. Mit Ausnahme der Einrichtung der Geschwornen, worüber die Ansichten getheilt blieben, waren in Preußen die Principien des französischen Verfahrens schon durch die Verordnung vom 17. April 1846 betr. das Verfahren in den bei dem Kammergerichte und dem Criminalgerichte in Berlin zu führenden Untersuchungen, zwar zunächst nur für die genannten Behörden, aber mit dem Vorbehalt der allgemeinen Einführung des auf dieselbe gebauten Verfahrens für den Criminalproceß zur Anwendung gelangt. Die Bewegungen des Jahres 1848 beschleunigten die allgemeine Durchführung dieser Grundsätze, und führten auch das Schwurgericht in unseren Strafproceß ein. Die Verordnung vom 2. Januar 1849 hob die standesherrliche, städtische und Patrimonialgerichtsbarkeit in allen Strafsachen auf, und erkannte die Gerichtsbarkeit des Staats als die ausschließliche an. Gleichzeitig erfolgte die Aufhebung des eximirten Gerichtsstandes, mit Ausnahme des Militairgerichtsstandes in Strafsachen und des Gerichtsstandes für Studirende. Die Königlichen Gerichtsbehörden erfuhren eine durchgreifende Reorganisation. Die Verordnung vom 3. Jan. 1849 regelte nach den oben angegebenen Grundsätzen das neue Verfahren, dessen weitere Fortbildung durch das Gesetz vom 3. Mai 1852 erfolgte. Viele Bestimmungen der K.=O. vom 1805 wurden ausdrücklich aufgehoben (Ges. v. 3. Mai 1852 Art. 147), außerdem traten alle diejenigen älteren Bestimmungen außer Kraft, welche mit den Grund=

sätzen des neuen Verfahrens unvereinbar waren (Verordn. v. 3. Jan. 1849 §. 183). Manche ältere und neuere Gesetze und reglementarische Anordnungen, deren wir bei den einzelnen Lehren gedenken werden, bestehn daneben in anerkannter Wirksamkeit, auch müssen Praxis und Wissenschaft als Rechtsquellen fortwährend anerkannt werden, und ist insonderheit dem höchsten Gerichtshofe des Landes die Aufgabe zu Theil geworden, durch seine Entscheidungen auf den Entwicklungsgang des Strafprocesses einzuwirken.

Die neueren Strafproceßgesetze gelten für den ganzen Umfang der Preußischen Monarchie mit Ausschluß des Bezirks des Appellationsgerichts zu Cöln. Die Vorschriften der K.-O. soweit sie erhalten sind, finden aber in den Bezirken des Appellationsgerichts zu Greifswald, des Justizsenats zu Ehrenbreitenstein und in den Hohenzollernschen Landen keine Anwendung. Dort werden die ergänzenden Bestimmungen theils aus dem gemeinen Recht, theils aus besonderen Gesetzen entnommen, der materielle Unterschied ist indessen von keiner großen Erheblichkeit.

Auf das französisch-rheinische Strafverfahren im Departement des Appellationsgerichtshofes zu Cöln soll in dieser Schrift nicht näher eingegangen werden. Im Uebrigen wird dieselbe eine vollständige Darstellung des Preußischen Strafprocesses geben, und von demselben nur noch den Militairstrafproceß, d. h. das Verfahren in allen Strafsachen wider Militairpersonen, ferner das Strafverfahren bei geringeren Vergehen der Studirenden vor den akademischen Gerichten und das Disciplinarverfahren gegen Beamte und Geistliche ausschließen.

§. 3.

Litteratur des Preußischen Strafprocesses.

Aeltere Schriften:

1) Commentar über die K.-O. von Paalzow, Berlin 1807, 2 Bände.
2) Glossen zum Pr. Criminalrecht u. der K.-O., Breslau 1816.
3) Commentar über die wichtigsten Paragraphen der K.-O. von Temme, Berlin 1838.
4) Geschichte des Strafrechts und der Strafgesetzgebung der Brandenburgischen Lande von Abegg, Berlin 1835.
5) Alker Handbuch des Preußischen Criminalprocesses, Berlin 1842.
6) Die Lehre von den Rechtsmitteln im Preußischen Civil- und Criminalproceß von einem praktischen Juristen, Berlin 1846.

Neuere Schriften:

1) Betrachtungen über die Verordn. v. 3. Jan. 1849 von Abegg, Halle 1849 im Beilageheft zum Archiv des Criminalrechts.
2) Das neue Preußische Strafverfahren mit einem Commentar zur Verordn. v. 3. Jan. 1849 von Hagens, Berlin 1849.
3) Ueber die Preußischen Schwurgerichte und deren Reform von Götze, herausgegeben von Keller, Berlin 1851.
4) Grundsätze des K. Obertribunals, Berlin 1850.
5) Entwurf der Strafproceßordnung für Preußen, veröffentlicht durch das J.-M.-Bl. pro 1851 S. 83 u. f.
6) Bemerkungen über diesen Entwurf von Abegg, Halle 1852.
7) Materialien zu der Verordn. v. 3. Jan. 1849 u. dem Gesetze v. 3. Mai 1852, Berlin 1852.
8) Die Verordn. v. 3. Jan. 1849 u. das Gesetz v. 3. Mai 1852 unter Berücksichtigung der Motive und Vorarbeiten der Kammern, sowie der Verfügungen des J.-M. u. der Entscheidungen des Obertribunals von Hartmann, Berlin 1852.
9) Die Gesetze über das öffentlich mündliche Verfahren als Handbuch in selbstständiger Form einer Novelle zur K.-O. von Korb, Berlin 1852.
10) Der Preußische Strafproceß nach positiven Gesetzen und legislatorischen Quellen von Frantz, Quedlinburg u. Leipzig 1852.
11) Das polizeigerichtliche Verfahren von Schneider, Berlin 1853.
12) Die Voruntersuchung von Wollner, Berlin 1857.
13) Die Verordn. v. 3. Jan. 1849 mit Zusätzen, Materialien, Rescripten und Entscheidungen von Krey, Berlin 1857.
14) Die Preußische Gesetzgebung über das öffentlich mündliche Verfahren in Untersuchungssachen von Hahn, Berlin 1857.
15) Zusammenstellung der Vorschriften über Organisation der Gerichte und der Staatsanwaltschaft von Recke, Breslau 1857.
16) Systematische Sammlung der Gesetze über das Strafverfahren von Forberg, Berlin 1857.
17) Das Referirgeschäft in Civil- und Strafsachen von Thümmel Halle 1858.
18) Die Stellung der Vertheidigung von Makower, Berlin 1857.
19) Archiv für Preußisches Strafrecht von Goltdammer, bis jetzt 5 Bände.

§. 4.

Ueber Gültigkeit und Anwendung der Preußischen Strafproceßgesetze.

Die Gültigkeit und verbindende Kraft der Strafproceßgesetze hängt von ihrer Bekanntmachung in der gesetzlich vorgeschriebenen Form ab. Sie müssen in die Gesetzsammlung aufgenommen sein, ohne Unterschied ob sie für die ganze Monarchie oder nur für einen Theil derselben bestimmt sind*). Wenn das Gesetz selbst den Zeitpunkt des Anfangs seiner Gültigkeit bestimmt, so tritt es mit diesem Zeitpunkte in Kraft, sonst aber in den Regierungsbezirken von Potsdam (mit Berlin) mit dem 8., von Frankfurt, Stettin, Magdeburg und Merseburg mit dem 9., von Stralsund, Cöslin, Posen, Breslau, Liegnitz und Erfurt mit dem 11., von Marienwerder, Bromberg, Oppeln und Minden mit dem 12., von Danzig, Münster und Arnsberg mit dem 13., und von Königsberg und Gumbinnen, sowie in der Rheinprovinz mit dem 14. Tage nach Ablauf desjenigen Tages, wo das betreffende Stück der Gesetzsammlung in Berlin ausgegeben ist. Die Behörden haben nur auf die vorschriftsmäßige Verkündung der Gesetze zu achten, die Prüfung der Rechtsgültigkeit der Gesetze steht im Uebrigen nicht den Behörden sondern nur den Organen der gesetzgebenden Gewalt zu**).

Die Preußischen Strafproceßgesetze sind theils allgemeine theils besondere Gesetze, welche besondere Proceßarten umfassen. Sie gelten im ganzen Umfange der Monarchie soweit nicht einzelne Rechtsgebiete ausgenommen sind. Ein solches Ausnahmegebiet bilden einmal der Bezirk des Appellations-Gerichtshofes zu Cöln, in welchem das französische Recht von früher her in Geltung geblieben ist, sodann für manche Proceßvorschriften die Hohenzollernschen Lande und die Bezirke des Appellationsgerichts zu Greifswald und des Justizsenats zu Ehrenbreitenstein.

Jeder Richter hat bei Proceßhandlungen die Proceßgesetze seines Orts zur Anwendung zu bringen.

Neue Proceßgesetze kommen regelmäßig bei allen noch nicht abgeurtheilten Verbrechen, auch bei den schon früher verübten zur Anwendung, sofern nur zur Zeit, wo sie in Kraft treten, die förmliche Untersuchung

---

*) Ges. v. 3. April 1846 Ges.-S. S. 151.

**) Verf.-Urk. Art. 106.

noch nicht eröffnet war*). Der Einleitungsbeschluß entscheidet daher über die Anwendung der Proceßgesetze, und das Vorverfahren kann immerhin von einem anderen Proceßgesetze beherrscht werden, als die förmliche Untersuchung. Sobald aber letztere noch unter der Herrschaft des älteren Gesetzes eröffnet ist, wird das ganze Verfahren nach den bisherigen Vorschriften durch alle nach demselben zulässige Instanzen zu Ende geführt, wenn nicht der Gesetzgeber Ausnahmen gemacht hat. Insofern gilt auch hier der Grundsatz, daß Gesetze keine rückwirkende Kraft haben.

Erstes Kapitel.

Grundzüge des Preußischen Strafverfahrens.

§. 5.

1. Untersuchungsprincip.

Das Untersuchungsprincip ist die Grundmaxime unseres heutigen Strafverfahrens geblieben, es ist seiner wahren Bedeutung nach das Princip der Wahrheitserforschung von Staats wegen, und entspricht sowohl der wissenschaftlichen Ansicht über die Natur des Staats, wie über die des Verbrechens.

So lange der Staatsverband noch lose geschlungen ist, so lange die Individuen sich noch vom Staate absondern, wird die ausschließliche Strafgewalt des Staats selten anerkannt sein, er theilt dieselbe vielmehr mit Gemeinden, Corporationen und einzelnen Privatpersonen; so lange das Verbrechen noch als Verletzung von Privatrechten angesehn wird, kann es mindestens nicht befremden, wenn die Verfolgung des Verbrechens dem Beschädigten anheimgegeben und der Privatwillkühr dabei ein größerer oder geringerer Spielraum gelassen wird.

Sobald dagegen der Staat zu einer wahrhaften Staatseinheit sich concentrirt hat, und ihm ein selbstständiges persönliches Dasein zugeschrieben wird, sobald das Verbrechen auch wo es Privatrechte verletzt doch stets als eine Verletzung der öffentlichen Rechtsordnung aufgefaßt

*) Verordn. v. 3. Jan. 1849 §. 184.

wird, da kann die Strafgewalt nur als eine dem Staate zustehende Thätigkeit hervortreten. Er hat die Verwirklichung der öffentlichen Rechtsordnung zur Aufgabe, und deshalb nicht nur die Pflicht Verletzungen derselben zu verfolgen und zu untersuchen, sondern Zweck und Ziel seiner Untersuchung muß Erforschung der Wahrheit, das Urtel materielles Recht sein. Hieraus folgt, daß der Staat selbstthätig durch seine Organe, unabhängig von den Angaben und Anträgen Betheiligter alle Mittel zur Erforschung der Wahrheit aufsuchen, und daß ihm zu diesem Zwecke eine zwingende Gewalt verliehen sein muß.

Ist hiernach das Untersuchungsprincip für das Strafverfahren mit Nothwendigkeit gegeben, so ist damit zugleich über das Anklageprincip der Stab gebrochen. Nach diesem fällt die Verfolgung lediglich der Privatwillkühr anheim, der Verletzte oder andere Privatpersonen disponiren hier über die Rechte des Staats aus Verbrechen und die Art ihrer Geltendmachung. Ankläger und Angeklagter stehen in einem directen Partheiverhältnisse. Es liegt jenem allein ob die Beweise für seine Anklage, wie diesem für seine Vertheidigung zu beschaffen. Der Richter ist weder mit Erhebung der Beweise noch mit einem Verhör des Angeklagten befaßt, er läßt nur vor sich verhandeln und wahrt die Regeln und Formen nach denen dies geschehen soll, der Gegenstand der Verhandlung wird überall durch die Anklage bestimmt und begrenzt, das Urtel kann über die thatsächliche und rechtliche Formulirung der Anklage nicht hinausgehn, die Zurücknahme der Anklage ist jederzeit gestattet, die Kosten treffen den Ankläger wie den Angeklagten je nach dem Ausgange des Verfahrens. Ein hiernach geregeltes Verfahren verdient allein als Anklageproceß bezeichnet zu werden, und in diesem Sinne gilt die Behauptung, daß der Anklageproceß an sich verwerflich und unserer Gesetzgebung fremd ist.

Dagegen ist es mit dem Untersuchungsprincip völlig vereinbar, wenn die Anklage als einzelne Form zur Regulirung des Proceßganges in das Strafverfahren aufgenommen wird. Indem dies die neuere Gesetzgebung gethan, hat sie weder den Untersuchungsproceß in den Anklageproceß umgewandelt, noch die Grundmaximen des Verfahrens irgendwie beeinträchtigt, vielmehr aus Gründen, welche der organischen Natur des Strafprocesses entlehnt sind, diese Aenderung im Verein mit anderen vorgenommen, welche ebenfalls von Manchem irriger Weise als Kennzeichen für die Aufhebung des Untersuchungsprocesses angesehen worden sind.

Bei fortdauernder Anerkennung des früheren Grundprincips läßt sich dagegen nicht bestreiten, daß die Art und Weise der Durchführung desselben im Verfahren eine andere geworden ist. Das Untersuchungsprincip war im alten Verfahren einestheils weit über sein begriffliches Maaß hinaus ausgedehnt worden, anderntheils war die Durchführung ausschließlich in die Hand des Richters gelegt, und durch beides die Stellung des Angeklagten eine fast völlig rechtlose geworden. Die gerechte Behandlung des Angeklagten im Strafprocesse forderte daher allerdings die Abhülfe dieser Ausschreitungen aber keinesweges eine Aenderung des Grundprincips. Diese Abhülfe wurde in der Zurückführung des Untersuchungsprincips auf seine begriffsmäßigen Grenzen und in der organischen Durchbildung desselben gefunden. Von letzterer wird im nächsten Abschnitte die Rede sein, über die richtige Begrenzung des Untersuchungsprincips ist hier noch folgendes anzuführen. Jedes Verbrechen hat eine äußere und innere Seite und es ist die Aufgabe des Beweises den Zusammenhang beider darzustellen. Für die äußere That werden hiezu die gewöhnlichen Erkenntnißmittel äußerer Erscheinungen und Ereignisse genügen, und um sie herzustellen die zwingende Gewalt der staatlichen Organe in volle Wirksamkeit treten müssen. Die innere That dagegen ist nur im Bewußtsein des Subjects vorhanden. In dieses aber einzudringen, um sie zur Anschauung zu bringen, muß jede zwingende Gewalt, sie sei welcher Art sie wolle versagt werden, weil sonst das Recht der freien Persönlichkeit, das der Staat durchweg zu respectiren hat, grundsätzlich negirt werden würde. Dies geschah im älteren Verfahren, wo der Angeklagte zum bloßen Object der Untersuchung herabgewürdigt wurde, wo das Innere des Angeschuldigten ebenso einen Gegenstand zwangsweiser Untersuchung bildete, wie das äußere Factum. Im Interesse der persönlichen Freiheit und in richtiger Würdigung der Stellung des Staats gegenüber den Individuen hat die neuere Gesetzgebung die Ausartung des Untersuchungsprincips dahin beschränkt, daß dasselbe niemals dazu dienen dürfe, den Angeklagten als bloßes Mittel des Untersuchungszwecks zu behandeln. Diese Beschränkung und nur sie allein unterscheidet das neuere vom älteren Verfahren, so weit die Anwendung des Grundprincips in Frage steht.

§. 6.

2. Die organische Natur des Strafprocesses.

Die organische Natur des Strafprocesses war im älteren Verfahren völlig verkannt. Die im Processe thätigen Gewalten waren auf den untersuchenden und erkennenden Richter beschränkt, und oftmals noch beide in einer Person vereinigt, die einzelnen Stadien des Processes waren im Laufe der Zeit in der Praxis so verwischt worden, daß nicht selten sogar Zweifel darüber entstanden, gegen wen das Verfahren gerichtet war. Man unterschied zuletzt nur noch das Untersuchungsverfahren, die Beurtheilung und Vollstreckung. Daß das Untersuchungsverfahren selbst sehr verschiedenartige Stadien durchläuft, von denen jedes eigenthümliche Zwecke mit eigenthümlichen Mitteln verfolgt, daß die verschiedenartigen Functionen des Strafprocesses nicht in eine und die nämliche Hand gelegt werden dürfen, sondern eine angemessene Vertretung durch besondere Organe erfordern, das waren dem älteren Verfahren fernliegende Rücksichten; sie aber sind es, welche dem neueren Verfahren seine eigenthümliche Gestaltung gegeben haben. Wie wir schon oben bei der Begriffsbestimmung gesehen haben tritt uns der Staat im Strafverfahren bei Ausübung der Strafthätigkeit von zwei verschiedenen Seiten entgegen, er hat das Strafgesetz anzuwenden und muß sich vorher die Ueberzeugung verschaffen, ob die Voraussetzungen für die Anwendung des Strafgesetzes vorhanden sind; um diese Aufgabe erfüllen zu können bedarf es der höchsten Unpartheilichkeit, dem Richteramt ist diese durch seine Stellung ermöglicht, und durch Beschränkung seiner früheren Berufsthätigkeit erleichtert, dasselbe daher im Stande jener Aufgabe zu genügen. In einer anderen Richtung aber ist es wiederum der Staat, welcher die Rechte aus der Uebertretung der Strafgesetze zu verwalten, sein Forderungsrecht auf Strafe gegen die Uebertreter der Strafgesetze geltend zu machen hat. Dabei machen sich unwillkührlich partheiliche Interessen geltend, welche in sich geschieden, auch ihre besondere Vertretung verlangen, und diese im Institute der Staatsanwaltschaft gefunden haben, eine Einrichtung, welche wesentlich darauf beruht, daß aus den richterlichen Functionen diejenigen ausgesondert wurden, welche auf die Ermittelung und Ueberführung der Verbrecher Beziehung haben und einem besonderen öffentlichen Beamten übertragen wurden. Wenn nun auch die Berufsthätigkeit des Staatsanwalts es mit sich bringt, daß dieselbe eine gewisse partheiliche Färbung annimmt und daher bei dem Staatsanwalte die höchste Unpartheilichkeit nicht vorausgesetzt werden kann, denn sonst bedürfte es der Einsetzung des Richteramts garnicht, so darf er sich doch niemals als bloßes Partheiorgan ansehn, er muß vielmehr, bei Ermittelung, wie bei Verfolgung der Verbrechen davon ausgehn, daß es dem Staate, den er vertritt, nur daran gelegen ist, die wirkliche Schuld zu strafen. Die Staatsanwaltschaft verfolgt daher mit den Gerichten die nämlichen Zwecke und nur die Verschiedenartigkeit der beiden zugewiesenen Functionen bedingt die Gliederung in verschiedene Organe. Damit jedoch der Staatsanwalt durch seine Berufsthätigkeit als öffentlicher Ankläger nicht in eine einseitige Richtung verfalle, ist er zugleich als Wächter des Gesetzes bestellt und als solcher berufen, darüber zu wachen, daß im Strafverfahren überall die gesetzlichen Vorschriften beobachtet werden. Die besonderen Interessen des Angeklagten finden so weit sie nicht schon durch die schützenden Formen des Verfahrens gesichert sind, in der formellen Vertheidigung ihre Vertretung.

Die Organisation der Gerichte hat ebenfalls mit Rücksicht auf die verschiedenen Functionen ihre verschiedenen Organe, und wir finden in dem hiernach geordneten Verfahren einen Untersuchungs-Richter, eine Rathskammer, einen Anklagesenat, Einzelrichter, Gerichtsabtheilungen und Schwurgerichtshöfe, welche unter Zuziehung von Geschworenen das Schwurgericht bilden.

Die organische Natur des Processes führt ferner auf die Sonderung der verschiedenen Stadien des Verfahrens. Das Untersuchungsverfahren als das Verfahren zur Vorbereitung des Urtheils zerfällt in drei Haupttheile, in das Vorverfahren, das Uebergangsverfahren und das Hauptverfahren. Diese Abschnitte sind ihrem Zwecke nach verschieden und erheischen danach auch verschiedene Formen.

1) Vorverfahren. Da Niemand einer förmlichen Untersuchung ausgesetzt werden soll, dem nicht die Beschuldigung einer bestimmten Gesetzesübertretung mit Grund zur Last gelegt werden kann, so soll im Vorverfahren die Anklage vorbereitet werden durch Feststellung der That in ihrer äußern Erscheinung und durch Sammlung der Beweise zur Ueberführung des Thäters. Die gerichtliche Voruntersuchung bildet nur einen Theil des Vorverfahrens überhaupt. Die geheime Procedur und die schriftliche Form sind dem Vorverfahren eigenthümlich.

2) Uebergangsverfahren. Dasselbe hat den Zweck durch rich-

terlichen Beschluß zu bestimmen, ob ein Hauptverfahren zulässig sei, und ist ebenfalls schriftlich und geheim.

3) Hauptverfahren. Aufgabe desselben ist es die Untersuchung zu ergänzen, die Beweise vorzuführen, zu entwickeln und zusammenzustellen, Schuld und Nichtschuld zur Ueberzeugung zu bringen und die Entscheidung der Sache herbeizuführen. Das Verfahren ist hier mündlich um die zuverlässigste Grundlage für das Urtel zu gewinnen, öffentlich um das Recht für das öffentliche Bewußtsein wieder herzustellen und das Vertrauen in die Verwaltung der Rechtspflege zu befestigen. Das Hauptverfahren ist verschieden je nach Beschaffenheit der strafbaren Handlungen, da die dem Angeklagten und dem Staate zu gewährenden Garantien nach der Schwere der strafbaren Handlung sich abstufen.

§. 7.

3. Aufhebung der gesetzlichen Beweistheorie und deren Ersatz.

Die früheren positiven Regeln der K.=O. über die Wirkungen der Beweise sind durch die neuere Gesetzgebung aufgehoben, und durch die subjective Ueberzeugung des Richters ersetzt. Diese Ueberzeugung hat der Richter aus den vor ihm geführten Verhandlungen zu entnehmen. Die Zahl der Beweismittel ist gesetzlich nicht beschränkt, die gebräuchlichsten, für deren Benutzung die Gesetze formelle Vorschriften erlassen haben, sind Geständniß, Zeugenaussagen, Augenschein, Gutachten der Sachverständigen, Urkunden und andere Ueberführungsgegenstände, deren Anschauung Gründe für die Wahrheit einer Thatsache zu liefern vermag.

Die Beweisgründe, welche das Beweismittel darbietet, hat der Richter nach seinem freien Ermessen so zu gebrauchen, wie sie auf seine Ueberzeugung einwirken, gleichviel, welche Beweisart vorliegt und ob die Wahrheit einer Thatsache unmittelbar aus dem Beweismittel hervorgeht, oder ob aus demselben Thatsachen sich ergeben, welche die Vermuthung für eine andere die Anwendung des Strafgesetzes bedingende Thatsache derart begründen, daß sich die Wahrheit derselben durch Schlußfolge ableiten läßt. Jene Thatsachen, welche zu einer solchen Schlußfolge berechtigen, heißen Anzeigen oder Indicien, welche sowohl als Belastungs= wie als Entlastungsanzeigen vorkommen können. Je näher und inniger der Zusammenhang ist, in welchem die Anzeigen zu den auf die That oder Thäterschaft sich beziehenden Thatsachen stehn, um so größer wird ihr

Einfluß auf die richterliche Ueberzeugung sein. Ihr Werth im einzelnen Falle, für sich, in ihrer Verbindung und im Verhältniß zum unmittelbaren Beweis hat ebenfalls keinen anderen Maaßstab, als die richterliche Ueberzeugung nach welcher seit Aufhebung der gesetzlichen Beweistheorie sämmtliche Beweise bemessen werden.

§. 8.

4. Die Zuziehung von Geschworenen.

Die eigentliche Bedeutung und der Zweck der Zuziehung von Geschworenen liegt in dem Grundsatze: daß Niemand wegen eines schweren Verbrechens bestraft werden soll, von dessen Schuld nicht eine Anzahl rechtsunkundiger Männer sich überzeugen kann. Von diesem Gesichtspuncte aus, erscheint das Institut als eine Einrichtung zum Schutze des Angeklagten und als solche hat sie sich in der Praxis bewährt. Daß dieselbe noch andern Bedürfnissen dienen kann, soll nicht bestritten werden, es kann diesen aber nur eine untergeordnete Bedeutung beigemessen werden, welche weder die Einführung noch die Fortdauer des Instituts zu rechtfertigen vermögen. Von solchen anderweitigen Zwecken, welche durch das Schwurgericht erreicht werden können, dürfte namentlich die Förderung des Rechtsbewußtseins im Volke allgemeine Anerkennung finden, dagegen sind die Geschworenen niemals berufen, das allgemeine Rechtsbewußtsein gegenüber dem positiven Strafgesetze derart zu vertreten, daß sie das letztere im concreten Falle außer Anwendung setzen, wo es ihrer Meinung nach mit dem ersteren collidirt, auch ist es eine durchaus irrige Auffassung, daß der Geschworene ein besserer Richter über die Thatfrage sei, als der wirkliche Richter, möge man dabei die gelehrte Bildung dem gesunden Menschenverstande gegenüberstellen, oder bei dem Geschworenen die besondere Kenntniß der Lebensverhältnisse hervorheben, oder gar in ihnen Standesgenossen des Angeklagten sehn. Die politischen Zwecke denen das Schwurgericht dienen kann, können hier, wo es sich nur um die rechtliche Auffassung des Instituts handelt, keine weitere Beachtung finden.

Die Entscheidung der Schuldfrage, welche das Gesetz den Geschworenen anvertraut, weist ihnen ihre Stellung im Beweisverfahren an. Erst die Hauptverhandlung nimmt ihre Thätigkeit in Anspruch, unter der Garantie des von ihnen abgeleisteten Eides treten sie in jedem einzelnen

Falle ihr wichtiges Amt von neuem an, das ganze Verfahren ist darauf berechnet ihnen die Momente für die Bildung ihrer Ueberzeugung anschaulich vorzuführen, und ihr durch Stimmenmehrheit gefaßtes Verdict ist der Ausdruck dieser Ueberzeugung in Ansehung der Schuldfrage und die einzige und unmittelbare Grundlage des richterlichen Erkenntnisses, oder richtiger schon ein Bestandtheil dieses Erkenntnisses selbst.

§. 9.

5. Das Urtheil.

Das Endurtheil in Strafsachen enthält nämlich sowohl die Entscheidung der Thatfrage, wie die Entscheidung der Rechtsfrage. In der ersten liegt der Ausspruch darüber, ob der fragliche Vorfall wirklich geschehn, und ob die denselben begründende Handlung dem Angeklagten zur Schuld zuzurechnen sei. In der zweiten liegt der Ausspruch über die Anwendung oder Nichtanwendbarkeit des Strafgesetzes. Wo Geschworene mitwirken geben sie dem Richter die erste Entscheidung, so daß ihm nur die zweite verbleibt, in allen übrigen Fällen entscheidet der Richter beide Fragen. Wird die Schuldfrage verneint, so ist die nachfolgende Thätigkeit des Richters nur eine formelle, wird die Schuldfrage bejaht, so besteht die fernere Function des Richters in der Subsumtion der Handlung unter das Strafgesetz und in der Prüfung des Falls hinsichtlich der Ausmessung der Strafe.

Danach ist das Urtheil seinem Inhalte nach entweder ein freisprechendes oder ein verurtheilendes, ein drittes giebt es nicht. Dem Urtel müssen die Gründe desselben beigefügt werden, nur bei schwurgerichtlichen Erkenntnissen fällt die Motivirung der Thatfrage weg. Stimmenmehrheit entscheidet bei Fassung des Urtels*). Eigentliche Zwischenerkenntnisse giebt es gar nicht, wenn man nicht die Incompetenzerkenntnisse dahin rechnen will, alle übrigen Entscheidungen im Laufe des Verfahrens werden in Form von Beschlüssen abgegeben. Enderkenntnisse in Strafsachen entscheiden in der Regel über die That, die ihren Gegenstand bildet, rechtsgültig für alle Zukunft, das denselben zum Grunde liegende Sachverhältniß wird nach allen Richtungen hin erledigt, und kann nicht mehr zum Gegenstande eines neuen Strafverfahrens gemacht werden. Dies ist

*) Verordn. v. 3. Januar 1849 §. 22 und 26.

die Bedeutung und der Umfang der Rechtskraft, welche jedoch mit wenigen Ausnahmen erst eintritt, wenn sowohl der Angeklagte als die Staatsanwaltschaft bei dem Urtel sich beruhigt und innerhalb bestimmter Frist von den ihnen zu Gebote stehenden Rechtsmitteln keinen Gebrauch gemacht haben. Die sich von selbst ergebende Folge des rechtskräftigen Urtels ist endlich die Vollstreckung desselben, deren Besorgung den Gerichten von Amtswegen obliegt.

§. 10.

6. Die Rechtsmittel.

Die Rechtsmittel beruhen auf dem Gedanken, daß im Interesse der Gerechtigkeit die Abänderung einer im einzelnen Falle abgegebenen Entscheidung mindestens innerhalb eines bestimmten Zeitraumes möglich sein muß. Es bestehn daher in der Gerichtsverfassung eigene Organe durch deren Vermittelung eine solche Abänderung bewirkt werden kann. Besondere Voraussetzungen, eigenthümliche Zwecke und das hiernach normirte Verfahren bedingen die Verschiedenheit der Rechtsmittel. Die durch sie zur Sprache gebrachten Beschwerden können bei einzelnen Rechtsmitteln, der Appellation und dem Recurse die Thatfrage wie den Rechtspunct betreffen, bei der Nichtigkeitsbeschwerde dagegen nur den Rechtspunct. Die drei genannten Rechtsmittel kommen darin überein, daß sie ein Urtel voraussetzen, welches die Rechtskraft noch nicht beschritten, während das außerordentliche Rechtsmittel der Restitution gegen rechtskräftige Erkenntnisse gerichtet ist, und daher den obigen Grundsatz modificirt, daß rechtskräftige Erkenntnisse unabänderlich sind.

§. 11.

7. Richterliche Verfügungen.

Verfügungen und Beschlüsse gehen im Laufe des Verfahrens sowohl von den Gerichten wie vom Staatsanwalte aus. Sie regeln den Gang des Processes und bedingen die Ausführung der einzelnen Schritte. Wo Richtercollegien beschließen, entscheidet Stimmenmehrheit*). Ein Rechtsschutz ist in verschiedener Weise auch gegen Beschlüsse und Verfügungen gegeben, und nach Verschiedenheit der Fälle vom Ablaufe einer bestimm-

*) Verordn. v. 3. Jan. 1849 §. 26.

ten Frist abhängig oder nicht. Der Richter muß in allen Verfügungen und Beschlüssen die Gründe angeben, welche ihn geleitet haben*).

Hinsichtlich der Insinuationen von Verfügungen, Beschlüssen und Erkenntnissen sind die für das Verfahren in Civilsachen bestehenden Vorschriften maaßgebend, soweit dieselben nicht in einzelnen Puncten für das Strafverfahren modificirt sind.

Insinuationen d. h. Zustellungen richterlicher Verfügungen an die Betheiligten sind unförmliche, wenn sie durch mündliche Bestellung oder durch bloße Vorlegung von Schriftstücken, förmliche, wenn sie durch Aushändigung an den Betreffenden, oder wie bei Kurrenden durch Behändigung an einen derselben und Vorzeigung bei den übrigen, oder durch Aushang geschehn. Die Insinuation muß an Werktagen in der Behausung, dem Laden oder Comtoir der Adressaten, und wenn derselbe nicht heimisch ist, an einen seiner bei ihm wohnhaften Angehörigen, sein Gesinde, den Hauswirth, seinen Verwalter, Administrator oder Gutspächter geschehen, oder die Verfügung muß an die Stubenthür des Adressaten angeheftet werden, und der insinuirende Bote muß in seinem Insinuationsberichte den Hergang bei der Insinuation und das Verhältniß, in welchem derjenige, an den dieselbe geschehn, zu dem Betheiligten steht, darstellen und auf seinen Amtseid versichern. Nur die bei dem Adressaten wohnenden erwachsenen Angehörigen und sein Gesinde sind verpflichtet die Verfügung anzunehmen. Der Behändigungsschein ist zu unterschreiben. Die Befestigung der Verfügung an die Stuben- oder Hausthür tritt nur subsidiarisch ein**). Von der öffentlichen Vorladung und deren Bekanntmachung wird später die Rede sein. Ist der Angeklagte zur Hauptverhandlung erster Instanz einmal gültig vorgeladen, so hat er genügende Veranlassung sich um den ferneren Verlauf des gegen ihn schwebenden Verfahrens zu bekümmern, und es soll daher jede fernere Zustellung an ihn, welche im Inlande nicht bewirkt werden kann, für geschehen erachtet werden, wenn die zuzustellende Schrift 14 Tage lang an der Gerichtsstelle öffentlich ausgehangen hat***). In Betreff der Rechtfertigungsschriften zur Begründung eines Rechtsmittels ist in dem vorausgesetzten Falle auch von dem Aushange an Stelle der Mittheilung abzusehn und

*) J.-M.-Bl. pro 1857 S. 84.

**) A. G.-O. Th. I. Tit. 7. §. 19 u. f. Instr. für die gerichtlichen Unterbeamten vom 2. August 1850. §. 9, 19, 15 u. f. J.-M.-Bl. S. 262. Ges. vom 3. Mai 1852. Art. 33.

***) Ges. v. 3. Mai 1852. Art. 50. G.-A. B. 3. S. 67.

diese ganz zu unterlassen, weil das Gesetz an die unterlassene Beantwortung der Rechtfertigungsschrift keine besondere Nachtheile knüpft. Urtheile werden in dem gedachten Falle in einer Ausfertigung ohne Gründe ausgehangen*). Die Insinuation eines Urtels, welches mehrere Angeklagte befaßt, ist in der Art zu bewirken, daß so viele Ausfertigungen als Angeklagte da sind, insinuirt werden**). Die postamtliche Insinuation gerichtlicher Verfügungen, die nach Orten des Inlandes oder nach solchen Orten des Auslandes, wo Preußische Postanstalten bestehn gerichtet sind, ist durch besondere Instructionen geregelt, welche auch das Verfahren bei Abfertigung der durch die Post zu befördernden Verfügungen vorschreiben***).

Alle in der Hauptverhandlung ergangenen Beschlüsse und Urtheile werden in der Sitzung mündlich verkündet, bei Erkenntnissen wird aber dem ausbleibenden Angeklagten demnächst eine Ausfertigung zugestellt, von deren Insinuation der Fristenlauf abhängig ist.

§. 12.

8. Zeitbestimmungen.

Für die einzelnen Proceßverhandlungen giebt es verschiedene Zeitbestimmungen, welche entweder eigentliche Fristen sind, bei denen die betreffende Handlung während des ganzen Zeitraums vorgenommen werden kann, oder Termine, bestimmte Tage zur Vornahme einer Proceßhandlung. Die Fristen sind entweder vom Gesetze bestimmt, oder werden vom Richter angeordnet. Die ersteren sind theils solche, deren Verlängerung vom richterlichen Ermessen abhängt, theils solche bei denen dies nicht der Fall ist, (Präclusivfristen). Die K.-O. kannte zwar keine Präclusivfristen, die neuere Gesetzgebung hat sie jedoch in nicht unbeträchtlicher Anzahl angeordnet, zugleich aber gegen den Ablauf derselben unter Umständen Wiedereinsetzung in den vorigen Stand gewährt†). Der Lauf der Fristen fängt erst nach dem Insinuations- oder Verkündungstage an, und der Tag an welchem die Frist abläuft wird noch ganz mitgerechnet. Bei bewilligten Fristverlängerungen läuft die neue Frist im Zweifel vom Ende der vorigen an.

---

*) G.-A. B. 3. S. 677.

**) G.-A. B. 5. S. 410.

***) Verfügung v. 30. Novbr. 1852. J.-M.-Bl. S. 398. Verfügung v. 16. Jan. und 3. Juni 1854. J.-M.-Bl. S. 18 u. 282.

†) Ges. v. 3. Mai 1852. Art. 130.

§. 13.

9. Materieller Zusammenhang von Criminal- und Civilsachen.

Civil- oder Criminalsachen können in eine solche Beziehung zu einander treten, daß sie in einem präjudiciellen Verhältnisse stehn, so daß die vorgängige Feststellung des einen Rechtsverhältnisses Bedingung für die Möglichkeit der Entscheidung des anderen bildet. In solcher Weise können im Strafverfahren Fragen von civilrechtlichem Character, im Civilproceß strafrechtliche Fragen zur Sprache kommen. Im Allgemeinen entscheiden Zweckmäßigkeitsrücksichten über die Erledigung solcher Fragen in der einen oder anderen Proceßart. Nur in Diebstahlssachen am stehenden Holz und anderen Waldproducten soll, wie später noch erwähnt werden wird, nach positiver Vorschrift der Gesetze der Einwand der Berechtigung im Civilproceß erörtert und das Strafverfahren so lange suspendirt werden. Wenn hiervon abgesehn der Strafrichter den Civilpunct für sich entscheidet, so ist diese Entscheidung für den nachfolgenden Civilproceß einflußlos, hat aber der Strafrichter die Entscheidung dem Civilrichter überlassen, so bindet ihn regelmäßig die vorgängige rechtskräftige Entscheidung desselben; eine Regel die jedoch ihre Ausnahmen hat. Die Vorentscheidungen des Civilrichters über die uneheliche Geburt eines Kindes, über die uneheliche Vaterschaft, über Stiefverbindungen, und über den Ehebruch im Ehescheidungsproceß sind für den Strafrichter bei Beurtheilung der in den §§. 180 u. 186, 141 u. 140 des Strafgesetzbuchs vorgesehenen Verbrechen und Vergehen nicht maaßgebend. Hat der Civilrichter im Civilverfahren auch den präjudiciellen Criminalpunct entschieden, und behufs der Beurtheilung der eingeklagten Entschädigung dieses oder jenes Verbrechen angenommen, so ist diese Entscheidung ohne Einfluß auf den nachfolgenden Criminalproceß. Aber auch die vorgängige rechtskräftige Entscheidung des Strafrichters über das fragliche Verbrechen ist für den Civilrichter, welcher über den Entschädigungsanspruch zu entscheiden hat, in keiner Weise maaßgebend, wenn es ihm auch unbenommen ist, die Ergebnisse der Criminaluntersuchung zum Behufe der Beweisführung zu benutzen. Einzelne Ausnahmen sind jedoch begründet. Bei Entschädigungsansprüchen infolge eines Meineids, infolge von Polizeivergehen und Tumulten, so wie bei Ehescheidungsklagen wegen gewisser schwerer Verbrechen hat der Civilrichter das Strafurtel abzuwarten und ist durch dieses gebunden. Wiewohl diese Fragen durch die Gesetzgebung eine allgemeine Lösung bisher nicht gefunden haben, so hat doch die

Praxis des höchsten Gerichtshofes die hier vorgetragenen Grundsätze anerkannt, und bei präjudicieller Beziehung der materiellen Rechtsverhältnisse zu einander die präjudicielle Kraft des Criminalurtels für den Civilrichter regelmäßig nicht zugegeben, wohl aber umgekehrt die des Civilurtels für den Strafrichter *).

Es können aber ferner auch Civil- und Criminalsachen in einem nicht präjudiciellen Verhältnisse, sondern neben einander in der Art bestehn, daß aus der nämlichen widerrechtlichen Handlung das Forderungsrecht des Staats auf Strafe und ein civilrechtlicher Ersatzanspruch hergeleitet wird. Für diesen Fall hat die gemeinrechtliche Praxis den sogenannten Adhäsionsproceß ausgebildet, mittelst dessen dem Beschädigten der Anschluß an die Criminaluntersuchung und die Benutzung der vorhandenen Criminalbeweise für seine eigene Beweisführung gestattet, der Strafrichter aber berechtigt ist, den Civilpunct gleichzeitig zu entscheiden. Die Preußische Strafproceß-Gesetzgebung kennt aber einen eigentlichen Adhäsionsproceß nicht. Zwar bezeichnet die K.-O. **) es als einen Zweck der Untersuchung, daß dem Beschädigten zum Ersatze seines Schadens verholfen werde, auch verpflichten mehrere andere Bestimmungen ***) den Strafrichter in der Criminaluntersuchung zugleich den Entschädigungspunct nach Möglichkeit zu erörtern, allein alle diese Bestimmungen haben doch die criminalrichterliche Feststellung des Entschädigungspuncts bei uns stets als Ausnahme erscheinen lassen. Wenn freilich der Rechtsanspruch des Beschädigten ohne ein eigentliches Proceßverfahren festgestellt, und der Ersatz ohne ein solches bewirkt werden kann, z. B. durch sofortige Rückgabe der zur Stelle geschafften Gegenstände, so hat auch der Strafrichter diesen zum Gegenstande seiner amtlichen Thätigkeit zu machen und wo eine solche Maaßregel nicht ausführbar ist, mag er immerhin für die Sicherstellung des näher zu begründenden Rechts auf Ersatz Fürsorge treffen, allein abgesehn hiervon wird regelmäßig über den civilrechtlichen Anspruch von den bürgerlichen Gerichten nach angestellter Klage des Verletzten im Wege des Civilprocesses selbstständig verhandelt und entschieden †), wobei nur der Ausnahme zu gedenken ist, daß bei Dieb-

*) J.-M.-Bl. pro 1856. S. 96. J.-M.-Bl. pro 1857. S. 443. G.-A. B. 1. S. 368 und 370.

**) K.-O. §. 6.

***) K.-O. §. 68, 69, 132, 135, 282, 416.

†) Strafgesetzb. §. 6. G.-A. B. 3. S. 577. Abh. v. Abegg. G.-A. B. 5. S. 346.

stählen am stehenden Holz und anderen Waldproducten das Strafurtel sich auch über den Werthansatz auszusprechen hat*).

Zweites Kapitel.

Von der Preußischen Gerichtsverfassung in Strafsachen**).

§. 14.

1. Von der Strafgerichtsbarkeit.

Unter Strafgerichtsbarkeit im weiteren Sinne pflegt die in der Strafgewalt des Staats gelegene und ihm zustehende oder von ihm abgeleitete Berechtigung und Verpflichtung die Strafrechtspflege auszuüben verstanden zu werden. In diesem Sinne umfaßt sie sowohl die Gerichtsherrlichkeit, wie die eigentliche Gerichtsbarkeit. Letztere ist gleichbedeutend mit der richterlichen Amtsgewalt. Erstere ist die regelmäßig dem Staatsoberhaupte zustehende Gewalt, Alles zur Ausübung der Strafrechtspflege Erforderliche anzuordnen. In ihr liegt das Recht die Gerichtsbarkeit an richterliche Beamte zu übertragen, und die sogenannten fructus jurisdictionis sich zuzueignen, wie Geldstrafen, Erlös der Confiscate u. s. w. Diesen Rechten entspricht die Verpflichtung für die mit der Strafrechtspflege verbundenen Anstalten (Gerichtslocal, Untersuchungsgefängniß) zu sorgen, und subsidiair die Kosten des Processes zu tragen.

In früherer Zeit wurde die Gerichtsbarkeit häufig als veräußerlich angesehn und stand demzufolge neben dem Staate auch anderen physischen und moralischen Personen als eigenes Recht zu. So gab es bei uns eine standesherrliche, städtische und Patrimonialgerichtsbarkeit. Die Verordnung vom 2. Januar 1849 hat diese Privatgerichtsbarkeit aufgehoben, und dadurch den Grundsatz der Verfassung zur Ausführung gebracht, daß die richterliche Gewalt nur im Namen des Königs durch unabhängige keiner anderen Autorität als der des Gesetzes unterworfene Gerichte ausgeübt wird***).

---

*) Ges. v. 2. Juni 1852. §. 18.

**) Ueber Organisation der Gerichte und der Staatsanwaltschaft von Uecke. Breslau 1857.

***) Verf.-Urk. Art. 86.

Es lassen sich zwei Arten der Criminalgerichtsbarkeit unterscheiden, die ordentliche und außerordentliche.

Jene steht den durch die Gerichtsverfassung ein- für allemal bestimmten Gerichten innerhalb der gesetzlichen Competenz zu, diese wird ausnahmsweise untergeordneten Gerichten durch höhere übertragen. Außerordentliche durch die Justizverwaltung angeordnete Criminal-Commissionen sind unstatthaft.

Die Strafgerichtsbarkeit hat als solche ihren bestimmten Umfang in ihrem Zwecke, so daß kein damit in Verbindung stehendes Recht ihr entzogen werden kann, außerdem werden ihr bestimmte Grenzen gezogen durch den Umfang des Staatsgebiets, falls nicht Verträge mit fremden Staaten zur gegenseitigen Beförderung der Rechtspflege eine Erweiterung der Strafgerichtsbarkeit in gewissen Beziehungen über die Grenzen des Staatsgebiets hinaus sanctionirt haben. Andererseits heben auch innerhalb des Staatsgebiets völkerrechtliche Principien wie das der Exterritorialität die Strafgerichtsbarkeit zu Gunsten einzelner Personen in ihrer Wirksamkeit auf.

Die Ausdehnung des Staatsgebiets, locale, financielle und andere Rücksichten bedingen die Nothwendigkeit der Anordnung mehrerer Gerichte, deren Rechte verschieden sind je nachdem sie Untergerichte oder Obergerichte sind, je nachdem ihnen die Verhandlung und Entscheidung in allen Strafsachen oder nur in bestimmten zusteht, oder auch ihre Zuständigkeit vorausgesetzt, der Umfang ihrer Thätigkeit beschränkt ist. Alle Gerichte des Inlandes sind gesetzlich, und im Verhältniß zum Auslande vielfach vertragsmäßig zu gegenseitiger Rechtshülfe verpflichtet. Coordinirte Gerichte werden requirirt, untergeordnete erhalten Befehle.

§. 15.

2. Von den Gerichten, Organisation und Geschäftsverwaltung.

Eine Trennung der verschiedenen Zweige der Rechtspflege, insbesondere der strafrechtlichen und der bürgerlichen, besteht zwar für die Ausübung in den besonderen Fällen und rücksichtlich der hiezu dauernd oder vorübergehend beauftragten Mitglieder, aber nicht für die Behörde als solche. Die nämlichen Gerichte verwalten beide Zweige der Rechtspflege. Durch die seit 1849 für den ganzen Umfang der Preußischen Monarchie mit Ausschluß des Bezirks des Appellationsgerichts zu Cöln ergangenen organischen Gesetze wird die Strafrechtspflege versehn:

A. In erster Instanz durch collegialisch formirte Stadt- und Kreisgerichte, in Verbindung mit Gerichts-Commissionen aus Einzelrichtern, ständischen und periodischen Deputationen aus drei Richtern bestehend, welche Mitglieder des Kreisgerichts, in dessen Bezirk sie angestellt sind, bleiben.

B. In zweiter Instanz durch Appellationsgerichte, welche zugleich die Aufsichts- und Beschwerdeinstanz für die Gerichte erster Instanz ihres Sprengels bilden.

C. In dritter Instanz durch das Obertribunal zu Berlin*).

Die Zahl der Appellationsgerichte, das zu Cöln nicht mitgerechnet, beträgt 21, von denen das zu Berlin den Namen Kammergericht, das zu Königsberg den Namen Ostpreußisches Tribunal und das zu Ehrenbreitstein den Namen Justizsenat führt, die Zahl der Stadtgerichte beträgt 5, die der Kreisgerichte 238, von denen 75 zugleich Schwurgerichte sind.

Der Umfang der Appellationsgerichtsbezirke stimmt im Wesentlichen mit den Bezirken der Provinzialregierungen, der der Kreisgerichtsbezirke mit den landräthlichen Kreisen überein. Das Kammergericht ist auch zum Gerichtshofe für die Untersuchung und Entscheidung der Staatsverbrechen bestellt**).

Außerdem besteht noch in Strafsachen als Administrativ-Justizbehörde der Gerichtshof zur Entscheidung der Competenzconflicte zwischen Gerichts- und Verwaltungsbehörden, welcher in Berlin seinen Sitz hat und theils aus Justiz- theils aus Verwaltungsbeamten zusammengesetzt ist***).

Den Gerichten steht im Allgemeinen in allen Strafsachen mit denen sie durch Vermittelung der Staatsanwaltschaft befaßt werden das Recht der Untersuchung, Entscheidung und Vollstreckung, oder das eine und andere dieser Rechte in dem durch die Gesetze näher bestimmten Umfange zu. Diese Rechte sind zugleich Pflichten, indem die Strafgerichtsbarkeit stets die Natur eines öffentlichen Rechts hat, und daher dessen Ausübung weder an sich noch hinsichtlich der Art und Weise von der Willkühr des Berechtigten abhängt. Ueberall hat der Richter die Regeln des strafgerichtlichen Verfahrens zu beobachten.

---

*) Verordn. v. 2. Jan. 1849. §. 18 u. 21. Ges. v. 26. April 1851. Art 7. Geschäftsregulative v. 18. Juli u. v. 15. Septbr. 1850. Ges. v. 17. März 1822.

**) Ges. v. 25. April 1853. Ges.-S. S. 162.

***) Ges. v. 8. April 1847. Ges.-S. S. 170. Ges. v. 13. Febr. 1854. Ges.-S. S. 86.

Die Kreis- und Stadtgerichte bearbeiten in ihrer ersten Abtheilung die Strafsachen. Bei dieser ersten Abtheilung müssen vorhanden sein:

1) ein oder mehrere Commissarien (Einzelrichter) zur Verhandlung und Entscheidung geringerer Straffälle, so wie zur Führung von Voruntersuchungen und Erledigung einzelner Requisitionen;
2) eine Deputation von drei Mitgliedern zur Verhandlung und Entscheidung der vor die Gerichtsabtheilung ressortirenden strafbaren Handlungen, so wie zur Beschlußnahme über die Einleitung der Anklagen und zur vorläufigen Beschlußnahme über die Versetzung in den Anklagestand. In den beiden letztgenannten Beziehungen führt die Deputation den Namen Rathskammer;
3) bei denjenigen Kreis- und Stadtgerichten, wo das Schwurgericht zusammentritt eine Deputation von vier Mitgliedern, welche unter Leitung eines besonderen Präsidenten als Schwurgerichtshof in Verbindung mit den Geschworenen die schwurgerichtlichen Anklagen erledigt*).

Die Mitglieder der ersten Abtheilung können zu mehreren der genannten Commissionen und Deputationen gehören. Auch können die Functionen der Rathskammer und der erkennenden Gerichtsabtheilung einer und derselben Abtheilung übertragen werden, und in Behinderungsfällen wie zur Aushülfe auch die Mitglieder der zweiten Abtheilung des Kreis- oder Stadtgerichts so wie zur Bildung des Schwurgerichtshofes abwechselnd sowohl diese wie die Richter bei auswärtigen Gerichts-Commissionen und Deputationen vom Gerichts-Director, endlich auch mit Genehmigung des Appellationsgerichts einzelne Mitglieder der übrigen zu einem Schwurgerichtsbezirke vereinigten Kreisgerichte herangezogen werden**).

Der Untersuchungsrichter wird in der Regel bleibend ernannt, und sind ihm alle Anträge, welche Voruntersuchungen betreffen, und einzelne Requisitionen in Strafsachen von der Staatsanwaltschaft unmittelbar zuzustellen. Die Functionen des Untersuchungsrichters und des Commissarius für geringere Straffälle sind, wo der Geschäftsumfang dies gestattet, in der Regel demselben richterlichen Beamten zu übertragen***), nur

---

*) Geschäftsregulativ v. 18. Juli 1850. §. 13. J.-M.-Bl. S. 232.

**) Geschäftsregulativ §. 13. u. 16. G.-A. B. 4. S. 544.

***) Verordn. v. 27. Octbr. 1851. J.-M.-Bl. S. 347.

für Forstrügesachen pflegt häufig ein besonderer Commissarius bestellt zu werden.

Die Einzelrichter der auswärtigen Gerichts-Commissionen werden aus den Mitgliedern des Gerichts I. Instanz, auf dessen Etat sie stehn, durch den Justizminister commissarisch abgeordnet*). Vor sie gehört die Verhandlung und Entscheidung der den Einzelrichtern überwiesenen geringeren Straffälle, sie verrichten die Functionen des Untersuchungsrichters und können vorläufige keinen Aufschub leidende Verfügungen erlassen**), einzelne Requisitionen erledigen und Aufträge des Kreisgerichts und des vorgesetzten Appellationsgerichts ausführen.

Bei Regulirung der Competenz der auswärtigen ständigen und periodischen Gerichts-Deputationen, von denen letztere durch den periodischen Zusammentritt mehrerer Richter am Sitze eines Einzelrichters gebildet werden***), ist denselben in der Regel die volle Competenz der Kreisgerichte in allen nicht vor die Schwurgerichte gehörigen Strafsachen beigelegt, und dem Kreisgerichte als dessen Abtheilungen sie fungiren, nur die Befugniß vorbehalten, die Verhandlung und Entscheidung der Strafsachen in den dazu geeigneten Fällen vor sich zu ziehen. In schwurgerichtlichen Sachen haben sie nur die Befugnisse der Gerichts-Commissionen; in anderen Strafsachen steht den ständigen Gerichts-Deputationen auch die Fassung der Beschlüsse über Eröffnung der Untersuchung zu, den periodischen Deputationen dagegen nur insoweit als sich davon eine Vereinfachung und Beschleunigung des Geschäftsganges erwarten läßt†). Unbedenkliche Verfügungen werden bei den Gerichten I. Instanz vom Decernenten ohne Vortrag im Collegium erlassen. Selbst Haftbefehle können in schleunigen Fällen von dem Untersuchungsrichter allein ausgehn. Von den besonderen Befugnissen des Directors wird bei Darstellung des Verfahrens gehandelt werden.

Die Appellationsgerichte bilden die Recurs-Appellations-Beschwerde- und Aufsichts-Instanz für die Stadt- und Kreisgerichte ihres Departements, außerdem die erste und zweite Instanz für die wiederum exemt gewor-

---

*) Ges. v. 26. April 1851. Art. 7.

**) Geschäftsregulativ §. 20. K.-O. §. 20.

***) Ges. v. 26. April 1851. Art. 7. Ges.-S. S. 186.

†) Geschäftsregulativ §. 10. u. 34. Verfügung v. 8. Octbr. 1855. J.-M.-Bl. S. 334. Verfügung v. 7. Decbr. 1850. J.-M.-Bl. S. 415.

derien Mediatisirten*). Für die Strafsachen besteht bei jedem Appellationsgericht ein eigener Criminalsenat, in welchem für die Bearbeitung dieser Angelegenheiten vorhanden sein müssen:

1) eine aus 5 Mitgliedern bestehende Deputation,
   a. für die Versetzung in den Anklagestand, (Anklagekammer);
   b. für die Verhandlung und Entscheidung der Appellationssachen;
   c. für die Verhandlung der peinlichen Sachen Mediatisirter in erster Instanz;
2) eine aus 3 Mitgliedern bestehende Deputation für die Verhandlung und Entscheidung der Recurssachen;
3) eine aus 7 Mitgliedern bestehende Deputation als zweite Instanz in peinlichen Sachen Mediatisirter.

Die Mitglieder des Criminalsenats können verschiedenen Deputationen angehören, auch können zur Aushülfe Mitglieder des Civilsenats herangezogen werden**).

Unbedenkliche Verfügungen werden vom Decernenten ohne Vortrag im Collegium erlassen, das Geschäftsregulativ***) führt aber eine Anzahl von Sachen auf, in denen Vortrag erfolgen muß.

Für den bei dem Kammergericht zu Berlin gebildeten Staats-Gerichtshof bestehn zwei Senate, ein Anklage- und ein Urtelssenat aus resp. 7 und 10 Mitgliedern†).

Der Gerichtshof zur Entscheidung der Competenzconflicte zwischen Gerichts- und Verwaltungsbehörden besteht aus dem Präsidenten des Staatsraths und dem Staatssecretair und aus 9 anderen Mitgliedern des Staatsraths, von denen 5 Justiz-, die übrigen 4 Verwaltungsbeamte sein müssen, welche von dem Könige auf den Vorschlag des Präsidenten des Staatsraths ernannt werden††).

Für die Hohenzollernschen Lande tritt in Rekurs- und Appellationssachen eine besondere Abtheilung des dortigen Kreisgerichts an die Stelle

*) Geschäftsregulativ v. 17. Septbr. 1850. §. 25. u. 26. J.-M.-Bl. S. 323. Ges. v. 25. April 1853. Verordn. v. 2. Jan. 1849. §. 25.

**) Geschäftsregulativ §. 8.

***) §. 14.

†) Ges. v. 25. April 1853. Ges.-S. S. 162.

††) Ges. v. 8. April 1847. Ges.-S. S. 170. Ges. v. 13. Febr. 1854. Ges.-S. S. 86.

des Appellationsgerichts zu Arnsberg, dem das Kreisgericht sonst untergeordnet ist*).

Bei dem Obertribunal besteht außer den 5 Civilsenaten ein Senat für Strafsachen, welcher in mehrere Abtheilungen zerfällt. Zur Abfassung gültiger Beschlüsse ist die Anwesenheit von 7 Mitgliedern erforderlich. Ueber streitig gewordene Rechtsfragen erfolgt die Entscheidung des Plenums unter Mitwirkung der Mitglieder aller Senate nach Anhörung des General-Staatsanwalts. Beschließt ein Senat die Abweichung von einem früher adoptirten Rechtsgrundsatze, so ist demselben unbenommen, die Entscheidung der Rechtsfrage an das Plenum zu bringen. Das Plenum entscheidet auf Vortrag zweier Referenten, bei Abweichungen von einem früheren Beschlusse desselben hat der letzte die Kraft eines ersten Beschlusses.

Die Entscheidung einer Strafsache erfolgt durch die vereinigten Abtheilungen des Senats für Strafsachen unter Mitwirkung von mindestens 11 Mitgliedern.

1) wenn es sich um eine Beschwerde oder Nichtigkeitsbeschwerde wider den Staatsgerichtshof handelt,
2) wenn eine Abtheilung von einem durch sie selbst, oder durch die andere Abtheilung adoptirten Rechtsgrundsatz, oder einer bis dahin erfolgten Auslegung oder Anwendung einer gesetzlichen Vorschrift abzugehn beschließt,
3) wenn eine Abtheilung wegen der Wichtigkeit oder Zweifelhaftigkeit einer Sache deren Verweisung an die vereinigten Abtheilungen für angemessen hält, oder wenn der General-Staatsanwalt mit Ermächtigung des Justizministers darauf anträgt**).

§. 16.

3. Ernennung und Qualification der Richter.

Die Präsidenten und Räthe des Ober-Tribunals und der Appellationsgerichte, so wie die Directoren und Räthe der Kreis- und Stadtgerichte werden vom Könige, die übrigen Mitglieder der Gerichte vom Justizminister ernannt***).

*) Ges. v. 30. April 1851. Ges.-S. S. 188.

**) K.-O. v. 1. Aug. 1836. Ges.-S. S. 218. Ges. v. 7. Mai 1856. Ges.-S. S. 293.

***) Verordn. v. 3. Jan. 1849 §. 36.

Zur Bekleidung jeder Richterstelle ist die Ablegung der dritten juristischen Staats-Prüfung erforderlich. Referendare (welche die zweite Prüfung bestanden) können nur zeitweise als Hülfsrichter bei den Gerichten I. Instanz fungiren, wenn ihnen vom Appellationsgericht diese Funktion übertragen wird*).

Niemand kann etatsmäßiges Mitglied eines Appellationsgerichts werden, welcher nicht mindestens 4 Jahre bei einem Kreis- oder Stadtgerichte als Richter oder definitiv als Staatsanwalt angestellt gewesen ist. Dagegen können Assessoren (welche die dritte Prüfung bestanden) vorübergehend als Hülfsrichter bei dem Appellationsgericht fungiren. Eine etatsmäßige Richterstelle bei dem Ober-Tribunal kann Niemand bekleiden, welcher nicht mindestens 4 Jahre als Richter oder Ober-Staatsanwalt bei einem Appellationsgericht fungirt hat.

Die vierjährige Bekleidung einer ordentlichen juristischen Professur an einer inländischen Universität ersetzt die für Richter angeordneten Staatsprüfungen, und die Verwaltung der unteren Richterstellen**).

Außer den Eigenschaften, welche durch den Nachweis der Befähigung und die Berufung zum Amte verbürgt werden, wird das Vertrauen zu einer gewissenhaften Erfüllung der Berufspflichten durch die eidliche Verpflichtung des Richters wesentlich bestärkt. Es genügt aber nicht daß der Richter im Allgemeinen die erforderlichen Eigenschaften besitze, sondern er muß auch in jedem einzelnen Falle völlig unverdächtig sein. Treten Verhältnisse oder Umstände ein, welche geeignet sind, die nothwendige Unbefangenheit des Richters in einer speciellen Sache auch nur zweifelhaft zu machen, so liegt es ihm ob, sich in dieser Sache der Amtsthätigkeit zu enthalten. Solche Umstände sind in der A. G.-O. Th. I. Tit. 2. §. 143., worauf die K.-O. §. 47. verweist, näher specificirt: Interesse am Ausfalle des Processes, nahes Verwandtschafts- und Schwägerschaftsverhältniß zum Angeklagten, Rathertheilung an ihn, offenbare Feindschaft mit demselben, Berufung des Richters zum Zeugniß in der anhängigen Sache. Ebenso kann der Richter, welcher in einer Untersuchungssache die Staatsanwaltschaft vertreten hat, in einer späteren Verhandlung in derselben Sache nicht als Richter mitwirken***). Dagegen

---

*) G.-A. B. 1. S. 530.

**) Verordn. v. 2. Jan. 1849 §. 37. Ges. v. 26. April 1851 Art. 15.

***) G.-A. B. 3. S. 253, B. 4. S. 219.

hindert Verwandtschaft mit dem Damnificaten nicht, als Richter mitzuwirken*). Auch kann der Untersuchungsrichter in den von ihm instruirten Sachen an der Verhandlung und Entscheidung theilnehmen**). Sind solche Umstände vorhanden, aus denen der Richter sich der Sache nicht unterziehn darf, so können auch der Staatsanwalt und der Angeklagte unter Bescheinigung des Behinderungsgrundes auf Recusation antragen. Der bloße Perhorreszenzeid genügt nicht***). Werden nur einzelne Gerichtsmitglieder recusirt, und ist das Gericht ein außer den Recusirten noch zahlreich genug besetztes Collegium, so ist das Gesuch bei dem Vorsitzenden einzureichen, welcher bei klarer Sachlage den betreffenden Richter von der Mitwirkung in der fraglichen Angelegenheit auszuschließen, andrenfalls nach Vernehmung des betheiligten Richters und nach erhobenem Beweise die Beschlußnahme des Collegiums zu bewirken hat. Wird das ganze Gericht, oder der Director, oder werden so viele Mitglieder recusirt, daß die gesetzliche Zahl nicht mehr gestellt werden kann, so entscheidet über das Recusationsgesuch die vorgesetzte Instanz, und verweist, falls sie dasselbe für begründet hält, die Sache an ein anderes Gericht†).

§. 17.

4. Unabhängige Stellung der Richter.

Schon oben wurde erwähnt, daß die Gerichte keiner anderen Autorität als der des Gesetzes unterworfen sind††). Sie werden auf ihre Lebenszeit ernannt und können nur durch Richterspruch aus Gründen, welche die Gesetze vorgesehn haben, ihres Amts entsetzt werden. Die Amtssuspension kommt nur noch als vorläufige Maaßregel im gewöhnlichen Strafverfahren oder im Disciplinarstrafverfahren vor. Die unfreiwillige Versetzung an eine andere Stelle oder in den Ruhestand können nur aus den Ursachen und unter den Formen welche im Gesetze angegeben sind und nur auf Grund eines richterlichen Beschlusses erfolgen, es sei denn daß Veränderungen in der Organisation der Gerichte oder

---

*) G.-A. B. 1. S. 190.

**) G.-A. B. 3. S. 665.

***) Allg. G.-O. Th. 1. Tit. 2. §. 143 u. 144.

†) Koch, Civilprozeß S. 140. Ges. v. 26. April 1851. Art. 5. J.-M.-Bl. pro 1850. S. 380.

††) Verf.-Urk. §. 86.

ihrer Bezirke die Versetzung nöthig machen*). Nur im gesetzlich geregelten Disciplinarstrafverfahren können Disciplinarstrafen gegen Richter verhängt werden, im Aufsichtswege kann ihnen lediglich eine Mahnung zugehn. Die Bestimmung, daß Richter keine Nebenämter bekleiden dürfen, ist durch das Ges. v. 26. März 1856 wieder aufgehoben. Zur Uebernahme eines Nebenamts gehört aber die Genehmigung der vorgesetzten Centralbehörde (K.-O. v. 30. Juli 1839.).

§. 18.

5. Vom Gerichtsschreiber.

In den Sitzungen der Gerichte sowie bei allen gerichtlichen Verhandlungen muß ein vereideter Gerichtsschreiber zugezogen werden**). Die Function eines Gerichtsschreibers erfordert formell die Qualification eines Criminal-Actuarius, oder Criminal-Protocollführers, ist aber bei ihrer Wichtigkeit für die mündlichen Verhandlungen vor dem Collegium nur solchen Beamten zu übertragen, welche sich durch tüchtige Leistungen besonders auszeichnen***). Die Gerichtsschreiber gehören zu den Subalternbeamten des Gerichts, müssen eine besondere Prüfung bestehn und werden vom ersten Präsidenten des Appellationsgerichts ernannt. Die Verrichtungen der Gerichtsschreiber können auch von Referendarien und Auscultatoren, welche die erste Prüfung bestanden haben, wahrgenommen werden†).

§. 19.

6. Von den Neben-Personen der Strafgerichte.

Zur Verwaltung des Büreaudienstes, zur Beaufsichtigung der Gefängnisse, zur Ausführung richterlicher Befehle und zur Aufrechthaltung der äußeren Ordnung im Gerichtslocal, sind dem Gerichte gewisse Personen untergeordnet und bei demselben angestellt, deren Dienstleistungen

---

*) Verf.-Urk. Art. 87. Ges. v. 7. Mai 1851 §. 44. u. 46. Ges.-S. S. 218. Ges. v. 26. März 1856. Ges.-S. S. 201. Ges. v. 7. Mai 1851 §. 13. u. 17.

**) K.-O. §. 34. Ges. v. 3. Mai 1852 Art. 120. Verordn. v. 3. Jan. 1849 §. 38. Ges. v. 3. Mai 1853 Art. 52. G.-A. B. 5. S. 532.

***) K.-O. §. 38. Verfügung v. 14. Nov. 1852. J.-M.-Bl. S. 386.

†) Ges. v. 21. April 1851 Art. 15.

zur Förderung der Strafrechtspflege beitragen. Dahin gehören Gerichtsdiener, Gefangenwärter und Gefangen-Inspectoren.

§. 20.

7. Von der Zusammensetzung des Schwurgerichts.

Bei dem Schwurgericht lassen sich zwei Bestandtheile, das rechtsgelehrte und das volksthümliche Element, der Schwurgerichtshof und die Geschwornen unterscheiden.

Der Schwurgerichtshof besteht aus einem Vorsitzenden des Schwurgerichts, 4 beisitzenden Richtern und einem Gerichtsschreiber. Die Kreis- und Stadtgerichte bei denen das Schwurgericht zusammentritt, sind ein für allemal bestimmt, und diese haben die Beisitzer und den Gerichtsschreiber zu stellen, während die Vorsitzenden des Schwurgerichts für jeden Appellationsgerichtsbezirk aus der Zahl der in demselben angestellten Richter von dem Justizminister auf ein Jahr ernannt werden, deren Auswahl für die einzelne Sitzungsperiode aber vom ersten Präsidenten des Appellationsgerichts ausgeht*). In die vom Justizminister entworfene Jahresliste kann hienach jeder Richter aufgenommen werden, Zweckmäßigkeitsgründe aber sprechen dafür daß zu Assisenpräsidenten meistens nur Mitglieder der Appellationsgerichte oder Directoren der Stadt- und Kreisgerichte bestellt werden, und daß diejenigen von ihnen, welche sich bewährt haben, wieder gewählt werden**). Bei dem großen Einfluß des Präsidenten auf den Ausspruch der Geschwornen muß auch seine äußere Stellung eine hohe und würdige sein, er muß nicht bloß durch seine Qualification sondern auch vermöge seines amtlichen Characters eine hervorragende Stellung einnehmen.

Wenn auch der von diesem Gesichtspuncte ausgehende Gesetzesvorschlag, nur Mitglieder des Ober-Tribunals durch Königliche Verordnung zu Assisenpräsidenten ernennen zu lassen, abgelehnt worden ist, so darf doch der Gesichtspunct auch bei der bestehenden Einrichtung nicht unbeachtet bleiben, es wird vielmehr darauf zu sehen sein, auch die äußere Stellung des Vorsitzenden möglichst zu heben.

Die Mitglieder des Appellationsgerichts sind von der Uebernahme

---

*) Ges. v. 3. Mai 1852 Art. 52. Materialien zur Verordn. v. 3. Jan. 1849 und zum Ges. v. 3. Mai 1852. S. 101, 107, 468. Berlin 1852.

**) Geschäftsregulativ v. 17. Sept. 1850 §. 12.

des Vorsitzes in solchen schwurgerichtlichen Anklagesachen in denen sie bei dem Beschlusse über die Versetzung in den Anklagestand thätig gewesen sind, nicht ausgeschlossen, da die schwurgerichtliche Verhandlung und Entscheidung sich zu jenem Beschlusse nicht wie zwei Instanzen zu einander verhalten, vielmehr nur den Fortschritt des Processes in einer und derselben Instanz darstellen*).

Bei längeren Verhandlungen oder wo sonst die Besorgniß obwaltet, daß Hindernisse in der Person der Mitglieder des Schwurgerichtshofs eintreten möchten, kann ein Ergänzungsrichter zugezogen werden. Dies muß aber vor Beginn der Verhandlung geschehn, weil die erforderliche Zahl von fünf Richtern während der Verhandlung durch keinen Richter ergänzt werden darf, welcher nicht von Anfang an zugezogen war, sollte er auch als Zuhörer schon gegenwärtig gewesen sein**). Der Vorsitzende des Schwurgerichts wird im Falle der Verhinderung, wenn diese vor Beginn der Verhandlung eintritt, durch den Präsidenten oder Director des Gerichts, bei welchem das Schwurgericht abgehalten wird, oder durch dessen Stellvertreter ersetzt, insofern nicht schon ein anderer Stellvertreter für ihn durch den Präsidenten des Appellationsgerichts bezeichnet worden ist.

Tritt dagegen während einer bereits begonnenen Hauptverhandlung eine Verhinderung des Vorsitzenden ein, so wird derselbe, falls ein Ergänzungsrichter zugezogen ist, und der Gerichtshof dessenungeachtet die Vertagung der Verhandlung nicht nothwendig findet, durch den dem Dienst-Alter nach ältesten der beisitzenden Richter vertreten.

Wenn der Schwurgerichtshof nicht versammelt ist, werden die Functionen desselben vom Kreisgerichte wahrgenommen, wo die Schwurgerichtssitzungen stattfinden. Zu Collegialbeschlüssen bedarf es alsdann nur der Mitwirkung von drei Richtern, obgleich der Schwurgerichtshof selbst mit fünf Mitgliedern besetzt ist***).

Die Ausübung der Functionen eines Geschworenen hat das Gesetz an bestimmte theils positive, theils negative Qualitäten geknüpft.

Danach kann zum Geschworenen nur berufen werden, wer die Eigenschaft eines Preußen besitzt, 30 Jahr alt ist, im Vollgenusse der bürger-

*) G.-A. B. 1. S. 684. B. 4. S. 665.

**) Ges. v. 3. Mai 1852 Art. 54. G.-A. B. 1. S. 350.

***) Ges. v. 3. Mai 1852 Art. 53.

lichen Ehrenrechte sich befindet, lesen und schreiben kann, und wenigstens ein Jahr in der Gemeinde, in welcher er sich aufhält, seinen Wohnsitz hat*).

Zu Geschworenen können dagegen nicht berufen werden:

1) Die Minister und Unterstaatssecretäre,

2) die richterlichen Beamten, die Staatsanwälte und deren Gehülfen,

3) die Regierungspräsidenten, Provinzial-Steuer-Directoren, Landräthe, Polizeipräsidenten, Polizeidirectoren,

4) die im activen Dienste befindlichen Militärpersonen,

5) die Religionsdiener aller Confessionen,

6) die Elementarschullehrer,

7) Dienstboten,

8) diejenigen, welche 70 Jahr alt sind,

9) diejenigen, welche nicht der classificirten Einkommensteuer unterworfen sind, oder welche nicht wenigstens 16 Thaler jährlich an Klassensteuer, oder 20 Thaler an Grundsteuer (ausschließlich der Beischläge) oder 24 Thaler an Gewerbesteuer entweder entrichten, oder unter Voraussetzung des Bestehens einer dieser Arten der Besteuerung nach ihren Verhältnissen zu entrichten haben würden.

Ohne Rücksicht auf diese Steuersätze sind jedoch wählbar als Geschworene, die Rechtsanwälte und Notarien, die Professoren, die approbirten Aerzte und diejenigen Beamten, welche entweder vom König unmittelbar ernannt sind, oder ein Einkommen von wenigstens 500 Thaler jährlich beziehn, und nicht zu den oben ausgeschlossenen Kategorien gehören**). Polizeianwälte, da sie wenn auch zur Staatsanwaltschaft im weiteren Sinn, doch nicht zu den im Gesetze speciell aufgeführten Staatsanwälten und deren Gehülfen gehören, können zu Geschworenen berufen werden. Den Kassenbeamten darf das Recht als Geschworene zu fungiren nicht verkümmert werden, die Regierungspräsidenten sollen indeß den Vorgesetzten der einzuberufenden Beamten rechtzeitige Mittheilung von der Aufnahme derselben in die Geschworenenliste machen, damit wegen ihrer Stellvertretung Anordnung getroffen werden könne***).

---

*) Verordn. v. 3. Jan. 1849 §. 62.

**) Verordn. v. 3. Jan. 1849 §. 63. Ges. v. 2. Mai 1852 Art. 55.

***) Verfügung v. 24. Aug. 1849 (M.-Bl. f. d. Verw. S. 189.)

Die Räthe bei den Auseinandersetzungsbehörden sind den richterlichen Beamten gleichgestellt und können daher nicht zu Geschworenen berufen werden, Oekonomie-Commissarien sind dagegen wählbar*). Die Entscheidung darüber ob das Einkommen eines Beamten, insoweit davon die Berufung desselben als Geschworener abhängig ist, mindestens 500 Thaler betrage, steht der Verwaltung zu**). Ueberhaupt hat der Mangel der genannten positiven und negativen gesetzlichen Qualitäten regelmäßig keine Nichtigkeit des Verfahrens zur Folge, und kann deshalb darüber auch nur im Wege der Reclamation vor den Verwaltungsbehörden und nicht vor den Gerichten verhandelt werden. Nur die Mitwirkung eines Geschworenen, welcher die Eigenschaft eines Preußen nicht hat, oder sich nicht im Vollgenuß der bürgerlichen Ehre befindet, macht ausnahmsweise das Verfahren nichtig, und kann daher die Erörterung hierüber auch noch vor den Gerichten stattfinden***).

Für die Organisation des Schwurgerichts sind von besonderer Wichtigkeit die Bestimmungen über die Bildung der Urlisten, Jahreslisten und Dienstlisten der Geschworenen, weil diese Bestimmungen darauf abzielen, die Auswahl geeigneter Geschworener für eine bestimmte Sitzungsperiode zu verbürgen.

Bildung der Urlisten. Für jeden landräthlichen Kreis wird alljährlich im Monat September durch den Landrath und für jede Stadt, welche zu keinem landräthlichen Kreise gehört durch den Magistrat, und da wo kein Magistratscollegium besteht, durch den Vorstand der Gemeindeverwaltung eine Urliste angelegt, welche nach Vor- und Zunamen, Stand, Alter und Wohnort in alphabetischer Ordnung und unter fortlaufenden Nummern diejenigen Personen enthält, welche zu Geschworenen berufen werden können. Auf die Anfertigung dieser Listen ist alle Sorgfalt zu verwenden, damit nicht Personen aufgenommen werden, denen von Anfang an die gesetzliche Qualification gemangelt, oder welche dieselbe neuerdings verloren, oder gar verstorben sind†). Die Urliste muß

---

*) Verfügung v. 30. Decemb. 1849. M.-Bl. f. d. Verw. S. 265. Verfügung v. 8. April 1850. M.-Bl. f. d. Verw. S. 106.

**) J.-M.-Bl. pro 1851 S. 292. Materialien S. 510.

***) Materialien S. 114. Ges. v. 3. Mai 1852 Art. 56. G.-A. B. 1. S. 683, B. 3. S. 240. J.-M.-Bl. pro 1851 S. 293.

†) Verordn. v. 3. Jan. 1849 §. 64. Verfügung v. 2. Mai 1850. Verw. M.-Bl. S. 131.

an einem öffentlich bekannt zu machenden Orte drei Tage lang zu Jedermanns Einsicht offen gelegt werden*). Behauptet Jemand ohne Grund übergangen oder ohne Berücksichtigung des Befreiungsgrundes eingetragen zu sein, so hat er seine Einwendungen binnen der dreitägigen Frist zu Protocoll anzumelden. Erachtet die Behörde, welcher die Aufstellung der Liste oblag, die Einwendungen für begründet, so erfolgt die nachträgliche Eintragung oder Löschung binnen drei Tagen nach Ablauf der dreitägigen Einwendungsfrist.

Die Kreislandräthe und beziehungsweise die Vorsteher der Gemeindeverwaltung haben die abgeschlossenen Urlisten dem Präsidenten der Regierung, in deren Bezirke sie aufgenommen sind, einzusenden, nachdem sie zuvor über die Qualification der darin aufgenommenen Personen zu dem Berufe der Geschworenen mit den Directoren der betreffenden Gerichte erster Instanz Rücksprache genommen, und die von Letzteren gemachten Bemerkungen in die Listen eingetragen haben.

Bildung der Jahreslisten. Der Regierungs-Präsident fertigt aus den eingegangenen Urlisten für jeden Schwurgerichtsbezirk eine besondere Jahresliste derjenigen von ihm auszuwählenden Personen aus diesem Bezirke an, welche er zur Function der Geschworenen für das bevorstehende Geschäftsjahr geeignet erachtet. Außerdem wird von ihm eine Liste von geeigneten Ergänzungsgeschworenen aus den Personen zusammengestellt, welche am Sitze des Schwurgerichts oder in dessen nächster Umgebung wohnen, und deren Zahl von ihm nach seinem Ermessen zu bestimmen ist. Liegt ein Schwurgerichtsbezirk in mehreren Regierungsdepartements, so entscheidet der Sitz des Schwurgerichts darüber, welchem Regierungs-Präsidenten die Urlisten einzusenden sind, und die Aufstellung der Geschworenenlisten obliegt.

In den Hohenzollernschen-Fürstenthümern gelten hinsichtlich der gesetzlichen Qualificationsgründe zum Geschworenendienst folgende Abweichungen:

Mit Rücksicht auf die Steuerquote können diejenigen berufen werden, welche im Fürstenthum Hechingen an Grund-Gebäude-Kapitalien-Besoldungs- und Patentsteuer, im Fürstenthum Sigmaringen an Grund-Gefäll-Gebäude-Gewerbe-Kapitalien- und Dienstvertragssteuer einen directen Steuersatz von wenigstens 20 Gulden oder 11 Thaler 12⁶⁄₇ Sgr.

*) Verordn. v. 3. Jan. 1849 §. 65.

entrichten. Bei den Beamten in den Fürstenthümern steht ein Gehalt von 800 Gulden einem Gehalte von 500 Thalern in den übrigen Landestheilen gleich.

Dem Oberamtmann in den Fürstenthümern sind die Functionen der Kreislandräthe behufs Feststellung der Geschworenenlisten übertragen*).

Bildung der Dienstlisten. Vierzehn Tage vor dem Beginne jeder Sitzungsperiode des betreffenden Schwurgerichts sendet der Regierungs-Präsident ein Verzeichniß von 48 aus der Jahresliste herausgezogenen Personen an das am Sitze des Schwurgerichts befindliche Gericht. Die Ergänzungsliste wird dem Gerichte vor dem Anfange des Geschäftsjahrs zum Gebrauche während des Laufes desselben besonders übersendet. Der Vorsitzende des Schwurgerichts und bei dessen Behinderung der Director des Gerichts bei dem das Schwurgericht abgehalten wird, reducirt jene Anzahl von 48 durch Auswahl der nach seinem Ermessen geeigneten Personen auf 30. Diese 30 Personen sind zu Geschworenen bei dem Schwurgerichte für die betreffende Sitzungsperiode berufen**). Die festgestellte Dienstliste ist auch dem Staatsanwalte beim Schwurgericht in Abschrift mitzutheilen***).

Personen welche als Geschworene an den Verhandlungen wirklich theilgenommen haben, sollen ein Jahr lang, nachdem sie dem Geschworenendienste genügt haben, von diesem Dienste frei bleiben, wenn sie nicht in ihre Einberufung willigen†). Da aber diese Jahresfrist nicht mit dem Geschäftsjahr, wofür die Jahreslisten aufgestellt werden, zusammenfällt, so können solche Personen in die Listen für das nächste Geschäftsjahr wieder aufgenommen werden, dagegen sind sie in die Dienstliste nicht mitaufzunehmen, und haben dafür sowohl der Regierungs-Präsident, wie der Vorsitzende des Schwurgerichts zu sorgen. Geschieht es dennoch so wird der Einberufene, da es sich hier nicht um einen gesetzlichen Qualificationsgrund, (worüber die Verwaltungsbehörden regelmäßig entscheiden,) sondern um einen Dispensationsgrund handelt, seine Entlassung noch vom

*) Ges. v. 30. April 1851. Ges.-S. S. 189. Verordn. v. 7. Jan. 1852. Ges.-S. S. 37.

**) Verordn. v. 3. Jan. 1849 §. 67 u. 68. Ges. v. 3. Mai 1852 Art. 58. G.-A. B. 1. S. 188.

***) Verfügung v. 13. April 1850. J.-M.-Bl. S. 128.

†) Verordn. v. 3. Jan. 1849 §. 68.

Gerichte verlangen dürfen. Ein gleiches Recht steht auch den Ergänzungsgeschworenen zu, welche zum Dienste für eine ganze Sitzungsperiode herangezogen sind*). Die Bildung des Schwurgerichts für den einzelnen Fall ist ein Bestandtheil des Verfahrens und wird dort näher erörtert werden.

§. 21.

8. Von der Staatsanwaltschaft. Organisation und Geschäftsverwaltung.

Die Staatsanwaltschaft ist ein Organ der Staatsregierung für die Wahrnehmung des öffentlichen Interesses in den durch die Gesetze näher bestimmten Angelegenheiten**). Im Strafverfahren vereinigt die Staatsanwaltschaft in sich die Eigenschaft eines öffentlichen Anklägers und eines Vertreters des Gesetzes. In der ersten Eigenschaft ist sie berufen die öffentliche Klage gegen den Verbrecher anzustellen, in ihrer zweiten Eigenschaft aber hat sie den Beruf darüber zu wachen, daß im Strafverfahren den gesetzlichen Vorschriften überall genügt werde***). In dieser Schrift kann selbstverständlich nur von den strafrechtlichen Amtsverrichtungen der Staatsanwaltschaft die Rede sein, ihre anderweitigen Attribute können nach der uns vorliegenden Aufgabe hier nicht berührt werden.

Bei jedem Appellationsgericht ist ein Ober-Staatsanwalt angestellt, bei den Stadt- und Kreisgerichten fungiren Staatsanwälte, von denen Einer entweder für einen oder mehrere Untergerichts-Bezirke bestellt ist. Außerdem sind Polizeianwälte, welche auch zu den Beamten der Staatsanwaltschaft im weiteren Sinne gehören, regelmäßig an allen Orten bestellt, wo ein Kreis- oder Stadtgericht, eine Gerichts-Deputation oder Gerichts-Commission ihren Sitz hat. Der Polizeianwalt versieht die Geschäfte der Staatsanwaltschaft in den vor den Einzelrichter gehörigen Strafsachen†). Dem Ober-Staatsanwalt, wie dem Staatsanwalt sind

*) Verfügung des Minist. des Inneren v. 29. Juli 1850. M.-Bl. f. d. Verw. S. 209. G.-A. B. 1. S. 36. Materialien S. 420. Verfügung v. 13. April 1850. J.-M.-Bl. S. 128.

**) Geschäftsregulativ v. 13. Nov. 1849. J.-M.-Bl. S. 460.

***) Verordn. v. Jan. 1849 §. 2. u. 6. Paschke über Geschäftsverwaltung der Staatsanwaltschaft Frankfurt a. O. 1854.

†) Verordn. v. 3. Jan. 1849 §. 28. Instruction f. d. Polizeianwälte v. 24. Nov. 1852 §. 1. J.-M.-Bl. pro 1853 S. 10.

soweit das Bedürfniß es erfordert Gehülfen beigeordnet*). Die Verrichtungen der Staatsanwaltschaft bei dem Ober-Tribunal werden durch einen General-Staatsanwalt und eine dem Bedürfnisse entsprechende Zahl von Vertretern desselben wahrgenommen. Die Letzteren führen den Titel Ober-Staatsanwalt**).

Die Geschäftsverwaltung ist büreaucratisch und wird auch da, wo dem Staatsanwalt Gehülfen zur Seite stehen, denen der Titel eines Staatsanwalts beigelegt werden kann, keine collegialische. Dem Ober-Staatsanwalt steht die Befugniß zu die Function der Staatsanwaltschaft auch bei den Gerichten erster Instanz seines Amtsbezirks selbst oder durch einen seiner Gehülfen zu übernehmen, wenn er dies für zweckmäßig erachtet. Die Gehülfen des Staatsanwalts stehen unter seiner Aufsicht, sie müssen dessen Anweisungen Folge leisten, sind aber überall, wo sie für ihn auftreten, zu allen Verrichtungen desselben berechtigt***). Eine selbstständigere Wirksamkeit in ihrem Geschäftskreise haben diejenigen Gehülfen, welche sich nicht an dem Wohnorte des Staatsanwalts befinden, doch liegt auch ihnen die Verpflichtung ob bei Erhebung wichtiger Anklagen und bei Anbringung von Rechtsmitteln und Beschwerden in zweifelhaften Fällen die Ansicht des Staatsanwalts einzuholen und seiner Anweisung nachzukommen. Die einzelnen Staatsanwalte sind verpflichtet und berechtigt, auch in solchen Sachen mitzuwirken, die nicht zur Competenz derjenigen Gerichte, bei denen sie fungiren, gehören, um dem allgemeinen amtlichen Berufe der Staatsanwaltschaft innerhalb ihres Sprengels zu genügen†).

Da keine Audienzverhandlung in Strafsachen ohne die Gegenwart eines Staats- resp. Polizeianwalts oder eines Substituten desselben stattfinden darf††), so sind für die Vertretung in Behinderungsfällen besondere Vorschriften ergangen. Der Ober-Staatsanwalt hat im Falle seiner Behinderung, wenn ihm nicht ein Substitut besonders beigegeben, oder ein solcher in der Person des Staatsanwalts des am Orte befindlichen Gerichts erster Instanz ein für allemal bestellt ist, in der Regel den letzteren zu seinem Vertreter zu bestimmen. Sind andere Beamte

*) Verordn. v. 3. Jan. 1849 §. 2.

**) Ges. v. 17. März 1852. §. 6. G.-S. S. 74.

***) Verordn. v. 3. Jan. 1849 §. 2 u. 10.

†) Geschäftsregulativ §. 2.

††) Verfügung v. 14. April 1849. J.-M.-Bl. S. 228.

der Staatsanwaltschaft verhindert, so muß der Ober-Staatsanwalt für deren Vertretung Vorsorge treffen. In der Regel ist dieselbe einem anderen am Orte befindlichen oder benachbarten Mitgliede der Staatsanwaltschaft zu übertragen. Sollte kein solcher Beamter disponibel sein, so wird regelmäßig von dem Präsidenten des Appellationsgerichts mit Zustimmung des Ober-Staatsanwalts einer der Richter zur Aushülfe abgeordnet, doch ist es nicht unzulässig daß in einzelnen Behinderungsfällen der Staatsanwalt durch einen vom Ober-Staatsanwalt zu solcher Vertretung autorisirten Referendar vertreten wird*). Tritt bei Gerichten erster Instanz eine Verhinderung im Laufe einer Sitzung oder bei Angelegenheiten ein, welche keinen Ausschub leiden, so hat der Vorstand des Gerichts aus der Zahl der Richter der zweiten Abtheilung oder der Referendarien sogleich einen Vertreter abzuordnen.

Wegen Stellvertretung eines Polizeianwalts erfolgt die Anordnung durch den Regierungs-Präsidenten nach vorgängigem Einvernehmen mit dem Ober-Staatsanwalt**). Da die Staatsanwaltschaft eine von den Gerichten unabhängige coordinirte Behörde ist***), so haben die Gerichte im Geschäftsverkehr mit derselben solche Formen zu beobachten, welche dem Verhältnisse zu einer anderen Behörde, die nicht die Stellung einer Parthei einnimmt, entsprechen†). Beide Behörden haben sich ferner bei Erledigung der ihnen obliegenden Geschäfte innerhalb ihres Ressorts die bereiteste Unterstützung zu gewähren und den gegenseitigen Requisitionen Folge zu leisten. So wenig der Staatsanwaltschaft zusteht, Amtshandlungen oder Ansichten der Gerichte einer Kritik zu unterwerfen, es sei denn in Beschwerden und Rechtsschriften, ebenso wenig ist den Gerichten gestattet, Amtshandlungen und Ansichten der Staatsanwaltschaft einer solchen Beurtheilnng zu unterwerfen, es sei denn in Beschlüssen und Erkenntnissen. Die Kommunication der speciellen Sachen mit den Gerichten und sonstigen Behörden geschieht von den Beamten der Staatsanwaltschaft unmittelbar, über allgemeine Fragen und Angelegenheiten dagegen durch den Ober-Staatsanwalt††). Der Geschäftsverkehr mit den Gerichten ist überall so zu ordnen, daß so viel als möglich durch

*) Geschäftsregulativ §. 6. G.-A. B. 3. S. 402 u. 675.

**) Instr. v. 24. Nov. 1852 §. 2.

***) Geschäftsregulativ §. 7.

†) Verfügung v. 21. April 1853. J.-M.-Bl. S. 166.

††) Verfügung v. 14. Decbr. 1849 I. 4816.

mündliche Rücksprache erledigt und unnöthige Schreiberei vermieden wird. Requisitionen sind in der Regel durch Marginal-Anschreiben zu erlassen. Die Vorlegung und Verabfolgung der Acten an die Staatsanwaltschaft auf deren Verlangen ist den Gerichten und Polizeibehörden zur Pflicht gemacht. Verfügungen und Beschlüsse der Gerichte werden der Staatsanwaltschaft urschriftlich und nur auf Verlangen in Abschrift mitgetheilt*). Differenzen zwischen den Gerichten und Staatsanwalten sind von dem Präsidenten des Appellationsgerichts und dem Ober-Staatsanwalt gemeinschaftlich zu erledigen, und wenn eine Vereinigung zwischen den letzteren nicht erreicht werden sollte, in einem gemeinschaftlichen Berichte zur Entscheidung des Justizministers zu bringen**). Im Geschäftsverkehr mit dem Ober-Staatsanwalt ist den Staatsanwälten zwar nachgelassen sich der Marginal-Anschreiben zu bedienen***), doch dürfte die Form expedirter Schreiben hier angemessener sein, der Geschäftsverkehr mit dem Ober-Tribunal geschieht nur in expedirter Form†). Untereinander haben die Staatsanwälte sich gegenseitig bereitwilligst zu unterstützen.

Für ein angemessenes Geschäftslocal mit den erforderlichen Utensilien haben die Gerichte zu sorgen, auch haben sie zur Verrichtung der Subaltern- und Botengeschäfte dem Staatsanwalt bestimmte Beamte zur Verfügung zu stellen, und die Mitbenutzung der gerichtlichen Asservatorien und Depositorien der Staatsanwaltschaft zu gestatten††).

§. 22.

9. Ernennung und Qualification der Beamten der Staatsanwaltschaft.

Die Ernennung des General-Staatsanwalts, der Ober-Staatsanwälte und der Staatsanwälte erfolgt durch den König auf Antrag des Justizministers. Die Staatsanwaltsgehülfen ernennt der Justizminister†††),

*) Geschäftsregulativ §. 8.

**) Geschäftsregulativ §. 7.

***) l. c. §. 8.

†) Verfügung v. 14. April 1851. J.-M.-Bl. S. 167.

††) Geschäftsregulativ §. 9 u. 10. Verordn. v. 15. Decbr. 1850. J.-M.-Bl. S. 433. Verordn. v. 21. Mai 1850. I. 2060.

†††) Ges. v. 26. April 1851. Art. 14. Verordn. v. 3. Jan. 1849. §. 2 u. 3.

die Polizeianwälte werden vom Regierungs-Präsidenten nach Anhörung des Ober-Staatsanwalts commissarisch bestellt. Gewöhnlich werden die Bürgermeister in den Städten dazu ausersehn, aber auch einem Staatsanwalt können die Functionen des Polizeianwalts übertragen werden*). Die verwaltenden Forstbeamten können zu Polizeianwalten sowohl in Betreff der Diebstähle am stehenden Holze, wie auch für alle anderen in ihren Revieren begangenen Uebertretungen bestellt werden**).

Zur Bekleidung einer Staatsanwaltsstelle ist die Ablegung der dritten juristischen Staatsprüfung erforderlich. Die Referendariatsprüfung qualificirt nur zur Function eines Gehülfen der Staatsanwaltschaft***), die Qualification als Polizeianwalt ist von diesen Prüfungen unabhängig.

Die Vorschriften über die Recusation richterlicher Beamten finden auf die Beamten der Staatsanwaltschaft keine Anwendung; über die Frage der persönlichen Behinderung hat nur die vorgesetzte Behörde nicht das Gericht zu entscheiden†).

§. 23.

10. Stellung der Staatsanwaltschaft als Behörde.

Schon oben wurde erwähnt, daß die Staatsanwaltschaft von den Gerichten unabhängig und der Aufsicht und Direction derselben nicht unterworfen ist. Beide verfolgen die nämlichen Zwecke und haben die gemeinsame Verpflichtung durch ein verständiges Zusammenwirken das ihnen gesetzte Ziel auf die bestmögliche Weise zu erreichen††). Die Beamten der Staatsanwaltschaft gehören nicht zu den richterlichen Beamten, wohl aber zu den Beamten der Justizverwaltung. Dieselben stehen sämmtlich unter der Aufsicht und Leitung des Justizministers. In jedem Appellationsgerichtsbezirke sind sie mit Einschluß der Polizeianwälte der Aufsicht und Leitung des Ober-Staatsanwalts untergeben. Seinen Anweisungen müssen sie Folge leisten und die Ansichten des Staatsan-

*) Verordn. v. 3. Jan. 1849. §. 28.

**) Ges. v. 2. Juni 1852. §. 26. Ges.-S. S. 305. Verfügung v. 12. Febr. 1853. J.-M.-Bl. S. 167.

***) Ges. v. 26. April 1851. Art. 15.

†) G.-A. B. 2. S. 812.

††) Verordn. v. 3. Jan. 1849. §. 3. Verfügung v. 19. Mai 1853. G.-A. B. 2. S. 799.

walts über Einleitung der Untersuchung unterliegen der Abänderung durch den Ober-Staatsanwalt*).

Beschwerden über die Amtsverwaltung der Staatsanwälte und der selbstständig fungirenden Gehülfen**), so wie der Polizeianwälte gehen zunächst an den Ober-Staatsanwalt und in letzter Instanz gleich den Beschwerden über die Amtsführung der Ober-Staatsanwälte an den Justizminister. Wenn ein Staats- oder Polizeianwalt wegen einer der richterlichen Cognition entzogenen Amtshandlung in Anspruch genommen wird, steht dem Ober-Staatsanwalt die Erhebung des Competenzconflicts zu***). Die Disciplinarbefugnisse, wie das Verfahren wegen Disciplinarvergehn richten sich bei der Staatsanwaltschaft nicht nach den für die Richter geltenden Vorschriften, sondern nach den Bestimmungen des Gesetzes vom 21. Juli 1852†).

Danach kann zwar die Entfernung aus dem Amte, sowohl die Versetzung zur Strafe wie die Dienstentlassung als eigentliche Disciplinarstrafe nur in Folge eines förmlichen Disciplinar-Strafverfahrens vor dem Disciplinarhofe in Berlin stattfinden††). Dagegen können Warnung, Verweis und Geldbußen als Ordnungsstrafen im Verwaltungswege verhängt werden. So kann der Justizminister gegen alle Beamte der Staatsanwaltschaft diese Ordnungsstrafen verhängen, Geldbußen bis zu 30 Thalern, der Ober-Staatsanwalt gegen Staatsanwälte und deren Gehülfen Warnungen und Verweise, gegen Polizeianwälte auch Geldbußen bis zu 10 Thalern. Der Staatsanwalt kann den Beamten der Staatsanwaltschaft Warnungen ertheilen†††). Die Beschwerde gegen Ordnungsstrafen geht an die unmittelbar vorgesetzte Behörde und schließlich an den Justizminister. Außerdem können die Beamten der Staatsanwaltschaft jederzeit in ein anderes Amt von nicht geringerem Range und etatsmäßigem Diensteinkommen mit Vergütung der regelmäßigen Umzugskosten versetzt werden, auch können sie mit Gewährung des vorschriftmäßigen

*) Verordn. v. 3. Jan. 1849. §. 10 u. 28.

**) Geschäftsregulativ §. 3.

***) Ges. v. 13. Febr. 1854. Ges.-S. S. 86. G.-A. B. 1. S. 369. J.-M.-Bl. pro 1854. S. 16.

†) Ges.-S. S. 465.

††) §. 22, 16. 23, u. 63 l. c.

†††) §. 56. 57 u. 58 l. c.

Wartegeldes einstweilen in den Ruhestand versetzt werden. Für die unfreiwillige Pensionirung ist ein besonderes Verfahren vorgeschrieben*).

§. 24.

11. Allgemeine Competenz-Bestimmungen.

Die allgemeinen Competenz-Bestimmungen, welche für die Gerichte wie für die Staatsanwaltschaft von gleicher Bedeutung sind, lassen sich folgendermaaßen zusammenfassen.

Man ist von dem Grundgedanken ausgegangen, daß das Strafverfahren verschieden sein müsse je nach der Schwere der strafbaren Handlung. Es ist deshalb bei Abfassung des Strafgesetzbuchs versucht worden nach dem Muster der französischen Gesetzgebung eine Dreitheilung aller strafbaren Handlungen durchzuführen und nach Art ihrer gesetzlichen Bestrafung zu bestimmen, ob die Handlung vor das Schwurgericht, die Gerichtsabtheilung oder den Einzelrichter gehöre.

Während das Strafgesetzbuch §. 1. bestimmte:

1) eine Handlung, welche die Gesetze mit der Todesstrafe, mit Zuchthausstrafe oder mit Einschließung von mehr als 5 Jahren bedrohen, ist ein Verbrechen;
2) eine Handlung, welche die Gesetze mit Einschließung bis zu 5 Jahren, mit Gefängnißstrafe von mehr als 6 Wochen oder mit Geldbuße von mehr als 50 Thalern bedrohen, ist ein Vergehen, cf. Strafgesetzbuch §. 14 und 58;
3) eine Handlung, welche die Gesetze mit Gefängnißstrafe bis zu 6 Wochen oder mit einer Geldbuße bis zu 50 Thalern bedrohen, ist eine Uebertretung;

so stellte das Einführungsgesetz zum Strafgesetzbuch Art. 13. für das Proceßrecht die Grundregel auf:

Die Untersuchung und Entscheidung erfolgt:

1) in Ansehung der Uebertretungen durch Einzelrichter;
2) in Ansehung der Vergehen durch Gerichtsabtheilungen, welche aus drei Mitgliedern bestehen;
3) in Ansehung der Verbrechen durch die Schwurgerichte.

---

*) §. 87, 88 u. f. l. c.

Gleichzeitig bedurfte es besonderer Bestimmungen, um die angenommene Dreitheilung der strafbaren Handlungen auf die nach neben dem Strafgesetzbuch noch gültig bleibenden Strafgesetzen unter Strafe gestellten Handlungen anzuwenden. Diese Bestimmungen finden sich in den Art. 8, 9 und 10 des Einführungsgesetzes zum Strafgesetzbuch. Unter Berücksichtigung derselben läßt sich die processualische Grundregel auch auf diese Klasse von strafbaren Handlungen anwenden.

Die Grundregel selbst aber hat von Anfang an verschiedene Modificationen und im Laufe der Zeit manche Abänderungen erfahren. So sind namentlich den Einzelrichtern manche Vergehen, den Gerichtsabtheilungen verschiedene Verbrechen zugewiesen und den Schwurgerichten außerdem noch mehrere Verbrechen abgenommen.

A. Erweiterte Competenz des Einzelrichters.

In Beziehung auf die Competenz und das Verfahren sind den Uebertretungen gleichgestellt:

1) diejenigen strafbaren Handlungen, welche in den neben dem Strafgesetzbuch gültigen besonderen Gesetzen zwar mit einer höheren Strafe als Gefängniß bis zu 6 Wochen oder Geldbuße bis zu 50 Thalern bedroht sind, jedoch früher vor Abfassung des Strafgesetzbuchs zur Cognition der Polizeibehörden schon gehörten. Dies sind insbesondere die Zuwiderhandlungen gegen die §§. 177—180 der Gewerbe-Ordnung vom 17. Januar 1845 (Ges.-S. S. 75) und die §§. 74, 75 der Verordnung vom 9. Februar 1849 (Ges.-S. S. 109). Von der Competenz der Polizeirichter sind aber die Fälle ausgeschlossen in welchen nach den bisherigen besonderen Gesetzen auf den Verlust von Aemtern, oder auf den Verlust des Rechts zum Gewerbebetrieb für immer oder auf Zeit, oder auf Stellung unter Polizeiaufsicht zu erkennen ist;
2) die in dem Gesetze betreffend den Diebstahl an Holz und anderen Waldproducten vom 2. Juni 1852 (Ges.-S. S. 305) unter Strafe gestellten Handlungen mit Ausnahme derjenigen, welche in den §§. 16 und 46 jenes Gesetzes vorgesehen sind*).

*) Einführungsges. zum Strafgesetzbuch Art. 20. Instruction für Polizeianwälte §. 8.

Zur Cognition des Einzelrichters gehören ferner nachstehende Vergehen:

1) das unbefugte Tragen einer Uniform, einer Amtskleidung, eines Ordens oder Ehrenzeichens, der unbefugten Annahme von Titeln, Würden oder Adelsprädikaten und der Führung eines falschen Namens. Strafgesetzbuch §. 105;
2) Landstreicherei, Bettelei und Arbeitsscheu. Strafgesetzb. §. 117—119;
3) gewerbsmäßige Unzucht. Strafgesetzbuch §. 146;
4) Fischerei- und einfache Jagdvergehen. Strafgesetzbuch §. 273, 274 und 275;
5) Zuwiderhandlungen gegen die durch Stellung unter Polizeiaufsicht auferlegten Beschränkungen. Strafgesetzbuch §. 116;
6) die im §. 254 des Strafgesetzbuchs bezeichneten Urkundenfälschungen.

Das Verfahren bei diesen Vergehen ist in erster Instanz das vor Einzelrichtern für Uebertretungen vorgeschriebene, in Ansehung der Rechtsmittel gelten die für Vergehen bestehenden Vorschriften*).

Eine erweiterte Competenz kann der Einzelrichter noch in folgendem Falle erlangen. Wenn sich in den Fällen der §§. 41, 42 und 43 der Feldpolizeiordnung vom 1. November 1847 oder des §. 349. Nr. 3 des Strafgesetzbuchs nach Eröffnung der Untersuchung ergiebt, daß die Sachen, deren Wegnahme in diesen Gesetzen unter Strafe gestellt ist, in gewinnsüchtiger Absicht entwendet worden sind, so soll der Einzelrichter befugt sein, auf die Strafe des Diebstahls unter Anwendung der §§. 216 und 217 des Strafgesetzbuchs zu erkennen, insofern mildernde Umstände vorliegen und die von der Staatsanwaltschaft beantragte und von dem Richter für angemessen erachtete Strafe nur in Gefängniß von höchstens 3 Monaten besteht. In Ansehung der Rechtsmittel gelten auch in diesem Falle die für Vergehen bestehenden Vorschriften**).

Endlich sind die einfachen Beleidigungen nach §. 343. des Strafgesetzbuchs der Cognition des Einzelrichters für Strafsachen entzogen und werden im Wege des Civilprocesses verfolgt***).

---

*) Ges. v. 14. April 1856. Ges.-S. S. 208. G.-A. B. 4. S. 98 u. f.

**) Ges. v. 14. April 1856. §. 3.

***) Einführungsges. zum Strafgesetzbuch Art. 13 u. 16.

B. Erweiterte Competenz der Gerichtsabtheilungen.

Die durch den Art. 13 des Einführungsgesetzes zum Strafgesetzbuch den Gerichtsabtheilungen angewiesene Competenz ist über die Grenzen desselben hinaus in folgenden Fällen ausgedehnt worden. Zuvörderst ist die Gerichtsabtheilung auch dann competent, wenn wegen Rückfalls auf eine höhere als fünfjährige Gefängnißstrafe oder Einschließung erkannt werden kann*). Ferner erfolgt in Ansehung aller Verbrechen solcher Personen, welche zur Zeit der That das 16. Lebensjahr noch nicht vollendet hatten, die Untersuchung und Entscheidung durch die Gerichtsabtheilungen, sofern nicht wegen Connexität die Verweisung vor das Schwurgericht auszusprechen ist**).

Endlich sind folgende Verbrechen den Schwurgerichten abgenommen und den Gerichtsabtheilungen überwiesen:

1) der schwere Diebstahl Strafgesetzbuch §. 218, insofern nicht der §. 58 oder 219 des Strafgesetzbuchs zur Anwendung kommen;
2) der einfache Diebstahl im Falle des §. 219 des Strafgesetzbuchs;
3) die Hehlerei in den Fällen der §§. 238 und 239 des Strafgesetzbuchs;
4) die einfache Hehlerei im Falle des §. 240 des Strafgesetzbuchs.

Hinsichtlich des Verfahrens kommen die für Vergehen bestehenden Vorschriften zur Anwendung***). Andere Verbrechen können auch auf Grund der Connexität nicht vor die Gerichtsabtheilung gebracht werden.

Bei Ehrenverletzungen und leichten Mißhandlungen kann der Staatsanwalt, wenn er die strafrechtliche Verfolgung im öffentlichen Interesse nicht begründet findet, die Competenz des Strafrichters ausschließen, und dem Verletzten die civil-processualische Verfolgung überlassen†).

C. Beschränkungen in der Competenz der Schwurgerichte.

Abgesehen von denjenigen Beschränkungen, welche in der Erweiterung der Competenz der Gerichtsabtheilungen über die Grenzen des Art. 13 des Einführungsgesetzes zum Strafgesetzbuch hinaus liegen, und abgesehen davon, daß ursprünglich Preß-Processe und politische Vergehen vor den

---

*) Einführungsges. zum Strafgesetzbuch Art. 15. Strafgesetzbuch §. 58.
**) Ges. v. 22. Mai 1852. Art. 4. Ges.-S. S. 250.
***) Ges. v. 22. Mai 1852. Art. 1. §. 1, 2 u. 3.
†) Einführungsges. zum Strafgesetzbuch Art. 16.

Schwurgerichten verhandelt wurden, in Ansehung deren die allgemeinen Competenzbestimmungen wieder hergestellt sind*), sind den Schwurgerichten durch das Gesetz vom 25. April 1853**) die dort aufgeführten sogenannten Staatsverbrechen abgenommen, und ist deren Untersuchung und Entscheidung im ganzen Umfange der Monarchie einem besonderen Gerichtshofe übertragen worden, welcher auch die mit jenem Verbrechen connexen strafbaren Handlungen an sich ziehen kann.

Von wesentlichem Einflusse ist die Connexität auch auf die allgemeinen Competenzverhältnisse, indem das für gewisse Sachen competente Gericht seine Competenz auch auf andere damit in Zusammenhang stehende Sachen ausdehnen darf. Connexität ist insbesondere vorhanden:

1) wenn die nämliche Person verschiedener strafbaren Handlungen beschuldigt wird;
2) wenn verschiedene Personen als Urheber, Theilnehmer oder Begünstiger einer strafbaren Handlung oder als Hehler beschuldigt werden***).

Connexe strafbare Handlungen können nun zur gleichzeitigen Untersuchung und Entscheidung vor das Gericht gebracht werden, bei welchem mit Bezug auf die örtliche Begrenzung des Gerichtsbezirks die Competenz in Ansehung einer derselben begründet ist. Gehören aber die connexen Handlungen verschiedenen Gattungen strafbarer Handlungen an, so erfordert die Durchführung des gemeinschaftlichen Verfahrens, daß sie vor das Gericht gebracht werden, welches competent ist, die schwerste der für jene Handlungen angedrohten Strafen auszusprechen†). Diese Bestimmungen sind aber nur facultativ, und es bleibt zulässig bei Verfolgung von Verbrechen und Vergehen gegen denselben Angeklagten die Verbrechen vor das Schwurgericht, die Vergehen vor die Gerichtsabtheilung zu bringen, oder auch gegen Urheber und Theilnehmer einer strafbaren Handlung getrennte Anklagen vor verschiedenen Gerichten zu erheben††). Sowohl die Staatsanwaltschaft innerhalb ihres Wirkungskreises, als auch die Gerichte, sobald sie in den bei ihnen anhängig gemachten Sachen ihr

*) Ges. v. 6. März 1854. Ges.-S. S. 96.

**) Ges.-S. S. 162.

***) Einführungsges. zum Strafgesetzbuch Art. 22.

†) Einführungsges. zum Strafgesetzbuch Art. 21. Ges. v. 3. Mai 1852. Art 3.

††) G.-A. B. 1. S. 186.

Ermessen eintreten zu lassen berufen sind, sind ermächtigt gleichmäßig darüber zu befinden, ob im Falle der Connexität mehrere Untersuchungen zu vereinigen sind oder nicht*). Dem Ermessen des Staatsanwalts bleibt es überlassen, ob beim Zusammentreffen schwererer und geringerer Straffälle, wenn die Feststellung der letzteren für die Entscheidung nicht von wesentlicher Bedeutung sein wird, die Verfolgung der geringeren Straffälle zweckmäßiger ganz unterbleibt**). Sind aber die Gerichte mit der Sache einmal befaßt, so können sie auch nachträglich noch eine Trennung anordnen, und zu diesem Zwecke die eine der Sachen vertagen und dagegen mit der anderen verfahren***).

Wenn Vergehen, welche lediglich der Connexität wegen in Verbindung mit Verbrechen vor das Schwurgericht gediehen sind, im Audienztermine nicht zur Entscheidung kommen, während über das Verbrechen entschieden und demnächst die Connexität gelöst wird, so wird das Appellationsgericht seinen Verweisungsbeschluß wieder aufheben und die Sache vor die Gerichtsabtheilung verweisen müssen†). Einfache Holzdiebstähle können auf Grund der Connexität nicht vor ein anderes Gericht als den Forstrichter gebracht werden, weil für sie ein besonderes Verfahren vorgeschrieben ist, welches auf andere strafbare Handlungen keine Anwendung leidet, und ebensowenig bei Holzdiebstählen außer Anwendung gelassen werden darf.

Die Competenzverhältnisse der academischen Gerichte und Militairgerichte werden hier übergangen, nur einzelne Bestimmungen aus den Militairstrafgesetzen, welche für die Beurtheilung der Competenz der Civilgerichte von Erheblichkeit sind, müssen hier noch erwähnt werden.

Wiewohl sämmtliche Militairpersonen regelmäßig in allen Strafsachen der Militairgerichtsbarkeit unterworfen sind, so bleiben doch ausnahmsweise die Civilgerichte competent für die Untersuchung und Entscheidung der von Militairpersonen begangenen Contraventionen gegen Finanz- und Polizeigesetze und gegen Jagd- und Fischereiordnungen, wenn die Contravention nur mit Geldbuße oder Confiscation bedroht ist. Kom-

---

*) G.-A. B. 4. S. 384.

**) Einführungsges. zum Strafgesetzbuch Art. 23. Geschäftsregulativ v. 13. Novbr. 1849. §. 20.

***) G.-A. B. 1. S. 42, 185.

†) G.-A. B. 1. S. 42.

men Verbrechen, welche Personen des Soldatenstandes vor dem Eintritt in den Dienststand verübt haben, erst nach deren Eintritt zur Sprache, so steht die Untersuchung dem Militairgerichte nur in dem Falle zu, wenn die wahrscheinlich zu erwartende Strafe eine dreimonatliche Gefängnißstrafe nicht übersteigt. Ist eine längere Freiheitsstrafe zu erwarten, so muß der Angeschuldigte aus dem Militairdienste entlassen und die Untersuchung dem competenten Civilgericht überlassen werden, dessen Competenz jedoch erst mit der Entlassung beginnt*).

Dies Verfahren findet auch statt, wenn die Untersuchung bei dem Civilgericht eingeleitet und das Erkenntniß I. Instanz dem Beschuldigten vor dem Eintritt in den Dienststand noch nicht publicirt war. War letzteres schon geschehen, so verbleibt die fernere Verhandlung und die Entscheidung in II. Instanz dem Civilgerichte**). Die früheren gemischten aus Civil- und Militairpersonen zusammengesetzten Gerichte zur Führung der Untersuchung bei wechselseitigen Thätlichkeiten zwischen Militair- und Civilpersonen haben in Folge der Aufhebung des §. 79 der K.-O. aufgehört, und auch für die Voruntersuchung ihre Bedeutung verloren***).

§. 25.

12. Von den Gerichtsständen.

Während im vorigen Abschnitte von der Berechtigung der Gerichte in bestimmten Fällen die Gerichtsbarkeit auszuüben gehandelt wurde, soll jetzt von der Verpflichtung die Rede sein, sich der Gerichtsbarkeit bestimmter Gerichte zu unterwerfen, welche zugleich das Recht, dem zuständigen Gerichte nicht entzogen zu werden, in sich schließt. Beides wird mit dem Ausdrucke Gerichtsstand bezeichnet. Man unterscheidet zwei Arten des Gerichtsstandes, den ordentlichen und außerordentlichen, und bei ersterem wieder den gemeinen und besonderen Gerichtsstand. Der gemeine Gerichtsstand beruht auf der örtlichen Begrenzung der Gerichtsbezirke, so daß entweder der Ort der begangenen That, der Wohnort des Beschuldigten oder der Ort der Ergreifung desselben maaßgebend ist†).

*) G.-A. B. 5. S. 843.

**) Strafgesetzbuch für das Preuß. Heer Th. II. Tit. 1. §. 3, 9 u. f.

***) Ges. v. 3. Mai 1852. Art. 147.

†) Ges. v. 3. Mai 1852. Art. 2. Materialien S. 59.

Für die im Auslande begangenen Verbrechen wird dem Gericht des Sprengels in welchem die strafbare Handlung begangen, dasjenige inländische Gericht substituirt, welches dem Ort der That zunächst belegen ist. Für solche Gesetzesverletzungen, bei denen mehrere Handlungen zum Thatbestande gehören, sind alle diejenigen Gerichte in deren Bezirken einzelne dieser Handlungen vorgenommen sind, als Gerichtsstände der begangenen That anzusehn. Bei Versendung beleidigender Schriften ist an dem Orte des Eintreffens das forum delicti commissi begründet*). Für die Preßvergehen oder Preßverbrechen, welche durch die Herausgabe einer inländischen Zeitung begangen werden, begründet der Verlagsort an dem zunächst die Veröffentlichung erfolgt, den Gerichtsstand der begangenen That, und nicht der Ort der Beschlagnahme, welcher nur ausnahmsweise da, wo nach §. 50 des Preßgesetzes vom 12. Mai 1851 eine gerichtliche Verfolgung eintritt, weil es an einer verantwortlichen Person im Bereiche der richterlichen Gewalt fehlt, den Gerichtsstand für das gegen das Preßerzeugniß gerichtete Vernichtungsverfahren begründet**).

Dem Gerichte des Sprengels in welchem der Beschuldigte wohnt, wird, wenn Zweifel hinsichtlich des Wohnorts bestehen, dasjenige Gericht substituirt in dessen Sprengel er sich gewöhnlich aufhält und für solche Personen, welche im Inlande keinen Wohnsitz oder gewöhnlichen Aufenthalt haben, tritt dasjenige Gericht ein in dessen Sprengel dieselben sich auch nur vorübergehend aufhalten. Unter dem Aufenthalt ist aber immer nur ein freiwilliger nicht ein erzwungener Aufenthalt zu verstehen.

Für die Begründung des Gerichtsstandes bei dem Gerichte des Sprengels in welchem der Beschuldigte ergriffen wird, ist darauf aufmerksam zu machen, daß unter der Ergreifung die vorläufige Festnahme, nicht erst die richterliche Verhaftung verstanden wird.

Von diesen drei Gerichtsständen der begangenen That, des Wohnorts und der Ergreifung hat keiner vor dem anderen einen gesetzlichen Vorzug; nur bei Holzdiebstahlssachen ist der Gerichtsstand der begangenen That der ausschließliche***). Bei bestehender gleichmäßiger Competenz verschiedener Gerichte ist bei der Auswahl desjenigen Gerichts, welches im einzelnen Falle die Untersuchung zu führen und darin zu erkennen hat,

*) G.-A. B. 4. S. 393.

**) G.-A. B. 3. S. 826. J.-M.-Bl. pro 1857. S. 201. G.-A. B. 5. S. 405.

***) Ges. v. 2. Juni 1852. §. 24 und 25. G.-S. S. 310.

sowohl der Staatsanwaltschaft wie dem Gerichte ein entscheidender Einfluß eingeräumt worden. Die Mitwirkung beider Behörden in dieser Hinsicht ist in der Weise gegen einander abgegrenzt, daß dasjenige Gericht im vorkommenden Falle die Untersuchung und Entscheidung übernimmt, bei welchem die Staatsanwaltschaft zu diesem Behufe zuerst einen, wenn auch nur auf vorläufige Ermittelungen gerichteten Antrag gestellt hat, daß sodann aber auch, so lange ein Erkenntniß in erster Instanz nicht ergangen ist, dem zunächst höheren Gerichte, dessen Gerichtsbarkeit sich über die verschiedenen an sich competenten Gerichte erstreckt, das Recht eingeräumt worden ist, die Sache an dasjenige derselben zur Untersuchung und Entscheidung zu verweisen, welches wegen der überwiegenden Wichtigkeit, oder der Zahl der in dessen Sprengel begangenen strafbaren Handlungen, oder wegen der Zahl der über dieselben zu vernehmenden Zeugen oder sonst zur Erleichterung des Verfahrens als das geeignetste erscheint*).

Die Connexität von der schon früher die Rede gewesen, begründet einen besonderen, aber keinen ausschließlichen Gerichtsstand**) für diejenigen, deren Sache mit einer anderen verbunden wird. Von den besonderen Gerichtsständen sind außerdem noch zu erwähnen, der Gerichtsstand für die sogenannten Staatsverbrechen bei dem für die ganze Monarchie eingesetzten Staatsgerichtshofe***), und der nach Aufhebung des eximirten Gerichtsstandes wieder eingeführte privilegirte Gerichtsstand der mittelbar gewordenen deutschen Reichsfürsten und Grafen bei dem betreffenden Appellationsgerichte†). Der militairische und academische Gerichtsstand interessiren hier nicht. In allen bisher erörterten Fällen des ordentlichen Gerichtsstandes, des gemeinen wie des besonderen, läßt sich auf den Grund einer gegebenen gesetzlichen Voraussetzung allemal bestimmen, welches Gericht das zuständige sei. Es giebt jedoch Fälle in denen dies nicht thunlich und wo daher den höheren Gerichten die Befugniß beigelegt ist, einem an und für sich nicht competenten Gerichte die Gerichtsbarkeit zu verleihen, und solchergestalt einen Gerichtsstand zu be-

---

*) Ges. v. 3. Mai 1852. Art. 4. Materialien S. 61.

**) Entscheidungen des Ober-Tribunals Bd. 19. S. 453.

***) Ges. v. 25. April 1853. Ges.-S. S. 162.

†) Ges. v. 12. Novbr. 1853. Ges.-S. S. 686. Verfügung v. 17. Decbr. 1855. J.-M.-Bl. S. 414. Verordn. v. 2. Jan. 1849. §. 9.

gründen. Das Gesetz bestimmt nur die Fälle, in denen dies statthaft ist und das höhere Gericht, dem jene Befugniß zustehen soll. Der außerordentliche Gerichtsstand hat seinen Grund entweder in dem Mangel eines gesetzlich berufenen Richters, oder in solchen Umständen welche es im Interesse der Rechtspflege nothwendig erscheinen lassen dem gesetzlichen Richter ausnahmsweise die Sache zu entziehen. Er tritt demgemäß in folgenden drei Fällen ein:

1) Bei begründeter Unfähigkeit des zuständigen Gerichts im einzelnen Falle, sei diese durch Krankheit, Verdächtigkeit oder andere Umstände in der Person der Richter hervorgerufen, sobald in solchem Falle kein hinreichendes Richterpersonal zur Verhandlung der Sache übrig bleibt. Alsdann muß die Verweisung an ein anderes Gericht erfolgen, und steht die Beschlußnahme hierüber, wenn ein solcher Fall bei einem Stadt- und Kreisgerichte vorkommen sollte, dem vorgesetzten Appellationsgerichte, wenn bei diesem, dem Ober-Tribunal zu*).
2) Wegen verweigerter oder verzögerter Rechtspflege, wo ebenfalls die unter Nr. 1. bezeichneten Gerichte den Gerichtsstand bestimmen**).
3) Bei Schwurgerichtssachen, wenn erhebliche Gründe für die Bestellung eines außerordentlichen Gerichtsstandes sprechen. Die Befugniß der Bestellung steht dem Appellationsgerichte zu, jedoch nur auf Antrag der Staatsanwaltschaft, auch darf die Sache nur einem Schwurgericht übertragen werden und geschieht dies in der Weise, daß die Abhaltung des Schwurgerichts einem anderen Stadt- und Kreisgerichte als dem, bei welchem nach den allgemeinen Competenzbestimmungen dasselbe abgehalten werden sollte, aufgetragen wird. Die Competenz in Ansehung der Beschaffenheit der strafbaren Handlung wird daher aufrecht erhalten und nur die durch die örtliche Begrenzung des Gerichtsbezirks gesetzlich begründete Competenz verändert***). Die Gründe zu solcher Verlegung des Schwurgerichts können in der Schwierigkeit und Kostbarkeit der Verhandlung liegen, wenn der Ort der That vom Sitze des

*) Ges. v. 26. April 1851. Art. 5. J.-M.-Bl. 1851. S. 378.

**) Art. 56 c.

***) Ges. v. 3. Mai 1852. Art. 59. Materialien S. 116 und 516. Verordn. v. 3. Jan. 1849. §. 70.

zunächst zuständigen Schwurgerichts weit entfernt und die Ladung vieler Zeugen nach der Beschaffenheit des Falls nothwendig ist, ferner in der Rücksicht auf das Vorhandensein der genügenden Zahl von Vertheidigern im Falle der Betheiligung vieler Angeklagter oder auch in der Besorgniß einer Störung der öffentlichen Ordnung vor dem zuständigen Schwurgericht.

Sollte ein anderes geeignetes Gericht innerhalb des Bezirks des betreffenden Appellationsgerichts nicht vorhanden sein, so nimmt das Ober-Tribunal die Auswahl des Gerichts vor*), doch gehört auch in diesem Falle die Beschlußnahme darüber, ob im Interesse der Rechtspflege die Verhandlung der Sache dem zuständigen Gerichte zu entziehen und einem anderen zu übertragen ist, zu den Attributionen des Appellationsgerichts. Das höhere Gericht, welches den außerordentlichen Gerichtsstand bestimmt, darf auch in den unter Nr. 1 und 2 genannten Fällen, die Sache nicht vor sich zur Verhandlung und Entscheidung in erster Instanz ziehen, sondern es muß dieselbe einem anderen Gerichte erster Instanz überweisen**).

§. 26.

13. Competenzconflicte zwischen Gerichten.

Von mehreren Gerichten kann jedes die Zuständigkeit in Anspruch nehmen, es kann auch jedes seine Zuständigkeit bestreiten, im ersten Falle liegt ein positiver, im zweiten ein negativer Competenzconflict vor. Die Lösung dieses Conflicts ist erforderlich und steht nach unserer Gesetzgebung in beiden Fällen, wenn der Streit zwischen Gerichten erster Instanz obwaltet und diese im nämlichen Appellationsgerichtsbezirke liegen, dem vorgesetzten Appellationsgerichte, wenn die Gerichte sich aber in Bezirken verschiedener Appellationsgerichte befinden, oder der Competenzstreit zwischen den letzteren obwaltet, dem Ober-Tribunal die Entscheidung zu***). Ein neuer Gerichtsstand wird durch diese Entscheidung nicht begründet, sondern nur eine Streitfrage geschlichtet, um das im concreten Falle

*) Ges. v. 26. April 1851. Art. 5.

**) Verordn. v. 2. Jan. 1849. §. 17.

***) Ges. v. 26. April 1851. Art. 5. Ges. v. 2. Mai 1853. §. 2. Ges.-S. S. 169.

wirklich zuständige Gericht zu ermitteln. Von einer besonderen Art des negativen Competenzconflicts zwischen einem Gerichte erster Instanz und dem vorgesetzten Appellationsgerichte, dessen Lösung dem Ober-Tribunal zusteht*), wird noch bei specieller Erörterung des Verfahrens die Rede sein.

Competenzconflicte zwischen Gerichts- und Verwaltungsbehörden werden durch den schon erwähnten besonderen Gerichtshof zur Entscheidung der Competenzconflicte auf Grund des im Gesetze vom 8. April 1847 (Ges.-S. S. 170) angeordneten Verfahrens entschieden.

Von der Art und Weise, wie dieser Conflict bei strafgerichtlichen Verfolgungen wegen Amtshandlungen erhoben wird, wird noch später die Rede sein.

*) Ges. v. 3. Mai 1825. Art. 9.

Besonderer Theil.

Vorerinnerung.

Das Untersuchungsverfahren im weiteren Sinne als das Verfahren zur Vorbereitung des Urtels zerfällt wieder in das Untersuchungsverfahren im engeren Sinne, Vorverfahren oder Voruntersuchung und in die förmliche Untersuchung oder das Hauptverfahren (Beweisverfahren). Das Vorverfahren dient zur Vorbereitung des Hauptverfahrens. Seine beiden möglichen Bestandtheile bilden die gerichtspolizeiliche Voruntersuchung, welche gewöhnlich als Scrutinialverfahren oder staatsanwaltschaftliches Informationsverfahren bezeichnet wird, und die gerichtliche Voruntersuchung. Beide werden von dem nämlichen Princip, der Untersuchungsmaxime beherrscht, der mögliche Inhalt ist beiden gemeinsam, sie verfolgen endlich den nämlichen Zweck, der Unterschied beider liegt theils in den Personen von denen in dem einen und anderen Falle das Verfahren geleitet wird, theils in einzelnen Formen und in der äußeren Veranlassung ihrer Thätigkeit. Wegen dieser gemeinsamen Beziehungen insonderheit wegen des gleichen Inhalts, und weil sich demnächst die Eigenthümlichkeit beider Verfahrensarten deutlicher darstellen lassen wird, sollen die einzelnen Handlungen zur Instruction der Sache, d. h. zur Vorbereitung des Hauptverfahrens besonders dargestellt und dann erst nach Voraussetzung der Veranlassungsgründe zum strafrechtlichen Einschreiten vom Vorverfahren je nach Verschiedenheit seiner beiden Bestandtheile gehandelt werden. Der Darstellung des Hauptverfahrens wird noch die des Uebergangsverfahrens vorangeschickt werden, welche mit der Frage sich beschäftigt, ob nach den Ergebnissen des Vorverfahrens ein Hauptverfahren einzuleiten sei. Dem ganzen Vorverfahren ist die geheime Procedur und die schriftliche Form eigenthümlich im Gegensatz zum Hauptverfahren, in welchem durchweg Oeffentlichkeit und Mündlichkeit herrschen.

Die Instructionshandlungen enthalten zugleich eine Darstellung der wichtigsten Beweismittel und des auf Sammlung der Beweise gerichteten Verfahrens. Zur richtigen Würdigung der folgenden Abschnitte muß hier noch die Bemerkung vorausgeschickt werden, daß die Regeln der einzelnen Instructionshandlungen, soweit sie auf den Vorschriften der K.-O. beruhen, ursprünglich für den Richter gegeben sind, im neueren Strafverfahren aber diese Vorschriften dem Staatsanwalt und dessen Organen soweit sie zur Vornahme solcher Handlungen berechtigt sind, ebenfalls zur Anleitung dienen.

Drittes Capitel.

Instructionshandlungen.

§. 27.

1. Von der Vernehmung der Zeugen.

Wenn auch nach der Natur des historischen Beweises fast alle Beweismittel auf Zeugnissen im weiteren Sinne, d. h. auf den Aussagen von Menschen über ihre sinnlichen Wahrnehmungen beruhen, so versteht man unter Zeugen im engeren Sinne, bei dem Gegenstande der Untersuchung nicht selbst betheiligte Personen, welche auf Verlangen des Richters die früher von ihnen gemachten sinnlichen Wahrnehmungen über Thatsachen mittheilen, welche in irgend einer Beziehung zu der verübten strafbaren Handlung stehn.

Jede Zeugenaussage muß, wenn sie als Beweismittel gelten soll, eidlich bestärkt sein*). Man verlangt den Eid als Garantie dafür, daß der Zeuge die Wahrheit habe sagen wollen. Zeugen, welche nach den Gesetzen nicht vereidet werden dürfen, sind unfähige Zeugen.

Dahin gehören:

1) Rasende, wahn- und blödsinnige Personen**), sie mögen zur Zeit des zu bezeugenden Vorfalls oder zur Zeit der Zeugnißablegung in

---

*) K.-O. §. 332.

**) K.-O. §. 356.

einem dieser Zustände sich befunden haben. Selbst in lichten Zwischenräumen dürfen diese Personen eidlich nicht vernommen werden. Auch verstandesschwache Personen können über Gegenstände, die das Maaß ihrer Verstandeskräfte nicht übersteigen, nur zur Entdeckung der Wahrheit nicht eidlich vernommen werden. Ihnen hat die Praxis solche Personen, denen religiöse Begriffe mangeln, gleichgestellt*). In allen diesen Fällen stellt mangelnde Verstandesreife den Zeugen als unzulässig dar, man geht davon aus, daß er entweder nicht im Stande ist, die Begebenheiten worüber er aussagen soll, richtig zu beobachten, im Gedächtniß festzuhalten und zwischen Recht und Unrecht zu unterscheiden, oder aber, daß er keinen Begriff von der eidlichen Verpflichtung hat. Aus gleichen Gründen dürfen auch jugendliche Personen, welche das 14. Lebensjahr noch nicht zurückgelegt haben, nicht vereidet werden**).

2) Personen, denen die zur Wahrnehmung des Gegenstandes, worüber sie aussagen sollen, nöthigen Sinne fehlen. Tauben und taubstummen Personen, welche lesen und schreiben können, werden die Fragen schriftlich vorgelegt und sie haben dieselben schriftlich zu beantworten und zu unterzeichnen.

3) Bestochene Zeugen, welche Geld oder andere Vortheile angenommen haben, um ein dem Angeschuldigten günstiges oder ungünstiges Zeugniß abzulegen***).

4) Mitschuldige und selbst solche, welche nur an den Vortheilen des Verbrechens Theil genommen haben.

5) Alle diejenigen, welche rechtskräftig zum Verlust der bürgerlichen Ehre, oder zur Untersagung der Ausübung der bürgerlichen Ehrenrechte auf Zeit verurtheilt sind, letztere jedoch nur für die im Urtel bestimmte Zeit†). In dieser Allgemeinheit liegt der Vorschrift weniger ein begründetes Mißtrauen gegen die Wahrheitsliebe des Zeugen, als eine durchaus unpassende Bestrafung für begangene Verbrechen und Vergehen zum Grunde, während die dadurch modificirte Be-

---

*) Urk. des Ober-Tribunals v. 11. Juli 1855. G.-A. B. 3. S. 680.

**) K.-O. §. 357. G.-A. B. 5. S. 317.

***) K.-O. §. 356.

†) §. 12. Nr. 4 und 21 des Strafgesetzbuchs. G.-A. B. 5. S. 318. B. 3. S. 128 und 677.

stimmung der K.=O. §. 356. Nr. 7 weit richtiger darauf gesehen wissen wollte, ob das Verbrechen, dessen der Zeuge überführt worden, ein solches war, dessen Begehung an sich schon eine Verletzung von Treue und Glauben in sich schloß.

6) Personen, welche ein rechtliches Interesse am Ausgange der Untersuchung haben*). In einzelnen Fällen ist es jedoch dem Richter freigelassen mit Rücksicht auf die Erheblichkeit des Zeugnisses und die Beschaffenheit der übrigen Beweismittel auch solche Zeugen zu vereiden**). Durch die Betrachtung geleitet, daß es über Menschenmacht hinausgeht a priori durch eine Regel den Einfluß abzumessen, welchen die Betheiligung am Ausfall des Processes auf ein einzelnes Individuum haben wird, hat die Praxis das Verhältniß zwischen Regel und Ausnahme fast umgekehrt und der Richter vereidet die Zeugen gedachter Art, wo er im einzelnen Falle kein Bedenken hegt. Die Vereidung des Denuncianten soll schon nach der K.=O. von dem Umfange seines Interesses und von seinem persönlichen Verhältnisse zum Angeschuldigten abhängen. Da nun der Denunciant und der Beschädigte sehr häufig in einer Person zusammentreffen, so behandelt man letzteren durchweg nach gleichen Rücksichten. Auch zeigt sich gerade bei diesem oft ein besonderes persönliches Interesse die Wahrheit zu sagen, weil das gekränkte Rechtsgefühl nur in der Bezeichnung des wirklichen Thäters seine Befriedigung findet.

7) Die Angehörigen des Beschuldigten, wozu die K.=O.***) leibliche Verwandte in auf= und absteigender Linie, Stiefeltern und Stiefkinder, Schwiegereltern und Schwiegerkinder, Brüder und Schwestern voller und halber Geburt, Schwäger und Schwägerinnen, Ehegatten und öffentlich Verlobte zählt. Die Regel beruht auf der Annahme, daß das nahe Verhältniß des Zeugen zum Angeschuldigten stärker in ihm wirken werde als das Pflichtgefühl zur wahrhaften Aussage, allein auch diese Personen werden unter Heranziehung des §. 358 der K.=O. unter Umständen mit dem Zeugeneide belegt.

Die Unstatthaftigkeit des Zeugnisses welches sich auf „Hören=Sagen“

---

*) K.=O. §. 357.

**) K.=O. §. 358.

***) K.=O. §. 357 und 358.

gründet, kann auf eine ausdrückliche Vorschrift der Gesetze nicht zurückgeführt werden, läßt sich aber aus dem Begriffe des Zeugnisses herleiten, dem es widersprechen würde an die Stelle der sinnlichen Wahrnehmungen des Zeugen, dessen Mittheilungen über die sinnlichen Wahrnehmungen Anderer zu setzen. Danach sollte ein solches Zeugniß nur ausnahmsweise, wie bei Aussagen Sterbender zugelassen werden, wo die Unmöglichkeit vorliegt, sie auf anderem Wege zur Kenntniß des Gerichts zu bringen, und wo der ernste Augenblick, in dem sie gethan sind, gleich einem Eide für ihre Wahrheit bürgt. Im Ganzen ist die Zahl der gesetzlichen Ausschließungsgründe zu groß, da die strenge Beobachtung der gesetzlichen Regel nicht minder wie die Umgehung derselben in vielen Fällen nachtheilig wirkt*).

Aber auch untüchtige Zeugen, welche gesetzlich nicht vereidigt werden dürfen, können ohne Unterschied sofern ihre Vernehmung nur überhaupt möglich ist, zur näheren Aufklärung der Sache, um taugliche Beweismittel zu erforschen und die Entdeckung der Wahrheit zu fördern, nicht eidlich vernommen werden**).

Die Pflicht zur Ablegung eines Zeugnisses in diesem weiteren Sinne ist eine allgemeine Zwangspflicht, von der die Gesetze nur in einzelnen Fällen befreien***).

Zuvörderst können Geistliche ihre Vernehmung über Thatsachen ablehnen, welche ihnen in der Beichte, oder mit Rücksicht auf ihre Amtsverschwiegenheit mitgetheilt sind, wenn nicht die Offenbarung eines solchen Geheimnisses nothwendig ist, um eine dem Staate drohende Gefahr abzuwenden, oder ein Verbrechen zu verhüten, oder den schädlichen Folgen eines schon begangenen Verbrechens abzuhelfen oder vorzubeugen†).

Ferner braucht ein Zeuge solche Geheimnisse nicht zu offenbaren von denen er bei Ausübung seiner Kunst oder seines Gewerbes eine fortdauernde Anwendung macht††), so daß durch deren Mittheilung ihm eine gefährliche Concurrenz erwachsen könnte.

---

*) Abh. des Verf. im Gerichtssaal Vierter Jahrg. Januarheft S. 70. G.-A. B. 5. S. 303.

**) K.-O. §. 356 u. 357.

***) K.-O. §. 311 u. 312.

†) K.-O. §. 313. A. L.-R. Th. II. Tit. II, §. 80 u. f. G.-A. B. 2 S. 675.

††) Zeitungsredacteure dürfen sich jedoch nicht auf den §. 313 No. 3. der K.-O. berufen um die Namhaftmachung beschuldigter Verfasser zu verweigern, weil

Auch ist der Beamte nicht verpflichtet solche Umstände zu bezeugen, deren Bekanntwerden dem Staate nachtheilig werden könnte, und endlich kann jeder Zeuge bei Fragen, welche mit dem Gegenstande seiner Vernehmung nicht in Berührung stehen, die Antwort verweigern, wenn er die begründete Besorgniß hegt, daß die Beantwortung nachtheilige Folgen für seine Person haben könnte.

Die Praxis hat diese Ausnahmefälle noch um einige vermehrt*). So sind Rechtsanwälte mit Rücksicht auf das ihnen nöthige Vertrauen berechtigt die ihnen in ihrem Amte von ihren Clienten gemachten Mittheilungen zu verschweigen. Dabei ist es gleichgültig ob die Vernehmung in demselben Processe oder in einem anderen stattfinden soll, ob die Thatsachen über welche dieselbe erfolgen soll in unmittelbarer Beziehung zu der fraglichen Rechtssache stehen oder nicht, und ob das angehobene Strafverfahren gegen die Parthei selbst oder gegen einen Dritten gerichtet ist. Auch Vertheidiger, die keine Rechtsanwälte sind, dürfen ihr Zeugniß über Thatsachen ablehnen, welche der Angeklagte ihnen in ihrer amtlichen Stellung mitgetheilt hat. Außerdem kann Niemand gezwungen werden im Strafverfahren ein Bekenntniß eigner strafbarer Handlungen als Zeuge abzulegen und zu beschwören. Ob im einzelnen Falle ein Grund zur Verweigerung des Zeugnisses vorliegt, ist Gegenstand richterlicher Entscheidung.

Es verdient aber namentlich hervorgehoben zu werden, daß den im §. 357 der K.-O. genannten nahen Verwandten kein gesetzlicher Befreiungsgrund zur Seite steht, welcher sie von der Pflicht zur Zeugnißablegung entbindet.

Die Zeugenvernehmung kann in jedem Zeitpuncte der Untersuchung erfolgen, sobald der Richter gegründete Hoffnung hat dadurch der Wahrheit näher zu kommen**). Bei Vorladung der Zeugen sind Zeit und Ort der Vernehmung genau zu bestimmen***). Zeugen welche nicht vorgeladen werden, jedoch in der Nähe sind, kann der Richter sogleich

sie nicht zu denjenigen Gewerbetreibenden gehören, denen Privatpersonen Geheimnisse anzuvertrauen genöthigt sind. G.-A. B. 3. S. 131.

*) G.-A. B. 2. S. 813, B. 1. S. 230, B. 2. S. 247. J.-M.-Bl. pro 1855 S. 70. G.-A. B. 2. S. 414. J.-M.-Bl. pro 1853 S. 353 u. 356. G.-A. B. 4. S. 377.

**) K.-O. §. 309.

***) K.-O. §. 310.

durch den Gerichtsdiener gestellen lassen*). Die Vorladung der Gensdarmen soll, wo nicht besondere Umstände eine Ausnahme rechtfertigen, durch Vermittlung der betreffenden Landrathämter, Polizeipräsidien und Polizeidirectionen erfolgen**). Die Vernehmung von Zeugen welche nicht im Gerichtsbezirke wohnen, erfolgt gewöhnlich im Requisitionswege; ausnahmsweise je nach Befinden der Umstände kann der Strafrichter auch solche, welche einem anderen persönlichen Gerichtsstande unterworfen sind, nöthigen vor ihm zu erscheinen***). Die Vernehmung der Militairpersonen des Dienststandes geschieht in der Regel durch das betreffende Militairgericht. Wo ausnahmsweise ihre Vernehmung vor dem Civilrichter wünschenswerth erscheint, ist die ihnen vorgesetzte Behörde um ihre Gestellung zu ersuchen, welche nur im Interesse des Militairdienstes verweigert werden kann. Active Officiere sind jedoch nicht verpflichtet vor dem Civilrichter als Zeugen zu erscheinen, die Militairbehörde pflegt aber auch einem solchen Ansuchen zu entsprechen, insofern die Vernehmung ohne wesentliche Störung des Dienstes stattfinden kann†). Eine eigentliche Vorladung kann hiernach an Officiere nicht ergehen, die Vorladungen an Unterofficiere und gemeine Soldaten sind dem Chef der Compagnie oder Escadron und, wenn dieser abwesend ist, dem Commandeur derselben einzuhändigen.

Die Mitglieder des Königlichen Hauses und der beiden Hohenzollernschen Fürstenhäuser werden allemal in ihrer Wohnung vernommen. Inwiefern der Richter sonst, wegen Krankheit und Altersschwäche des Zeugen oder aus anderen Gründen, die Vernehmung am Aufenthaltsorte der Zeugen vornehmen will, ist seinem vernünftigen Ermessen überlassen††).

Wenn Jemand als Zeuge vorgeladen ist und nicht erscheint, so kann entweder die Wiederholung der Vorladung verordnet, oder sofort ein Vorführungsbefehl gegen ihn erlassen werden†††). Gegen den ungehorsam

---

*) §. 20 der Verordn. v. 3. Jan. 1849.

**) Verf. v. 21. Decemb. 1850 (J.-M.-Bl. pro 1851 S. 2.)

***) K.-O. §. 311. Verf. v. 30. Sept. 1855. J.-M.-Bl. S. 326.

†) K.-O. §. 352. §. 20 der Verordn. v. 3. Jan. 1849. Verf. des Kriegs-Min. v. 23. Sept. 1853. G.-A. B. 2. S. 809. Verf. d. Kriegs-Min. v. 21. Oct. 1850. G.-A. B. 2. S. 808. Rescript des J.-M. v. 14. Decemb. 1853. G.-A. B. 2. S. 808. Dagegen U. d. O.-T. v. 25. Jan. 1856. G.-A. B. 4. S. 223.

††) K.-O. §. 315. Art. 24. des Ges. v. 3. Mai 1852.

†††) §. 20. der Verordn. v. 3. Jan. 1849.

Ausgebliebenen kann von dem Richter vor dem er erscheinen sollte, gegen ihn ohne weiteres Verfahren eine Geldbuße bis zu 20 Thaler oder eine Gefängnißstrafe bis zu 8 Tagen und die Verpflichtung zur Tragung aller Kosten festgesetzt werden, welche durch die von ihm verursachte Ansetzung eines neuen Termins entstehen*). Entschuldigt er binnen 14 Tagen nach Zustellung der Strafverfügung sein Ausbleiben, so wird er durch den Richter von Strafe und Kosten entbunden. Wer, als Zeuge berufen, eine falsche Entschuldigungsursache vorschützt, wird neben der auf das Nichterscheinen gesetzten Strafe in eine Gefängnißstrafe bis zu 2 Monaten verurtheilt**). Verweigert der erschienene Zeuge ohne gesetzlichen Grund die Ablegung des Zeugnisses oder die Ableistung des Eides, so soll er dazu durch Geld- oder Gefängnißstrafen vom Richter angehalten werden***).

Unmittelbar vor ihrer Vernehmung werden die Zeugen unter Hinweisung auf den demnächst abzuleistenden Eid zur wahrhaften Aussage ermahnt, ohne daß es jedoch der durch die K.-O. §. 338 vorgeschriebenen Verwarnung nach dem abgefaßten Formular bedarf. Verfügung vom 7. März 1848. J.-M.-Bl. S. 103. Jeder Zeuge wird einzeln und abgesondert von den übrigen Zeugen vernommen. Zuvörderst werden ihm allgemeine Fragen vorgelegt über seine persönlichen Verhältnisse, seine Beziehungen zum Beschuldigten und zum Gegenstande der Untersuchung, um dem Richter die Momente vorzuführen, nach welchen er die Zulässigkeit und Glaubwürdigkeit des Zeugen beurtheilen kann. Dabei ist der Zeuge darauf aufmerksam zu machen, daß der von ihm abzuleistende Eid sich auch auf diese Generalfragen beziehe. Verfügung vom 15. October 1846. J.-M.-Bl. S. 183. Bei Vernehmung über die Hauptsache hat der Richter den Zeugen zu einer zusammenhängenden Erzählung dessen zu veranlassen, was er aus eigener Wahrnehmung über die fragliche Begebenheit mitzutheilen weiß. Die Vorlegung specieller Fragen soll nur dazu dienen Unvollständigkeit und unnütze Abschweifungen zu vermeiden, Dunkelheiten und Widersprüche zu heben, und den Grund der Wissenschaft des Zeugen festzustellen†). Vor suggestiven und verfängli-

*) Allgem. Verf. v. 30. Sept. 1855. J.-M.-Bl. S. 326.

**) Strafgesetzbuch §. 109.

***) K.-O. §. 312, 337. §. 20 der Verordn. v. 3. Jan. 1849 und Verf. v. 30. Sept. 1853. J.-M.-Bl. S. 326.

†) K.-O. §. 317—332.

chen Fragen hat der Richter sich möglichst zu hüten. Die Anwendung von Zwangsmitteln zur Erpressung von Zeugenaussagen Seitens eines Beamten in einer strafgerichtlichen Untersuchung ist bei schwerer Strafe verboten Strafgesetzbuch §. 319. Geeignetenfalls kann der Richter eine Confrontation vor Zeugen unter sich oder mit dem Beschuldigten vornehmen um Widersprüche in ihren Aussagen über wesentliche Puncte zu heben*). Die Wiederholung einer Zeugenvernehmung ist allemal statthaft, wo die Umstände eine solche als zweckmäßig erscheinen lassen**).

Der Vernehmung des Zeugen folgt seine Vereidung nach***). Auch Zeugen, deren Aussagen unerheblich erscheinen, müssen vereidet werden, da die Unerheblichkeit erst durch Anwendung des gesetzlichen Mittels zur Erforschung der Wahrheit festgestellt wird†). Die Eidesformel enthält die Versicherung die reine Wahrheit gesagt, auch wissentlich nichts verschwiegen und hinzugefügt zu haben. Wenn der Zeuge berechtigt ist einige Umstände zu verschweigen, so ist in dem Eide vor den Worten „wissentlich nichts verschwiegen“ die Einschränkung einzuschalten, „außer den Umständen zu deren Offenbarung Zeuge sich nicht für schuldig halte“. Verordnung vom 28. Juni 1844. §. 1.††). Die Eingangs- und Bekräftigungsformeln richten sich nach den Glaubensbekenntnissen, desgleichen die Vorhaltungen bei Ableistung des Eides. Wenn ein evangelischer Zeuge nach katholischem Ritus vereidet worden ist, wird deshalb die Vereidung nicht als ungültig angesehen. Das eidliche Zeugniß der Juden ist dem der Bekenner des christlichen Glaubens jetzt vollkommen gleichgestellt†††). Ueber die Vereidung der Dissidenten fehlt es bis jetzt an gesetzlichen Bestimmungen. Das Kammergericht hat jedoch in einem Berichte an das Justizministerium vom 1. December 1852 aus dem Allerhöchsten Patent vom 30. März 1847 Nr. 2 (Ges.-S. S. 131) deducirt,

*) K.-O. §. 345 — 350.

**) K.-O. §. 351.

***) K.-O. §. 333. G.-A. B. 3. S. 815. Ob die der Vernehmung vorhergehende oder nachfolgende Vereidung zweckmäßiger sei, ist sehr bestritten. Ich gebe aus den von Abegg „Bemerkungen zum Entwurf der Preuß. Strafproceß-Ordnung“ S. 66. angeführten Gründen der ersteren Alternative den Vorzug.

†) Arch. Bd. 2. S. 680.

††) K.-O. §. 333. 334, 336, 338. Verordn. v. 26. Octbr. 1799. Allg. G.-O. Th. I. Tit. 10. §. 330, 361.

†††) Ges. v. 23. Juli 1847 über die Verhältnisse der Juden Ges.-S. S. 263.

daß solches in Ermangelung specieller Gesetze, mindestens die Kraft einer authentischen Declaration habe, und hieraus wiederum gefolgert, daß der Eid der Dissidenten nach den gesetzlichen Vorschriften normirt werden müsse, welche für diejenige Religionsparthei gegeben worden, aus welcher der Dissident ausgeschieden sei, und daß Letzterer, wenn das Gesetz einen positiven Zwang zur Leistung des Eides vorschreibe, auch im Weigerungsfalle zwangsweise zur Ableistung des Eides angehalten werden müsse. Das Justizministerium ist dieser Ansicht in dem Rescript vom 19. März 1853 beigetreten*). Die Ableistung des Eides muß von jedem Zeugen mündlich geschehen. Nur die Mitglieder des Königlichen Hauses vollziehen die ihnen vorgelesene Eidesformel durch ihre Unterschrift**). Beamte, welche über Gegenstände die ihr Amt betreffen Zeugniß ablegen, werden auf den von ihnen geleisteten Amtseid verwiesen. Stumme müssen die Eidesformel abschreiben und unterzeichnen, Taube müssen dieselbe ablesen. Mennoniten geben eine Versicherung mittelst Handschlags an Stelle des Eides***). Die Zuziehung eines Geistlichen bei der Vereidung hängt vom Ermessen des Richters ab†).

Jedem, der als Zeuge vorgeladen und erschienen ist, wird auf sein Verlangen eine taxmäßige Entschädigung für die Kosten der Reise und seine Versäumniß angewiesen††).

§. 28.

2. Von dem Augenschein und dem Befinden der Sachverständigen.

Ueberall, wo eine sinnlich erkennbare Thatsache zu constatiren ist, welche auf den Thatbestand der strafbaren Handlung oder auf die besonderen Umstände derselben von Einfluß ist, kann der Richter als solcher diese Thatsache durch eigene Wahrnehmung erforschen und urkundlich feststellen. Die hierauf gerichtete Handlung nennen wir Augenschein. Wenn

*) G.-A. B. I. S. 697.

**) Art. 24. des Ges. v. 3. Mai 1852.

***) K.-O. §. 335.

†) K.-O. §. 339.

††) K.-O. §. 316. §. 67. des Ges. v. 16. Mai 1851 über Ansatz und Erhebung der Gerichtskosten. Verordn. v. 29. März 1844 über Zeugengebühren.

es sich bei Einnehmung des Augenscheins oder sonst um Thatsachen handelt, deren Ermittelung oder Feststellung besondere Kenntnisse voraussetzt, welche der Richter seinem Berufe nach nicht zu besitzen pflegt, so werden einer oder mehrere Sachverständige zugezogen, deren Aufgabe darin besteht, die mangelnde Kenntniß des Richters über das Wesen gewisser Erscheinungen zu ergänzen.

Wegen der häufigen Verbindung der Einnahme des Augenscheins mit der Zuziehung von Sachverständigen sollen beide Instructionshandlungen in dieser Darstellung zusammengefaßt werden.

Die Einnahme des Augenscheins sollte, weil sie die zuverlässigste Kenntnißquelle bildet, nirgends unterbleiben, wo sie indicirt ist. Von dieser auch in unsere Gesetzgebung übergegangenen Regel*) kommen jedoch manche Ausnahmen vor und die Praxis begnügt sich in minder wichtigen Fällen oft mit Aufnahme der über den Thatbestand etwa sonst vorhandenen Beweismittel. Die schleunige Vornahme des Augenscheins in Verbindung mit Maaßregeln, welche so weit möglich der Veränderung an dem zu beobachtenden Gegenstande entgegenwirken, bedingen in den meisten Fällen den Werth der Handlung. Die Art der Vornahme richtet sich nach der Beschaffenheit des Gegenstandes und dem Zweck des Verfahrens.

Bei Einnehmung des Augenscheins sind aber nicht nur die positiven Ergebnisse darzustellen, sondern auch die negativen, daß man gewisse Wahrnehmungen, zu denen man sich berechtigt glaubte, nicht gemacht hat, um späteren Bedenken an der Gründlichkeit der Untersuchung zu begegnen**). Im Uebrigen muß die Feststellung der Art sein, daß sie über die sinnliche Beobachtung des Richters Anderen so weit dies möglich ein ebenso vollständiges und klares Bild giebt, als wenn sie selbst beobachtet hätten. Zur besseren Veranschaulichung sind geeigneten Falls Handzeichnungen, Pläne und Risse anzufertigen.

Die sorgfältige Beobachtung dieser Regeln ist um so wichtiger als der erkennende Richter fast niemals den Augenschein selbst einnimmt, sondern für ihn das Protocoll über die Einnahme des Augenscheins mit den beigefügten bildlichen Darstellungen nur einen urkundlichen Beweis liefert.

Bei Diebstählen, auch bei schweren Diebstählen hat unsere Gesetzge-

*) K.-O. §. 134.

**) K.-O. §. 137 — 139.

bung die Localbesichtigung nachgelassen, wenn die dadurch festzustellende Thatsache auf andere Art bewiesen werden kann*). Dasselbe gilt beim Raube, auch bei dem auf einem öffentlichen Wege oder Platze verübten Raube**).

Bei vorgefallenen Feuersbrünsten hat zwar die Polizeibehörde die ersten Recherchen an Ort und Stelle vorzunehmen, sobald sich aber Anzeigen einer vorsätzlichen oder fahrlässigen Brandstiftung ergeben, muß die Polizeibehörde die aufgenommenen Verhandlungen durch Vermittelung des Staatsanwalts an den Richter gelangen lassen, welcher alsdann die Brandstätte in Augenschein nehmen, dabei die Entfernung der Brandstelle von anderen Gebäuden, die Beschaffenheit derselben und die Gefahr erörtern muß, in welche die Einwohner oder andere nebenstehende Gebäude oder Gegenstände durch die Brandstiftung gerathen sind, auch auf diejenigen Umstände sein Augenmerk zu richten hat, durch welche die Entstehungsart des Feuers erklärt werden kann***).

Der Beweis durch Sachverständige ist eine besondere Art des Beweises, sie sind weder Gehülfen des Richters noch Zeugen†). Vorbehaltlich der nothwendigen Modificationen, welche aus der Stellung der Sachverständigen sich ergeben, Urtheile über technische Fragen auszusprechen, sind jedoch die für Zeugen gegebenen Vorschriften auch auf sie anwendbar. So kann nur ein eidliches Gutachten als zulässiges Beweismittel gelten und wo der Zeuge nicht vereidet werden darf, darf es auch der Sachverständige nicht. Auch dürfen Sachverständige die eidliche Bekräftigung ihrer Aussage ebenso wie Zeugen die Ablegung ihres Zeugnisses nur in den gesetzlichen Ausnahmefällen††) verweigern. Wo solche nicht vorliegen, können Sachverständige gegen ihre Zuziehung keinen Widerspruch erheben†††), gleichviel ob sie öffentlich angestellt sind oder nicht. Eine derartige Weigerung würde gerade wie bei Zeugen die Anordnung von Zwangsmaaßregeln rechtfertigen. Ueber Vereidung von Sachverständigen handeln die §§. 333 und 335 der K.=O., wonach angestellte und

*) K.=O. §. 179 und 180.

**) K.=O. §. 191. 192 und 193.

***) K.=O. §. 194. Rescript v. 4. Septbr. 1810.

†) G.=A. B. 1. S. 24.

††) K.=O. §. 313. J.=M.=Bl. pro 1853. S. 437.

†††) K.=O. §. 7 u. 8. Abhandl. von Mittermaier. G.=A. B. 1. S. 114.

ein- für allemal vereidete Sachverständige auf den geleisteten Eid verwiesen werden, und wonach die Eidesformel dahin zu normiren ist, „daß sie ihr Gutachten ihrer Kenntniß und Erfahrung gemäß, nach sorgfältiger Prüfung unpartheiisch und gewissenhaft abgegeben haben.“

Die Sachverständigen können als technische Zeugen auftreten, sofern schon die sinnliche Beobachtung gewisser Thatsachen technische Kenntnisse und Fertigkeit oder den Gebrauch technischer Mittel erfordert, regelmäßig beschränkt sich aber ihre Thätigkeit hierauf nicht, sondern sie haben vor allen Dingen gewisse Thatsachen nach den Regeln ihrer Kunst und Wissenschaft zu beurtheilen. Die Wahl der Sachverständigen ist in der Regel dem Richter überlassen, welcher in jedem Falle sein Augenmerk darauf zu richten hat, daß seine Wahl nur auf solche Personen fällt, welche genügende Garantie bieten, daß sie die erforderlichen Kenntnisse besitzen und auch sonst vollen Glauben verdienen. Den vom Staate angestellten Sachverständigen verleiht ihre Anstellung rechtlich keinen höheren Grad von Glaubwürdigkeit, so wenig eine höhere Behörde solchen den ihr untergeordneten Beamten gegenüber für ihr Gutachten in Anspruch nehmen kann*). Wenn daher der Richter auch meistens die öffentlich angestellten Sachverständigen zuziehen wird, so ist er dazu doch keinesweges genöthigt, wo Gefahr im Verzuge oder andere Umstände ihm die Zuziehung Anderer rathsamer erscheinen lassen.

In ihrer Thätigkeit hat der Richter die Sachverständigen zu leiten, er hat die Gegenstände zu bezeichnen, auf welche die Beobachtung besonders zu richten ist, und ihnen nach Bewandniß der Umstände specielle Fragen zur gutachtlichen Beantwortung vorzulegen, ihnen auch geeigneten Falls die nöthige Aufklärung durch Einsicht der Acten und Theilnahme an den Verhören zu gewähren. Auch hat der Richter die Sachverständigen allemal zu bedeuten, daß sie dasjenige, was ihnen die Regeln ihrer Kunst oder Wissenschaft an die Hand geben, von demjenigen, was sie aus anderen Umständen schließen, sorgfältig absondern**).

Die zugezogenen Sachverständigen können ihr Gutachten entweder zum gerichtlichen Protocoll geben, oder sich die Abgabe eines schriftlichen Gutachtens vorbehalten, wo nicht letztere ausdrücklich vorgeschrieben ist oder vom Richter verlangt wird.

---

*) G.-A. B. 1. S. 113.

**) K.-O. §. 328.

Der Richter hat darauf zu sehen, daß weder die Angaben der Sachverständigen in Bezug auf die dem Gutachten zum Grunde liegenden Thatsachen, noch das Gutachten selbst dunkel, unvollständig, unbestimmt und sich widersprechend sind. Ebensowenig dürfen jene Angaben mit dem Inhalt des über den Augenschein aufgenommenen gerichtlichen Protocolls in Widerspruch stehen, noch des logischen Zusammenhangs mit dem ausgesprochenen Urtheil entbehren. Wo dergleichen Mängel sich zeigen, hat der Richter die Sachverständigen entweder noch einmal zu vernehmen, oder andere Sachverständige zuzuziehen. Wenn die Sachverständigen in ihrer gutachtlichen Ansicht von einander abweichen, kann auch in wichtigeren Fällen das Gutachten einer vom Staate bestellten wissenschaftlichen oder technischen Behörde eingeholt werden.

Unsere Gesetzgebung enthält außer den obigen allgemeinen Bestimmungen, welche derselben zum Grunde liegen, manche besondre Bestimmungen, namentlich für Fälle, wo Aerzte als Sachverständige zugezogen werden.

Dies geschieht insonderheit da, wo bei einem Todesfalle der Verdacht entsteht, daß derselbe durch eine strafbare Handlung verursacht worden ist. Um aber zu ermitteln, ob ein begründeter Verdacht vorliegt, soll allemal, wo der Tod eines Menschen nicht unter den Augen seiner Hausgenossen oder anderer unbescholtener Personen natürlicherweise erfolgt, oder wo Selbstmord oder eine andere unverdächtige Todesart nicht unzweifelhaft feststeht, vor der Beerdigung der Leiche eine gerichtliche Leichenschau stattfinden*). Zu dem Ende ist in vorkommenden Fällen den Geistlichen verboten, die Beerdigung zu gestatten, die Polizeibehörden sind angewiesen bei dem Staatsanwalt Anzeige zu machen, und dieser requirirt, wenn er das Beerdigungsattest nicht ertheilen zu können glaubt, den Richter um Vornahme der Leichenschau. Diese besteht in der bloß äußeren Besichtigung der Leiche. Wird durch dieselbe der angeregte Verdacht beseitigt, so ertheilt der Richter das Beerdigungsattest, andernfalls muß zur Leichenöffnung (Section, Obduction) in Gegenwart und unter Leitung des Richters durch die Aerzte geschritten werden. Sind Richter und Aerzte verschiedener Meinung darüber ob es der Section bedürfe,

*) K.-O. §. 149, 156. K.-O. v. 4. Decbr. 1824. Nr. 1. Rescript v. 8. Decbr. 1824. Rescript v. 21. Jan. 1822. K.-O. §. 151. Allgem. Verf. v. 13. Novbr. 1849. §. 16.

so muß diese geschehen, sobald sie auch nur von einer Seite verlangt wird*).

Die Besichtigung und Obduction der Leichname von Militairpersonen gehört vor das Militairgericht, auch dann, wenn die Obduction wegen eines von Civilpersonen begangenen Verbrechens nöthig wird. Selbst die Section von Civilpersonen gehört vor das Militairgericht, wenn Verdacht vorhanden ist, daß eine Militairperson an dem Tode des Verstorbenen Schuld ist**).

Regelmäßig sollen als Sachverständige der Kreisphysikus und der Kreiswundarzt zugezogen werden, nur im Nothfalle ist die Zuziehung anderer Aerzte gestattet, die dann besonders zu vereiden sind***).

Die Zuziehung des Arztes, der den Verstorbenen in seiner letzten Krankheit behandelt hat, ist oft sehr angemessen, nur darf dieser nicht die Leichenöffnung vornehmen, weil dadurch leicht eine Collision in dem Falle eintreten könnte, wo die Todesursache in fehlerhafter ärztlicher Behandlung indicirt wäre. Vor der Obduction muß der Richter die Leiche solchen Personen, welche den Verstorbenen gekannt haben, und wo möglich auch dem der That Verdächtigen zur Anerkennung vorzeigen†). Wenn Niemand am Orte der Untersuchung den Verstorbenen erkennt, so muß eine genaue Beschreibung der Leiche aufgenommen und in den öffentlichen Blättern bekannt gemacht werden. Vor Ablauf von 24 Stunden nach dem Tode darf die Obduction nicht vorgenommen werden. Wegen eingetretener Fäulniß darf dieselbe nur dann unterbleiben, wenn sie schlechthin unmöglich ist. Obduction bei Kerzen- und Lampenlicht sind nur statthaft, wo Gefahr im Verzuge ist.

Der Ort, wo der Leichnam gefunden, die Lage desselben und die Kleidungsstücke sind einer genauen Besichtigung durch den Richter zu unterziehen und hat derselbe geeignetenfalls die Gerichtsärzte hierauf aufmerksam zu machen, ihnen auch die aufgefundenen Werkzeuge zur Vergleichung mit den vorhandenen Verletzungen vorzulegen. Die Obduction

---

*) K.-O. §. 152, 156, 157. 159.

**) Rescripte v. 21. Juli 1828. und 20. Mai 1830. Militair-Straf-Ger.-Ordnung §. 41.

***) K.-O. §. 160. Rescript v. 28. Septbr. 1813, v. 23. Febr. 1820. und v. 26. Aug. 1831.

†) K.-O. §. 161.

selbst zerfällt in zwei Haupttheile, in die äußere und innere Besichtigung, jene befaßt die äußere Besichtigung des Körpers im Allgemeinen und die seiner einzelnen Theile, diese ist in der Art vorzunehmen, daß die Kopf-, Brust- und Unterleibshöhle geöffnet werden, auch wenn eine Ursache des Todes schon in einem Theile des Körpers aufgefunden ist*).

Bei der Obduction neugeborener Kinder sind insbesondere die Thatsachen und Zeichen festzustellen, welche für die Beantwortung der Frage von Erheblichkeit sind, ob das Kind lebendig geboren, reif, oder mindestens fähig gewesen sei, sein Leben außerhalb der Mutter fortzusetzen. Zu diesem Behufe ist die Lungen- und Athemprobe vorzunehmen**). Ergiebt sich der Verdacht einer Vergiftung, so sind Magen- und Speiseröhre einer besonderen Untersuchung zu unterwerfen, verdächtige Stoffe sind durch einen Apotheker oder andere Chemiker unter Aufsicht des Gerichtsarztes sowie in Gegenwart des Richters oder nach vorgängiger Versiegelung der Stoffe durch diesen, nach chemischen Grundsätzen zu prüfen***). Der Gerichtsarzt muß allemal durch die Rücksicht geleitet werden, daß verschiedene Giftarten auch verschiedene Erscheinungen erzeugen, er muß daher alle Möglichkeiten in Betracht ziehen, und Einseitigkeit sorgfältig vermeiden. Da nach den neueren Forschungen über Gifte nicht bloß in den obengenannten Körpertheilen, sondern auch in der Leber, in der Milz, in den Nieren, in den Knochen, im Gehirn, im Harn und im Blute Spuren von Gift gefunden werden können, so ist es Pflicht alle diese Körpertheile und Entleerungen zu sammeln und die chemische Untersuchung herbeizuführen. Die größte Sorgfalt ist bei Bewahrung und Uebersendung der Gegenstände anzuwenden, an welchen der Sachverständige die Analyse zu machen hat†).

Ueber die gesammte Obductionshandlung und die damit in Verbindung stehenden Veranstaltungen zur Herbeiführung der chemischen Analyse, wo solche nothwendig wird, ist vom Richter ein vollständiges, klares

---

*) K.-O. §. 162, 164, 165. Regulativ für das Verfahren bei Obductionen v. 21. Octbr. 1844. J.-M.-Bl. pro 1845. S 54.

**) K.-O. §. 166. Regulativ §. 16 u. 17.

***) K.-O. §. 167. Regulativ §. 15.

†) Sehr zweckmäßige Anweisungen in dieser und mancher anderen Beziehung giebt die K. Oesterreichische Todtenschauordnung vom 28. Februar 1855. §. 107 u. f. G.-A. B. 4. S. 726.

und treues Protocoll aufzunehmen. Da dasselbe im Wesentlichen die Einnahme eines gerichtlichen Augenscheins darstellt, so ist es unzulässig, wenn von den Aerzten das Protocoll dictirt wird*), so oft dies auch in der Praxis zu geschehen pflegt. Nach beendigter Section haben die Obducenten ihr vorläufiges Gutachten zu Protocoll zu geben, demnächst aber in allen Fällen, wo die Fortsetzung der Untersuchung gerechtfertigt erscheint, einen Obductionsbericht abzufassen**), welcher in seinem ersten Theile die gemachten Beobachtungen enthält, im zweiten Theile diese einer Beurtheilung nach den Regeln der Wissenschaft und Kunst unterzieht, und am Schlusse sich über die Ursache des Todes des Verstorbenen, so wie darüber ausspricht, ob etwa besondere Umstände, und welche zu dessen Herbeiführung mitgewirkt haben. Da der Richter in dem Arzte nur den Techniker requirirt, welcher ihm aus seiner Kunst und Wissenschaft heraus und nur aus ihr Aufschlüsse über einen dahin einschlagenden Fall geben soll, so ist es nicht zu billigen, wenn Aerzte, die nach den Grundsätzen der Medicin über die Todesart des Verstorbenen keine bestimmte Auskunft geben können, ihr Urtheil über die Todesart aus den den Fall begleitenden äußeren Umständen herleiten.

Der Arzt darf sein Gutachten einzig und allein auf die Thatsachen gründen, welche das Naturobject ihm vor und nach dem Tode gewährt, sonst macht er sich eines Uebergriffs in das Gebiet des Richters schuldig, der die anderweitigen Ergebnisse der Untersuchung zu würdigen hat, und der auch dann, wenn der Fall nach den Grundsätzen der Medicin nicht bestimmt sich entscheiden läßt, aus den die That begleitenden Umständen die Ueberzeugung von der Schuld des Angeklagten gewinnen kann***).

Um ein sachgemäßes Gutachten herbeizuführen, kann der Richter dem Arzte bestimmte Fragen vorlegen, doch ist er dazu nicht verpflichtet†). Wo in Vergiftungsfällen ein Chemiker zugezogen wird, hat dennoch der Arzt allemal zu entscheiden, ob Gift und in welcher Weise als die Ursache der im Körper vorgefundenen Störung oder selbst des Todes zu

*) K.-O. §. 168 u. 173.

**) K.-O. §. 168 u. 169.

***) G.-A. B. 5. S. 339. wo auch die entgegengesetzte Ansicht von Caspers vorgetragen wird.

†) Die im §. 169 der K.-O. ausgehobenen Fragen brauchen seit Einführung des Strafgesetzbuchs §. 185 nicht mehr gestellt zu werden.

betrachten ist. Der Chemiker als solcher kann nur darüber ein Gutachten abgeben, ob in den ihm zur Analyse übergebenen Gegenständen ein Stoff sich befindet, welcher in die Klasse der Gifte gehört, welche Giftart und in welcher Quantität sie vorgefunden worden, wie die Beibringung des Giftes geschah, ob das Gift rein oder in Verbindung mit anderen Stoffen in den Körper kam, ob der vorgefundene Stoff durch natürliche Ursachen im Körper entstehen konnte. Die richtige Grenzbestimmung in der Wirksamkeit des Chemikers und Arztes muß daher den Richter leiten, wenn er dem Einen oder Anderen bestimmte Fragen vorlegt*).

Bei Abweichungen zwischen dem Inhalte des Obductionsberichts und dem des Obductionsprotocolls gebührt dem letzteren, soweit es die Einnehmung des Augenscheins constatirt, der Vorzug. Wenn aber das vorläufige und das näher motivirte Gutachten von einander abweichen, wenn die beiden Gerichtsärzte verschiedener Ansicht sind, wenn sie sich nicht getrauen, ein bestimmtes sachverständiges Urtheil abzugeben, wenn Dunkelheiten und Widersprüche im Obductionsberichte sich finden, oder sonstige Zweifel an der Richtigkeit des Gutachtens entstehen, so haben die Gerichte an das Medicinalcollegium der Provinz sich zu wenden, und von diesem unter Einsendung der Untersuchungsacten ein ferneres Gutachten zu erbitten. Erscheint auch das noch ungenügend, so kann von der wissenschaftlichen Deputation für das Medicinalwesen, durch Vermittelung des Ministeriums der geistlichen- und Medicinal-Angelegenheiten ein neues Gutachten eingeholt werden. Die Gerichtsärzte sind gehalten in Haftsachen spätestens innerhalb vier Wochen nach Mittheilung der Abschrift des Obductionsprotocolls den Bericht zu erstatten, wenn das Gericht nicht etwa einen kürzeren Termin festgesetzt hat. Rescript vom 6. April 1850. Verw. Min.-Bl. S. 165**).

Die Obductionsverhandlungen und die Gutachten über Obductionen haben die Gerichte der Provinzial-Regierung in Abschrift mitzutheilen***).

Bei körperlichen Verletzungen ist vom Richter eine ärztliche Besichtigung des Beschädigten und eine gutachtliche Aeußerung des Arztes über die Beschaffenheit und Folgen der Verletzung zu veranlassen.

Die Erstattung des Gutachtens ist je nach den Umständen einem

---

*) G.-A. B. 4. S. 741 und 731 Abhandl. von Mittermaier.

**) K.-O. 1. 173 — 177. Rescript v. 21. April 1826 u. v. 23. Juli 1839.

***) Rescript v. 29. Decbr. 1826.

approbirten Wundarzt allein oder in Verbindung mit dem Kreisphysikus oder einem anderen Arzte zu übertragen*). Ueber die Form der ärztlichen Atteste bestehen besondere Vorschriften**). Wo nach dem materiellen Strafrecht eine schwere oder erhebliche Körperverletzung indicirt ist, muß die gutachtliche Aeußerung sich darüber verbreiten. Wenn bei Frauenzimmern eine Besichtigung der Geburtstheile erforderlich wird, ist ein Geburtshelfer oder eine Hebeamme zuzuziehen; bei Verletzung der Geburtstheile auch ein Wundarzt***).

Wo es erforderlich wird, die Beschaffenheit des Gemüthszustandes eines Angeschuldigten zu untersuchen hat der Richter den Kreisphysikus oder einen anderen approbirten Arzt zuzuziehen. Dieser hat durch wiederholte Besuche des Angeschuldigten das für die Begutachtung erforderliche Material zu sammeln und demnächst in dem vom Richter angesetzten Termin zur Erforschung des Gemüthszustandes, die Ergebnisse des Befundes und das darauf gegründete Gutachten zum gerichtlichen Protocoll zu geben. In schwierigeren Fällen wird nach dem Explorationstermin ein schriftliches Gutachten von Sachverständigen ausgearbeitet†). Der Richter hat die ihm dargebotenen Elemente, durch deren Kenntniß die Entscheidung der Frage über die Zurechnungsfähigkeit bedingt ist, frei zu prüfen, und schöpft hier mehr wie bei anderen Fragen, in denen technische Gutachten vorliegen, aus seinen eigenen Erfahrungen††).

Bei Brandstiftungen ist das Maaß des wirklich entstandenen Schadens geeigneten Falls durch Sachverständige festzustellen. Die schon vorhanden Taxen genügen nur, wo nachträglich keine Veränderungen stattgefunden haben†††). Bei Münzverbrechen und Münzvergehen ist die Königliche General-Münzdirection, bei Fälschungen von Staatsschuldscheinen und anderen öffentlichen Creditpapieren die Behörde, welche dieselben in Umlauf gesetzt hat, um Abgabe eines Gutachtens über die Falschheit oder Echtheit der Münzen oder Papiere, so wie darüber, in

*) K.-O. §. 140 — 144.

**) Allgem. Verfügungen v. 3. Febr. 1833 und v. 21. Febr. 1856. J.-M.-Bl. pro 1853. S. 65. pro 1856. S. 58.

***) K.-O. §. 145.

†) K.-O. §. 380. Verfügung v. 27. Novbr. 1841. J.-M.-Bl. S. 958.

††) G.-A. B. 1. S. 287. Abhandl. von Mittermaier und S. 435. Abhandl. von Ideler.

†††) K.-O. §. 196 u. 197.

welcher Art die Verfälschung oder Nachahmung geschehen ist, zu ersuchen*).

Bei Kassenverbrechen erfolgt die Feststellung des Thatbestandes durch die Aufsichtsbehörde des beschuldigten Beamten, welche über den Betrag des Defects, die Person des zum Ersatz Verpflichteten und den Grund seiner Verpflichtung einen motivirten Beschluß faßt, woraus zugleich der strafbare Character der Handlung erhellen muß, welche den Defect herbeigeführt hat**). Beim Vergehen des Nachdrucks und der unbefugten Nachbildung sollen in allen zweifelhaften Fällen sachverständige Gutachten darüber eingezogen werden, ob ein Nachdruck oder eine unbefugte Nachbildung vorliegt. Zu dem Behufe bestehen in Berlin drei Sachverständigen-Vereine, an welche sich die Gerichte zu wenden haben.

Bei Diebstählen oder wo es sonst auf Ermittelung des Werths einer Sache ankommt, können nöthigenfalls auch Sachverständige zugezogen werden***).

Wenn es sich darum handelt die Aechtheit oder Unächtheit einer Schrift oder deren Urheber zu ermitteln, so kann der Richter in Ermangelung besserer Beweise, Vergleichungsstücke herbeischaffen und Schreibverständige behufs Vornahme einer Vergleichung der Handschriften zuziehen. Bei der anerkannten Trüglichkeit dieser Beweisart ist besondere Vorsicht zu empfehlen, und bei Aufnahme des Beweises so weit thunlich an den Vorschriften der Allgem. Ger.-O. Th. I. Tit. 10. §. 149 u. f. festzuhalten†). Demnach soll über die bloße Namens-Unterschrift allein keine Vergleichung der Handschriften stattfinden. Zu Vergleichungsstükken können öffentliche Urkunden oder solche Privatschriften dienen, deren Aechtheit außer Zweifel gestellt ist. Auch kann der Beschuldigte aufgefordert werden, vor Gericht einige Worte oder Sätze zu schreiben, welche als Vergleichungsstücke zu benutzen sind. Sind mehrere Sachverständige zugezogen, so muß jeder besonders und ohne des Anderen Beisein über seine Ansicht und deren Gründe gehört werden.

---

*) K.-O. §. 198 u. 200.

**) K.-O. §. 199. Verordn. v. 24. Jan. 1844. §. 1 — 18. Rescript v. 11. Jan. 1836. Ges. v. 11. Juni 1837. Ges.-S. S. 165. §. 17 u. 31. Instr. v. 15. Mai 1838. Ges.-S. S. 277.

***) K.-O. §. 181 u. 182.

†) K.-O. §. 384.

Als eine besondere Classe von Sachverständigen sind die Dolmetscher anzusehen. Ihre Zuziehung ist erforderlich, wo Personen vernommen werden sollen, welche der deutschen Sprache nicht mächtig sind und ihre Wirksamkeit ist namentlich in den außerdeutschen Landestheilen der Preußischen Monarchie von der größten Bedeutung. Sie sind entweder bei den Gerichten angestellt und vereidet, oder werden zu den besonderen Geschäften vereidet. Die Eidesnorm ist in der Allgem. Ger.-O. Th. II. Tit. 2. §. 40. vorgeschrieben. Die Zuziehung Eines Dolmetschers ist genügend, sowohl im Hauptverfahren wie im Vorverfahren*), derselbe darf jedoch bei Verbrechen und Vergehen nicht aus der Zahl der Zeugen und der beim Gerichte mitwirkenden Personen genommen werden, wogegen es bei Uebertretungen und solchen Vergehen, die vor den Einzelrichter gehören, der Zuziehung eines besonderen Dolmetschers nicht bedarf, wenn der Richter oder der Gerichtsschreiber der fremden Sprache mächtig ist.

Bei Vernehmung taubstummer Personen kann ebenfalls die Zuziehung solcher Personen nothwendig werden, welche im Umgange mit Taubstummen erfahren sind. Sie sind als Sachverständige zu vereiden, da erst durch ihre Vermittelung die Erklärungen der Taubstummen zum Verständniß des Richters gelangen**). Schriften, welche in einer anderen als der deutschen Sprache geschrieben sind, und in der Untersuchung benutzt werden sollen, müssen durch einen Dolmetscher übersetzt werden***).

§. 29.

3. Von der Haussuchung und der Beschlagnahme von Ueberführungsstücken.

Die Haussuchungen haben entweder die Aufsuchung verdächtiger Individuen oder die von Beweisstücken zum Gegenstande. Eine Haussuchung

---

*) Art. 27. des Ges. v. 3. Mai 1852. nach dessen Motiven ich diese Vorschrift auch auf das Vorverfahren beziehe und die Vorschriften der K.-O. §. 59 u. f. über die Zuziehung zweier Dolmetscher und Führung eines Nebenprotocolls für aufgehoben halte. Ueber die verschiedenen Ansichten cf. G.-A. B. 2. S. 539 u. 104. B. 4. S. 222. Materialien zur Verordn. v. 3. Jan. 1849. S. 436. cf. auch Ges. v. 14. April 1856. Ges.-S. S. 208.

**) K.-O. §. 268. G.-A. B. 1. S. 612. Abhandl. von Hartmann.

***) K.-O. §. 308.

darf nur bei solchen Personen vorgenommen werden, welche den Verdacht der Betheiligung an einer strafbaren Handlung gegen sich haben, alsdann aber in allen Fällen, in denen hinreichende Gründe vorhanden sind, zu vermuthen, daß durch die Haussuchung die Ausmittelung des Thatbestandes oder des Thäters erleichtert, oder der durch das Verbrechen verursachte Schaden ganz oder zum Theil ersetzt werde. Die Prüfung der Gründe, welche eine allgemeine oder specielle Haussuchung nothwendig oder rathsam machen, bleibt dem pflichtmäßigen Ermessen des Beamten überlassen, welcher die Haussuchung zu verfügen hat*), doch soll derselbe auf den bisherigen Ruf und Lebenswandel dessen, bei dem er die Haussuchung vornehmen will, besondere Rücksicht nehmen. Der Beamte kann nur in seinem Amtsbezirke die Haussuchung vornehmen, in anderen Bezirken erfolgt dieselbe im Requisitionswege**). Meistens wird sie in der Wohnung des Beschuldigten abgehalten. Sobald aber gegründete Vermuthung vorhanden ist, daß die Gegenstände um deren Aufsuchung es sich handelt, vom Beschuldigten an dritten Orten versteckt worden sind, kann die Haussuchung auch dort vorgenommen werden. Damit die Handlung ihren Zweck nicht verfehle, muß sie die Betheiligten unvorbereitet treffen, es ist jedoch bei Vornahme derselben mit möglichster Schonung zu verfahren, und jede unnöthige Gewalt und Beschädigung zu vermeiden***); auch bei Nachforschung in Privatpapieren hat man sich jeder tadelnswerthen Neugierde zu enthalten. Im Uebrigen richtet sich die Art der Vornahme der Haussuchung nach dem besonderen Zwecke. Der Beschuldigte oder dessen Hausgenossen müssen bei Ausführung der Haussuchung, soweit dies geschehen kann, zugezogen werden†), auch sind ihnen die aufgefundenen Gegenstände, welche für die Untersuchung von Bedeutung erscheinen, zur Anerkennung vorzuzeigen. Bleibt die Haussuchung erfolglos, so muß demjenigen, bei welchem sie vorgenommen, auf Verlangen eine Bescheinigung darüber zu seiner Rechtfertigung ertheilt werden. Dagegen kann er nicht verlangen, daß ihm derjenige genannt werde, welcher zu der Haussuchung Veranlassung gegeben hat. G.-A. B. 2. S. 679††).

*) K.-O. §. 125, 126 u. 307.

**) K.-O. §. 129.

***) K.-O. §. 127 u. 128.

†) Gesetz zum Schutze der persönlichen Freiheit v. 12. Febr. 1850. §. 11. Ges.-S. S. 45.

††) K.-O. §. 130.

Die erfolgreiche Haussuchung führt entweder zur Ergreifung des Individuums oder zur Beschlagnahme von Gegenständen. Eine Aufzählung der Gegenstände auf welche die Haussuchung gerichtet werden kann, ist selbstverständlich nicht möglich, weil dahin jeder Gegenstand gehört, welcher möglicherweise den Richter von dem Dasein oder der Beschaffenheit einer Thatsache überzeugen kann, wie Waffen, Werkzeuge oder andere Mittel durch welche die That verübt worden, die Erzeugnisse der strafbaren Handlung, Briefe, Papiere und Urkunden aller Art.

Da jede Haussuchung eine Ausnahme von dem verfassungsmäßigen Grundsatze macht, daß Niemand in eine Wohnung wider den Willen des Inhabers eindringen darf, so ist diese Zwangsmaßregel in die Hände bestimmter Beamten gelegt. Zunächst sind Richter und Staatsanwalt berechtigt, Haussuchungen anzuordnen*), wo aber Gefahr im Verzuge ist, und eine solche wird gerade hier am häufigsten sich zeigen, dürfen auch die Polizeicommissarien, die Communal- und Orts-Polizeibehörden selbstständig Haussuchungen verfügen. Eine Vertretung des anordnenden Beamten bei Ausführung dieser Maaßregel durch Unterbediente ist nirgends untersagt und bildet in der Praxis die Regel, wiewohl dadurch leicht die persönliche Freiheit gefährdet werden kann. Um Mißbräuchen entgegen zu wirken, ist es zweckmäßig, den zur Nachforschung beauftragten Beamten gehörig zu legitimiren, wiewohl die Gesetze einen schriftlichen Auftrag nicht verlangen. Das Ergebniß der Haussuchung ist aber schriftlich zu constatiren, und hier wie bei Einnehmung des Augenscheins nicht nur festzustellen, was man gefunden, sondern auch daß gewisse Entdeckungen, welche man zu machen erwartete, nicht gemacht worden sind. Eine allgemeine Regel für die Ausführung von Haussuchungen ist nach der neueren Gesetzgebung die, daß dieselben zur Nachtzeit, d. h. für die Zeit vom 1. October bis 31. März von 6 Uhr Abends bis 6 Uhr Morgens, und für die Zeit vom 1. April bis 30. September von 9 Uhr Abends bis 4 Uhr Morgens nicht vorgenommen werden dürfen**). Diese Regel unterliegt aber mancherlei Beschränkungen, wodurch dieselbe auf ein mit der öffentlichen Sicherheit vereinbares Maaß zurückgeführt wird***). So

---

*) Ges. v. 13. Febr. 1850. §. 7, 11. Verfügung des Min. des Innern v. 13. Juni 1849.

**) Ges. v. 12. Febr. 1850. §. 8.

***) ibid. §. 12. u. 9.

findet das Verbot keine Anwendung auf die Wohnungen von Personen, welche durch ein Straferkenntniß unter Polizeiaufsicht gestellt sind, oder wegen Contrebande und Zolldefraudation unter gewissen erschwerenden Umständen verurtheilt sind, ferner auf Orte welche der Polizei als Schlupfwinkel des Hazardspiels, als Herbergen und Versammlungsorte von Verbrechern, als Niederlagen verbrecherisch erworbener Sachen oder als Aufenthaltsorte liederlicher Frauenzimmer bekannt sind, endlich wenn dringende Gründe dafür sprechen, daß bei längerer Zögerung die in einer Wohnung befindlichen Gegenstände, in Bezug auf welche eine strafbare Handlung begangen worden, oder die daselbst vorhandenen Beweismittel abhanden gebracht oder gefährdet werden würden. Ebensowenig bezieht sich das obige Verbot auf die Fälle eines aus dem Inneren der Wohnung hervorgegangenen Ansuchens, und auf die Orte, in welchen während der Nachtzeit das Publicum ohne Unterschied zugelassen wird, so lange diese Orte dem Publicum geöffnet sind.

Zum Zwecke der vorläufigen Ergreifung und Festnahme einer Person, welche bei Ausführung einer strafbaren Handlung oder gleich nach derselben verfolgt worden, so wie zum Zwecke der Wiederergreifung eines entsprungenen Gefangenen darf der verfolgende oder zugezogene Beamte, ingleichen die verfolgende oder zugezogene Wachtmannschaft auch zur Nachtzeit in eine Wohnung eindringen. Außerdem darf zum Zwecke der Verhaftung der verfolgende Beamte nur dann zur Nachtzeit in eine Wohnung eindringen, wenn dringende Gründe dafür sprechen, daß bei längerer Verzögerung der Verfolgte sich der Festnahme ganz entziehen werde. Der Zutritt zu den von Militärpersonen benutzten Wohnungen darf den Militär-Vorgesetzten oder Beauftragten behufs Vollziehung dienstlicher Befehle auch zur Nachtzeit nicht versagt werden. Endlich bezieht sich das Verbot, in eine Wohnung bei Nachtzeit einzudringen, nicht auf diejenigen Räume, welche die Zoll- und Steuerbeamten zur Vollziehung der ihnen obliegenden Revisionen zu betreten berechtigt sind, ohne durch die Bestimmungen der Zoll- und Steuergesetze auf die Tageszeit beschränkt zu sein *).

Die Beschlagnahme der Ueberführungsstücke als eine gerichtliche Folge

*) Ges. v. 12. Febr. 1850. §. 10. Zollgesetz v. 23. Jan. 1838. §. 37 u. 38. Verfügung des Finanzministers v. 14. Aug. 1850. §. 49. der Steuerordnung v. 8. Febr. 1819.

der Haussuchung ist überall zulässig, wo diese statthaft erscheint*). Von den in Beschlag genommenen Gegenständen ist ein genaues Verzeichniß anzufertigen und überhaupt dafür Sorge zu tragen, daß in Betreff dieser Gegenstände kein Unterschleif, keine Veränderung, Entstellung oder Verwechselung stattfinde. Eine Aufzählung der Gegenstände der Beschlagnahme ist unthunlich, da hierüber nur der Zweck der Untersuchung entscheidet. Bei einzelnen Gegenständen ist aber besondere Vorsicht nöthig, weil in Ansehung ihrer die Beschlagnahme leicht mißbraucht und dritten unverdächtigen Personen nachtheilig werden kann. Dahin gehören namentlich Privatpapiere. Brieferbrechung und Verletzung des Postgeheimnisses halten zwar Manche für unstatthaft, bei uns geht die Praxis davon aus, daß auch Briefe, welche von dem Beschuldigten oder an ihn geschrieben sind, selbst auf der Post mit Beschlag belegt und erbrochen werden können, nur sollen die Postbehörden in dieser Beziehung nicht den Requisitionen der Polizeibehörden sondern lediglich denen der Staatsanwaltschaft und der Gerichte Folge leisten**). Auch erfolgt die Eröffnung versiegelter Briefe nur vor Gericht und so weit thunlich in Gegenwart des Beschuldigten oder des Adressaten***). Bestrittener ist es, ob die Correspondenz, welche der Beschuldigte mit seinem Beichtvater oder Rechtsbeistande geführt hat, vorausgesetzt, daß diese Correspondenz sich noch in den Händen jener Personen befindet, in Beschlag genommen werden darf. Die Befreiung dieser Personen von der Pflicht zur Ablegung eines Zeugnisses zum Schutze des ihnen erwiesenen Vertrauens dürfte die Beschlagnahme der erwähnten Correspondenz bedenklich erscheinen lassen.

Im engeren Sinne versteht man unter Haussuchungen und Beschlagnahmen zwar obrigkeitliche Zwangsmaaßregeln, es darf deshalb nicht unerwähnt bleiben, daß die nämlichen Handlungen auch mit Zustimmung der davon Betroffenen vorkommen können, und alsdann die Beschränkungen wegfallen, welche im Interesse dieser erlassen sind. Nicht nur Nachsuchungen und Visitationen in größerem oder geringerem Umfange finden

---

*) K.-O. §. 130.

**) G.-A. B. 3. S. 86. Abhandl. von Stieber. J.-M.-Bl. pro 1854. S. 138. G.-A. B. 2. S. 247.

***) Der Art. 33. der Verfassungsurkunde steht nicht entgegen, so lange nicht neue die Beschränkung des Briefgeheimnisses regelnde Gesetze ergangen sind.

in dieser Weise statt, sondern namentlich auch zur Herausgabe von Urkunden und anderen Beweisstücken bedarf es sehr oft nur der einfachen Aufforderung, weil hier in dem nämlichen Umfange wie beim Zeugnisse die Verpflichtung für Jedermann besteht, Urkunden und andere Gegenstände, welche als Beweismittel für die Untersuchung von Bedeutung sein können, auf richterliches Erfordern vorzulegen und abzuliefern*). Selbst wo die Beschlagnahme nicht gerechtfertigt erscheint, können anderweitige Zwangsmaaßregeln, wie Geld= und Gefängnißstrafe den Inhaber zur Erfüllung seiner Verbindlichkeit nöthigen. Auch amtliche Acten und Urkunden werden von den Beamten oder der Behörde, in deren Gewahrsam sie sich befinden, auf Ersuchen des Richters oder Staatsanwalts mitgetheilt, sofern nicht deren Geheimhaltung durch ein überwiegendes Interesse des Staats geboten wird. Dem Untersuchungsbeamten aber ist es zur Pflicht gemacht, nicht ohne Noth Privatgeheimnisse zu erforschen, auch jederzeit dafür zu sorgen, daß von solchen Urkunden, welche andere zur Sache nicht gehörige Nachrichten enthalten, nur dasjenige was erheblich ist actenmäßig werde, und daß Actenstücke dieser Art gegen Mißbrauch gesichert werden. Räumt der angebliche Inhaber solcher Schriftstücke ihren Besitz nicht ein, so kann von ihm nur die Ableistung des Editionseides verlangt werden, es sei denn, daß er den Verdacht als Mitschuldiger gegen sich habe, wo Haussuchung und Beschlagnahme sich rechtfertigen würden**).

Daß Schriftstücke aller Art behufs Aufklärung des Sachverhältnisses und Entdeckung der Wahrheit im Vorverfahren durch die bisher dargestellten Mittel herbeigeschafft und benutzt werden können, unterliegt keinem Zweifel, mit Rücksicht auf das künftige Hauptverfahren ist aber auch hier wie beim Zeugnisse darauf zu sehen, unter welchen Bedingungen die Gesetze das Schriftstück für geeignet ansehen einen Beweis zu liefern. In dieser Hinsicht sind namentlich die Vorschriften der Allgem. Ger.=O. Th. I. Tit. 10. §. 115 und folgende mit den durch die Grundsätze des Strafverfahrens bedingten Modificationen maaßgebend. Daß ein Schriftstück nur gegen, nicht für den Aussteller beweist, daß die Aechtheit desselben feststehen muß, daß öffentliche Urkunden unter Beobachtung der gesetzlichen Formen aufgenommen sein müssen, sind Regeln, welche die

*) K.=O. §. 305.

**) K.=O. §. 306 u. 307

Eigenschaft der Urkunden als zulässige Beweismittel bedingen. Ihrem Inhalte nach sind Urkunden kein selbstständiges Beweismittel, sie enthalten entweder ein Bekenntniß oder Zeugniß über die Verübung der That und unterliegen alsdann den Regeln über das Geständniß oder über die Aussage von Zeugen, oder aber sie sind der Gegenstand des Verbrechens und werden dann nach den Regeln des Augenscheins gewürdigt, oder sie gewähren Anzeigen, welche auf das Dasein des Verbrechens schließen lassen.

§. 30.

4. Von der Vernehmung des Beschuldigten.

Die Vernehmung des Beschuldigten im Vorverfahren ist nur in zwei Fällen gesetzlich geboten, im Falle einer Verhaftung des Beschuldigten und da wo eine gerichtliche Voruntersuchung in schwurgerichtlichen Anklagesachen geführt wird*). In allen anderen Fällen hängt die Vernehmung vom Ermessen desjenigen Beamten ab, in dessen Händen die Leitung des Vorverfahrens liegt**). In allen verwickelteren Sachen erscheint dieselbe, wenn der Angeschuldigte sie nicht verweigert, von großer Wichtigkeit, wobei sorgfältig zu erwägen ist, wann mit derselben vorzugehen, ob sie ein- für allemal oder wiederholt vorzunehmen ist. Die Vernehmung verfolgt einen doppelten Zweck, es soll dem Beschuldigten dadurch Gelegenheit gegeben werden ein Geständniß abzulegen und seine Vertheidigung zu führen.

Hiernach richten sich Art und Umfang der Vernehmung. Diese Instructionshandlung unterscheidet sich dadurch von allen übrigen, daß sie ihren Zweck nur als einen möglichen erscheinen läßt, dessen Erreichung nicht vom staatlichen Zwange, sondern nur von dem Willen des Beschuldigten abhängig ist. Das Recht der subjectiven Freiheit muß bei der Vernehmung vor allen Dingen vollkommen gewahrt, der Untersuchungszwang niemals auf das Innere des Angeschuldigten ausgedehnt und dessen Person zum Mittel für die Zwecke der Untersuchung herabgewürdigt werden. Für den Richter ist die Vernehmung nur ein Versuch mög-

*) Gesetz zum Schutze der persönlichen Freiheit v. 12. Febr. 1850. §. 5. und §. 75. der Verordn. v. 3. Jan. 1849.

**) Verordn. v. 3. Jan. 1849. §. 46.

licherweise ohne Zwang zum Ziele zu kommen, für den Beschuldigten ist sie ein unbestreitbares Recht, damit er sich gegen die erhobenen Verdachtsgründe schützen oder aber sein schuldbeladenes Gewissen erleichtern könne. Aus diesen allgemeinen Gesichtspuncten entwickeln sich von selbst die näheren Bestimmungen über das Verfahren bei der Vernehmung des Beschuldigten.

Der Richter hat allemal darauf zu sehen, ob der Beschuldigte auch fähig ist eine wirksame Erklärung abzugeben, ob er die dazu erforderlichen körperlichen und geistigen Eigenschaften besitzt. Tauben Personen, welche lesen können, müssen die zu beantwortenden Fragen schriftlich vorgelegt werden, stumme Personen müssen wo möglich die Fragen schriftlich beantworten; ist diese Art der Vernehmung unthunlich, so müssen der Zeichensprache kundige Personen zugezogen werden, bei jugendlichen Personen unter 16 Jahren muß ihr Unterscheidungsvermögen festgestellt werden, entstehen Zweifel ob der Beschuldigte zur Zeit der That unzurechnungsfähig gewesen, oder während der Untersuchung seiner Vernunft beraubt worden sei, so sind Sachverständige zuzuziehen. Von der früher bestehenden Verpflichtung bei jeder Untersuchung wegen Brandstiftung wider jugendliche Verbrecher in dem Alter von 12 bis 20 Jahren das Gutachten von Sachverständigen über die Zurechnungsfähigkeit einzuholen, ist der Richter entbunden worden, seitdem die wissenschaftliche Deputation für das Medicinalwesen die früher vertheidigte Annahme einer Pyromanie verworfen hat*). Ferner hat der Richter sein Augenmerk darauf zu richten, ob der Beschuldigte auch die Wahrheit sagen will, nur seine ernstlich gemeinte, völlig freie Erklärung hat einen Werth, daher sind Zwangsmittel jeder Art, durch welche der Beschuldigte zu irgend einer Erklärung genöthigt werden soll, unzulässig und ihre Anwendung in einer strafgerichtlichen Untersuchung bildet den Thatbestand eines eigenen Verbrechens**). Selbst die vorwiegende Tendenz des Richters ein Geständniß herbeizuführen ist verwerflich, und diese Regel kann nicht dringend genug eingeschärft werden, da gegen dieselbe nur zu häufig gefehlt wird. Verweigert der Beschuldigte jede Erklärung, so muß der Richter sich dabei beruhigen, zeigt er dagegen Bereitwilligkeit in der Sache sich zu äußern, so ist ihm die strafbare Handlung, deren er bezüchtigt wird, nicht nur im Allge-

*) K.-O. §. 266 u. f. §. 280. J.-M.-Bl. pro 1851. S. 378.

**) §. 18 der Verordn. v. 3. Jan. 1849. §. 319 des Strafgesetzbuchs.

meinen zu bezeichnen, sondern er ist auch zu veranlassen sich über die Beschuldigung in einer zusammenhängenden Erzählung zu äußern, und die weitere Befragung ist in einem solchen Falle auf die Ergänzung der Erzählung und auf die Beseitigung etwaniger Dunkelheiten und Widersprüche zu richten. Wo der Beschuldigte sich aber zu einer zusammenhängenden Erzählung nicht herbeiläßt, ist die Gesprächsform zu wählen, um durch bestimmte deutliche und unzweideutige Fragen gleiche Antworten zu veranlassen. Ein weiteres Eingehen in die Sache zur näheren Begründung und Substantiirung seiner Erklärungen ist nicht nur statthaft, sondern häufig geboten, selbst im Interesse der Vertheidigung.

Ermahnungen der Wahrheit die Ehre zu geben und Vorhalten von Anschuldigungspuncten und Beweismomenten sind an und für sich nicht untersagt; ob und wann davon Gebrauch zu machen, hat der Richter zu ermessen und dabei wohl zu berücksichtigen, daß unzeitige Mittheilungen über die Ergebnisse der Untersuchung den Gang derselben leicht erschweren können. Auch müssen bei abweichenden Angaben in verschiedenen Verhören und beim Widerruf des Geständnisses die Veranlassungen und Gründe erfragt werden. Dagegen sind suggestive und captiöse Fragen möglichst zu vermeiden. Eine schonende vorurtheilsfreie und ermuthigende Behandlung des Angeschuldigten ist durchweg geboten, auf das Benehmen des Beschuldigten, wie auf die anderweitigen Ergebnisse der Untersuchung bei der Vernehmung die gebührende Rücksicht zu nehmen, und diese auch auf die persönlichen Verhältnisse und früheren Lebensumstände, soweit dies im Interesse der Sache liegt, zu richten; dabei wie bei der ganzen Vernehmung ist aber keine unnöthige Zeit auf Erforschung solcher Dinge zu verwenden, welche auf die Beurtheilung des Falls keinen Einfluß haben.

Um die Vernehmung richtig zu leiten muß der Richter stets das Strafgesetz vor Augen haben, und mit Behutsamkeit und Sorgfalt den Angeschuldigten über alle Thatsachen vernehmen, welche zur Feststellung des objectiven Thatbestandes, der Thäterschaft, der Beschaffenheit des verbrecherischen Willens, der völligen Unschuld und minderen Verschuldung dienen.

Der Beschuldigte muß sich zu seiner Vernehmung persönlich stellen und es findet die Vertretung durch einen Bevollmächtigten nicht statt, er muß allein vernommen werden, und bei der Vernehmung in der Regel ungefesselt sein, die Behandlung und Anrede richtet sich nach der Sitte und seinem Stande; mehrere Mitschuldige sind, abgesehen von Confrontationen und Recognitionen, abgesondert zu vernehmen*).

§. 31.

5. Von den gesetzlichen Mitteln die Person des Beschuldigten vor Gericht zu stellen.

So lange nicht besondere Umstände strengere Maaßregeln rechtfertigen, genügt die gewöhnliche Vorladung, um einen im Gerichtsbezirke anwesenden Beschuldigten vor Gericht zu stellen. Dieselbe besteht in der einfachen Aufforderung zu einer bestimmten Zeit und am gehörigen Orte sich einzufinden, und geschieht bald schriftlich, bald mündlich durch einen Gerichtsdiener je nach dem individuellen Verhältnisse des Beschuldigten und sonstigen Umständen. Auch bei Unmündigen ergeht die Vorladung an sie selbst und nicht nothwendigerweise an den Vater und Vormund G.-A. B. 2. S. 675.

Sollte dies Mittel sich nicht bewähren, so kann eine Wiederholung der Ladung unter Androhung von Zwangsmitteln, oder eine Gestellung durch den Gerichtsdiener (Vorführung) angeordnet werden**). Die Vorführung erfolgt nur zum Zwecke der Vernehmung und rechtfertigt an und für sich noch nicht den Beschuldigten in Haft zu behalten, die strengere Maaßregel der Verhaftung hat ihre eigenen Bedingungen, welche durch den Zweck derselben gegeben sind.

Die gefängliche Einziehung bezweckt nämlich bald die Bewirkung der Anwesenheit für die gerichtlichen Vernehmungen, bald die Vermeidung von Collusionen, Verabredungen und anderen Handlungen, welche zur Verdunkelung der Wahrheit und Erschwerung der Untersuchung dienen können. In allen Fällen wird die wahrscheinliche Existenz einer strafbaren Handlung und begründeter Verdacht einer Betheiligung an derselben als erstes Erforderniß aufgestellt, um eine Verhaftung zu rechtfertigen. Handelt es sich alsdann nur darum den erstgedachten obigen Zweck zu erreichen, so wird verlangt, daß der Beschuldigte der Flucht verdächtig ist, und solches wird in der Regel angenommen, wenn der Beschuldigte durch kein dauerndes Interesse (Amt, Gewerbe, Grundbesitz, Familie) an den

*) Ueber die einzelnen hieher gehörigen Vorschriften vgl. K.-O. §. 262 u. f.

**) K.-O. §. 72 u. 204.

Ort der Untersuchung gebunden ist, oder im Falle der Verurtheilung eine schwere Strafe ihn treffen wird*).

Die Verhaftung im weiteren Sinne befaßt die eigentliche Verhaftung und die vorläufige Ergreifung und Festnahme. Die erstere kann nur auf Grund eines richterlichen schriftlichen Befehls erfolgen. In der Regel geht der Haftbefehl von der Abtheilung des betreffenden Gerichts für Untersuchungen aus, setzt mithin eine collegialische Beschlußnahme voraus, in schleunigen Fällen kann derselbe aber auch vom Untersuchungsrichter, oder von den Kreisgerichts-Commissarien, welche in ihrem Bezirke die Stelle des Untersuchungsrichters zu versehen haben, erlassen werden**). Der Haftbefehl muß die Beschuldigung und den Beschuldigten bestimmt bezeichnen, und bei der Verhaftung oder spätestens im Laufe des folgenden Tages dem Beschuldigten zugestellt werden. Bei Ausfertigung des Haftbefehls ist jederzeit die Uebernahme des zu Verhaftenden in das gerichtliche Gefängniß zu bewirken***), während er bis dahin regelmäßig im polizeilichen Gewahrsam verbleibt.

Die vorläufige Ergreifung und Festnahme einer Person ohne vorgängigen richterlichen Befehl kann erfolgen:

1) wenn die Person bei Ausführung einer strafbaren Handlung oder gleich nach derselben betroffen oder verfolgt wird;
2) wenn sich selbst später Umstände ergeben, welche die Person als Urheber oder Theilnehmer einer strafbaren Handlung und zugleich der Flucht dringend verdächtig machen.

Zu dieser Maaßregel sind die Polizeibehörden und andere Beamte berechtigt, welchen nach den bestehenden Gesetzen die Pflicht obliegt, Verbrechen und Vergehen nachzuforschen. Die Wachtmannschaften dürfen nur in den unter Nr. 1 genannten Fällen zur vorläufigen Ergreifung schreiten und Privatpersonen in diesen Fällen nur dann, wenn der Thäter flieht oder der Flucht dringend verdächtig ist, oder Grund zu der Besorgniß vorliegt, daß die Identität der Person sonst nicht festzustellen sein werde. Den Ergriffenen hat die Privatperson sofort einem der oben be-

*) K.-O. §. 205 — 223.

**) Ges. zum Schutze der persönlichen Freiheit v. 12. Febr. 1850. §. 1. Verordn. v. 3. Jan. 1849 §. 13. Verordn. v. 2. Jan. 1849 §. 22. Nr. 5. Verfügung des J.-M. v. 7. Decbr. 1850. J.-M.-Bl. pro 1850. S. 415.

***) Ges. v. 12. Febr. 1850. §. 1. Verfügung des J.-M. v. 7. Decbr. 1850.

zeichneten Beamten, behufs Bestimmung über die vorläufige Festnahme, oder einer Wachtmannschaft zuzuführen*). Ist die Polizeibehörde der Ansicht, daß es einer ferneren Belassung des Festgenommenen in der Haft nicht bedarf, so ist sie verpflichtet, den Ergriffenen spätestens im Laufe des folgenden Tages wieder in Freiheit zu setzen, ist dieselbe der entgegengesetzten Ansicht, so muß in dieser Zeit von ihr das Erforderliche veranlaßt werden, um den Festgenommenen dem Staatsanwalt resp. dem Polizeianwalt bei dem betreffenden Gerichte vorzuführen. Die persönliche Vorführung muß erfolgen, wenn sie von dem Festgenommenen ausdrücklich verlangt, oder durch besondere Umstände gerechtfertigt wird. In anderen Fällen genügt es, wenn die über die Ergreifung und über die dem Ergriffenen zur Last gelegte That aufgenommenen Verhandlungen dem Staatsanwalt zugesandt werden, um die vorläufige Festnahme zu seiner Cognition zu bringen. Der Staatsanwalt muß entweder die sofortige Freilassung verfügen, oder unverzüglich bei dem Gerichte den Antrag stellen, daß über die Verhaftung Beschluß gefaßt werde. Die Freilassung Seitens des Gerichts kann nicht ohne vorgängige Anhörung des Staats- oder Polizeianwalts verfügt werden**). Ist Jemand außerhalb des Bezirks des zuständigen Gerichts vorläufig festgenommen worden, so kann er verlangen, zunächst vor den Staatsanwalt des Bezirks, in welchem er ergriffen worden, geführt zu werden. Dieser ist nur dann befugt, den Festgenommenen in Freiheit zu setzen, wenn derselbe nachweist, daß der Festnahme ein Mißverständniß, z. B. ein Irrthum in der Person zum Grunde lag. Anderenfalls hat er die Vorführung vor den Staatsanwalt des zuständigen Gerichts zu veranlassen***). Jeder Verhaftete oder vorläufig Festgenommene muß spätestens im Laufe des folgenden Tages nach seiner Vorführung vor den zuständigen Richter so vernommen werden, daß ihm der Gegenstand der Anschuldigung mitgetheilt und ihm die Möglichkeit der Aufklärung eines Mißverständnisses gegeben werde†). Eine Mittheilung der Anschuldigungsgründe ist nicht erforderlich und würde oft nur nachtheilig wirken††).

---

*) Ges. v. 12. Febr. 1850. §. 3.

**) Ges. v. 12. Febr. 1850. §. 4. Verordn. v. 3. Jan. 1849. §. 7. Verfügung v. 7. Decbr. 1850.

***) Ges. v. 12. Febr. 1850. §. 4.

†) Ges. v. 12. Febr. 1850. §. 5.

††) Wenn die Verhaftung eines Beamten beschlossen wird, hat der Staatsanwalt hievon der vorgesetzten Dienstbehörde Mittheilung zu machen, weil die

Ungeachtet dieser gesetzlichen Vorschriften, welche bestimmt sind den Schutz der persönlichen Freiheit zu den im Interesse der Strafrechtspflege gebotenen Eingriffen in das Gebiet derselben in ein richtiges Verhältniß zu setzen, ist dem richterlichen Ermessen immer noch ein weiter Spielraum gegeben und im Gebrauche dieser Freiheit dem Richter Vorsicht und Schonung nicht genug zu empfehlen. Die nämlichen Rücksichten, welche derselbe bei Entscheidung der Frage zu beachten hat, ob eine Verhaftung eintreten soll, sind auch maaßgebend für die Dauer der Haft und die Behandlung des Verhafteten. In beiden Beziehungen ist es geboten die individuelle Freiheit nicht weiter zu beschränken, als der Zweck der Strafrechtspflege nothwendig macht. Handelt es sich nur um Abwendung etwaniger Versuche des Beschuldigten sich der Einwirkung des Gerichts zu entziehen, so können die Stelle der Haft im gerichtlichen Gefängniß unter Umständen mildere Sicherheitsmaaßregeln ersetzen, wie die Anordnung eines Stadt- oder Hausarrestes, die Bewachung in eigener Wohnung, die Beschlagnahme der Reisepässe und Effecten*). Unter gewissen Voraussetzungen kann auch eine Befreiung von der persönlichen Haft gegen Caution eintreten. Da sie eine Sicherheit gewähren soll, daß der Beschuldigte, dessen Gegenwart die Untersuchung erfordert, zur Stelle sein werde, so richtet sich hiernach sowohl die Statthaftigkeit wie Art und Umfang der Cautionsbestellung. Bei schwereren Verbrechen pflegt man überhaupt diese provisorische Freilassung nicht zu gestatten, in der Regel soll nur derjenige zur Cautionsleistung zugelassen werden, der eines mit Geldbuße bedrohten Vergehens beschuldigt wird, oder von welchem mit Wahrscheinlichkeit anzunehmen ist, daß ihm der Verlust des bestellten Unterpfandes empfindlicher als das Strafurtel sein werde. Die Caution wird allemal auf eine bestimmte Geldsumme gerichtet, deren Größe mit Rücksicht auf die Höhe der zu erwartenden Strafe und auf den wahrscheinlichen Betrag der Untersuchungskosten bestimmt wird. Die Bestellung derselben wird nach Vorschrift des Allgem. Landrechts Th. I. Tit. 14. §. 188 u. f. bewirkt.

Die Caution ist verfallen und wird ohne weiteres Verfahren eingezogen, sobald der Angeschuldigte auf eine an ihn ergangene Vorladung

---

Verhaftung die Amtssuspension zur Folge hat. Instruction v. 13. Novbr. 1849. §. 22.

*) K.-O. §. 223.

ohne hinlägliche Entschuldigung sich nicht gestellt, oder durch seine Entfernung die Vollziehung der Strafe verhindert.

Eine Caution durch eidliches Angelöbniß soll nur unter ganz besonderen Umständen von demjenigen angenommen werden, welcher eine Geldcaution zu leisten außer Stande ist*).

Gewisse Personen dürfen garnicht oder nur unter Beschränkungen wegen einer mit Strafe bedrohten Handlung verhaftet werden. Gänzlich befreit von der Untersuchungshaft sind die Mitglieder des Königlichen Hauses, die beim hiesigen Hofe accreditirten Gesandten und Geschäftsträger so wie deren Hausgenossen, fremde durchreisende Souveräne und Gesandte, auch Couriere, welche in Staatsangelegenheiten abgefertigt werden. Die Häupter und Mitglieder standesherrlicher Familien können zwar verhaftet werden, die Bestätigung liegt aber dem Appellationsgerichte ob; Mitglieder der beiden Häuser des Landtags dürfen nur mit Genehmigung des betreffenden Hauses verhaftet werden, es sei denn, daß sie bei Ausübung der That, oder im Laufe des nächstfolgenden Tages nach derselben ergriffen würden. Eine schon eingeleitete Untersuchungshaft wird für die Dauer der Sitzungsperiode aufgehoben, wenn das betreffende Haus es verlangt**).

Ist der Beschuldigte abwesend oder flüchtig, so ist zwar die öffentliche Vorladung im Vorverfahren unstatthaft***), dagegen sind folgende Mittel erlaubt und mehr oder minder gebräuchlich: zunächst Ersuchungsschreiben an coordinirte und schriftliche Anweisungen an untergeordnete Behörden, den Angeschuldigten aufzusuchen, anzuhalten und abzuliefern, ferner Verfolgung durch abgeordnete Sicherheitsbeamte verbunden mit der schon früher erwähnten Haussuchung, und Erlassung von Steckbriefen.

Hält sich der zu Verhaftende außerhalb des Preußischen Staatsgebiets aber noch in den deutschen Bundesstaaten auf, oder in einem zum deutschen Bunde nicht gehörigen Kronlande Oesterreichs, so kann nach dem Bundesbeschlusse vom $\frac{\text{26. Januar}}{\text{10. Juni}}$ 1854 und der Ministerialerklärung vom 20. October 1854 auf seine Auslieferung gedrungen werden†). Ob

*) K.-O. §. 224 — 236. Allg. G.-O. Th. I. Tit. 21. §. 11.

**) K.-O. §. 251, 252, 253. Art. 84 der Verf.-Urk. §. 17 der Instruction v. 30. Mai 1820 wegen Aufhebung des Edicts v. 21. Juni 1815 die Verhältnisse der vormaligen Reichsstände betreffend.

***) Art. 34 des Ges. v. 3. Mai 1852.

†) Ges.-S. S. 359 u. 553.

eine Auslieferung des im übrigen Auslande sich aufhaltenden Verfolgten stattfindet, ist nach völkerrechtlichen Grundsätzen und den zwischen Preußen und den verschiedenen Staaten bestehenden Cartell-Conventionen und sonstigen Staatsverträgen zu beurtheilen*). Solche Verträge sind abgeschlossen von Preußen mit Belgien am 29. Juli 1836**), mit Rußland und Polen am 8. Mai 1844***), erneuert am $\frac{\text{8. August}}{\text{27. Juli}}$ 1857†), mit Frankreich am 20. August 1845††), mit den Niederlanden am 17. November 1850†††), mit Nordamerika am 16. November 1852.

Diesen Verträgen liegen folgende Principien zum Grunde:

1) kein Staat liefert seine eigenen Unterthanen aus;
2) nur bei gemeinen Verbrechern schwerer Art findet die Auslieferung statt;
3) politische Verbrecher werden in der Regel nicht ausgeliefert.

In Ansehung der Detailbestimmungen wird auf die einzelnen Verträge verwiesen. Da die Auslieferung ihrer Natur nach eine internationale Angelegenheit ist, so erfordert sie allemal die Mitwirkung des Ministeriums der auswärtigen Angelegenheiten. Von dem zu beobachtenden Geschäftsgange wird noch weiter unten bei Requisitionen nach dem Auslande die Rede sein.

Ueber Steckbriefe ist speciell noch Folgendes zu bemerken*†): Sie sind öffentliche an alle Behörden gerichtete Requisitionen, auf den Flüchtigen zu achten, ihn im Betretungsfalle zu arretiren und gegen Erstattung der Kosten auszuliefern. Damit ein Steckbrief erlassen werden kann, müssen die Voraussetzungen für einen Haftbefehl vorliegen, zur Erlassung desselben ist aber nicht nur der Richter sondern auch der Staatsanwalt berechtigt.

Sofern bereits eine gerichtliche Voruntersuchung eröffnet ist, werden Steckbriefe durch den Untersuchungsrichter, andernfalls durch den Staats-

---

*) K.-O. §. 96.

**) Ges.-S. S. 221.

***) Ges.-S. S. 195.

†) Ges.-S. S. 765.

††) Ges.-S. S. 579.

†††) Ges.-S. S. 509. und Sammlung der Staatsverträge von Rohrscheidt. Berlin 1852.

*†) K.-O. §. 237.

anwalt erlassen*). Jeder Steckbrief muß den Gegenstand der Beschuldigung und eine möglichst genaue Personalbeschreibung des Verfolgten enthalten. Es muß demselben die schleunigste Verbreitung und die größte Publicität gegeben werden, theils durch directe Zusendung an einzelne Behörden, theils durch Insertion in die Amtsblätter (welche unentgeltlich erfolgt wenn der Beschuldigte nicht vermögend ist), und durch Aufnahme in andere Zeitungen und Blätter**). Da Steckbriefe sich an sämmtliche Behörden des In- und Auslandes wenden, so ist den inländischen Behörden zur Pflicht gemacht, alle Mühe darauf zu verwenden, daß der Flüchtige verfolgt und wo möglich gefangen genommen werde***), aber auch auswärtige Behörden werden dadurch zu gleichen Schritten veranlaßt, sofern sie entweder ein eigenes Interesse an der Verfolgung nehmen, oder zur Auslieferung verpflichtet oder berechtigt sind. Die ergreifende Behörde hat vor der Auslieferung jedenfalls dasjenige festzustellen, was zur Beurtheilung der Identität gehört. Die Erledigung der Steckbriefe muß allemal in den Blättern, worin sie gestanden, bekannt gemacht werden†).

Unsere Gesetzgebung kennt endlich noch die Zusage des sicheren Geleits als ein Mittel die Unterwerfung des Flüchtigen unter das Gericht zu bewirken††), es wird aber schwerlich von diesem Mittel heutzutage noch Gebrauch gemacht werden.

§. 32.

Anderweitige Instructionshandlungen.

Die wichtigsten Instructionshandlungen sind in vorstehenden Abschnitten abgehandelt worden, eine völlig erschöpfende Aufzählung darf nicht erwartet werden, da die Beamten, denen die Verfolgung und Un-

*) Instruction für die Staatsanwälte v. 13. Nov. 1849. §. 18. J.-M.-Bl. pro 1849. S. 465. K.-O. §. 238 und 342. Rescr. v. 31. März 1813. Jahrb. B. 4. S. 225. Verfügung v. 6. April 1850. J.-M.-Bl. S. 190.

**) K.-O. §. 239 u. f. K.-O. v. 3. Febr. 1843. J.-M.-Bl. S. 71. Rescr. v. 21. März 1814. Jahrb. B. 4. S. 255. Rescr. v. 13. Jan. 1823. Jahrb. B. 33. S. 95.

***) K.-O. §. 243.

†) Verfügung v. 21. März 1828. Jahrb. B. 31. S. 291.

††) K.-O. §. 246 u. f.

tersuchung strafbarer Handlungen obliegt, in der Wahl erlaubter Mittel nur durch den Zweck den sie verfolgen beschränkt sind, und nur diejenigen Wahrheits-Erforschungsmittel einer gesetzlichen Regelung bedürfen, bei denen eine mißbräuchliche Anwendung zu befürchten steht. Einiges bisher noch Uebergangene muß jedoch nachträglich angeführt werden. Einzelne Handlungen, wie die Vornahme von Recognitionen und Confrontationen sind schon beiläufig erwähnt worden. So wurde oben in dem Abschnitte von der Zeugenvernehmung hervorgehoben, daß dem Richter nach der Beschaffenheit des Falls zu jeder Zeit frei stehe Zeugen unter sich gegenüberzustellen, um Widersprüche in ihren Aussagen zu heben; zu gleichem Zwecke wie zum Zwecke der persönlichen Recognition ist es statthaft Angeschuldigte unter einander und mit Zeugen zu confrontiren, wiewohl im Vorverfahren von dieser Maaßregel nur Gebrauch gemacht werden sollte, wenn sie bis zur Hauptverhandlung ohne Nachtheil nicht ausgesetzt werden kann. Dies wird aber namentlich der Fall sein, wenn es sich um Feststellung der Identität einer Person handelt, hier muß die Gegenüberstellung so schnell als möglich erfolgen, damit der Eindruck der Persönlichkeit aus dem Gedächtnisse sich nicht verwischt, und nicht Veränderungen in der äußeren Gestalt inzwischen eintreten, welche die Wiedererkennung erschweren. Wo letzteres dennoch geschehen, kann der Richter oftmals zu Hülfe kommen, indem er die frühere Beschaffenheit, z. B. des Barts, des Kopfhaares u. s. w. wiederherstellen läßt, oder den Angeschuldigten die Kleidungsstücke wieder anlegen läßt, in denen er von Zeugen gesehen worden. Die einfache Recognition wird aber dem erkennenden Richter schwerlich genügen, sie betreffe Personen oder Sachen, es müssen daher so weit thunlich die näheren Erkennungszeichen mit möglichster Bestimmtheit angegeben werden, um einer Verwechselung mit ähnlichen Personen und Sachen vorzubeugen.

Die Beschlagnahme des Vermögens des Beschuldigten empfiehlt sich in einzelnen Fällen theils als indirecte Zwangsmaaßregel, den Flüchtigen durch Entziehung seiner Einkünfte zur Rückkehr zu bewegen, theils um im Voraus die etwanige Geldstrafe und die Untersuchungskosten sicherzustellen, oder auch um den Beschuldigten an fortgesetzter verbrecherischer Thätigkeit zu hindern vgl. Art. 110 und 73 des Strafgesetzbuchs.

Die Correspondenz mit anderen Behörden, sie geschehe in Form bestimmter Requisitionen, Befehle oder in anderer Weise, verdient ferner noch genannt zu werden, weil sie für die Ermittelung des Untersuchungsmaterials von größter Bedeutung ist. Inländische Gerichte sind zur gegenseitigen Rechtshülfe verpflichtet, sie haben regelmäßig die Erledigung von Requisitionen in acht Tagen zu bewirken, und wo dies nicht möglich ist, den Behinderungsgrund der requirirenden Behörde anzugeben*). Zwischen inländischen Gerichten und den ausländischen, außerhalb der deutschen Bundesstaaten befindlichen Behörden soll in der Regel ein unmittelbarer Schriftenwechsel nicht stattfinden, vielmehr zu allen Requisitionen und sonstigen Correspondenzen nach dem Auslande die Vermittelung des Königlichen Ministeriums der auswärtigen Angelegenheiten nachgesucht werden. Die Communication mit demselben kann gegenwärtig auch von Seiten der collegialisch formirten Gerichte erster Instanz und der Staatsanwaltschaft erfolgen**). Verzögerungen auswärtiger Gerichte sind dem gedachten Ministerium zur Abhülfe auf diplomatischem Wege mitzutheilen***).

Zur schleunigen Beförderung von Haftbefehlen und Steckbriefen, zur Einziehung von Nachrichten u. s. w., sind seit Einrichtung der electromagnetischen Telegraphen die telegraphischen Depeschen besonders geeignet. Für das Verfahren bei Benutzung der Telegraphen zur Beförderung von Depeschen kommen die Vorschriften der Instruction der Telegraphen-Direction zu Berlin vom 25. März 1849, genehmigt durch das Königl. Ministerium für Handel, Gewerbe u. s. w. in Anwendung†), desgleichen die Bestimmungen der allgemeinen Verfügung vom 15. November 1855 (J.-M.-Bl. pro 1855 S. 382). Indem das Einzelne über die zu beobachtenden Formen, über Fassung der Depeschen und den Kostenpunct dort nachgesehen werden kann, mag hier nur im Allgemeinen bemerkt werden, daß die größtmögliche Kürze der Depeschen unbeschadet ihrer Deutlichkeit unter gänzlicher Vermeidung entbehrlicher Worte, namentlich der sonst üblichen Curialien zu empfehlen ist††).

Endlich ist noch der öffentlichen Bekanntmachungen zu gedenken, sie dienen oft zur Ermittelung von Personen und Thatsachen, bald um die Person des Beschädigten in Erfahrung zu bringen, gestohlene Sachen

*) K.-O. §. 354.

**) Verfügung v. 27. Septbr. 1854. J.-M.-Bl. S. 374.

***) K.-O. §. 355.

†) Die Voruntersuchung von Wollner S. 69.

††) Verfügung v. 3. Septbr. 1853. J.-M.-Bl. pro 1853. S. 342.

herbeizuschaffen, und das Publicum vor fortdauernden nachtheiligen Folgen eines begangenen Verbrechens zu bewahren, bald um über die Herkunft unbekannter Leichen, die Todesart, die persönlichen Verhältnisse des Verstorbenen Auskunft zu erlangen. Bei Erlassung solcher Bekanntmachungen hat aber der Richter soviel wie möglich darauf zu sehen, daß dadurch keinem Unschuldigen ein Nachtheil bereitet werde*). Oft erscheint es zweckmäßig in solchen Bekanntmachungen das Ausbieten von Belohnungen auf die Entdeckung des Thäters zu setzen und bei Brandstiftungen pflegen häufig Versicherungsgesellschaften für die Auszahlung derartiger Belohnungen Sorge zu tragen. Die Art der öffentlichen Aufforderung bleibt nach den jedesmaligen Umständen der Bestimmung des Richters überlassen.

In unvermögenden Untersuchungen werden öffentliche Bekanntmachungen auch unentgeltlich in die Amtsblätter aufgenommen**), doch ist in den Requisitionen um Insertion entweder sogleich die Armuth der bei der Insertion betheiligten Personen zu bescheinigen, resp. der Grund der Kostenfreiheit anzuführen, oder die Berichtigung der Gebühren resp. die Einsendung des Armuthsattestes vorzubehalten***).

Viertes Kapitel.

§. 33.

Von der Veranlassung zur Untersuchung.

Die Veranlassung zum strafrechtlichen Einschreiten erfolgt entweder durch die eigenen Wahrnehmungen der Sicherheitsbeamten, durch Mittheilungen der Gerichte und anderer Behörden, durch eine Denunciation, durch das öffentliche Gerücht, durch Privatstrafanträge oder durch Selbstanklage.

Die Polizeibehörden und andere Sicherheitsbeamte haben die Verpflichtung, Verbrechen und Vergehen nachzuforschen. Wenn sie dabei Wahrnehmungen machen, welche auf die Existenz einer strafbaren Hand-

*) K.-O. §. 132.

**) K.-O. v. 3. Febr. 1843. J.-M.-Bl. S. 71. Verfügung v. 7. Aug. 1848 J.-M.-Bl. S. 281.

***) Verfügung v. 3. März 1853. J.-M.-Bl. S. 98.

lung hindeuten, oder gar bei Ausführung der That den Thäter betreffen, so haben sie, und zwar ein Jeder nach dem Umfange seiner amtlichen Befugnisse die einleitenden Schritte zur Verfolgung der Sache vorzunehmen. Diese bestehn zwar häufig nur in einer amtlichen Anzeige an die Staatsanwaltschaft, oft aber gehen ihre Maaßregeln weiter. Schon die Vorschriften des Allgem. Landrechts Th. II. Tit. 17. §. 10, 12 und 13 weisen den Polizeibehörden die Pflicht des ersten Angriffs zu, und die neuere Gesetzgebung ermächtigt sie noch ausdrücklich, alle keinen Aufschub gestattenden vorbereitenden Anordnungen zur Aufklärung der Sache und vorläufigen Haftnahme des Thäters mit Beobachtung der Vorschriften des Gesetzes zum Schutze der persönlichen Freiheit vom 12. Februar 1850 zu treffen, vorbehaltlich der Verpflichtung, die zu diesem Zwecke aufgenommenen Verhandlungen dem betreffenden Staatsanwalt zur weiteren Veranlassung zu übersenden*). Es erhellt hieraus, in welcher Weise die Wahrnehmungen der Sicherheitsbeamten zu einem strafrechtlichen Einschreiten Anlaß geben.

Die Gerichte sind verpflichtet von Verbrechen und Vergehen, welche amtlich zu ihrer Kenntniß kommen, dem betreffenden Staatsanwalt sogleich Mittheilung zu machen. Anzeigen die bei ihnen angebracht werden, dürfen sie daher nicht zurückweisen. Dagegen dürfen sie da, wo Gefahr im Verzuge obwaltet, alle diejenigen Ermittelungen, Verhaftungen oder sonstigen Anordnungen vornehmen, welche nothwendig sind, um die Verdunkelung der Sache zu verhüten, die hierüber aufgenommenen Verhandlungen aber haben sie dem Staatsanwalt zur Verfügung zu stellen. Was hier als Pflicht der Gerichte angegeben, liegt auch den andern öffentlichen Behörden ob.

Das öffentliche Gerücht von einem begangenen Verbrechen berechtigt und verpflichtet zu einer näheren Untersuchung auf welche Art dasselbe entstanden ist. Durch Vernehmung der Verbreiter des Gerüchts, durch den Augenschein oder andere angemessene Mittel muß versucht werden, den Grund oder Ungrund des Gerüchts zu erforschen. Gerüchte von unzuverlässigen Personen herrührend oder solche deren Entstehungsgrund nicht erforscht werden kann, verdienen keine Rücksicht. Jedenfalls muß bei öffentlichen Gerüchten vorzüglich behutsam zu Werke gegangen und Niemand unverschuldet an seinem Rufe gekränkt werden. Bezeichnet das Gerücht aber zugleich einen Thäter, so kommt es darauf an, ob dieser ein Mensch

*) Verordn. v. 3. Jan. 1849 §. 4.

ist, zu dem man sich, dem Rufe nach, der Verübung des begangenen Verbrechens wohl versehen kann, oder ob sich bei seiner Vernehmung über seinen Stand, sein Gewerbe und den Grund seines Aufenthalts in der Nähe des Orts der That Verdachtsgründe herausstellen*).

Die Denunciation ist eine den Behörden zugestellte Anzeige einer strafbaren Handlung mit oder ohne Benennung des Thäters. Sie kann schriftlich eingereicht oder mündlich angebracht werden, und von Jedermann ausgehn, er möge ein directes und persönliches Interesse an der Verfolgung der Sache haben oder nicht. Eine Verpflichtung zur Anzeige schon begangener Verbrechen besteht nur wie schon eben erwähnt für Beamte, wenn sie in der Ausübung ihrer Amtsfunctionen davon Kenntniß erlangen, dagegen ist einem Jeden die Anzeige unter Androhung einer Strafe geboten, wenn er glaubhafte Kenntniß erhält, daß gewisse schwere Verbrechen beabsichtigt werden**), und eine rechtzeitige Anzeige die Ausführung verhindern kann.

Bei Benutzung einer Denunciation ist besondere Vorsicht zu empfehlen, und sind die Gründe des Denuncianten zur Anzeige, sein Verhältniß zu dem Beschuldigten, sein etwaniges Interesse zur Sache und Alles was er zur Feststellung des Thatbestandes, oder zur Ueberführung des Angeschuldigten anzugeben im Stande ist, sorgfältig zu prüfen und zu sammeln***). Inwiefern auf anonyme schriftliche Denunciationen Rücksicht zu nehmen, hängt von den Umständen und Beweismitteln ab, die sich bei näherer Nachforschung als richtig herausstellen. Dem Denuncianten kann die gänzliche Verschweigung seines Namens nicht versprochen werden, da die Unschuld des Bezüchtigten oft nur aus den persönlichen Verhältnissen zum Angeber dargethan werden kann, auch die etwanige Verfolgung wegen falscher Anschuldigung oder andre Umstände wie seine Vernehmung als Zeuge die Offenbarung seines Namens erforderlich machen können. Die Anzeige dessen, der durch eine strafbare Handlung irgend einen Nachtheil an seiner Person, seiner Ehre oder seinem Vermögen erlitten hat, ist in unserem Strafverfahren wie jede andere Denunciation zu behandeln, und erhält nur in den Fällen eine besondere Bedeutung, wo durch den

*) K.-O. §. 107 — 110.

**) §. 34 u. 112 des Strafgesetzbuchs, G.-A. B. 4. S. 63 u. 561, B. 2. S. 651 u. 655.

***) K.-O. 112 u. 116.

Antrag des Verletzten auf Bestrafung das strafrechtliche Einschreiten gesetzlich bedingt ist.

Solche Anträge sind erforderlich bei feindlichen Handlungen gegen befreundete Staaten nach §. 79 und 80 des Strafgesetzbuches, bei der Verführung zum Beischlaf nach §. 149 des Strafgesetzbuches, bei Ehrverletzungen nach §. 152 bis 162 des Strafgesetzbuches, bei der fahrlässigen nicht qualificirten Körperverletzung nach §. 198 des Strafgesetzbuches, bei der Entführung nach §. 209 des Strafgesetzbuches, beim Familiendiebstahl nach §. 229 des Strafgesetzbuches, beim Nachdruck nach den §§. 15 und 16 des Gesetzes vom 11. Juni 1837. Die zum Antrag berechtigten Personen sind in der Regel die Verletzten ausnahmsweise auch deren Angehörige. Die Frist für die Anbringung des Antrags beträgt drei Monate, welche von der Zeit an berechnet wird, zu welcher der zum Antrag Berechtigte Kenntniß von der That und der Person des Thäters erhalten hat. Wenn mehrere Personen zum Strafantrag berechtigt sind, so schadet die Versäumniß des Einen oder Andren nicht, der Antrag kann nur gegen sämmtliche Theilnehmer, bei denen er erforderlich war, verfolgt oder aufgegeben werden*). Die Stellung desselben kann bei jedem Beamten geschehn, welcher Denunciationen entgegen nehmen darf**).

Die Selbstanklage ist mit besonderer Vorsicht aufzunehmen, weil nicht selten fremdartige Nebenabsichten, sich selbst aus einer unangenehmen Lage zu befreien, oder eine andere Person zu retten, oder ein anderes Verbrechen zu verbergen, zu grundlosen Selbstanschuldigungen bewegen. Es ist daher von Wichtigkeit die Gründe zu ermitteln, welche zur Selbstanklage getrieben haben, diejenigen Personen zu hören, welchen der Bekennende schon früher sein Verbrechen eingestanden haben will, den Bekennenden selbst aber so schleunig wie möglich zu einer zusammenhängenden Erzählung des Vorfalls anzuhalten, um da, wo er die Wahrheit redet, die vielleicht nur momentane Stimmung zu benutzen. Finden sich Spuren, daß die Selbstanklage aus geisteskranken Zuständen hervorgegangen, so wird die Beobachtung des Gestehenden durch Sachverständige nothwendig***).

---

*) Strafgesetzbuch §. 50 u. f.

**) Oppenhofs Anmerkungen zum Strafgesetzbuch S. 92.

***) K.-O. §. 121 u. 122.

Fünftes Kapitel.

Von der Stellung und Thätigkeit der Beamten im Vorverfahren.

§. 33.

Vorerinnerung.

Nachdem die einzelnen Handlungen dargestellt worden, welche den Gegenstand des Vorverfahrens bilden können, soll in diesem Abschnitte speciell von der Thätigkeit der Beamten im Vorverfahren gehandelt werden. In dieser Beziehung hat die neuere Gesetzgebung eine durchgreifende Veränderung eingeführt. Nach dem früheren Verfahren schritten die Gerichte in Strafsachen von Amtswegen ein, jetzt in der Regel nur noch auf gegebene Veranlassung Seitens der Staatsanwaltschaft, worin die Anklageform zur Durchführung des Untersuchungsprincips erkennbar ist; früher war ferner die ganze Vorbereitung der Sache bis zur Entscheidung, mithin das Untersuchungsverfahren im weiteren Sinne in die Hand des Untersuchungsrichters gelegt. Er hatte das Verbrechen festzustellen, den Thäter zu ermitteln und zu verfolgen, die gegen ihn sprechenden Verdachtsgründe zu erforschen und in das Licht zu stellen, mit gleicher Sorgfalt aber auch diejenigen Umstände festzustellen, welche für seine Unschuld oder mindere Verschuldung sprachen, und solchergestalt den erkennenden Richter in den Stand zu setzen, nach sorgfältiger Erwägung aller Gründe für und wider, sein Endurtheil zu fällen. Schon durch Einreihung des Hauptverfahrens in den Organismus unseres Strafprocesses sind der Aufgabe des Untersuchungsrichters engere Grenzen gezogen, er hat jetzt nicht mehr das Endurtheil sondern nur das Hauptverfahren vorzubereiten; in weit engere Schranken aber ist seine Thätigkeit dadurch gewiesen, daß die vormals richterlichen Functionen, welche auf die Ermittlung und Verfolgung der Verbrecher Bezug haben, regelmäßig einer eigenen den Gerichten coordinirten Behörde der Staatsanwaltschaft übertragen sind, welche recht eigentlich berufen ist, im öffentlichen Interesse die Verbrechen und deren Urheber zu ermitteln, die zu deren Ueberführung dienenden Beweise zu sammeln und dem Richter in der von ihm erhobenen Anklage vorzutragen*). In seiner früheren Stellung jedoch auch dann mit den durch Einführung des Hauptverfahrens gebotenen Beschränkungen finden wir

---

*) Verordn. v. 3. Jan. 1849. §. 2.

den Untersuchungsrichter daher nur noch in der gerichtlichen Voruntersuchung. Da diese sich jetzt zum staatsanwaltschaftlichen Informationsverfahren, wie die Ausnahme zur Regel verhält, so dürfte erwartet werden, daß zuvörderst von jenem und dann erst von dieser gehandelt würde. Die umgekehrte Behandlung rechtfertigt sich jedoch durch die Erwägung, daß die in Betracht kommenden gesetzlichen Vorschriften für den Richter ursprünglich gegeben und nur mit Rücksicht darauf, daß die richterlichen Functionen theilweise auf den Staatsanwalt und dessen Organe übergegangen, eine analoge Anwendung im Scrutinialverfahren finden.

§. 34.

1) Von der gerichtlichen Voruntersuchung.

Dem allgemeinen Princip gemäß*), daß die Gerichte nicht von Amtswegen einschreiten dürfen, kann eine gerichtliche Voruntersuchung nur auf Antrag des Staatsanwalts eingeleitet werden**). In manchen Fällen darf eine solche garnicht geführt werden, nämlich bei Uebertretungen und solchen Vergehn, welche zur Competenz des Einzelrichters gehören***), in andren Fällen ist sie gesetzlich geboten, nämlich in allen schwurgerichtlichen Anklagesachen†). Im Uebrigen hängt es vom Ermessen des Staatsanwalts ab, ob er die Führung einer gerichtlichen Voruntersuchung zur besseren Vorbereitung der Sache für nöthig hält††). Er wird sie nur dann herbeizuführen haben, wenn die Sache sehr verwickelt und weitläuftig ist oder aus andren Gründen ohne dieselbe seiner Ansicht nach die Anklage nicht begründet werden kann†††). Selbst in schwurgerichtlichen Anklagesachen, wo die gerichtliche Voruntersuchung geboten ist, hängt es allein vom Staatsanwalt ab, wann er die Sache für hinlänglich vorbereitet hält, um in das Stadium der gerichtlichen Voruntersuchung hinübergeleitet zu werden, wozu vor allen Dingen die Feststellung der schwurgerichtlichen Competenz gehört, welche sich oft nicht von vorn herein über-

---

*) Verordn. v. 3. Jan. 1849. §. 1.

**) Verordn. v. 3. Jan. 1849. §. 42.

***) J.-M.-Bl. pro 1857. S. 12.

†) Verordn. v. 3. Jan. 1849. §. 75. Ges. v. 3. Mai 1852. Art. 62.

††) Verordn. v. 3. Jan. 1849. §. 42.

†††) Rescript v. 3. Sept. 1849. J.-M.-Bl. S. 387.

sehen läßt. Auch ist die größere oder geringere Wahrscheinlichkeit des Erfolges der Untersuchung maaßgebend. Der Antrag auf Führung der gerichtlichen Voruntersuchung unterliegt nicht der richterlichen Prüfung und kann daher vom Richter nicht zurückgewiesen werden, weshalb es auch eines besonderen Gerichtsbeschlusses über Einleitung der Voruntersuchung nicht bedarf, und die bloße Zustellung des Antrags an den Untersuchungsrichter genügt*). Hieraus erhellt, daß die gerichtliche Voruntersuchung allemal eintritt, sobald der Staatsanwalt einen darauf gerichteten Antrag stellt. Dieser bestimmt zu formirende Antrag ist das einzige gesetzliche Merkmal für den Eintritt derselben und ohnedies kann kein Abschnitt des Verfahrens mit diesem Namen belegt werden. Hält der Staatsanwalt eine gerichtliche Voruntersuchung für nothwendig, so kann er den Antrag ganz allgemein auf Eröffnung der Voruntersuchung wegen der und der That richten, oder auch zugleich diejenigen Puncte speciell bezeichnen, welche er von dem Untersuchungsrichter vorzugsweise eruirt zu sehen wünscht. Während aber dem allgemeinen Antrage entsprochen werden muß, unterliegen die besonderen Anträge der freien richterlichen Prüfung. Denn vom Beginne der Voruntersuchung bis zu deren Abschluß hängt die Art und Weise wie dieselbe zu führen lediglich vom richterlichen Ermessen ab. Zunächst entwickelt der Untersuchungsrichter auf diesem Gebiete eine selbstständige Thätigkeit, dem Staatsanwalt steht nur in beschränktem Maaße eine Einwirkung auf den Gang der Voruntersuchung zu. Derselbe ist zwar befugt, auch hier alle ihm erforderlich erscheinenden Anträge zu stellen, die Einsicht der Acten steht ihm zu jeder Zeit frei, er kann allen gerichtlichen Verhandlungen beiwohnen, mit dem Untersuchungsrichter in unmittelbare Verbindung treten und seine Anträge und Mittheilungen zur Förderung der Untersuchung an diesen Beamten richten, allein abgesehn von dem moralischen Einfluß, den dadurch der Staatsanwalt auf die Führung der Voruntersuchung erlangen kann, so bleibt doch im Bereiche derselben die Stellung des Richters die vorwiegende, der Untersuchungsrichter hat daher das Recht und die Pflicht den Staatsanwalt mit seinen gesetzlich oder nach Lage der Sache nicht begründeten, oder völlig unerheblichen Anträgen zurückzuweisen, und demselben zu überlassen, ob er über die Zulässigkeit seines Antrags einen Beschluß des Gerichts extrahiren, eventuell gegen die zurückweisende Verfü-

*) Verordn. v. 3. Jan. 1849. §. 3 u. 42. G.=A. B. 4. S. 544.

gung den Weg der Beschwerde ergreifen wolle. Wo dagegen vom Staatsanwalt in der gerichtlichen Voruntersuchung Unvollständigkeiten, Verzögerungen oder sonstige Unregelmäßigkeiten wahrgenommen werden, ist es ihm zur besonderen Pflicht gemacht, durch Anträge bei der dem Untersuchungsrichter vorgesetzten Behörde Abhülfe zu schaffen. Verordnung vom 3. Januar 1849. §. 8*).

Das Gesetz hat dem Untersuchungsrichter die Grenzen, innerhalb welcher er sich selbständig zu bewegen hat, durch eine nähere Bestimmung des Zweckes der Voruntersuchung vorgezeichnet**). Danach besteht der Zweck derselben darin:

Die Existenz und Natur des angezeigten Verbrechens, sowie die Person des Thäters und die zu seiner Ueberführung dienenden Beweismittel, soweit zu erforschen und festzustellen als dies zur Begründung einer Anklage und zur Vorbereitung der mündlichen Hauptuntersuchung erforderlich erscheint. Hieraus folgt, daß allerdings irgend ein Verbrechen indicirt und in dem Antrage des Staatsanwalts auf Führung der Voruntersuchung hervorgehoben sein muß, wesentlich ist aber nur die Bezeichnung der That, und es ist gleichgültig ob der Staatsanwalt dem Richter schon einen bestimmten strafrechtlichen Gesichtspunct mit Ausschluß aller übrigen, geschweige denn den richtigen angegeben hat. Zwar würde es dem System des Anklageprocesses und der Vorschrift des §. 1. der Verordnung vom 3. Januar 1849 widersprechen, wenn der Untersuchungsrichter seine Wirksamkeit statt auf die bezeichnete konkrete That auf ganz andere selbstständige Handlungen ausdehnen wollte, dagegen hat er den Thatbestand der betreffenden Handlung selbstständig zu prüfen, ohne in die durch die rechtliche Auffassung der Staatsanwaltschaft gezogenen Grenzen eingeengt zu sein, und alle im Laufe der Voruntersuchung sich darbietende, den Gegenstand der Anschuldigung begleitende Umstände darf und muß er in den Bereich seiner Thätigkeit ziehen, wenn dadurch auch der strafrechtliche Gesichtspunct verändert wird, aus welchem der Staatsanwalt die Sache ursprünglich aufgefaßt hat***).

*) Verordn. v. 3. Jan. 1849. §. 42 — 47. G.-A. B. 2. S. 409 u. 809. J.-M. Bl. pro 56. S. 353; dagegen G.-A. B. 4. S. 193. Abhandl. v. Dieterici.

**) Verordn. v. 3. Jan. 1849. §. 44.

***) G.-A. B. 5. S. 406. u. Art. 30. d. Ges. v. 3. Mai 1852 welcher auch auf die Voruntersuchung auszudehnen ist.

Daß in dem Antrage des Staatsanwalts auf Voruntersuchung die Person des Beschuldigten schon bezeichnet sein muß, kann weder aus der allgemeinen Bestimmung des §. 44 der Verordn. vom 3. Januar 1849 noch aus sonstigen Vorschriften hergeleitet werden.

Aus der die Voruntersuchung betreffenden Zweckbestimmung folgt aber ferner, daß in derselben nicht alle Verhandlungen über den Thatbestand und die Thäterschaft erschöpft werden sollen, es würde sonst das mündliche Hauptverfahren lediglich in einer Wiederholung jener bereits stattgehabten Verhandlungen beruhen. Die Voruntersuchung hat sich vielmehr nur mit der Vorbereitung der Hauptuntersuchung und mit Herbeischaffung des nöthigen Materials für die mündliche Verhandlung zu befassen, und deshalb nur solche Beweise zu erheben, durch welche die in Betracht kommenden Hauptpuncte festgestellt werden. Ueber diesen Zweck hinaus soll der Richter seine Nachforschungen nicht ausdehnen, denn nicht die Schuld des Verdächtigen ist es, welche aus der Voruntersuchung sich ergeben soll, sondern die Rechtfertigung für Erhebung der Anklage. Dieser unbestrittene Zweck der Voruntersuchung begrenzt und beschränkt dieselbe nicht nur in Bezug auf Umfang und Ausdehnung, sondern schreibt auch dem Untersuchungsrichter eine besondere Verfahrungsweise vor, indem er seine Thätigkeit lediglich nach dem Bedarf der künftigen Hauptverhandlung zu bemessen hat*).

Insonderheit hat der Untersuchungsrichter etwanige Entlastungsmomente regelmäßig garnicht zum Gegenstande seiner Nachforschungen und Feststellungen zu machen, derartige Ermittelungen sind in der Voruntersuchung nirgends geboten und liegen an und für sich außer dem Bereiche derselben**), nur ausnahmsweise können sie stattfinden, wenn Entlastungsmomente mit solchem Gewichte sich geltend machen, daß der Erhebung der Anklage gegründete Bedenken entgegenstehen und die vollständige überzeugende Feststellung solcher Thatsachen schon in der Voruntersuchung mit Sicherheit erwartet werden kann. Wenn aber in einzelnen Fällen der Richter nach seinem pflichtmäßigen Ermessen es für rathsam hält, Entlastungsbeweise schon in der Voruntersuchung aufzunehmen, so ist doch

---

*) G.-A. B. 4. S. 190. Abhandl. von Dieterici.

**) G.-A. B. 1. S. 664. Abhandl. von Schwark, Wollner S. 52. Rescript v. 3. Septbr. 1849. J.-M.-Bl. S. 387. Verfügung v. 4. April 1854. J.-M.-Bl. S. 147.

immer daran festzuhalten, daß der Beschuldigte erst mit Eröffnung der Hauptuntersuchung in die Stellung eintritt, in welcher er ein gesetzliches Recht erhält, die Aufnahme seines Entlastungsbeweises zu verlangen*).

Die Vorschrift des §. 44, daß es sich in der Voruntersuchung um Erforschung und Feststellung der Beweismittel handelt, hat selbstverständlich den Sinn, daß der Richter sich vergewissern muß, welche Beweismomente die einzelnen Beweismittel für die Untersuchung zu liefern im Stande sind, und daß er diese Beweismomente in seinen Verhandlungen dauernd fixiren muß. Dazu dienen eben die einzelnen Instructionshandlungen, von denen früher die Rede gewesen und deren schriftliche Aufzeichnung. In welcher Weise und in welchem Umfange diese Sammlung und Fixirung der Beweise geschehen müsse, um nicht in nutzlosen Vernehmungen Zeit und Kräfte zu verschwenden, oder gar die Hauptverhandlung zu beeinträchtigen, darüber wird im einzelnen Falle nur das Ermessen des Richters entscheiden können. Dem Untersuchungsrichter ist es zwar zur besonderen Pflicht gemacht die Vorschriften der K.=O., welche auf die verschiedenen Instructionshandlungen und die Aufnahme der Beweise sich beziehen, genau zu beachten**), jedoch wird er dies immer nur soweit thun dürfen, als jene Vorschriften mit den Bestimmungen der Verordnung vom 3. Januar 1849 und des Gesetzes vom 3. Mai 1852 vereinbar sind. Wie durch diese Umfang und Richtung seiner Thätigkeit im Allgemeinen bestimmt wird, so lassen sich aus der K.=O. abgesehen von demjenigen, was schon bei Darstellung der einzelnen Instructionshandlungen vorgekommen, noch folgende Regeln für die Thätigkeit des Untersuchungsrichters herleiten. Derselbe hat zunächst seine eigene Competenz zu prüfen. Freilich wird er selten Anlaß haben diese mit Rücksicht auf die Beschaffenheit der strafbaren Handlung einer Prüfung zu unterziehen, wohl aber mit Rücksicht auf die örtliche Begrenzung des Gerichtsbezirks, bald von Amtswegen, bald auf Anregung des Beschuldigten, welcher die desfällige Einrede bei Verlust derselben bei seiner ersten Vernehmung über die Anschuldigung vorbringen muß. Definitiv wird hierüber in der Voruntersuchung im Beschwerdewege entschieden und ist dem Beschuldigten dazu eine zehntägige Frist gegeben***). Wenn der Untersuchungsrichter

*) G.=A. B. 2. S. 105.

**) Verordn. v. 3. Jan. 1849. §. 43 u. 22.

***) Ges. v. 3. Mai 1852. Art. 5.

sich dagegen für competent hält, so hat er die Voruntersuchung ununterbrochen bis zum Schlusse zu führen, neu angefangene Untersuchungen niemals in Stillstand gerathen zu lassen, und Haftsachen vor allen anderen zu beschleunigen.

In zweifelhaften und bedenklichen Fällen oder wo die Gesetze solches ausdrücklich vorschreiben, muß der Untersuchungsrichter die Beschlußnahme des Gerichts dem er angehört herbeiführen, in der Regel erläßt er aber sämmtliche im Laufe der Untersuchung ergehende Verfügungen in seinem eigenen Namen, ohne dazu einer Mitwirkung des Gerichts zu bedürfen*). Für die gehörige Aufbewahrung der dem Beschuldigten abgenommenen oder sonst dem Gericht überlieferten Sachen hat der Untersuchungsrichter Sorge zu tragen**).

In allen Fällen, wo es möglich und nothwendig ist, muß dafür gesorgt werden, daß an dem Orte, wo ein Verbrechen begangen worden, bis zur förmlichen gerichtlichen Besichtigung Alles in dem vorigen Zustande verbleibe, oder daß dieser Zustand von glaubwürdigen Personen vermerkt werde. Wenn bei Feststellung des Thatbestandes sich Spuren finden, welche auf die Person des Thäters führen, so müssen diese Spuren sorgfältig verfolgt werden. Zu diesem Zwecke sind diejenigen, welche mit dem Verdächtigen in Verbindung stehen, oder sonst von ihm Nachricht geben können, mit Behutsamkeit zu vernehmen, und die dadurch ermittelten Umstände zu ferneren Fortschritten zu benutzen. Der Verdächtige selbst kann über die Umstände, welche zur näheren Entdeckung des Thäters beitragen, informatorisch vernommen werden, im Gegensatz zu seiner verantwortlichen Vernehmung, welche schon einen dringenderen Verdacht und die Aufstellung einer bestimmten Anschuldigung voraussetzt***). Eine jede Vernehmung muß ununterbrochen betrieben, und wenn zu deren Beendigung am Vormittage die Zeit zu kurz sein sollte, wo möglich Nachmittags damit fortgefahren werden†). Ganz besondere Sorgfalt, Aufmerksamkeit und Gesetzeskenntniß erfordert die Feststellung des Thatbestandes, d. h. aller derjenigen Thatsachen, die es gewiß oder doch höchst wahrscheinlich machen, daß ein Verbrechen begangen††). Der Thatbestand

---

*) K.=O. §. 50, 65 u. 71.

**) K.=O. §. 50.

***) K.=O. §. 124, 202 u. 203.

†) K.=O. §. 67.

††) K.=O. §. 133 — 139.

muß festgestellt werden, wenn auch der Verbrecher ein vollständiges Bekenntniß abgelegt hat*). Bei schwereren Verbrechen macht das Geständniß auch die Aufnahme der anderweitig zur Ueberführung des Thäters dienenden Beweise nicht entbehrlich**).

Diese beiden für die Voruntersuchung in voller Geltung stehenden Regeln bezwecken die Richtigkeit des Geständnisses einer näheren Prüfung zu unterziehen, und außer Zweifel zu stellen, ob dasselbe zur Grundlage einer Anklage gemacht werden darf.

Die in der Voruntersuchung vernommenen Zeugen sind durch den Untersuchungsrichter, wenn keine gesetzlichen Gründe entgegenstehen, zu vereidigen***). Diese Bestimmung ist ausdrücklich in die neuere Gesetzgebung übergegangen und wird zur Rechtfertigung derselben angeführt, daß sonst keine zuverlässige Grundlage für die Anklage sich gewinnen lasse, es auch erforderlich sei, durch die Eidesleistung das Beweismittel gegen alle Zwischenfälle sicher zu stellen, welche durch Tod, Krankheit oder Entfernung eintreten können†).

Eine bestimmte Stufenfolge in Vornahme der einzelnen Instructionshandlungen kann dem Untersuchungsrichter nicht vorgezeichnet werden, da jeder Fall von dem anderen verschieden, ein jeder nach seiner Individualität behandelt werden will, und das Bedürfniß des Augenblicks, so wie die Bereitschaft der Mittel entscheidend ist. Es läßt sich nicht einmal behaupten, daß die Handlungen, welche die Feststellung des Thatbestandes betreffen, allemal denen nothwendig vorausgehen müßten, welche die Ermittelung des Thäters bezwecken. Wesentlich aber ist es in allen Fällen, die ersten Instructionshandlungen möglichst zu beschleunigen, um allen Veränderungen der vorhandenen Spuren und allen Collusionen entgegenzuwirken. Jede fernere Handlung muß mit Rücksicht auf die Ergebnisse

*) K.-O. §. 136.

**) K.-O. §. 300, 302 u. 303. G.-A. B. 4. S. 194. Abhandl. v. Dieterici.

***) Verordn. v. 3. Jan. 1849 §. 45.

†) G.-A. B. 1. S. 675. B. 4. S. 195. Ich halte diese Gründe nicht für entscheidend, gegenüber den großen Nachtheilen, welche daraus erwachsen können, daß der Zeuge im Hauptverfahren mit Rücksicht auf seine schon beschworene Aussage in eine Zwangslage versetzt wird. Ich würde es daher für zweckmäßiger halten den Zeugen in der Voruntersuchung nicht zu vereiden, wenn nicht schon die Besorgniß obwaltet, daß er bei der Hauptverhandlung am Erscheinen verhindert wird.

der früheren erfolgen, der Zusammenhang des Ganzen stets im Auge behalten, und zu strengeren Maaßregeln geschritten werden, wenn die milderen sich als unzureichend darstellen. Daß der Untersuchungsrichter für sein Verfahren einen bestimmten Plan sich entwirft, ist an und für sich ganz angemessen, nur darf solches nicht zu früh geschehen, wo die Lage der Sache noch nicht recht ersichtlich ist, auch hat der Richter sich davor zu hüten, daß dieser Plan ihm nicht den freien unbefangenen Blick raube, wenn unvorhergesehene Umstände eintreten, welche es nöthig machen, der Untersuchung eine andere Wendung zu geben.

Ueber die Fixirung der Beweise durch die Schrift gelten folgende Regeln:

Damit das Verfahren des Richters vollständig übersehen und geprüft werden könne, muß über Alles, was zum Zwecke der Untersuchung verhandelt wird, sofort ein Protocoll aufgenommen werden. Bei allen Verhandlungen, bei welchen es auf die Aufnahme eines Protocolls ankommt, ist regelmäßig die Gegenwart des Richters und eines vereideten Protocollführers erforderlich*), welche zusammen im Vorverfahren das vollständig besetzte Gericht bilden. Insonderheit ist die Zuziehung des Protocollführers unerläßlich bei solchen Protocollen, welche den Inhalt einer mit einer Person abgehaltenen Vernehmung beurkunden sollen, so wie bei anderen nöthigen Vorgängen, z. B. bei Aufnahme des Obductionsprotocolls, während bei minder wichtigen bald der Richter, bald der Protocollführer allein die schriftliche Aufzeichnung (Registratur) vornimmt**). Bei förmlichen Protocollen erfolgt die schriftliche Aufzeichnung durch den Protocollführer nach dem Dictat des Richters, hat jener aber gegründete Bedenken gegen die Richtigkeit und Vollständigkeit der richterlichen Dictate, so muß er diese Bedenken zur Sprache bringen, und wenn sie seiner Meinung nach nicht beseitigt werden, der dem Richter vorgesetzten Behörde Mittheilung machen***). Jedes Protocoll muß das Datum, an welchem es aufgenommen wird, den Ort der Verhandlung, den Namen und die Eigenschaft der aufnehmenden Beamten enthalten.

Die Protocolle können selbstverständlich ihrem Zwecke nur entsprechen,

---

*) K.-O. §. 39 u. 35. Verordn. v. 3. Jan. 1849. §. 43.

**) K.-O. §. 46. Rescript v. 27. Decbr. 1809. Raabe X. S. 227. Rescript v. 10. Octbr. 1834. Jahrb. B. 44. S. 436.

***) K.-O. §. 40 u. 54.

wenn die Aufzeichnung eine treue, vollständige und klare ist. Sie müssen leserlich geschrieben sein, keine Ausstreichungen enthalten und etwanige Auslassungen, Zusätze und Abänderungen sind im Fortgange des Protocolls, nicht am Rande zu vermerken*). Die Aussage des zu Vernehmenden muß in der ersten Person, und so viel es nur immer geschehen kann mit seinen eigenen Worten protocollirt werden. Das Protocoll ist ihm Wort für Wort langsam und vernehmlich vorzulesen, und die dabei etwa von ihm gemachten Erinnerungen sind gehörig nachzutragen. Kann der Vernommene schreiben, so soll dessen Unterschrift erfordert werden, und wenn er sie verweigert, so muß die Weigerung mit den dafür etwa angeführten Gründen vermerkt werden. Ist er des Schreibens nicht kundig, so hat er das Protocoll mit drei Kreuzen zu unterzeichnen, wobei der Protocollführer attestiren soll, daß diese Kreuze die Unterschrift vertreten**).

Die meiste Sorgfalt erfordern Vernehmungsprotocolle und bei manchen Verbrechen auch die Protocolle über Einnahme des Augenscheins; einer schriftlichen Aufzeichnung und Beschreibung bedürfen aber auch alle Arten von Ueberführungsstücken, ferner müssen die Resultate der Haussuchung, das Verfahren bei Beschlagnahme von Gegenständen, der Zeitpunct der Verhaftung des Beschuldigten, seiner Ablieferung in das Gerichtsgefängniß und die Zustellung des Haftbefehls protocollirt werden.

Bei Abschließung des Protocolls müssen die bei dem Acte thätigen Gerichtspersonen dasselbe unterzeichnen, auf jedes abgeschlossene Protocoll hat der Richter das Nöthige zur Fortsetzung der Untersuchung sogleich zu verfügen.

Ueber jede Untersuchung sind ordentlich geheftete Acten anzulegen, welche mit einem Verzeichnisse der darin enthaltenen Verhandlungen unter Angabe des Inhalts derselben versehen sein müssen. Die Acten sollen in jedem einzelnen Straffalle nach chronologischer Ordnung das Geschichtliche der betreffenden Procedur von ihrer Entstehung bis zu ihrer respectiven Vollendung enthalten, und wenn die Untersuchung wegen mehrerer Verbrechen geführt wird, bleibt es dem Ermessen des Untersuchungsrichters überlassen, zur Erleichterung der Uebersicht die Acten in besondere

*) K.-O. §. 55.

**) K.-O. §. 56, 57 u. 341.

Bände zu trennen, und neben einem Haupt-Volumen Specialfascikel anzulegen*).

§. 35.

2. Vom Scrutinialverfahren.

Von der gerichtlichen Voruntersuchung wenden wir uns nunmehr zur gerichtspolizeilichen Voruntersuchung (Scrutinialverfahren, Informationsverfahren).

Wenn der Staatsanwalt eine gerichtliche Voruntersuchung nicht beantragt hat, ruht das vorbereitende Verfahren ganz in seiner Hand, und die Gerichte werden alsdann vor Erhebung der Anklage mit der Strafsache garnicht selbstständig befaßt. Die Grenzen, welche der Untersuchungsrichter nach dem §. 44 der Verordnung vom 3. Januar 1849 inne zu halten hat, binden auch den Staatsanwalt. Art und Umfang seiner Thätigkeit richten sich nach der dort angegebenen Zweckbestimmung und den daraus hergeleiteten Consequenzen.

Vor allen Dingen hat der Staatsanwalt seine eigene Competenz einer sorgfältigen Prüfung zu unterziehen mit Rücksicht auf die Beschaffenheit der strafbaren Handlung und die örtliche Begrenzung seines Amtsbezirks. Findet er, daß die That zur Competenz des Polizeianwalts oder eines andern Staatsanwalts gehört, so hat er die Sache dahin abzugeben; sprechen nach seiner Ansicht überwiegende Gründe der Zweckmäßigkeit dafür, daß die Sache nicht von ihm sondern von einem anderen gleichfalls competenten Staatsanwalt verfolgt werde, so hat er sich mit diesem wegen Uebernahme der Verfolgung zu verständigen, doch hat er in dieser Hinsicht nur so lange freie Hand, als er noch keinerlei gerichtliche Anträge in der Sache gestellt hat**).

Wie der Staatsanwalt sich im einzelnen Falle die erforderlichen Materialien zur Erhebung der Anklage verschaffen will, ist seinem pflichtmäßigen Ermessen anheimgegeben. Gerichts- und Polizeibehörden sind ihm dabei zur freien Verfügung gestellt. Unabhängig von ihrem Einflusse leitet er durch ihre Vermittelung das Verfahren, beide müssen seinen Requisitionen wegen Feststellung des Thatbestandes und wegen sonst erfor-

*) K.-O. §. 75. Wollner S. 61.

**) Ges. v. 3. Mai 1852. Art. 4.

derlicher Ermittelungen Folge leisten und dürfen dieselben wegen vermeintlicher Unerheblichkeit nicht ablehnen, es sei denn, daß der Antrag auf Verhaftung eines Beschuldigten gerichtet wäre, worüber dem Gericht allemal die selbstständige Beschlußnahme zusteht*). Dagegen soll der Staatsanwalt Untersuchungsverhandlungen, Verhaftungen und Beschlagnahmen in der Regel selbst nicht vornehmen, sondern dieselben nur anordnen und die Ausführung den gedachten Behörden überlassen. Die Befugniß des Staatsanwalts zur eigenen Vornahme solcher Handlungen ist dadurch bedingt, daß Gefahr im Verzuge obwaltet und der Fall der Ergreifung auf frischer That vorliegt. Hat der Staatsanwalt in solchem Falle den Haftbefehl selbst erlassen, so muß er doch unverzüglich beim Gericht den Antrag stellen, daß über die Fortdauer der Haft Beschluß gefaßt werde. Auch Leichenbesichtigungen behufs Feststellung der Todesursache fallen in den Kreis der Untersuchungsverhandlungen. Der Staatsanwalt hat daher nur, wo Gefahr im Verzuge obwaltet, sich der Besichtigung selbst zu unterziehen, andernfalls um Vornahme derselben den Untersuchungsrichter zu requiriren**).

Wo Gefahr im Verzuge obwaltet, dürfen auch die Gerichte, ohne den Antrag des Staatsanwalts abzuwarten, vorläufig einschreiten und von Amtswegen alle diejenigen Ermittelungen, Verhaftungen oder sonstigen Anordnungen vornehmen, welche nothwendig sind, um die Verdunkelung der Sache zu verhüten. Die Verhandlungen hierüber sind indessen sobald wie möglich dem Staatsanwalt zur Verfügung zu stellen, damit von dem leitenden Grundsatze des Verfahrens nicht weiter abgewichen werde, als durch die Sachlage geboten ist***). In weiterem Umfange ist den Polizeibehörden neben dem Staatsanwalt die Befugniß zum selbstständigen Einschreiten beigelegt†). Sie sind in dieser Beziehung auf das ihnen schon nach dem Allgem. Landrecht Th. II. Tit. 17. §. 10 u. f. zustehende Recht des ersten Angriffs verwiesen, und wenn die neueren Gesetze ihnen auch nur vorbereitende Anordnungen zur Aufklä-

*) Verordn. v. 3. Jan. 1849 §. 4 u. 5. G.-A. B. 2. S. 410. Verordn. v. 3. Jan. 1849. §. 13.

**) Verordn. v. 3. Jan. 1849 §. 7. Instruction v. 13. Novbr. 1849. §. 16 u. 17. Rescript v. 31. Octbr. 1851. G.-A. B. 1. S. 556.

***) Verordn. v. 3. Jan. 1849. §. 5,

†) Verordn. v. 3. Jan. 1849. §. 4.

rung der Sachen die keinen Aufschub leiden, gestatten, so ist dieser Begriff doch äußerst dehnbar und die Deutung desselben dem freien Ermessen der Polizeibehörden überlassen. Wo das selbstständige Gebiet der Polizei aufhören und das des Staatsanwalts anfangen soll, hat daher fast in allen Fällen die Polizeibehörde zu bestimmen, wo nicht schon vor ihrem Einschreiten der Staatsanwalt angegangen wird. So lange nicht der Grundsatz allgemeine Anerkennung findet, daß die Polizeibehörden nur in Stellvertretung des Staatsanwalts handeln, und diesem Grundsatze gemäß besondere Beamte der gerichtlichen Polizei bezeichnet und der Disciplin des Staatsanwalts untergeordnet werden, wird die gerichtspolizeiliche Stellung des Staatsanwalts Manches zu wünschen übrig lassen*). Bei dieser Lage der Dinge ist es aber um so nothwendiger, daß auch die Polizeibehörden stets den Zweck des Vorverfahrens im Auge behalten und in den für die gerichtliche Voruntersuchung geltenden Vorschriften eine Anleitung auch für das von ihnen zu beobachtende Verfahren erblicken. In Bezug auf Haussuchungen und vorläufige Verhaftungen ist es ihnen noch besonders eingeschärft worden die darüber bestehenden gesetzlichen Vorschriften genau zu beobachten**), und die Beschlagnahme von Briefen auf der Post ist ihnen ganz entzogen. Bei Feuersbrünsten liegt zwar den Polizeibehörden zunächst ob, die Entstehung derselben zu untersuchen, und eine unbedingte Nothwendigkeit die Verhandlungen dem Staatsanwalt mitzutheilen, liegt in solchen Fällen nicht vor, in denen die Entstehungsart des Feuers dergestalt mit Zuverlässigkeit festgestellt wird, daß jedes Strafverfahren ausgeschlossen bleibt; um aber in dieser Beziehung den Polizeibehörden nicht zu freie Hand zu lassen, ist ihnen anempfohlen worden, jedenfalls die Ergebnisse der polizeilichen Recherchen der Staatsanwaltschaft mitzutheilen***).

Es ist schon früher hervorgehoben worden, wie wichtig es ist, die ersten Instructionshandlungen so schleunig wie möglich vorzunehmen, von gleicher Wichtigkeit aber ist es, daß die Polizeibehörden von ihren Vorkehrungen den Staatsanwalt schleunigst in Kenntniß setzen, damit etwanige Versäumnisse unverweilt nachgeholt werden können.

---

*) G.-A. B. 1. S. 669. Abhandl. von Schwark.

**) Verordn. v. 3. Jan. 1849. §. 4.

***) Verfügung v. 31. Juli 1850. Verw.-M.-Bl. S. 252. J.-M.-Bl. S. 300.

Ist der Staatsanwalt einmal mit der Sache befaßt worden, sei es durch Zustellung der polizeilichen Verhandlungen an ihn oder in anderer Weise, so haben auch die Polizeibehörden seinen Anweisungen Folge zu leisten*). Die möglichste Beschleunigung ist für den Staatsanwalt fast in allen Sachen geboten; daß hierin Haftsachen noch vor anderen den Vorzug verdienen, versteht sich von selbst. Außerdem ist es dem Staatsanwalt noch zur besonderen Pflicht gemacht, die Prüfung der ihm zugehenden polizeilichen Verhandlungen über Ermittelung der Entstehungsart stattgehabter Feuersbrünste vorzugsweise zu beschleunigen, gerichtliche Leichenbesichtigungen unverweilt zu veranlassen, und bei Mittheilung von Unglücksfällen auf Eisenbahnen für Feststellung des Thatbestandes unverzüglich Sorge zu tragen**).

Ob der Staatsanwalt sich zur Erledigung seiner Requisitionen der Gerichte oder der Polizeibehörden bedienen will, hängt im einzelnen Falle von seinem pflichtmäßigen Ermessen ab. Wendet er sich mit seiner Requisition an die Gerichte, so hat er den Gegenstand speciell anzugeben, da die Gerichte, so lange eine gerichtliche Voruntersuchung nicht beantragt ist, nur innerhalb der durch die Requisition gezogenen Grenzen thätig werden. Wo nicht Handlungen in Frage stehen, welche nur durch den Richter vorgenommen werden können, sind im Allgemeinen polizeiliche Recherchen den gerichtlichen Erhebungen vorzuziehen***). Sie entsprechen in höherem Maaße der bloß vorbereitenden Natur des Verfahrens, sind schleuniger, einfacher und minder kostspielig, und empfehlen sich auch dadurch, daß den Polizeibehörden wirksamere Mittel als den Gerichten zu Gebote stehen, um Nachforschungen und Ermittelungen mit der erforderlichen Feststellung zu verbinden. Auch die Art und Weise der Feststellung ist im polizeilichen Vorverfahren oft eine andere als bei gerichtlichen Erhebungen. Eine schriftliche Aufzeichnung des Materials das der Anklage zum Grunde liegt, bleibt zwar immer erforderlich, es genügen aber minder förmliche Verhandlungen, auch schriftliche Anzeigen, Berichte und Mittheilungen von Beamten und Behörden, selbst briefliche Aeußerungen glaubhafter Privatpersonen und anderweitige schriftliche Notizen. Was vor Gericht nur als Anhaltspunct für die richterliche Feststellung dienen

*) Verordn. v. 3. Jan. 1849. §. 4.

**) Rescript v. 26. Aug. 1850. J.-M.-Bl. S. 301. Rescript v. 25. April 1851.

***) Verfügung v. 4. April 1854. J.-M.-Bl. S. 147.

könnte, genügt hier schon häufig für die Begründung der Anklage, und manche Zeugenvernehmung kann erspart werden, wenn nur in zuverlässiger Weise die Thatsachen constatirt sind, welche die einzelnen Zeugen bekunden können, auch die Quelle ihrer Wissenschaft erhellt.

Die besonderen Garantien der gerichtlichen Erhebung werden hier zunächst durch die dem Staatsanwalt beiwohnende Kenntniß der Personen und Verhältnisse ersetzt. Da die Ergebnisse der polizeilichen Voruntersuchung nur dazu dienen, die weitere Thätigkeit des Staatsanwalts zu bestimmen, so kommt es auch nur darauf an, welche Ansicht er daraus entnehmen zu dürfen glaubt, sie bilden nur die Materialien für seine Beschlußnahme über Erhebung und Abstandnahme von der Anklage.

Requisitionen und Correspondenzen zwischen der Staatsanwaltschaft und den Gerichten sind der Regel nach nicht in der Form expedirter Schreiben sondern durch Marginal-Anschreiben zu erlassen, an die Beamten der Polizeibehörden können in dringenden Fällen auch mündliche Requisitionen gerichtet werden*), es kommt nur darauf an, daß sie nachweisbar sind. Dem Staatsanwalt steht auch im Scrutinialverfahren die Einsicht aller polizeilichen und gerichtlichen Acten, welche sich auf einen zu seinem Geschäftskreise gehörenden Gegenstand beziehen, jederzeit frei, auch ist er befugt allen polizeilichen und gerichtlichen Verhandlungen beizuwohnen, mit dem Beamten, welcher die Verhandlung aufnimmt, in unmittelbare Verbindung zu treten, seine Anträge und Mittheilungen zur Förderung der Untersuchung an diesen Beamten zu richten, und allen Unregelmäßigkeiten erforderlichen Falls im Beschwerdewege abzuhelfen**). Reisen zu Verhandlungen außerhalb des Gerichtssitzes haben die Beamten der Staatsanwaltschaft jedoch nur ausnahmsweise in besonders wichtigen Fällen vorzunehmen***). So lange die Sache noch nicht an die Gerichte abgegeben, steht dem Staatsanwalt die Befugniß zu, die Asservatoren und Depositarien der Gerichte, bei welchen sie fungiren, unmittelbar, jedoch unter der Adresse des Vorstandes des betreffenden Gerichts zu requiriren, die zur Asservation resp. Deposition geeigneten Gegenstände zum Asservatorium resp. Depositorium anzunehmen und aus denselben

*) Instruction v. 13. Novbr. 1849. §. 8. Verfügung v. 24. Juli 1849.

**) Verordn. v. 3. Jan. 1849. §. 7 u. 8.

***) Verfügung v. 4. April 1854. J.-M.-Bl. S. 149.

herauszugeben*). In allen Sachen bei deren Ausfall eine Verwaltungsbehörde ein Interesse hat, haben sich die Beamten der Staatsanwaltschaft mit derselben in geeignete Verbindung zu setzen, namentlich haben sie, so oft eine Aeußerung der Verwaltungsbehörde zur Aufklärung des Sachverhältnisses gereichen kann, oder von derselben die Mittheilung von Materialien, welche hiezu, so wie für die Entscheidung der Sache von Erheblichkeit sein möchten, zu erwarten ist, dieserhalb mit der betreffenden Verwaltungsbehörde zu communiciren, und ihr zu diesem Behufe geeigneten Falls die Acten vorzulegen**).

Gesetzlich unbegründete oder nicht nachweisbare Denunciationen kann der Staatsanwalt in allen Fällen zurückweisen, auch im Verlaufe des Scrutinialverfahrens jederzeit von weiterer Verfolgung Abstand nehmen, wenn ihm die Sache dazu angethan scheint. Dagegen steht dem Denuncianten nur die Beschwerde an den Oberstaatsanwalt und in letzter Instanz an den Justizminister zu***). Um ihm solche zu ermöglichen hat er Anspruch auf schriftliche Bescheidung.

In Sachen betreffend die Ermittelung der Todesursache hat der Staatsanwalt, wenn er findet, daß Niemand eine strafbare Verschuldung am Tode des leblos aufgefundenen Menschen trifft, die schriftliche Erlaubniß zur Beerdigung des Leichnams zu ertheilen, ohne daß eine Mitwirkung des Gerichts eintritt. In Feuer-Ermittelungssachen hat der Staatsanwalt, wenn kein Verdacht gegen den Versicherten obwaltet, darüber der Versicherungsgesellschaft auf Verlangen eine Bescheinigung zu ertheilen.

Die Staatsanwaltschaft soll die Anklage nur im öffentlichen Interesse erheben, und darf daher diese ihre Pflicht nicht in so weitem Sinne deuten, daß sie ihre Thätigkeit auch schon bei solchen Gesetzesverletzungen eintreten läßt, bei denen ein öffentliches Interesse kaum betheiligt erscheint. Bei geringfügigen Beschädigungen des Vermögens, wo eine Rechtswidrigkeit der Absicht zweifelhaft ist, bei Zwistigkeiten in der Familie, die in leichte Excesse ausgeartet sind, bei gewöhnlichen Schlägereien, geringfügigen Thätlichkeiten und Ehrverletzungen wird allemal zu erwägen sein, ob die Verfolgung im öffentlichen Interesse liegt. In Ansehung der

*) Verfügung v. 15. Decbr. 1850. J.-M.-Bl. S. 433.

**) Verfügung v. 8. Mai 1850. I. 1233.

***) Verordn. v. 3. Jan. 1849. §. 9. Instruction v. 13. Novbr. 1849. §. 3.

Ehrverletzungen und leichten Mißhandlungen kommt noch der besondere Umstand in Betracht, daß den Betheiligten der Weg der Privatklage in Gemäßheit des Artikels 16 des Einführungsgesetzes zum Strafgesetzbuch offen steht, die Staatsanwaltschaft also um so mehr Veranlassung hat, sorgfältig zu prüfen, ob ihr Einschreiten durch ein öffentliches Interesse geboten ist.

Bevor durch Erhebung der Anklage die Eröffnung des Hauptverfahrens beantragt wird, muß eine sorgfältige Prüfung auch in Bezug auf den zu erwartenden Ausgang der Sache vom Staatsanwalt vorgenommen und die Anklage nicht anders erhoben werden, als wenn die Verurtheilung des Beschuldigten mit einiger Wahrscheinlichkeit zu erwarten steht. Wenn für die einfache That hinreichende Beweise vorhanden sind, der Nachweis eines erschwerenden Umstandes aber zweifelhaft ist, so kann es oft mehr im Interesse der Strafrechtspflege liegen, den erschwerenden Umstand außer Ansatz zu lassen und eine rasche Verurtheilung wegen der einfachen That herbeizuführen*).

Gegen abwesende und flüchtige Verbrecher, wo eine Edictalcitation erforderlich wird, ist die Anklage nur dann zu erheben, wenn das Straferkenntniß ein practisches Resultat haben kann. Gesetz vom 3. Mai 1852. Artikel 35.

Dem Ermessen der Staatsanwaltschaft bleibt es ferner überlassen, ob in einem Falle, wenn ein Beschuldigter mehrere strafbare Handlungen begangen hat, die Verfolgung der letzteren Straffälle, welche für die Entscheidung nicht von wesentlicher Bedeutung sein können, garnicht oder erst nach rechtskräftiger Entscheidung über die schwereren Straffälle erfolgen soll**), und ob wenn verschiedene Personen bei einer strafbaren Handlung concurriren, und die von einzelnen mitangeschuldigten Theilnehmern noch außerdem verübten strafbaren Handlungen vor ein anderes Gericht gehören würden, getrennte Anklagen zu erheben sind***).

In welchen Fällen das Einschreiten des Staatsanwalts durch Anträge betheiligter Privatpersonen oder auswärtiger Regierungen bedingt ist, ist schon oben in dem Abschnitte von der Veranlassung zur Untersuchung die Rede gewesen. Selbstverständlich ist der Staatsanwalt auch bei

*) Verfügung v. 4. April 1854. J.-M.-Bl. S. 147.

**) Art. 23 des Einführungsges. zum Strafgesetzbuch.

***) Instr. v. 13. Nov. 1849 §. 20.

Privatstrafanträgen befugt, die Verfolgung zu verweigern, sofern er dieselbe für nicht begründet erachtet, er muß sie aber auch aufgeben, sobald vor der richterlichen Beschlußnahme über die von ihm erhobene Anklage von der betheiligten Privatperson dies Verlangen gestellt wird*).

Einigen anderen Beschränkungen unterliegt das strafrechtliche Einschreiten des Staatsanwalts in folgenden Fällen:

Bei Beleidigungen des Staatsministeriums oder einzelner Staatsminister haben die Staatsanwälte die nähere Anweisung des Justizministers durch Vermittlung des Oberstaatsanwalts einzuholen**).

Zur Verfolgung von Beamten wegen der durch Ueberschreitung ihrer Amtsbefugnisse verübten Rechtsverletzungen bedarf es zwar einer vorgängigen Genehmigung der vorgesetzten Dienstbehörde nicht. Da aber der vorgesetzten Provinzial- oder Centralbehörde des beschuldigten Beamten, wenn dieser nicht in die Kategorie der Justizbeamten fällt, die Erhebung des Competenzconflicts falls die Behörde die Sache zur gerichtlichen Verfolgung nicht geeignet hält nach dem Gesetz vom 13. Februar 1854 zusteht, dessen Erledigung alsdann einem eigenen Gerichtshofe obliegt, so ist um der Dienstbehörde hierzu Gelegenheit zu geben folgendes Verfahren angeordnet: Wenn der Staatsanwalt der Ansicht ist, daß gegen einen Beamten, auf welchen die Bestimmungen des Gesetzes vom 13. Februar 1854 Anwendung finden***), wegen einer in Ausübung oder in Veranlassung der Ausübung seines Amts vorgenommenen Handlung, dieselbe sei als Amtsverbrechen oder Amtsvergehen in den gemeinen Strafgesetzen vorgesehen oder nicht, Anklage zu erheben oder eine gerichtliche Voruntersuchung herbeizuführen sei, so hat er, falls ein hierauf gerichteter Antrag der dem Beamten vorgesetzten Dienstbehörde nicht vorliegt, die Verhandlungen dem Ober-Staatsanwalt zur Einsicht vorzulegen. Ist der Ober-Staatsan-

---

*) Strafgesetzbuch §. 53 u. Einführungsges. Art. 17.

**) Instruction v. 13. Nov. 1849. §. 19. Verfügung v. 23. Juni 1851. J.-M.-Bl. S. 228.

***) In Bezug auf Competenzconflicte sind die Staats- und Polizeianwälte als Verwaltungsbehörden anzusehen und die Erhebung des Competenzconflicts steht dem Ober-Staatsanwalt zu. Ges. v. 13. Febr. 1854. §. 7. Verordn. v. 5. März 1853. G.-A. B. 1. S. 369. u. J.-M.-Bl. pro 1854. S. 16. Das Gesetz v. 13. Febr. 1854 findet auch Anwendung auf die Inhaber der polizeiobrigkeitlichen Gewalt und deren Stellvertreter: Ges. v. 14. April 1856. §. 20. Ges.-S. S. 358.

walt nicht der Meinung, daß von der Verfolgung abzusehen sei, so hat er die Aeußerung der dem Beamten vorgesetzten Provinzial-Behörde, oder wenn der Beamte einer solchen nicht untergeordnet ist, der Central-Behörde einzuholen. Erhebt diese Behörde gegen die gerichtliche Verfolgung Widerspruch, so hat er denselben sorgfältig zu prüfen, demnächst aber, wenn nach seiner Ansicht das gerichtliche Verfahren gleichwohl einzuleiten sein würde, das Geeignete in der Sache zu veranlassen, und der betreffende Staatsanwalt ist dann verpflichtet, sofort nach eingeleiteter Untersuchung resp. Voruntersuchung der Behörde von der Sachlage Mittheilung zu machen. Die vorstehenden Bestimmungen schließen indeß solche vorläufige Ermittelungen, welche ohne gerichtliche Voruntersuchung stattfinden können, so wie die Ergreifung derjenigen Maaßregeln, welche durch eine obwaltende Gefahr im Verzuge geboten werden, nicht aus*).

Dasselbe Verfahren ist vom Staatsanwalt bei Amtsvergehen der Geistlichen zu beobachten, der Ober-Staatsanwalt hat aber in solchen Fällen unter Beifügung der Acten an den Justiz-Minister zu berichten, und dessen Ermächtigung zur Verfolgung des Denuncianten abzuwarten**).

Sollen Mitglieder der beiden Häuser des Landtags während der Sitzungsperiode wegen einer mit Strafe bedrohten Handlung zur Untersuchung gezogen werden, so bedarf es hierzu der Genehmigung des betreffenden Hauses, es sei denn, daß das Mitglied bei Ausübung der That, oder im Laufe des nächstfolgenden Tages nach derselben ergriffen würde. Jedes Strafverfahren muß aber auf Verlangen des betreffenden Hauses für die Dauer der Sitzungsperiode aufgehoben werden***).

Wie die Beamten der Staatsanwaltschaft im Allgemeinen der Leitung und Aufsicht des Ober-Staatsanwalts untergeben sind, so machen sich diese namentlich auch im Vorverfahren geltend. Der Ober-Staatsanwalt ist befugt, allein und gemeinschaftlich mit dem Staatsanwalt dessen Functionen in einer Strafsache zu übernehmen, und die Ansichten des Staatsanwalts über Einleitung der Untersuchung unterliegen der Abänderung durch den Ober-Staatsanwalt†). In zweifelhaften Fällen hat

---

*) Art. 97. Verf.-Urk. v. 31. Jan.1850. Ges.-S. S. 31. Verfügung v. 12. Mai 1854. I. 1255.

**) Verfügung v. 16. Aug. 1854. I. 2415.

***) Verf.-Urk. Art. 84.

†) J.-M.-Bl. pro 1849. S. 497. Urtel des Ober-Tribunals v. 9. Febr. 1850. Grundsätze S. 4 u. 5. Verordn. v. 3. Jan. 1849. §. 10.

der Staatsanwalt die Ansicht seines unmittelbaren Vorgesetzten einzuholen und von allen erheblichen oder besonderes Aufsehen erregenden Verbrechen sowohl dem Justizminister wie dem Ober-Staatsanwalt behufs etwaiger Einwirkung auf die Behandlung der Sache Anzeige zu machen*).

Da der Polizeianwalt in den zu seiner Competenz gehörigen Strafsachen im Scrutinialverfahren die nämliche Stellung, wie der Staatsanwalt einnimmt, so hat er sich auch in gleicher Weise die Materialien für seine Beschlußnahme über Erhebung der Anklage oder Abstandnahme von der Verfolgung zu verschaffen. Es gelten daher im Allgemeinen für ihn die obigen Regeln**). Zunächst liegt ihm die Prüfung seiner eigenen Competenz ob, mit Rücksicht auf die Beschaffenheit der Sache, und die örtliche Begrenzung seines Bezirks. Wenn er hiernach die Sache weder an den Staatsanwalt, noch an einen anderen Polizeianwalt abzugeben hat, so hat er die weiteren vorbereitenden Schritte mit möglichster Beschleunigung zu betreiben, Requisitionen an die Gerichte möglichst zu vermeiden, vielmehr regelmäßig nur die Polizeibehörden zu requiriren oder mündliche Erkundigungen einzuziehen.

§. 36.

3. Von der Anklage und dem Antrage auf Versetzung in den Anklagestand.

Nach Abschluß des Vorverfahrens, wenn nicht von weiterer Verfolgung Abstand zu nehmen ist, hat der Staatsanwalt die Anklage zu erheben oder den Antrag auf Versetzung in den Anklagestand zu stellen, dies bei den zur schwurgerichtlichen Competenz gehörigen Sachen, jenes in allen übrigen Sachen.

Die Anklage muß schriftlich angebracht werden, für Abfassung der Anklageschrift gelten folgende Regeln:

Sie muß die möglichst genaue Bezeichnung des Beschuldigten enthalten, dessen vollständigen Namen, Alter, Religion, Militairverhältnisse und etwanige Vorbestrafungen; falls der Beschuldigte das 16. Lebensjahr

*) Instruction v. 13. Nov. 1849. §. 15. Verfügung v. 9. Aug. 1853. J.-M.-Bl. S. 302.

**) Das Nähere enthält die Instruction für die Polizeianwälte v. 24. Nov. 1852. §. 1 — 7, §. 73. u. f. §. 13. u. f.

noch nicht zurückgelegt hat, ist sein Taufschein beizubringen. Den Hauptinhalt der Anklageschrift bildet die Darstellung der dem Angeklagten zur Last gelegten That. Hierbei ist vor allen Dingen Präcision und Kürze zu empfehlen. Die Anklageschrift soll nicht eine möglichst vollständige Relation aus den Verhandlungen sein, daher auch die in der K.-O. §. 488 u. f. aufgestellten Erfordernisse einer Relation in Criminalsachen hier nicht maaßgebend sind, sondern sie soll eine übersichtliche und gedrängte Darstellung des Sachverhältnisses enthalten, soweit diese zur Begründung der Anschuldigung erforderlich ist. Alles Unwesentliche ist aus der Anklage wegzulassen, und Rechtausführungen gehören garnicht in dieselbe. Sie darf daher weder in eine weitläuftige Geschichtserzählung ausarten, noch eine Zusammenstellung der verschiedenen Zeugenaussagen enthalten, sie muß vielmehr das Beweismaterial dergestalt verarbeiten, daß in ihr ein bestimmtes Bild vom Hergange der Sache gegeben wird, und die Beschuldigung daraus als eine natürliche Schlußfolgerung hervorgeht. Dem Richter muß die Darstellung des Sachverhältnisses zugleich zur Anleitung dienen können für den Gang, den die mündliche Verhandlung zu nehmen hat und aus der Darstellung selbst muß erhellen, durch welche Beweismittel die einzelnen Thatsachen erwiesen werden sollen. An dieselbe reiht sich die Anklageformel. Bei Aufstellung derselben genügt es nicht, das Verbrechen nur in abstracto zu bezeichnen, z. B. als schweren Diebstahl, Betrug und dergleichen. Die Anklageformel muß vielmehr die Thatsachen welche zu den wesentlichen Merkmalen der dem Beschuldigten zur Last gelegten strafbaren Handlung gehören, den subjectiven und objectiven Thatbestand des Verbrechens, insbesondere also auch die Absicht des Thäters, den Vorsatz, die Fahrlässigkeit, so wie andere innere Qualificationen der That vollständig enthalten. Zeit und Ort der That, sowie die sonstigen Momente des concreten Falls sind nur soweit anzugeben, als es zur Individualisirung desselben erforderlich ist. Dabei ist einerseits der Gesichtspunct festzuhalten, daß der Angeklagte in der Lage sein muß, seine Vertheidigung gehörig vorzubereiten, und daß auch ein späterer Zweifel darüber, welche individuelle That Gegenstand des Verfahrens gewesen, möglichst auszuschließen ist; andrerseits ist aber nicht außer Acht zu lassen, daß in manchen Fällen erst in der Hauptverhandlung eine nähere Bestimmung dieser Momente möglich, und daher für dieselbe hinreichender Spielraum zu lassen ist. Ist die That eine solche, welche schon in einer einfacheren Gestalt strafbar sein würde, welche jedoch wegen hinzutretender erschwerender Umstände unter ein härteres Strafgesetz fällt, so sind diejenigen Thatsachen, durch deren Vorhandensein der Begriff der strafbaren Handlung in ihrer einfachen Gestalt bedingt wird, im Zusammenhange anzugeben, und sodann getrennt davon die erschwerenden Umstände besonders hervorzuheben. Den Schlußsatz der Beschuldigungsformel bildet allemal die Bezeichnung des anzuwendenden Strafgesetzes. Demnächst folgt der Antrag auf Eröffnung der förmlichen Untersuchung (des Hauptverfahrens) und die Aufzählung der einzelnen Beweismittel, insonderheit die namentliche Aufführung der Zeugen mit dem Antrage auf deren Vorladung. Die Anträge auf Vernehmung der Zeugen hat der Staatsanwalt aber auf diejenigen Personen zu beschränken, deren Abhörung zur Aufklärung des Sachverhältnisses und Ueberführung des Angeklagten unumgänglich nothwendig ist. Nicht die Menge sondern der Werth der Zeugen ist es, welcher die Ueberzeugung hervorruft. Auf eine angemessene Beschränkung der Zeugenzahl wird auch dadurch hingewirkt werden, wenn die Staatsanwälte bei Entwerfung der Anklageschriften auf die Reihenfolge, in welcher die Zeugen ihres Erachtens zu verhören sind, besondere Sorgfalt verwenden, und die zu ladenden in gehörig durchdachter Folge vorschlagen. Dadurch werden sie nämlich zu einer Prüfung darüber veranlaßt, ob und welche Zeugen nothwendig und welche etwa zu entbehren sind, weil sie nur über Nebenumstände Auskunft ertheilen können*). Mehrere strafbare Handlungen dürfen nur im Falle der Connexität in Einer Anklageschrift zusammengefaßt werden. Die Anklageschrift wird dem betreffenden Gerichte überreicht. Der Staatsanwalt ist zwar nirgend verpflichtet die lediglich zu seiner Information dienenden Vorverhandlungen dem Gerichte mit zu übergeben; es pflegt dies jedoch zu geschehen und ist zur Vorbereitung des Richters auf die mündliche Verhandlung auch ganz angemessen. Dagegen müssen diejenigen Acten welche Vorbestrafungen des Angeklagten feststellen, und sonstige urkundliche Beweise der Anklageschrift beigefügt werden.

Auch für den Polizeianwalt bildet die Einreichung einer nach obigen Grundsätzen abgefaßten Anklageschrift die Regel, die Anbringung der mündlichen Anklage die Ausnahme, am häufigsten aber vertritt die Stelle

*) Verordn. v. 3. Jan. 1849. §. 39. Verfügung v. 29. März 1853. J.-M.-Bl. S. 134. Verfügung 24. Nov. 1850. J.-M.-Bl. S. 399. Verfügung v. 4. April 1854. J.-M.-Bl. S. 148.

beider ein schriftlicher Antrag auf Erlaß einer Strafverfügung. Dieser Antrag unterscheidet sich seinem Inhalt nach von der Anklageschrift nur dadurch, daß nicht auf Eröffnung der Untersuchung, sondern sogleich auf eine bestimmte, nach Art und Höhe zu bezeichnende Strafe angetragen wird*). Untersagt ist die Stellung eines solchen Antrags nur, wenn der Beschuldigte dem Richter vom Polizeianwalt gleich vorgeführt wird, ferner wenn die Verhaftung des Beschuldigten erforderlich ist, oder auch wenn dem Polizeianwalt behufs der erforderlichen Aufklärung des Sachverhältnisses oder aus sonstigen besonderen Gründen statt des durch den Antrag bedingten Mandatsverfahrens, eine mündliche Verhandlung als nothwendig erscheint. Die ausnahmsweise gestattete mündliche Anklage greift nur Platz wo das Sachverhältniß einfach ist, der Beschuldigte sich am Orte befindet, und dem Richter sogleich vorgeführt werden kann**). Vom Polizeianwalt können mehrere Uebertretungen derselben Art, auch wenn sie verschiedenen Personen zur Last gelegt werden, in Einer Anklage zusammengefaßt werden, was dem Staatsanwalt nicht gestattet ist. Gesetz vom 3. Mai 1852. Artikel 121. In schwurgerichtlichen Anklagesachen werden nach Abschließung der gerichtlichen Voruntersuchung die Acten dem Staatsanwalt zur weiteren Veranlassung vorgelegt. Hält er die Sache dazu angethan, um den Beschuldigten in Anklagestand zu versetzen, so hat er den desfälligen schriftlichen Antrag auszuarbeiten. Für Abfassung desselben sind im Wesentlichen die für Anfertigung der Anklageschrift geltenden Regeln maaßgebend. Nur wird die Anklageformel mit den Worten eingeleitet, „demgemäß erscheint der Beschuldigte als hinreichend belastet" und der Schlußantrag lautet auf vorläufige Versetzung in den Anklagestand und Anordnung der Acteneinsendung an das betreffende Appellationsgericht behufs definitiver Beschlußnahme über den Anklagestand. Auch fällt die Aufstellung der Zeugenliste fort.

Ist der Staatsanwalt der Ansicht, daß von weiterer Verfolgung Abstand zu nehmen sei, so darf er in den zur schwurgerichtlichen Competenz gehörigen Sachen, und wenn anderweitig eine gerichtliche Voruntersuchung geführt ist, die Sache nicht selbständig reponiren, sondern muß beim Gericht einen Antrag auf Einstellung des Verfahrens formiren*).

---

*) Ges. v. 3. Mai 1852. Art. 122.

**) Instruction für Polizeianwälte v. 24. Nov. 1852. §. 18 u. 27.

***) Verordn. v. 3. Jan. 1849. §. 47.

Sechstes Kapitel.

§. 37.

Vom Uebergangsverfahren.

Das Uebergangsverfahren welches im Allgemeinen den Zweck hat zu bestimmen, ob ein Hauptverfahren zulässig sei, findet entweder in der Rathskammer des betreffenden Kreis- oder Stadtgerichts, oder im Criminalsenat des Appellationsgerichts statt.

Die Anträge des Staatsanwalts dienen dem Verfahren zur Grundlage. Hat der Staatsanwalt eine Anklageschrift eingereicht, ohne daß eine gerichtliche Voruntersuchung vorausgegangen, so hat die Rathskammer nur zu prüfen, ob die Anklage begründet ist, d. h. ob die behaupteten Thatsachen unter Beweis gestellt sind, ob dieselben einen sicheren Schluß auf die unter Anklage gestellte Handlung gestatten, und ob diese Handlung unter ein Strafgesetz fällt. Darauf, ob die Vorverhandlungen dem Staatsanwalt eine genügende Veranlassung geben, jene Thatsachen zu behaupten, darf sich die Prüfung des Richters nicht erstrecken*). Schon oben wurde erwähnt, daß es zwar üblich aber nirgends geboten sei, die Vorverhandlungen dem Gerichte mit einzureichen und daher das Gericht nur zufällig in der Lage ist, die Anklage nach dem Inhalt der Vorverhandlungen einer Kritik unterwerfen zu können. Hieraus folgt aber, daß die Anklage die alleinige Grundlage für die richterliche Prüfung abgiebt. Auf eine nähere Prüfung der Beweise für die behaupteten Thatsachen darf der Richter in diesem Stadium des Verfahrens noch nicht eingehen. Er würde dadurch mit den Befugnissen des Staatsanwalts collidiren und dem Hauptverfahren vorgreifen. Gründet sich dagegen die Anklageschrift auf eine gerichtliche Voruntersuchung, so hat in solchem Falle die Rathskammer allerdings auch zu prüfen, ob die Verhandlungen der Voruntersuchung hinreichende Beweise für die in der Anklage zum Zwecke der Ueberführung behaupteten Thatsachen enthalten. In beiden Fällen kann die Rathskammer, wenn sie die Sache noch nicht hinreichend vorbereitet findet, um über die förmliche Eröffnung der Untersuchung zu entscheiden, die Puncte, in Ansehung deren es noch einer näheren Aufklärung bedarf, in dem abzufassenden Beschlusse bezeichnen, und diesen Beschluß je nach-

*) G.-A. B. 1. S. 673. Abh. v. Schwark.

dem eine Voruntersuchung geführt ist oder nicht, dem Untersuchungsrichter oder dem Staatsanwalt zur Erledigung mittheilen*). An den strafrechtlichen Gesichtspunct, unter welchem der Staatsanwalt die That aufgefaßt, ist die Rathskammer bei Einleitung der Untersuchung nicht gebunden, und wenn eine gerichtliche Voruntersuchung geführt ist, sind selbst aus dieser Thatumstände, welche in der Anklage nicht erwähnt sind, in Berücksichtigung zu ziehen, wenn dieselben zu der unter Anklage gestellten That im Verhältnisse begleitender Umstände stehen**). Thatsachen welche die Strafbarkeit oder die Verfolgung ausschließen (§. 40, 41, 45 des Strafgesetzbuchs) darf die Rathskammer ebensowenig unbeachtet lassen, wenn sie in der Voruntersuchung unzweifelhaft festgestellt sind, sie stehen alsdann der Einleitung der Untersuchung entgegen und begründen die Zurückweisung der Anklage. Auch die Competenzfrage hat die Rathskammer einer Erörterung zu unterziehen und erforderlichenfalls ihre Incompetenz auszusprechen. Sowohl wenn die Anklage zurückgewiesen, als wenn die Untersuchung eröffnet wird, ist dies durch einen förmlichen Beschluß zu constatiren. Im letzteren Falle wird zugleich vom Vorsitzenden des Gerichts ein Termin zum mündlichen Verfahren bestimmt. Verordnung vom 3. Januar 1849. §. 48. Die das Verfahren einstellenden Beschlüsse der Rathskammer, welche nicht durch Beschwerde rechtzeitig angegriffen sind, stehen, wenn sie auf einer thatsächlichen Beurtheilung der ermittelten Belastungsmomente beruhen, einer Wiederaufnahme des Vorverfahrens nicht entgegen, wohl aber erlangen sie der Staatsanwaltschaft gegenüber Rechtskraft, insoweit nicht neue thatsächliche Ermittelungen hinzutreten, resp. so weit sie auf rechtlichen Gründen beruhen***).

Liegt der Rathskammer nach geführter Voruntersuchung ein Antrag auf vorläufige Versetzung in den Anklagestand vor, so hat sie die nämliche Prüfung vorzunehmen, als wenn nach vorausgegangener Voruntersuchung eine Anklage erhoben ist†).

In dem Beschlusse über die vorläufige Versetzung in den Anklage-

---

*) Verordn. v. 3. Jan. 1849. §. 41.

**) Art. 30. des Ges. v. 3. Mai 1852, der nicht nur für den erkennenden sondern auch für den die Untersuchung eröffnenden Richter gilt. J.-M.-Bl. pro 1857. S. 275.

***) J.-M.-Bl. pro 1857 S. 276. G.-A. B. 5. S. 678.

†) Verordn. v. 3. Jan. 1849. §. 76, 77 u. 78.

stand muß die Anklageformel und die Bezeichnung des Strafgesetzes enthalten sein*). Beide sind aus dem Antrage des Staatsanwalts zu entnehmen, wenn sie der Sachlage und den Gesetzen entsprechen. Der Beschluß muß durch Gründe motivirt werden, es bedarf indessen in factischer Beziehung der Aufzählung der einzelnen Verdachtsgründe nicht, vielmehr genügt, wenn angegeben wird, daß das Gericht das Vorhandensein hinreichender Anzeigen annehme, um die vorläufige Versetzung in den Anklagestand für gerechtfertigt zu erachten. Auch in Beziehung auf den Rechtspunct bedarf es keiner ausführlichen Darlegung der Rechtsgründe, in einfachen und unzweifelhaften Fällen braucht nur die That so bezeichnet zu werden, daß sie unter den Begriff eines bestimmten Verbrechens und unter ein bestimmtes näher zu allegirendes Strafgesetz fällt, während in zweifelhaften Fällen eine nähere Entwickelung der einzelnen Rechtsgründe erforderlich ist. Jedenfalls muß aber da wo der Beschluß vom Antrage der Staatsanwaltschaft abweicht, aus dem Beschluß hervorgehen, ob und inwiefern dies auf einer abweichenden Beurtheilung der Thatsachen oder des Rechtspuncts beruht**).

Hat der Staatsanwalt nach geführter Voruntersuchung auf Einstellung des weiteren Verfahrens angetragen, so kann die Rathskammer nichts destoweniger den vorläufigen Anklagestand, oder bei den zur Competenz der Gerichtsabtheilung gehörigen Sachen, die Einleitung der Untersuchung beschließen. Ersterenfalls ist der Staatsanwalt nicht gehalten, einen Antrag auf Versetzung in den Anklagestand nachträglich auszuarbeiten, letzterenfalls aber wird er die Anklageschrift einreichen müssen, worüber die Rathskammer nochmals Beschluß faßt***).

Wird der vorläufige Anklagestand beschlossen, so werden die gerichtlichen Acten entweder vom Kreis- oder Stadtgerichte unter Benachrichtigung des Staatsanwalts von dem gefaßten Beschlusse behufs Einsendung der Büreauacten an den Oberstaatsanwalt, unmittelbar dem Appellationsgericht eingereicht, oder sie gehen durch Vermittelung des Staatsanwalts

*) Ges. v. 3. Mai 1852. Art. 63.

**) Ges. v. 3. Mai 1852. Art. 63. Verfügung v. 29. März 1853. J.-M.-Bl. S. 134. Verfügung v. 2. Oct. 1849. J.-M.-Bl. S. 411.

***) G.-A. B. 2. S. 217. Abhandl. von Schmidt. Verordn. v. 3. Jan. 1849. §. 47.

und des Ober-Staatsanwalts an das Appellationsgericht*). Vor Anberaumung eines Termins zur Verhandlung über den Anklagestand beim Criminalsenat des Appellationsgerichts muß jedenfalls dem Ober-Staatsanwalt Gelegenheit gegeben werden, die Acten zu prüfen. Etwanige Abänderungen in der Anklageformel hat derselbe bestimmt zu formuliren und die anderweitige Formel mittelst schriftlichen Antrags dem Appellationsgericht vorzulegen**). Im Verhandlungstermin wird von einem Mitgliede des Gerichtshofes ein kurzer mündlicher Vortrag über die Sache gehalten, hierauf der Ober-Staatsanwalt mit seinem Antrage gehört, und demnächst in dessen Abwesenheit nach vorgängiger Berathung ein Beschluß gefaßt, welcher dem Ober-Staatsanwalt verkündet wird. Ueber die Verhandlung wird ein Protocoll von einem Gerichtsschreiber aufgenommen, in welchem die Anwesenheit der Richter, der Beamten, der Staatsanwaltschaft und des Gerichtsschreibers zu constatiren, der Gang des Verfahrens zu vermerken, und der gefaßte Beschluß aufzunehmen ist. Der Appellationsrichter darf die definitive Versetzung in den Anklagestand erst dann aussprechen, wenn das Stadt- oder Kreisgericht sich hierüber provisorisch ausgesprochen hat. Diese Vorschrift darf nicht umgangen werden, weil der Gesetzgeber vor der wirklichen Anklage die Prüfung der etwa vorhandenen Anzeigen mehreren Behörden anvertraut, und dadurch dem Beschuldigten einen größeren Rechtsschutz gewährt hat.***). Andrerseits bildet aber der Beschluß des Kreisgerichts nur eine vorläufige, vorbereitende, an sich nicht wirksame Verfügung, welche namentlich nicht hindert, daß der Anklagesenat auch auf die vom Kreisgericht übergangenen Theile der Voruntersuchung sowohl von Amtswegen wie auf Antrag des Ober-Staatsanwalts seine Beschlußnahme ausdehnt†). Im allgemeinen sind auch hier die Gesichtspuncte leitend, welche oben für die Beschlußfassung über Einleitung der Untersuchung aufgestellt wurden. Der Anklagesenat kann sowohl den Beschuldigten außer Verfolgung setzen, als auch den Anklagestand definitiv regeln, oder die Untersuchung vor der Gerichtsabtheilung oder dem Polizeirichter eröffnen, wenn er findet, daß

*) Verfügung v. 2. Oct. 1849. J.-M.-Bl. S. 411. Verfügung v. 24. Oct. 1849. J.-M.-Bl. S. 443.

**) Verfügung v. 29. März 1853. J.-M.-Bl. S. 135.

***) Grundsätze I. Fortsetzung S. 13.

†) G.-A. B. 2. S. 230.

die Handlung zur Competenz dieser Behörden gehört*), er muß aber einer dieser drei Alternativen entsprechen, es sei denn, daß der Gerichtsstand im Departement des Anklagesenats garnicht begründet wäre, wo er mit Rücksicht auf die örtliche Begrenzung der Gerichtsbezirke seine Incompetenz von Amtswegen auszusprechen hat**). Wie derselbe geeigneten Falls eine Ergänzung der Voruntersuchung anordnen muß, so hat er auch, wenn die Sache zur eventuellen Beschlußfassung über das geringere Vergehen resp. die Uebertretung noch nicht hinreichend vorbereitet ist, die erforderlichen Ermittelungen selbst zu veranlassen***). Ist ein Vergehen oder eine Uebertretung wegen Connexität vor den Anklagesenat gebracht, so hat sich derselbe der Beschlußfassung hierüber auch in dem Falle zu unterziehen, wenn die Connexität dadurch aufgehoben wird, daß der des Verbrechens Beschuldigte von dem Anklagesenat außer Verfolgung gesetzt wird, weil damit die Wirkung der Connexität, vermöge deren die Beschlußfassung auch wegen des Vergehens oder der Uebertretung an den Anklagesenat gediehen ist, nicht wieder rückgängig gemacht werden kann†). In dem Anklagebeschlusse ist auch ein eventueller Thatbestand, insoweit sich derselbe aus der Voruntersuchung ergiebt, zu berücksichtigen, da es Sache der Anklage ist, die Aburtheilung der verbrecherischen That nach allen Seiten hin vorzubereiten††).

Außer dem gewöhnlichen Falle eines vorläufigen Anklagebeschlusses wird der Anklagesenat auch dann mit der Beschlußnahme über den Anklagestand befaßt, wenn die Gerichtsabtheilung im Hauptverfahren durch ein rechtskräftiges Erkenntniß ihre Incompetenz deshalb ausgesprochen hat, weil die That zur schwurgerichtlichen Competenz gehört. Ein solches Erkenntniß vertritt nämlich die Stelle der vorläufigen Versetzung in den Anklagestand†††). Ist eine gerichtliche Voruntersuchung bisher nicht geführt worden, so muß sie jetzt nachgeholt werden, bevor die Acten dem Anklagesenat des Appellationsgerichts zugehen. Dieser hat sich nicht auf die Entscheidung der Rechtsfrage zu beschränken, sondern auch die That-

*) Ges. v. 3. Mai 1853. Art. 63. G.-A. B. 1. S. 551.
**) G.-A. B. 5. S. 658.
***) G.-A. B. 3. S. 250. B. 5. S. 658.
†) G.-A. B. 2. S. 85.
††) G.-A. B. 3. S. 811.
†††) Ges. v. 3. Mai 1852. Art. 9.

frage frei zu beurtheilen, und kann unter anderen also auch den Beschuldigten außer Verfolgung setzen, weil hinreichende Anzeigen wegen einer strafbaren Handlung überhaupt nicht vorliegen*).

Ist der Anklagesenat im unterstellten Falle der Ansicht, daß die Sache nicht vor das Schwurgericht gehöre, so hat er auch hier einen förmlichen Beschluß wegen Eröffnung der Untersuchung zu fassen und zur Erledigung des dann vorliegenden negativen Competenzconflicts die Sache an das Ober-Tribunal gelangen zu lassen**).

Der negative Competenzconflict setzt hiernach voraus, daß das rechtskräftige Erkenntniß der Gerichtsabtheilung und der Beschluß des Anklagesenats wirklich beide die Competenzfrage entscheiden. In diesem Falle muß der oberste Gerichtshof einschreiten, wenn die Sache zum Austrage gelangen soll. Das Ober-Tribunal kann nun entweder dem schon gefaßten Beschlusse des Anklagesenats beitreten und hat in diesem Falle nur die Verweisung der Sache vor die Gerichtsabtheilung zu verordnen, oder aber es kann der Ansicht der Gerichtsabtheilung beipflichten und hat alsdann den Beschluß über die definitive Versetzung in den Anklagestand selbst zu fassen. Die Entscheidung des Ober-Tribunals, auch wenn sie im Beschwerdewege ergangen, ist für die fernere Verhandlung und Entscheidung der Sache in der Art maaßgebend, daß die That, welche den Gegenstand der Beschuldigung bildet, als innerhalb der Competenz desjenigen Gerichts liegend betrachtet werden muß, welchem die Sache zugewiesen ist***).

Kehren wir zu dem Verfahren vor dem Anklagesenat zurück, so enthält dessen Beschluß über die Versetzung in den Anklagestand zugleich die Verweisung der Sache vor ein bestimmtes Schwurgericht; diese Verweisung ist für die formelle Behandlung der Sache maaßgebend, wiewohl die Competenz des Schwurgerichts nicht erst durch diesen Beschluß begründet wird, sofern nicht ausnahmsweise das Appellationsgericht die Abhaltung des Schwurgerichts einem anderen Gerichte als dem gesetzlich

---

*) J.-M.-Bl. pro 1855. S. 143. G.-A. B. 3. S. 797., dagegen Voitus a. a. O.

**) Ges. v. 3. Mai 1852. Art. 9.

***) G.-A. B. 3. S. 402. J.-M.-Bl. pro 1855. S. 247. Ges. v. 3. Mai 1852. Art. 9. u. 10. Materialien S. 61 u. 343. G.-A. B. 3. S. 433. Abhandl. von Voitus, wo mehrfache Bedenken beleuchtet werden.

dazu bestimmten aufträgt*). Der Anklagebeschluß kann, nachdem er einmal erlassen und dem Ober-Staatsanwalt publicirt ist, von dem Appellationsgericht nicht mehr zurückgenommen werden**).

Nach definitiver Versetzung in den Anklagestand gehen sämmtliche Acten an den Ober-Staatsanwalt zur Anfertigung der förmlichen Anklageschrift, wobei gewöhnlich der Antrag des Staatsanwalts auf Versetzung in den Anklagestand zur Grundlage dient. Die schon oben erwähnten Vorschriften über Form und Inhalt der Anklageschriften sind auch hier zu beobachten, diejenige Anklageformel, welche in dem Anklagebeschluß enthalten ist, muß in die Anklageacte wörtlich aufgenommen werden***).

Die Aufstellung der Zeugenliste kann der Ober-Staatsanwalt dem beim Schwurgericht angestellten Staatsanwalt überlassen†). Die Anklageschrift überreicht der Ober-Staatsanwalt mit den gerichtlichen Acten dem Appellationsgericht zur Mittheilung an das betreffende Schwurgericht und übersendet gleichzeitig die Büreauacten des Staatsanwalts mit dem Concept der Anklageschrift dem Staatsanwalte bei dem betreffenden Schwurgerichte††). In ähnlicher Weise werden die Acten remittirt, wenn das Verfahren eingestellt wird, oder die Untersuchung vor der Gerichtsabtheilung oder dem Polizeirichter eröffnet wird.

Gleich wie die Anklagen des Staatsanwalts, unterliegen auch die Anklageschriften des Polizeianwalts hinsichtlich ihrer Zulässigkeit der richterlichen Prüfung und erfolgt auf Grundlage derselben eine Beschlußnahme Seitens des Polizeirichters über die Eröffnung der Untersuchung. Liegt der Antrag auf Erlaß einer Strafverfügung vor, so hat der Polizeirichter noch insonderheit zu prüfen, ob eine Strafverfügung in dem vorliegenden Falle zulässig und unbedenklich, und ob ein bestimmter Strafantrag gestellt ist. An die Stelle des Erledigungsbeschlusses tritt die Strafverfügung. Lehnt der Polizeirichter die Erlassung derselben ab, so

---

*) Verordn. v. 3. Jan. 1849. §. 78. Grundsätze I. Fortsetzung S. 10. Entscheidungen B. 18. S. 484. G.-A. B. 2. S. 84.

**) G.-A. B. 4. S. 809. J.-M.-Bl. pro 1856. S. 331.

***) Verordn. v. 3. Jan. 1849. §. 78. Verfügung v. 29. März 1853. J.-M.-Bl. S. 135.

†) Verfügung v. 3. Decbr. 1852. G.-A. B. 1. S. 348.

††) Verfügung v. 24. Octbr. 1849. J.-M.-Bl. S. 443.

hat der Polizeianwalt geeigneten Falls das mündliche Verfahren herbeizuführen*). Im Falle einer mündlichen Anklage wird das Hauptverfahren ohne Eröffnungsbeschluß eingeleitet**).

Siebentes Kapitel.

Vom Hauptverfahren.

Vorerinnerung.

Das Hauptverfahren, welches die Entscheidung der Sache bezweckt, hat zu seiner Voraussetzung den dringenden Verdacht, daß eine bestimmte Person einer bestimmten strafbaren Handlung sich schuldig gemacht hat. Dies ist die Bedeutung der Eröffnung des Hauptverfahrens, welches selbst eine zwiefache Richtung verfolgt. Es vervollständigt die Untersuchung nach allen Seiten hin und läßt namentlich den Entlastungsmomenten volle Berücksichtigung widerfahren, es dient ferner zur Vorführung und Entwickelung der Beweise. Bevor auf das Verfahren selbst näher eingegangen wird, soll daher zunächst von derjenigen Institution gehandelt werden, welche dem Angeklagten die beste Garantie für die Berücksichtigung seiner Entlastungsmomente giebt, von der Vertheidigung, und sodann, weil das Hauptverfahren sich vorzugsweise als Beweisverfahren charakterisirt, von den Grundzügen der Beweislehre.

§. 38.

Von der Vertheidigung des Beschuldigten und von seiner Vertretung im Hauptverfahren.

Es ist bereits ausgeführt worden, daß in den dem Hauptverfahren vorangehenden Proceßstadien hauptsächlich nur die Belastungsmomente Beachtung finden und den Entlastungsmomenten nur so weit Berücksichtigung zu Theil wird, als sie die Aussicht auf Ueberführung des Bezüchtigten abschneiden, mithin immer mehr im Interesse der Verfolgung als

*) Ges. v. 3. Mai 1852. Art. 122 u. 123.

**) Verordn. v. 3. Jan. 1849. §. 30. Ges. v. 3. Mai 1852. Art. 128.

in dem der Vertheidigung. Der Grundsatz des älteren Rechts, daß der Untersuchungsrichter auch die sogenannte materielle Vertheidigung mit zu besorgen habe, ist nach §. 44 der Verordnung vom 3. Januar 1849 aufgegeben worden, und selbstverständlich hat auch dem Staatsanwalt, seiner ganzen Stellung nach, eine solche Verpflichtung im Scrutinialverfahren nicht auferlegt werden können*). Nachdem dem Untersuchungsrichter die specielle Sorge für die Vertheidigung abgenommen, hat dem Beschuldigten durch Anweisung einer freieren Stellung und eines selbstständigeren Wirkungskreises die Möglichkeit gewährt werden müssen, diese Sorge selbst zu übernehmen. So lange der Beschuldigte im Vorverfahren nicht vernommen wird, hat er freilich in der Regel gar kein Interesse sich zu verantworten, bei seiner Vernehmung erfährt er aber jetzt allemal den Gegenstand seiner Beschuldigung und wird dadurch in die Lage versetzt, seinen Entlastungsbeweis vorzubereiten, wofür ihm nur noch im Falle der Verhaftung einige Schwierigkeiten erwachsen können. Unsere Gesetzgebung hat dieselben nicht für erheblich genug erachtet, um dem Beschuldigten, wenn er verhaftet ist, auch schon im Vorverfahren die Zuziehung eines Vertheidigers freizustellen, sie erlaubt vielmehr erst nach Abschluß desselben, dann aber auch ohne Ausnahme, sich des Beistandes eines Vertheidigers zu bedienen**). Von dem Augenblicke an, wo die Anklage zugelassen wird, erhält die Vertheidigung durch den bestimmt formulirten Angriff eine feste Grundlage, und es tritt der Angeklagte jetzt in die volle Berechtigung ein, zu verlangen, daß Alles was er zu seiner Entlastung anzubringen vermag eine ebenso vollständige und unbefangene Würdigung finde, wie dasjenige, was zu seiner Ueberführung dienen soll. Zur Wahrung dieser Interessen gestattet ihm das Gesetz sich einen Vertheidiger zu wählen, welcher in der Vorbereitung des Entlastungsbeweises ihn zu unterstützen, insonderheit aber in der öffentlich mündlichen Verhandlung zu seinen Gunsten zu wirken hat. Erst dort gelangt die Vertheidigung zu ihrem wahren Rechte und erhält die ihr gebührende Bedeutung. Daß der Vertheidiger nur mit und neben dem

*) Auch der §. 6 der Verordn. v. 3. Jan. 1849 steht nicht entgegen; vgl. G.-A. B. 1. S. 664. Abhandl. von Schwarck. Dieser § bezieht sich nicht so sehr auf den einseitigen Schutz des Angeklagten als auf die Verpflichtung offenbar ungerechte Verurtheilungen zu verhindern.

**) Verordn. v. 3. Jan. 1849. §. 16.

Angeklagten auftreten kann, liegt im Begriffe desselben und unterscheidet ihn vom Bevollmächtigten. Wenn auch die Wahl des Vertheidigers als Sache des besonderen Vertrauens im Allgemeinen dem Beschuldigten freigelassen ist, so ist derselbe hierin doch gewissen Beschränkungen unterworfen. Damit die Vertheidigung nur solchen Männern übertragen werde, die neben der Kenntniß der Gesetze die Fähigkeit besitzen die ihnen gebührende Stellung inne zu halten, sollen nämlich als Vertheidiger nur folgende Personen auftreten können*):

1) Rechtsanwalte, welche zur Praxis bei preußischen Gerichtshöfen berechtigt sind. Selbst rheinische Advocaten dürfen bei nicht rheinischen Gerichten die Vertheidigung annehmen**).
2) die an preußischen Universitäten habilitirten Doctoren der Rechte,
3) Referendarien und Auscultatoren mit Genehmigung des Vorstandes des Gerichts, bei welchem sie beschäftigt sind. Die Genehmigung kann aber nicht ein für allemal, sondern muß zu jeder speciellen Sache gegeben werden***),
4) andere Personen nur mit Genehmigung des Gerichts, Staatsbeamte außerdem nur mit Bewilligung ihrer vorgesetzten Dienstbehörde. Der Genehmigung des Gerichts wird es hiernach auch bedürfen, wenn ein auswärtiger Vertheidiger auftreten will.

Die Rechtsanwälte haben die Befugniß, die ihnen vom Angeschuldigten angetragene Vertheidigung abzulehnen, wenn dieser unvermögend ist, andernfalls darf die Ablehnung nur unter solchen Umständen geschehen, welche nach der Allgem. Gerichtsordnung Th. III. Tit. 7. §. 25 u. f. die Zurückweisung von Aufträgen rechtfertigen würden†).

Zur Verhandlung vor dem Schwurgerichte wird dem wegen Verbrechens Angeklagten ein Vertheidiger von Amtswegen zugeordnet. Die Vertheidigung ist hier nicht mehr in den freien Willen des Angeklagten gestellt und sein Verzicht auf dieselbe bedeutungslos. Aus der Zahl der am Sitze des Schwurgerichts ansäßigen Rechtsanwälte, Referendare und Auscultatoren wird nach einem angemessenen Turnus dem Angeschuldigten ein Vertheidiger bestellt, jedoch bleibt ihm vorbehalten statt des zuge-

*) Ges. v. 3. Mai 1852. Art. 20.

**) G.-A. B. 2. S. 674.

***) Materialien S. 814. G.-A. B. 1. S. 226.

†) Verfügung v. 5. Mai 1851. J.-M.-Bl. S. 215.

ordneten Vertheidigers einen Anderen zu wählen, der in höherem Grade sein Vertrauen besitzt.

Damit keine Verlegenheiten entstehen hat sich das Gericht vor dem Audienztermin zu vergewissern, ob der erwählte Vertheidiger die Führung der Vertheidigung übernehmen will, und eventuell die Bestellung von Amtswegen vorzunehmen. Dieser gegenüber dürfen die Rechtsanwälte auch der Vertheidigung unvermögender Angeklagter sich nicht mehr entziehen.

Bei Vergehen, welche auf Grund der Connexität vor das Schwurgericht gelangen, pflegt ebenfalls wie bei Verbrechen ein Vertheidiger von Amtswegen bestellt zu werden. Mehreren Angeschuldigten, deren Interesse bei der Untersuchung nicht in Widerstreit ist, kann ein gemeinschaftlicher Vertheidiger bestellt werden. Bei collidirenden Interessen verschiedener Angeklagter muß Jedem ein besonderer Vertheidiger zugeordnet werden, und zwar selbst dann, wenn der Widerstreit erst in der mündlichen Verhandlung hervortritt und deshalb eine Vertagung nothwendig wird.

Bei Verhandlungen vor der Gerichtsabtheilung oder dem Einzelrichter hat der Angeklagte, auch wenn er vor der Gerichtsabtheilung eines dahin gehörigen Verbrechens beschuldigt wird, kein Recht die Zuordnung eines Vertheidigers zu verlangen. Wenn aber die Beschaffenheit der Sache, die besonderen Verwickelungen derselben, oder der niedrige Bildungsgrad des Beschuldigten die Führung der Vertheidigung wünschenswerth macht, so kann das Gericht einem Antrage des Beschuldigten auf Bestellung eines Vertheidigers stattgeben. Jedenfalls muß dasselbe einen solchen Antrag in Erwägung ziehen und darf ihn als unstatthaft nicht zurückweisen*). Ein derartiger Antrag kann auch gegen den Willen des Angeklagten von seinen Eltern, Kindern, Ehegatten und Geschwistern beim Gerichte gestellt werden.

Dem Vertheidiger ist nach seiner Bestellung von Amtswegen oder nach der Vorladung des Beschuldigten zur Hauptverhandlung die Einsicht der Untersuchungsacten in der Gerichts-Registratur zu gestatten. Eine Verabfolgung derselben in die Wohnung des Vertheidigers ist dagegen

*) Ges. v. 3. Mai 1852. Art. 21. Verfügung v. 18. Mai 1850. I. 1952. G.-A. B. 2. S. 675. K.-O. §. 462, 463, 467, 435. U. des Ober-Tribunals v 3. April 1853. G.-A. B. 3. S. 123. G.-A. B. 1. S. 556.

unzulässig. Von dem nämlichen Zeitpuncte an kann sich der verhaftete Beschuldigte mit seinem Vertheidiger besprechen und zwar ohne Beisein einer Gerichtsperson, wenn der Vertheidiger ein in Eid und Pflicht stehender Justizbeamter ist*). Der Vertheidiger eines verhafteten Angeklagten kann Abschrift der Anklage und des Anklagebeschlusses fordern. Hierdurch und durch das Studium der Acten so wie durch die mit dem Angeklagten gepflogene Unterredung wird der Vertheidiger in den Stand gesetzt, den Plan der Vertheidigung zu entwerfen und die etwa erforderlichen Anträge zu formiren. Die Gültigkeit der Hauptverhandlung ist in keinem Falle dadurch bedingt, daß die Vertheidigung des Angeklagten durch den gewählten oder zugeordneten Vertheidiger wirklich geführt werde, wenn nur in dieser Beziehung von Gerichtswegen den gesetzlichen Vorschriften genügt worden ist. Wenn daher der Vertheidiger garnicht oder zu spät erscheint, oder sich vor dem Schlusse der Verhandlung entfernt, wenn er nicht gehörig vorbereitet ist oder das Wort zu nehmen verweigert, so erleidet dadurch der Gang des Verfahrens keinen nothwendigen Aufschub, erachtet aber das Gericht die Vertagung der Sache infolge solcher Verschuldung für angemessen, so kann dem Vertheidiger der Ersatz der durch die Erneuerung des Verfahrens erwachsenen Kosten im Disciplinarwege auferlegt werden.

Das ältere Recht ertheilt dem Vertheidiger eine allgemeine Instruction, welche noch heutzutage gilt, und wonach der Vertheidiger aller unnöthigen Weitläuftigkeit, besonders aber aller Verdrehung des eigentlichen Hergangs der Sache, aller Anzüglichkeiten gegen den Richter und aller sophistischen Auslegung der Gesetze sich gänzlich und bei Vermeidung von Verweisen und Ordnungsstrafen zu enthalten hat**).

Den Ausschreitungen des Vertheidigers kann der Vorsitzende des Gerichts jederzeit entgegentreten, ihm sogar äußersten Falls das Wort zeitweise entziehen, wobei freilich die größte Vorsicht und Mäßigung geboten ist, weil grundsätzlich die Freiheit des Worts auch für die Vertheidigung volle Anerkennung gefunden hat. Sollte ein Dienstvergehen des Vertheidigers in der Gerichtssitzung begangen oder ermittelt werden,

---

*) Verordn. v. 3. Jan. 1849. §. 17 und 53. Materialien S. 79 und 387. Verordn. v. 3. Jan. 1849. §. 10.

**) K.-O. §. 466.

so kann darüber von dem Gericht, welches die Sitzung hält, sofort erkannt werden*).

Von den Rechten und Pflichten des Vertheidigers während der Hauptverhandlung wird bei Darstellung des Verfahrens das Nähere erwähnt werden**).

Eine Vertretung des Beschuldigten durch einen Dritten ist im Vorverfahren niemals zulässig. In der Hauptverhandlung kann der Beschuldigte nur bei Uebertretungen und solchen Vergehen, welche bloß mit Geldbuße bedroht sind, durch einen Bevollmächtigten sich vertreten lassen, dessen Zugeständnisse und Erklärungen so angesehen werden, als habe der Beschuldigte selbst sie abgegeben. Das Gericht hat aber auch in solchen Fällen die Befugniß das persönliche Erscheinen des Beschuldigten zu verordnen, und denselben zu diesem Zwecke nöthigen Falls zwangsweise vorführen zu lassen. In der mündlichen Verhandlung vor dem Schwurgericht und der Gerichtsabtheilung kann daher regelmäßig kein Bevollmächtigter des Angeklagten auftreten, so wenig zur Ausführung der Thatfrage wie des Rechtspuncts***). Wo eine Vertretung zulässig ist können regelmäßig als Vertreter außer denjenigen Personen, welche eine Vertheidigung übernehmen dürfen, auch noch diejenigen großjährigen Männer auftreten, welche nach den Gesetzen vermuthete Vollmacht haben, insofern sie sich im Vollgenuß der bürgerlichen Ehre befinden. Dahin gehören nach §. 119. Tit. 13. Th. I. des Allgem. Landrechts: Anverwandte in auf- und absteigender Linie, Eheleute, Geschwister und Geschwisterkinder ersten Grades, Schwiegereltern und Schwiegerkinder, Schwäger und Schwägerinnen. Es ergiebt sich aber schon aus dem Wortlaut des Gesetzes, daß Personen weiblichen Geschlechts als Bevollmächtigte so wenig, wie als Vertheidiger auftreten können†). Von dem Recht zur Vertretung in den höheren Instanzen wird bei den einzelnen Rechtsmitteln noch die Rede sein.

---

*) Ges. v. 21. Juli 1852. §. 75. (Ges.-S. S. 481).

**) Ges. v. 3. Mai 1852. Art. 23.

***) Ges. v. 3. Mai 1852. Art. 23.

†) G.-A. B. 5. S. 73 vgl. auch Makower über die Stellung der Vertheidigung. Berlin 1857.

§. 39.

Von den Grundzügen der Beweislehre.

Mit dem ersten Untersuchungsacte beginnt nach dem gemeinen Sprachgebrauche auch schon die Aufnahme der Beweise wie die bisherige Darstellung ergeben hat. Wenn daher erst bei Einleitung des Hauptverfahrens von den Grundzügen der Beweislehre gehandelt wird, so muß hier unter dem Beweise etwas Anderes verstanden werden als die Sammlung der Beweismittel und die dazu erforderliche schriftliche Fixirung ihres wesentlichen Inhalts. Es wurde schon angeführt, daß das Hauptverfahren vorzugsweise dazu diene, das gesammte Untersuchungsmaterial in beweisender Form vorzuführen, um darauf die Entscheidung über Schuld oder Nicht-Schuld zu gründen. Die Ergebnisse der Untersuchung haben an und für sich noch garnicht die Eigenschaft von Beweismomenten, diese erhalten sie erst durch die anschauliche Vorführung in der öffentlich mündlichen Verhandlung. Dann erst entsteht die Frage, ob alle Gründe für die Wahrheit einer Thatsache gegeben sind; wird die Frage bejaht so entsteht die Gewißheit oder der Beweis im engeren Sinne. Die Thatsache ist bewiesen. Soll der Richter in Folge der Beweisführung Thatsachen für erwiesen erklären, so muß ihm ein Maaßstab für die Abschätzung der Beweise gegeben sein. Die Gesetzgebung kann nun selbst aus dem Gebiete der Erfahrung und den Gesetzen des Denkens ein System bindender Regeln aufstellen über Vollständigkeit und Zulänglichkeit der Beweise, über deren Werth und Gewicht, oder sie kann den Richter hinsichtlich der Abschätzung der Beweise lediglich auf seine gewissenhafte Ueberzeugung verweisen.

Unser älteres Recht hatte den ersteren Weg eingeschlagen und eine positive Beweistheorie aufgestellt, ihre wesentlichen Mängel haben im Laufe der Zeit allgemeine Anerkennung gefunden. Bei der Mannigfaltigkeit der Fälle, bei der Verschiedenartigkeit jedes einzelnen Falles vom anderen erwiesen sich allgemein bindende Regeln, welche dem gewöhnlichen Verlaufe der Dinge entnommen waren, nur zu häufig als unbrauchbar, und es zeigte sich in unzähligen Fällen, daß die Uebereinstimmung zwischen der positiven Beweistheorie und der Ueberzeugung des Richters nicht vorhanden war, dieser daher bald sich überzeugen lassen mußte wo er es nicht konnte, bald seiner gefaßten Ueberzeugung aus Rücksicht für die bestehende Theorie keine Geltung verschaffen durfte. Ein näheres Eingehen auf die Natur des Beweises ließ kein einziges Beweismittel in allen Fällen als untrüglich erscheinen, der Irrthum blieb auch da nicht ausgeschlossen, wo die Erfahrung die untrüglichsten Kennzeichen der Wahrheit gefunden zu haben glaubte, und die Erkenntniß wurde immer allgemeiner, daß es überhaupt keinen Beweis gebe, der nicht erst durch Erwägung gewonnen werde. Dies führte zu der Einsicht, daß die gewissenhafte Ueberzeugung des Richters, welche er nach seiner eigenen Theorie über Wahrsein sich bilde, die beste Gewähr für die Erkenntniß der Wahrheit gebe, und unsere Gesetzgebung hat, von diesem Gedanken geleitet, in neuerer Zeit sich veranlaßt gesehen, die positive Beweistheorie abzuschaffen. Es hätte dies in der Weise geschehen können, daß die bestehenden Vorschriften über die Zulässigkeit der Beweismittel, so wie gewisse negative Beweisregeln anderer Art auch für den erkennenden Richter bei Bildung seiner Ueberzeugung bindend geblieben wären*). Dieselben würden alsdann ihren Character als wahre Rechtsregeln bewahrt haben, welche der Richter ebensowenig hätte außer Acht lassen dürfen, wie irgend ein anderes Landesgesetz, und man würde die Garantie ihrer Befolgung darin gefunden haben, daß die Nichtbeobachtung derselben mit der Nichtigkeit des Verfahrens bedroht worden wäre. Bei den Vorschriften über Art und Weise der Beweisführung würde man, um die Zwecke des gerichtlichen Verfahrens zu fördern, den Richter vielleicht mit einer mehr discretirenden Gewalt bekleidet, und solchergestalt die Aufhebung der positiven Beweistheorie nur darin gesetzt haben, daß das Gewicht der Beweise, die Glaubwürdigkeit der Zeugen, die größere und geringere Wahrscheinlichkeit der Umstände, welche in den endlosen Verschlingungen der Natur und des Menschenlebens vorkommen können, der völlig freien Schätzung der Richter oder der Geschworenen überlassen worden wären. In England namentlich hat sich das Beweisverfahren in dieser Richtung entwickelt. Unsere neuere Gesetzgebung hat nun zunächst die positiven Bestimmungen darüber aufgehoben, unter welchen Umständen Richter und Geschworene verurtheilen dürfen oder müssen, von wie vielen Zeugen z. B. eine Thatsache bekundet sein müsse, um als bewiesen zu gelten, oder wie viele oder wie nahe Indicien erforderlich seien, um einen indirecten Beweis zu liefern. Sie hat sich aber hierauf nicht beschränkt, sondern zugleich sämmtliche Beweisregeln als solche aufgehoben und den allgemeinen Grundsatz auf-

*) G.-A. B. 3. S. 339. Abhandl. des Verf.

gestellt: „Der erkennende Richter hat unter genauer Prüfung aller Beweise für die Anklage und Vertheidigung nach seiner freien aus dem Inbegriffe der vor ihm erfolgten Verhandlungen geschöpften Ueberzeugung zu entscheiden, ob der Angeklagte schuldig oder nichtschuldig sei*).“

Wo Geschworene die Schuldfrage entscheiden, gilt dieser Grundsatz für sie**).

Hiernach ist dem Richter nur Eine äußere Schranke gesetzt, er darf seine Ueberzeugung nicht beliebig hernehmen, woher er will, sondern lediglich aus den vor ihm gepflogenen Verhandlungen, im Uebrigen ist ihm völlige Freiheit für die Bildung seiner Ueberzeugung gewährt.

Allerdings bestimmt das Gesetz des weiteren, daß für das Verfahren bei Aufnahme der Beweise die bestehenden gesetzlichen Vorschriften der K.-O. maaßgebend seien, insonderheit auch die Bestimmungen darüber, welche Personen als Zeugen vernommen und vereidet werden dürfen, womit nur beispielsweise der am häufigsten vorkommenden Art der Beweiserhebung gedacht worden, ohne daß deshalb die fernere Gültigkeit der Vorschriften über andere Arten der Beweiserhebung zu bezweifeln wäre***). Die Vorschriften der K.-O. im 2. und 5. Abschnitt derselben, von denen im Vorverfahren ausführlich gehandelt worden, sind daher gewiß noch in Geltung soweit sie mit der neueren Gesetzgebung, mit den Bestimmungen der Verordnung vom 3. Januar 1849 und des Gesetzes vom 3. Mai 1852 sich vereinbaren lassen†), allein sie gelten nur als Vorschriften und Grundsätze des Verfahrens und bilden keinen Bestandtheil des Beweisrechts. Dies eigenthümliche Verhältniß des §. 22 der Verordnung vom 3. Januar 1849 zu den Vorschriften der K.-O. darf in der gegenwärtigen Lage unserer Gesetzgebung nicht außer Acht gelassen werden, wenn man nicht zu unrichtigen Consequenzen gelangen und in zahllose Widersprüche sich verwickelt sehen will††). Jene Vorschriften bestehen daher unzweifelhaft für den Untersuchungsrichter im Vorverfahren und für den

---

*) Verordn. v. 3. Jan. 1849. §. 22.

**) Ges. v. 3. Mai 1852. Art. 95.

***) Verordn. v. 3. Jan. 1849. §. 22.

†) Verordn. v. 3. Jan. 1849. §. 183.

††) Ob dieser Zustand ein ersprießlicher, steht hier selbstverständlich nicht in Frage, da wir keine legislativen Vorschläge zu machen, sondern nur das Bestehende zu entwickeln haben.

die Untersuchung leitenden Richter im Hauptverfahren; in wieweit ihre Geltung gesichert, läßt sich ebenfalls nur vom Standpuncte des Verfahrens aus beurtheilen. Wenn die Nichtbeobachtung derselben eine Verletzung wesentlicher Vorschriften oder Grundsätze des Verfahrens enthält, tritt eine Nichtigkeit des Verfahrens ein und in solchem Falle kann die Nichtbefolgung der Vorschrift auch mittelbar dahin führen, die Bildung der richterlichen Schuldüberzeugung zu hindern, wo aber die Vorschrift vom obigen Standpunct aus als eine wesentliche nicht erachtet wird, kann ihre Befolgung nicht aus dem Grunde erzwungen werden, weil sie maaßgebend sei für die richterliche Ueberzeugung. So wird z. B. das Verfahren zu vernichten sein, wenn ein Zeuge, dessen Vereidung kein gesetzliches Hinderniß entgegensteht, nicht vereidet worden ist, weil die Vereidung des Zeugen eine wesentliche Vorschrift des Verfahrens ist*). Daraus folgt aber keineswegs, daß der erkennende Richter seine Ueberzeugung nicht aus einem unbeeidigten Zeugnisse schöpfen dürfe. Wenn z. B. der unvereidete Zeuge inzwischen verstorben ist und die versäumte Vereidung, der Mangel des Verfahrens nicht mehr nachgeholt werden kann, der erkennende Richter auch ausdrücklich erklärt, daß er aus dem unbeeidigten Zeugnisse seine Ueberzeugung schöpfe; so wird das Urtel unanfechtbar sein, dadurch aber recht klar dargethan, daß nach jetziger Lage der Dinge selbst der Eid des Zeugen nur im Sinne der Procedur, aber nicht mehr als Theil des eigentlichen Beweisrechts in Betracht kommt. Dasselbe ergiebt sich aus den reprobirten Beweismitteln. Kinder, der Ehre verlustige Personen und Andere dürfen nicht vereidet werden, der Richter ist aber unbehindert aus ihren Aussagen dennoch den vollen Beweis zu schöpfen.

Es ist eine fernere Regel der K.-O., daß der Thatbestand festgestellt werden muß, wenn auch der Angeklagte ein vollständiges Bekenntniß abgelegt hat. Auch diese Vorschrift ist nur für den untersuchenden, für den erkennenden Richter aber nicht mehr bindend, letzterer kann seine Ueberzeugung von der Existenz der strafbaren That lediglich auf das Geständniß gründen**). Dasselbe gilt von der anderweitigen Regel: „das Geständniß macht bei schwereren Verbrechen die Aufnahme des Beweises über den subjectiven Thatbestand in der Regel nicht überflüssig“. Desgleichen wird man die Vorschriften der K.-O. über die Obduction der Leichen

*) Verordn. v. 3. Jan 1849. §. 22. K.-O. §. 332.

**) G.-A. B. 5. S. 507 u. f. B. 5. S. 251.

bei Tödtungen für den erkennenden Richter nicht als bindend ansehen können, wenn er seine Ueberzeugung von dem Vorhandensein der Tödtung aus anderen Beweisen herleitet.

Endlich ist auch in unserem Verfahren die Unzulässigkeit eines Zeugnisses, das sich auf „Hörensagen“ gründet, mit wenigen Ausnahmen anerkannt. Nichtsdestoweniger ist das Urtel unangreifbar, wenn Richter und Geschworene durch den Eindruck desselben sich bestimmen lassen, ihre Ueberzeugung darauf zu gründen.

Damit soll nun freilich keineswegs gesagt sein, daß es dem erkennenden Richter anzurathen wäre über alle diese Regeln sich hinwegzusetzen, welche einer reichen Erfahrung entlehnt, in zahlreichen Fällen sich bewährt haben und jedenfalls geeignet sind vor Uebereilung zu schützen. Dem gewissenhaften Richter werden dieselben stets gegenwärtig sein, die Geschworenen sollten ausdrücklich darauf hingewiesen werden, denn Beiden empfiehlt sich die Benutzung dieser Regeln, um daran ihre Ansicht zu prüfen und zur festen Ueberzeugung auszubilden; wenn sie aber mit der Regel bekannt diese durch eine andere aus ihrer Erfahrung zu ersetzen wissen, oder dieselbe mit Rücksicht auf die Individualität des Falles für entbehrlich halten, so hat das Gesetz ihnen durch diese Vorschriften eben so wenig eine äußerliche Schranke ziehen wollen, wie bei Prüfung der Glaubwürdigkeit von Geständnissen und Zeugenaussagen. Fraglich könnte es noch erscheinen, ob der Richter an die Gutachten Sachverständiger nicht sogar in positiver Weise gebunden wäre. Die Frage ist jedoch zu verneinen. Es kommt auch hier nur darauf an, ob er durch das Gutachten überzeugt ist, wiewohl sich nicht läugnen läßt, daß er selten im Stande sein wird gegen den rein technischen Theil desselben gegründete Bedenken zu erheben*).

Je größer aber die dem Richter vom Gesetze gewährte Freiheit der Ueberzeugung ist, um so größere Vorsicht ist ihm zu empfehlen und diese Empfehlung wird sich um so leichteren Eingang verschaffen, je mehr er von den Schwierigkeiten seiner Aufgabe durchdrungen ist. Die richtige Einsicht in das Wesen der moralischen Ueberzeugung läßt dieselbe auf zwei wesentlich verschiedenen Geistesoperationen beruhen, auf Reflexion

*) G.-A. B. 2. S. 680., B. 4. S. 815., B. 3. S. 404 u. 769., B. 5. S. 507 u. f.; vgl. auch G.-A. B. 5. S. 303 u. f. Abhandl. von Tippelskirch, dessen Ansichten von der hier entwickelten wesentlich abweichen.

des Verstandes und auf unmittelbarer Anschauung. Nichts würde daher unrichtiger sein als sich dem bloßen Totaleindrucke hinzugeben, oder von der Voraussetzung auszugehen, als könne man in Folge eines natürlichen Antriebs oder eines angeborenen Takts mit Sicherheit im einzelnen Falle die Wahrheit finden. Die inductive Erkenntniß, für welche sich allerdings besondere Regeln nicht aufstellen lassen, setzt allemal die Reflexion über die Beweismittel und deren Inhalt voraus. Die mühevolle und anstrengende Arbeit, welche unter der Herrschaft der gesetzlichen Beweistheorie dem Richter oblag, ist ihm durch deren Aufhebung keineswegs abgenommen, nur die gesetzlichen Einschränkungen sind weggefallen, welche sie ihm auferlegte, die Regeln des Denkens und die eigene Erfahrung sind für ihn an die Stelle des Gesetzes getreten, entbehren kann er ihrer aber jetzt so wenig wie früher. Erst nachdem er die logische Operation vollendet, und dadurch eine vorbereitende Grundlage gewonnen, tritt ein anderes Moment für die Bildung seiner Ueberzeugung hinzu. Der Verstand allein vermag durch seine Schlußfolgerungen nur einen höheren oder geringeren Grad von Wahrscheinlichkeit zu bieten.

Den unendlichen Proceß von Möglichkeiten kann eine noch so sorgfältige Abwägung aller Umstände nicht abschneiden und für den Beweis der concreten Schuld ist es daher unerläßlich, der Bürgschaft für die Richtigkeit des empirischen Denkens eine andere Gewähr für die Erkenntniß der individuellen Wirklichkeit hinzuzufügen in dem auf dem Wege unmittelbarer Anschauung gewonnenen Gesammteindruck aller objectiven Momente auf das Gewissen*). Insonderheit ist die Frage nach der inneren Verschuldung des Angeklagten, falls ein Geständniß nicht vorliegt, nur auf diesem Wege zu lösen, weil alle objectiven Beweismittel nur einen Schluß auf den gewöhnlichen Verlauf der Dinge erlauben, wobei die Möglichkeit eines verschiedenen Verhältnisses im concreten Falle nie ausgeschlossen ist. Durch die möglichst lebendige Wiedervorführung der That nach allen ihren Seiten hin als eines zusammenhängenden Ganzen wird diese Anschauung gewährt, sie zu ermöglichen ist die eigentliche Bestimmung des Hauptverfahrens.

Was die Lehre von der Beweislast betrifft, so läßt die neuere Strafrechtswissenschaft nach dem Princip der amtlichen Wahrheitserforschung weder eine eigentliche Beweislast, noch Rechtsvermuthungen im

---

*) Köstlin, der Wendepunct des deutschen Strafverfahrens S. 107 u. f.

Strafprocesse gelten. Anders gestaltet sich die Sache vom practischen Standpuncte und von dem durch sie geleiteten Standpuncte unserer Gesetzgebung. Nach der K.-O. soll derjenige beweisen, dem daran gelegen ist, daß der Umstand dargethan werde, dem Richter als dem Vertreter des öffentlichen Interesses liegt der Beweis des Verbrechens ob, dem Angeschuldigten der Beweis seiner Vertheidigung, allein der Richter theilt diese letztere Pflicht mit dem Angeklagten, der ihm eigentlich nur die Mittel zu seiner Vertheidigung an die Hand zu geben hat. Die Präsumtion des Dolus ist ausgeschlossen, vielmehr soll der Dolus dem Angeschuldigten bewiesen werden, doch genügt dazu der Beweis, daß die gesetzwidrige That mit Bewußtsein vorgenommen ist. Hat aber Jemand den Beweis einer solchen That gegen sich, so soll ihn die gesetzmäßige Strafe treffen, bis er darthut, daß die That unter den vorkommenden Umständen kein Verbrechen gewesen ist*).

Diese Grundsätze der K.-O. sind auch durch die neueren Proceßgesetze keineswegs aufgehoben, sondern nur durch die Anklageform, die Sonderung der verschiedenen Stadien des Verfahrens und durch das Verhältniß der Instanzen zu einander in der Anwendung modificirt. Nach wie vor steht der Richter mit seiner Amtspflicht, die Wahrheit zu ermitteln, zwischen beiden Theilen, dem Staatsanwalt und dem Angeklagten. Am deutlichsten zeigt sich diese Stellung des Richters im Hauptverfahren, während das Vorverfahren die überwiegende Tendenz hat diejenigen Thatsachen festzustellen welche zur Ueberführung des Angeschuldigten dienen, und die zweite Instanz vorzugsweise dem Entlastungsbeweise, hier aber mit präclusivischen Wirkungen, gewidmet ist. Im Allgemeinen hat der Staatsanwalt alle Thatsachen zu beweisen, welche zum Begriff des Verbrechens gehören, mithin den Thatbestand auch in seinem subjectiven Momente. Wenn aber der objective Thatbestand und die Indicien für die Thäterschaft bewiesen sind, so ist dadurch in den überwiegend meisten Fällen das Beweisthema für das richterliche Urtheil völlig erschöpft. Es wird also der Regel nach gar keine Veranlassung zu einer besonderen Beweisführung darüber vorliegen, daß der Angeklagte die That vorsätzlich oder mindestens fahrlässig und zwar in einem dem Strafgesetze unterworfenen Grade der Fahrlässigkeit begangen hat, daß der Angeklagte ferner im zurechnungsfähigen Zustande gehandelt, daß ihm ein besonderes, die Straf-

*) K.-O. §. 363 — 369.

anwendung ausschließendes Recht zum Handeln nicht zur Seite gestanden, daß er zum Schutze seiner eigenen Person oder unter unwiderstehlichem Zwange nicht gehandelt, daß ihm die Kenntniß derjenigen Thatumstände wirklich beigewohnt hat, welche das eigentlich strafbare Moment bilden oder die Strafbarkeit erhöhen. Nur wo aus der besonderen Lage der Sache Zweifel in dieser Hinsicht entstehen können, wird es Sache des Staatsanwalts sein, ihnen durch besondere Behauptung und Beweisführung zu begegnen, oder es wird Pflicht des Richters solchen Zweifeln nachzugehen und sie zu beseitigen. Von vorn herein ist es weder Pflicht des Staatsanwalts noch des Richters den Beweis der Abwesenheit solcher Voraussetzungen und Zustände, welche die Strafbarkeit ausschließen, oder solcher Umstände, welche die That in einem besonders milden Lichte erscheinen lassen, zu führen, vielmehr wird der Angeklagte dadurch, daß der einfache Sachverhalt schon den Beweis der Schuld in sich trägt, regelmäßig in die Lage gebracht, die obigen Thatsachen, welche die Strafbarkeit ausschließen oder mindern, in seinem Interesse zum Gegenstande des Entlastungsbeweises zu machen. Sache des Angeklagten wird es daher fast durchweg sein, den Beweis der Nothwehr, des Nothstandes, der Gewalt oder Drohung, des Befehls, des Irrthums, des Anreizes oder solcher Zustände der Unzurechnungsfähigkeit zu führen, welche nicht wie der volle Wahnsinn und Blödsinn den augenscheinlichen Beweis von vorn herein in sich tragen.

Auch in diesen Fällen nimmt der Entlastungsbeweis die Richtung des Gegenbeweises gegen das Fundament der Anklage an, der Angeklagte läugnet die Anschuldigung in einzelnen schon erwiesenen Bestandtheilen, auch da wo die Beweisführung der Anklage sich auf den Sachverhalt im Allgemeinen als Erkenntnißquelle der Schuld, und nicht auf besondere Behauptungen stützt. Es giebt daher nur einen directen Gegenbeweis im Strafverfahren, der indirecte Gegenbeweis und Einreden im Sinne des Civilprocesses sind dem Strafprocesse unbekannt. Daher auch die Wirkung des Entlastungsbeweises eine andere ist, als die des indirecten Gegenbeweises, welcher, wenn er überall Berücksichtigung finden soll, vollständig geführt sein muß. Der Natur des directen Gegenbeweises entsprechend kann auch ein unvollständig geführter Entlastungsbeweis die Ueberzeugung von der Wahrheit der Anschuldigung entkräften.

§. 40.

Von dem Verfahren vor den erkennenden Gerichten überhaupt.

Das Verfahren vor den erkennenden Gerichten ist verschieden, je nachdem dasselbe vor dem Schwurgericht, der Gerichtsabtheilung oder dem Einzelrichter stattfindet.

Das Verfahren vor der Gerichtsabtheilung kann als das regelmäßige Verfahren betrachtet werden, wogegen das schwurgerichtliche Verfahren mit besonders schützenden Formen umgeben ist, und das polizeigerichtliche Verfahren als das einfachste erscheint. In diesem Abschnitte soll nur das allen Arten des Verfahrens Gemeinsame dargestellt werden. Was hier vom Staatsanwalte gesagt ist, gilt ohne weiteres auch vom Polizeianwalte. Das Hauptverfahren ist öffentlich und mündlich. In dieser Beziehung bestimmt das Gesetz: Der Fällung des Urtels soll bei Strafe der Nichtigkeit ein mündliches öffentliches Verfahren vor dem erkennenden Gericht vorhergehen, bei welchem der Staatsanwalt und der Angeklagte zu hören, die Beweisaufnahme vorzunehmen und die Vertheidigung des Angeklagten mündlich zu führen ist*).

Die Hauptverhandlung bildet den Schwerpunct des ganzen Strafprocesses und es muß daher Sorge getragen werden, daß dieselbe zur Erreichung des Zweckes diene, die Wahrheit hinsichtlich der zu beurtheilenden Sache so herauszustellen, daß ein gerechtes Erkenntniß erfolgen kann. Wenn gleich das Vorverfahren als eine Vorbereitung hiezu bezeichnet ist, so äußern sich die Wirkungen desselben doch nur mittelbar, indem das richterliche Urtel ausschließend auf das gegründet werden muß, was in der Verhandlung vor dem erkennenden Gericht vorkommt. Da es die Aufgabe desselben mit sich bringt, den zu beurtheilenden Fall nach allen seinen thatsächlichen Beziehungen als ein Ganzes anschaulich zu durchleben, so muß auch die Form der Verhandlung die lebendig concrete Form der Rede sein. Zergliedert man das Princip der Mündlichkeit, welches passend auch das der Unmittelbarkeit genannt werden kann, so liegt darin:

1) Die Einrichtung daß der Angeklagte selbst vor seinen Richtern erscheint, auf die Beweiserhebung einwirkt und seine Vertheidigung vorträgt;
2) daß die Richter wie den Angeklagten so auch die Zeugen und Sach-

---

*) Verordn. v. 3. Jan. 1849. §. 14.

verständigen, auf deren Aussagen ihre Ueberzeugung sich gründen soll, selbst sehen und hören;

3) daß sie auf geeignete Weise jeden Zweifel durch Fragen an die Zeugen und Sachverständigen heben können;

4) daß nur auf den Grund mündlicher Vorträge des Anklägers und des Angeklagten oder seines Vertheidigers entschieden wird.

Nur durch die Mündlichkeit erlangen Richter und Geschworene die Gewißheit daß die Aussagen der Angeklagten und der Zeugen treu, vollständig und in dem richtigen Zusammenhange zu ihrer Kenntniß gelangen, nur sie löst auf dem besten und kürzesten Wege neu entstehende Zweifel, und macht eine richtige Würdigung der Individualität des Angeklagten und der Zeugen möglich. Das mündliche Verfahren weist dem Vertheidiger erst seine richtige Stellung an, in welcher er in geeigneter Weise auf die Untersuchung, Beweisführung und Urtheilsfällung einwirken kann; es gewährt auch allein dem erkennenden Richter die Möglichkeit neben der richtigen Würdigung der einzelnen Thatsachen diese selbst in ihrem inneren Zusammenhange als ein Ganzes aufzufassen, und die That ihrem concreten Inhalte nach als individuelle Wirklichkeit, als die einem freien Subjecte zur Schuld zurechenbare Handlung zu erkennen*).

In enger Verbindung mit der Mündlichkeit steht die Oeffentlichkeit des Verfahrens, welche ihre innere Berechtigung darin findet, daß der Strafproceß die dem Rechte als solchem widerfahrene Verletzung aufheben und das materielle Recht als das schlechthin Gültige für das öffentliche Bewußtsein wiederherstellen soll**). Unverkennbar ist auch der wohlthätige Einfluß dieses Princips auf die Meinung des Volks über die Rechtspflege, auf sein Vertrauen zu den Mitgliedern der Gerichtshöfe; wenn jeder aus dem Volke sich durch eigene Anschauung überzeugen kann, welche schützende Formen der Gesetzgeber zur Erforschung der Wahrheit geschaffen hat, mit welcher Sorgfalt und Pünctlichkeit dieselben beobachtet werden, was jeder einzelne Zeuge in Gegenwart des Beschuldigten über die That aussagt, wie sich letzterer dagegen verantwortet, mit welcher Gründlichkeit und Unpartheilichkeit man bemüht ist, sich etwa ergebende Zweifel und Widersprüche durch widerholte Vernehmung des Betheiligten zu lösen, wie

---

*) Mittermaier über Oeffentlichkeit und Mündlichkeit S. 245 u. f. Köstlin Wendepunct S. 28.

**) Köstlin S. 26.

der öffentliche Ankläger alle Momente für die Schuld zusammenfaßt, und der Vertheidiger mit gleichen Befugnissen diesen Beweis zu entkräften sucht, worauf dann erst das Urtheil gefällt wird, wenn Jeder Alles dies mit anhören, sich seine Ueberzeugung bilden, und gleichsam das Urtheil mitfällen kann, so muß eine solche Verwaltung der Strafrechtspflege einen hohen Grad von Achtung und Vertrauen gewinnen, und kann diesem wesentlichen Vorzuge gegenüber auch namentlich dem Einwande wider die Oeffentlichkeit kein entscheidendes Gewicht beigelegt werden, daß sie eine Schule der Verbrecher sei*).

Die Oeffentlichkeit des Verfahrens unterliegt aber gewissen Einschränkungen**). Zunächst bleiben gewisse bei der Verhandlung unbetheiligte Personen von dem Zutritte zu den öffentlichen Verhandlungen ausgeschlossen, nämlich Unerwachsene, wohin auch Schüler und Lehrlinge gehören***), und solche welche sich nicht im Vollgenuß der bürgerlichen Ehre befinden, es mögen ihnen für immer oder auf Zeit die bürgerlichen Ehrenrechte aberkannt sein. Mit Rücksicht auf die zu verhandelnde Sache soll ferner die Oeffentlichkeit ausgeschlossen werden, wenn sie der Ordnung oder den guten Sitten Gefahr droht. Ob diese Voraussetzungen vorhanden, hat das Gericht nach Anhörung der Staatsanwaltschaft und des Angeklagten in nicht öffentlicher Sitzung, nach seinem Ermessen festzustellen und den betreffenden Beschluß in öffentlicher Sitzung zu verkünden. Bei Münzverbrechen und Münzvergehen soll die Oeffentlichkeit allemal für die ganze Verhandlung ausgeschlossen werden, weil bei dieser Gelegenheit häufig die Frage zur Erörterung kommt, in welchem Wege und durch welche Mittel die falschen Münzen hervorgebracht sind, und daraus die Gefahr entsteht, daß das anwesende Publicum hiervon Kunde erhält, während zu wünschen ist, daß diese Mittel verborgen bleiben. Die Ausschließung der Oeffentlichkeit ist selbst auf die Bildung des Schwurgerichts auszudehnen, da auch diese zur Hauptverhandlung gehört. G.-A. B. 1. S. 189. Da wo das Gericht überhaupt berechtigt ist die Oeffentlichkeit auszuschließen, darf es dieselbe sowohl für die ganze Hauptverhandlung als auch nur für einen Theil derselben aufheben. Außerdem steht dem

---

*) Feuerbach über Oeffentlichkeit und Mündlichkeit. Gießen 1821. Lemann über denselben Gegenstand. Berlin 1842.

**) Verf.-Urk. Art. 93. Ges. v. 3. Mai 1852. Art. 18 u. 19.

***) Verordn. v. 19. Mai 1853. I. 1578. Materialien S. 76 u. 377.

Vorsitzenden auch dann wenn die Oeffentlichkeit ausgeschlossen worden, die Befugniß zu, einzelnen unbetheiligten Personen den Zutritt zu gewähren. Da die Ausschließung der Oeffentlichkeit lediglich im öffentlichen Interesse und mindestens im Widerspruche mit dem Interesse des Angeklagten erfolgt, so tritt eine Nichtigkeit des Verfahrens ein, wenn nicht ein förmlicher gerichtlicher Beschluß über die Ausschließung der Oeffentlichkeit vorliegt, oder wenn nicht aus den Acten zu ersehen ist, daß Staatsanwaltschaft und Angeklagter über die Ausschließung gehört, so wie daß der betreffende Gerichtsbeschluß in öffentlicher Sitzung verkündet worden ist*).

Die Bestimmung der Sitzung, in welcher die Hauptverhandlung stattfinden soll, erfolgt auf den regelmäßig schon in der Anklage enthaltenen Antrag der Staatsanwaltschaft durch den Vorsitzenden des erkennenden Gerichts**), der dabei sowohl auf die Beschaffenheit und Dringlichkeit der Sache wie auch darauf Rücksicht zu nehmen hat, daß nicht durch eine zu enge Frist dem Beschuldigten zu nahe getreten werde.

An Festtagen und katholischen Feiertagen dürfen öffentliche Verhandlungen nicht stattfinden. Verordn. vom 12. Februar 1850. J.-M.-Bl. S. 127.

So lange die Verhandlung nicht begonnen hat, kann der Vorsitzende auf Antrag oder von Amtswegen aus erheblichen Gründen die Sache vertagen. In der Sitzung hat der Vorsitzende mit Ernst und Strenge auf Ruhe und gesittetes Betragen zu halten. Jede Störung, namentlich auch Aeußerungen des Beifalls oder Mißfallens Seitens der Anwesenden ist sofort energisch dadurch zu ahnden, daß die betreffenden Personen aus dem Sitzungssaale entfernt, und nach Befinden bestraft werden; genügt dies nicht, oder ist der Störer nicht zu ermitteln, so ist die Räumung des Saals, geeigneten Falls die Ausschließung der Oeffentlichkeit zu veranlassen. Die Beamten der Staatsanwaltschaft sollen bei jeder Störung die geeigneten Anträge stellen. Gegen die Störer kann eine Gefängnißstrafe bis zu 8 Tagen festgesetzt werden***). Wenn der Angeklagte die Verhandlung durch ungebührliches Betragen stört und ungeachtet der Ermahnung und Verwarnung des Vorsitzenden nicht davon ab-

*) J.-M.-Bl. pro 1856. S. 322. G.-A. B. 5. S. 72.

**) §. 32, 48 u. 69 der Verordn. v. 3. Jan. 1849.

***) Verordn. v. 3. Jan. 1849 §. 180.

steht, so kann das Gericht nach Anhörung der Staatsanwaltschaft, unbeschadet der etwa sonst zu verhängenden Strafe, durch einen Beschluß anordnen, daß der Angeklagte entfernt, in das Untersuchungsgefängniß abgeführt, dort bis zur Beendigung der Verhandlung in Verwahrung gehalten und das Verfahren in seiner Abwesenheit fortgesetzt werde*). Wenn dieser Beschluß im Laufe der Verhandlung zurückgenommen wird, so bleibt es nichts destoweniger dem Vertheidiger unbenommen, auch in Abwesenheit des Angeklagten die Vertheidigung zu führen. Das Urtel wird in solchem Falle dem Angeklagten durch den Gerichtsschreiber zu Protocoll bekannt gemacht. Der Vorsitzende kann endlich zur Aufrechthaltung der Ruhe und Ordnung je nach den Umständen eine Militairwache oder eine angemessene Zahl von Polizeibeamten oder Gensdarmen requiriren. Verordnung vom 4. April 1854. J.-M.-Bl. S. 148.**)

Der Beschuldigte wird zum Audienztermin vorgeladen, oder wenn er verhaftet ist, vorgeführt, dem Staatsanwalt wird vom Termin Kenntniß gegebeu. Die Zeugen und Sachverständigen welche in der Sitzung zu vernehmen sind, werden ebenfalls vorgeladen und daß dies geschehen, dem Staatsanwalt und dem Angeklagten bekannt gemacht***). Sollte die Sache im angesetzten Termin nicht verhandelt werden, so bedarf es einer abermaligen Bekanntmachung der vorzuladenden Zeugen nicht†). Können die vorzuladenden Zeugen nicht aufgefunden werden, so ist hiervon der Staatsanwalt, beziehungsweise der Angeklagte zu benachrichtigen, um sie in den Stand zu setzen die Angabe in Betreff des Wohnorts zu berichtigen††). Die Gestellung anderer Zeugen als der vorgeladenen bleibt dem Staatsanwalt wie dem Angeklagten, letzterem auf seine Kosten unbenommen†††). Das Gericht kann auch von Amtswegen Zeugen vorladen lassen, welche vom Staatsanwalt und vom Angeklagten nicht in Vorschlag gebracht worden sind*†). Urkunden und sonstige Ueberführungsstücke werden im Audienztermin vorgelegt.

---

*) Ges. v. 3. Mai 1852. Art. 134.

**) Verfügung v. 19. Mai 1853. I. 1578.

***) G.-A. B. 2. S. 536.

†) J.-M.-Bl. pro 1855. S. 152.

††) G.-A. B. 3. S. 117. Verordn. v. 3. Jan. 1849. §. 52.

†††) Art. 26 des Ges. v. 3. Mai 1852. G.-A. B. 4. S. 814.

*†) Verordn. v. 3. Jan. 1849. §. 20 u. 52.

Der Richter beziehungsweise die Geschworenen, die Staatsanwaltschaft und der Gerichtsschreiber müssen der ganzen Verhandlung beiwohnen. Insonderheit ist mehrfach anerkannt worden, daß ohne die Gegenwart eines Staatsanwalts oder eines Substituten desselben in Untersuchungssachen keine mündliche Verhandlung stattfinden kann*). Dagegen können gleichzeitig mehrere Beamte der Staatsanwaltschaft der Verhandlung beiwohnen und ihre Amtsverrichtungen nach ihrem Ermessen unter sich vertheilen.

Daß die Gegenwart des Vertheidigers die Gültigkeit der Hauptverhandlung nicht bedingt, ist schon oben erwähnt worden. Um zu verhindern, daß der Angeklagte sich der Verhandlung entziehe, kann der Vorsitzende die geeigneten Maaßregeln treffen.

Die Leitung der mündlichen Verhandlung gebührt dem Vorsitzenden. Er hat die Reihenfolge der vorzunehmenden Handlungen zu bestimmen, und den Beschuldigten so wie alle andere abzuhörende Personen zu vernehmen**). Der Vorsitzende hat dem Untersuchungsprincip gemäß mit allen Kräften dahin zu wirken, daß die Wahrheit ans Licht gebracht werde. Er kann zu dem Ende noch nicht vorgeladene Zeugen, welche in der Nähe befindlich sind, durch den Gerichtsdiener gestellen lassen***), anderweitige Beweismittel zur Stelle schaffen, und auch unabhängig von den Anträgen des Staatsanwalts und des Angeklagten jedes erlaubte Mittel zur Aufklärung der Sache benutzen. Kein erheblicher Umstand und kein Beweismittel darf bloß aus dem Grunde unberücksichtigt bleiben, weil dem Angeklagten oder der Staatsanwaltschaft davon nicht vor der Verhandlung oder nicht frühzeitig genug Kenntniß gegeben ist. Gegenstand der Verhandlung und somit auch des Beweises sind nicht bloß die Thatsachen, welche in der Anklage erwähnt sind, sondern auch die näheren Umstände von welchen dieselben begleitet waren, und zwar selbst dann, wenn sie verbunden oder vereinzelt von einem Gesichtspunct aus als strafbar erscheinen, unter welchen sie die Anklage nicht gebracht hat. Fälle wo die That sich als eine Gesetzesverletzung einer anderen selbst schwereren Gattung darstellt, sind nicht ausgeschlossen. Danach ist denn selbstverständlich auch

*) J.-M.-Bl. pro 1851. S. 31. Verfügung v. 14. April 1849. J.-M.-Bl. S. 228.

**) Verordn. v. 3. Jan. 1849 §. 54. Ges. v. 3. Mai 1852. Art. 66 u. 76.

***) Verordn. v. 3. Jan. 1849. §. 20.

dem Staatsanwalt erlaubt, die Anklage zu modificiren*). Der Staatsanwalt ist auch während der Sitzung dem Gerichte nicht subordinirt, daher auch nicht dessen Anweisungen unterworfen, insbesondere steht dem Vorsitzenden nicht die Befugniß zu, den Staatsanwalt, wenn er die Befugnisse seines Amts überschreiten sollte, in die Grenzen desselben zurückzuweisen, sondern es ist derselbe nur berechtigt dieserhalb bei dem Vorgesetzten des Staatsanwalts Beschwerde zu führen. Ebenso liegt es im Berufe des Staatsanwalts, wenn der Vorsitzende vom richtigen Wege abweichen sollte, etwanige Verstöße zur Kenntniß der vorgesetzten Behörde zu bringen**).

Was den Gang des Verfahrens betrifft, so wird der anwesende Beschuldigte zuvörderst über seine persönlichen Verhältnisse vernommen und sodann die Anklage vorgetragen. Darauf wird der Angeklagte befragt, ob er sich der unter Anklage gestellten That schuldig bekenne und über die einzelnen Thatsachen gehört, welche die wesentlichen Merkmale der ihm zur Last gelegten That bilden. Legt er ein vollständiges Bekenntniß ab und walten gegen die Richtigkeit desselben keine Bedenken ob, so unterbleibt die Beweisaufnahme, andrenfalls wird zu diesem Acte geschritten. Eine Befragung des Angeklagten kann auch im Laufe der Hauptverhandlung nach Vorführung der einzelnen Beweismittel stattfinden. Erscheint der Angeklagte ungeachtet der gehörig erfolgten Vorladung nicht, so kann das Contumacialverfahren eintreten, sofern nicht die Vertagung der Sache oder die zwangsweise Gestellung des Angeklagten angemessen erscheint***). Vor der Beweisaufnahme werden die Zeugen aufgerufen, zur wahrhaften Aussage ermahnt und über die Generalfragen gehört.

Bei Vernehmung der Zeugen wird auf ihre Zeugnißunfähigkeit gar keine Rücksicht genommen, dieselbe ist nur für die nachträgliche Vereidung entscheidend. Vernommen wird jeder auch der unzulässigste Zeuge und es bleibt den Richtern und Geschworenen überlassen, welchen Werth sie auch auf die unbeeidete Aussage legen wollen.

Diese Art der Vernehmung, welche im Vorverfahren zur näheren Aufklärung der Sache und um taugliche Beweismittel erst zu erforschen ebenso unentbehrlich als zweckmäßig erscheint, würde richtiger im Haupt-

---

*) Ges. v. 3. Mai 1853. Art. 29 u. 30. G.-A. B. 5. S. 60.

**) Verfügung v. 19. Mai 1853. G.-A. B. 2. S. 799.

***) Verordn. v. 3. Jan. 1849. §. 35. 56. Ges. v. 3. Mai 1852. Art. 65.

verfahren unterbleiben, weil sie Richter und Geschworene nur zu leicht Eindrücken aussetzt, welche auf die Bildung ihrer Ueberzeugung nicht einwirken dürfen. Die practischen Uebelstände, welche daraus entstehen, haben schon mehrfach den Wunsch nach einer Reform unseres Beweisrechts in dem Sinne veranlaßt, daß es bei Strafe der Nichtigkeit verboten werde in der Hauptverhandlung, welche doch wesentlich ein Beweisverfahren ist, unzulässige Beweismittel zu benutzen*).

Sämmtliche Zeugen werden der Regel nach mündlich vernommen**), da im Hauptverfahren dem Grundprincip desselben gemäß die ganze Beweisaufnahme, soweit ihr Ergebniß Gegenstand der richterlichen Feststellung ist, mündlich erfolgen soll. Kann jedoch die Vernehmung eines Zeugen bei dem mündlichen Verfahren wegen Krankheit, Alterschwäche, großer Entfernung oder wegen anderer unabwendbarer Hindernisse nicht erfolgen, so kann eine commissarische Vernehmung angeordnet und in diesem Falle, sowie alsdann wenn im Vorverfahren die gerichtliche und eidliche Vernehmung schon erfolgt ist, das Vernehmungsprotocoll in der Hauptverhandlung zur Lesung gebracht werden. Ein gleiches findet statt, wenn ein gerichtlich schon vernommener Zeuge inzwischen verstorben ist, wenn das Erscheinen activer Officiere als Zeugen nicht bewirkt werden kann, und wenn Mitglieder des Königlichen Hauses in ihrer Wohnung als Zeugen vernommen sind***).

Wenn der Richter eine commissarische Vernehmung von Zeugen und demnächst die Vorlesung ihrer Aussagen in der Audienz angeordnet hat, ohne diese Abweichung vom Princip der Mündlichkeit durch einen der gesetzlichen Ausnahmsgründe zu motiviren, so unterliegt das Verfahren der Vernichtung†). Von der durch das erkennende Gericht angeordneten commissarischen Zeugenvernehmung, so wie von dem betreffenden Termin ist dem Staatsanwalt, wie dem Angeklagten Nachricht zu geben, damit sie ihre Rechte bei der Vernehmung wahrnehmen können††).

---

*) G.-A. B. 5. S. 303. Abhandl. von Tippelskirch, u. S. 507.

**) Ges. v. 3. Mai 1852. Art. 25. u. Verordn. v. 3. Jan. 1849. §. 14.

***) Verordn. v. 3. Jan. 1849. §. 21. Ges. v. 3. Mai 1852. Art. 24.

†) G.-A. B. 3. S. 676 und Entscheidungen des Ober-Tribunals Bd. 24. S. 446. J.-M.-Bl. pro 1853. S. 429.

††) J.-M.-B. pro 1855. S. 391. G.-A. B. 2. S. 674. B. 3. S. 249, 752 u. 740.

Gleich wie Zeugen werden auch Sachverständige regelmäßig zur mündlichen Verhandlung zuzuziehen sein und wird hiervon nur da eine Ausnahme gemacht werden können, wo besondere Umstände dies erfordern*). Eine solche Ausnahme wird z. B. in Untersuchungen wegen Münzverbrechen gemacht, wo das Gutachten der General-Münz-Direction über die Unechtheit der Münze stets verlesen wird. Ebenso werden Gutachten der Medicinalcollegien und der wissenschaftlichen Deputation für das Medicinalwesen allemal zu verlesen sein, weil ein zur mündlichen Verhandlung als Sachverständiger vorgeladenes Mitglied dieser Behörden nicht den Beruf hat, jenes Gutachten zu vertreten, vielmehr selbstständig seine Ansicht über die streitige Frage auszusprechen und zu motiviren hat**). Wo aber ein einzelner Sachverständiger in der Voruntersuchung sein schriftliches Gutachten abgegeben hat, enthält nicht dieses sondern das bei der mündlichen Hauptverhandlung abgegebene Gutachten die eigentliche Beweisaufnahme***).

Jeder Zeuge wird einzeln in Abwesenheit der erst später abzuhörenden vernommen. Bei Sachverständigen waltet eine andere Rücksicht ob, da sie nicht bloß eine durch die Sinne wahrgenommene Thatsache bekunden, sondern nach den Regeln der Kunst oder Wissenschaft ein Urtheil abgeben, bei welchem eine Berichtigung und Aufklärung durch die Ansichten der anderen Sachverständigen oft angemessen erscheinen kann. Auch empfiehlt sich nicht selten ihre Zuziehung bei Vernehmung der Zeugen, damit sie für ihr Gutachten die richtige thatsächliche Unterlage gewinnen. Wie es in dieser Beziehung zu halten, wird im einzelnen Falle der Richter zu bestimmen haben†).

Das Gericht kann den Angeklagten im Laufe der Verhandlung bei der Vernehmung einzelner Zeugen oder etwaiger Mitangeklagter einstweilen aus dem Sitzungssaale abtreten lassen, es muß aber die Vernehmung und zwar die der Zeugen vor ihrer Vereidung in Gegenwart des Angeklagten bei Strafe der Nichtigkeit wiederholt werden. Eine bloße Benachrichtigung von dem Inhalte der Aussagen genügt nicht††).

---

*) G.-A. B. 1. S. 483. Abhandl. v. Paschke.

**) Verfügung des Minist. der Medicinal-Angelegenheiten v. 22. Sept. 1852. G.-A. B. 1. S. 482.

***) G.-A. B. 1. S. 535 u. 689. J.-M.-Bl. pro 1855. S. 152.

†) G.-A. B. 3. S. 680.

††) Ges. v. 3. Mai 1852. Art. 28. G.-A. B. 2. S. 666 u. 540.

Dem Staatsanwalt ist es gestattet sowohl bei Vernehmung des Angeklagten, wie der Zeugen und Sachverständigen Fragen zur Aufklärung der Sache selbstständig und unmittelbar an dieselben zu richten. Das Recht der directen Fragestellung, welches dem Staatsanwalt schon Kraft des Gesetzes zusteht, kann dem Vertheidiger nur im einzelnen Falle vom Vorsitzenden zugestanden werden*), und auch nur in Beziehung auf Zeugen und Sachverständige, da es der Stellung des Vertheidigers als Organ des Angeklagten nicht entsprechen würde, ihm in Bezug auf diesen eine gleiche Ermächtigung zu ertheilen. In gleicher Weise wie dem Vertheidiger kann auch dem Angeklagten die Fragestellung gestattet werden. Es ist daher nicht erforderlich, daß der Angeklagte und Vertheidiger immer erst durch das Organ des Vorsitzenden fragen, allein zur unmittelbaren Fragestellung müssen sie sich doch erst die Erlaubniß erbitten. Einer ferneren Einschränkung unterliegen sowohl die Staatsanwaltschaft wie der Angeklagte und die Vertheidigung, indem der Vorsitzende befugt ist die Stellung der Fragen in jedem Zeitpuncte wieder selbst zu übernehmen und das Verhör zu schließen, eine Befugniß, von welcher jedoch nur mit Vorsicht Gebrauch zu machen**), damit dem Staatsanwalt und Vertheidiger auch dasjenige wirklich gewährt werde, was das Gesetz ihnen hat sichern wollen.

Die schon im Vorverfahren eidlich vernommenen Zeugen und Sachverständigen werden bei ihrer Abhörung im Hauptverfahren nicht aufs neue vereidet, sondern nur auf den geleisteten Eid verwiesen, eine Bestimmung, die auch dann Platz greift wenn der Zeuge im Auslande vernommen, und nach den dort geltenden von den unsrigen abweichenden Formen vereidet ist***). Die Vereidung der Zeugen erfolgt gewöhnlich nicht gleich nach der Vernehmung jedes einzelnen, sondern erst am Schlusse der ganzen Beweisaufnahme.

Hat eine Beweisaufnahme durch Einnehmung des Augenscheins an Ort und Stelle stattgefunden, so muß das darüber aufgenommene Protocoll bei der mündlichen Verhandlung vorgelesen werden. Diese Vorschrift bezieht sich aber nur auf eigentliche Localbesichtigungen, und ist

---

*) Ges. v. 3. Mai 1852. Art. 51 u. 76.

**) Materialien S. 552.

***) Verordn. v. 3. Jan. 1849. §. 55. G.-A. B. 2. S. 540.

unter anderen auf Obductionsprotocolle nicht anwendbar*). Diese in der Natur der Sache liegende Bestimmung tritt daher als eine fernere Abweichung vom Princip der Mündlichkeit zu den schon früher in Bezug auf Zeugen und Sachverständige erwähnten Ausnahmefällen hinzu. Unsere Gesetzgebung hat sich jedoch hierauf nicht beschränkt, sondern durch das practische Bedürfniß geleitet die Vorlesung von Schriftstücken bei der mündlichen Verhandlung in größerem Umfange gestattet, und ganz allgemein bestimmt, daß so weit es außer den genannten Fällen zur Aufklärung der Sache als nothwendig und dienlich erscheine, das Gericht auch befugt sei, auf den Antrag der Staatsanwaltschaft, des Angeklagten und seines Vertheidigers, oder von Amtswegen die Verlesung eines jeden Schriftstückes anzuordnen**). Entbehrlich war diese Vorschrift nicht, weil es manche Ueberführungsmittel giebt, welche sich mündlich nicht darstellen lassen und welche dennoch nicht abgeschnitten werden dürfen, auch konnte die allgemeine Fassung nicht vermieden werden, weil es sich nimmermehr präcisiren läßt, in welchen Fällen es dem Grundprincip des Processes nicht widerspricht, daß Etwas vorgelesen werde. Es mußte vielmehr Alles in das vernünftige Ermessen des Richters gestellt werden, welcher im einzelnen Falle so zu verfahren hat, daß das Princip der Mündlichkeit nicht gefährdet wird***). Daß die Vorlesung eines Schriftstückes statthaft erscheint, wenn die dadurch festzustellenden Thatsachen durch mündliche Vernehmung nicht eruirt werden können, dürfte unbestritten sein. Niemand wird etwas dagegen zu erinnern finden, wenn beglaubigte Abschriften früherer wider den Beschuldigten ergangener Strafurtheile oder Bescheinigungen öffentlicher Behörden verlesen werden. Ferner kann es zur Aufklärung der Sache beitragen, wenn neben der mündlichen Vernehmung der Zeugen die von ihnen aufgenommenen Verhandlungen über Haussuchungen und Beschlagnahmen um ihrem Gedächtniß zu Hülfe zu kommen, oder die von ihnen in der Voruntersuchung abgegebenen Aussagen verlesen werden, um Widersprüche mit ihren späteren Angaben zu lösen. Auch beim Widerruf des Geständnisses erscheint die Verlesung eines im Vorverfahren abgegebenen Geständnisses unbedenklich, nur ist in allen diesen Fällen zu berücksichtigen, ob die schriftlichen Aus-

*) Verordn. v. 3. Jan. 1849. §. 19. G.=A. B. 3. S. 554.
**) Ges. v. 3. Mai. 1852. Art. 25.
***) Materialien S. 407.

lassungen formell gültig sind, und wo dies nicht der Fall ist, sind Richter und Geschworene von den formellen Mängeln in Kenntniß zu setzen, damit sie im Stande sind, den Werth der Verhandlungen zu prüfen*). Dagegen würde es ein Verstoß gegen das Grundprincip des Verfahrens sein, wenn der Richter die Aussage eines ausgebliebenen Zeugen verlesen lassen wollte, ohne daß einer der gesetzlichen Ausnahmefälle vorläge, welcher ihm solches gestattet. Auch der Wunsch die Erledigung der Sache zu beschleunigen kann eine solche Maaßnahme nicht rechtfertigen, welche offenbar zur Vereitelung des mündlichen Verfahrens führen würde. Wenn eine Sache in mehreren Audienzterminen verhandelt wird und das Gericht ist im zweiten Termin anders als im ersten zusammengesetzt, so müssen im zweiten Termin die Beweisverhandlungen des ersten wiederholt werden, und es genügt nicht, wenn die früher abgegebenen Zeugenaussagen aus dem Sitzungsprotocoll verlesen werden**).

Auf einzelne in Vorschlag gebrachte Beweismittel kann im Hauptverfahren von demjenigen, der sie vorgebracht, nicht ohne Zustimmung des andern Theils und ohne Genehmigung des Gerichts verzichtet werden. Es folgt dies schon aus dem Princip der amtlichen Wahrheitserforschung, welches das Verzichtsprincip des Civilprocesses nicht aufkommen läßt.

Was sonst für die Beweisaufnahme von Wichtigkeit ist, ergiebt sich aus den früheren Abschnitten, namentlich aus der Lehre von der Vernehmung der Zeugen und Sachverständigen, worauf hier verwiesen wird***). Einzelnes, was sich nur auf diese oder jene Verfahrensart bezieht, wird noch später erwähnt werden.

Die Vertagung der Sache kann noch in der Sitzung auf Antrag oder von Amtswegen aus wichtigen Gründen, welche in dem Beschlusse anzuführen sind, vom Gerichte verordnet werden. Der Beschluß welcher eine Vertagung anordnet, wird nur durch Verkündung in der öffentlichen Sitzung bekannt gemacht†). Auch kann das Gericht, soweit dies zur Aufklärung der Sache erforderlich ist, die Vornahme von Untersuchungsverhandlungen verfügen und damit den Untersuchungsrichter beauftragen.

---

*) J.-M.-Bl. pro 1853. S. 429. G.-A. B. 3. S. 103 u. 675. G.-A. B. 3. S. 98. B. 2. S. 538.

**) J.-M.-Bl. pro 1857. S. 427. G.-A. B. 4. S. 677.

***) Verordn. v. 3. Jan. 1849. §. 22.

†) Ges. v. 3. Mai 1852. Art. 65.

Die Vorladung neuer Zeugen zu einer späteren Sitzung ist ebenfalls Sache des richterlichen Ermessens. Alle Zwischenentscheidungen erfolgen in Form von Beschlüssen nach vorgängiger Anhörung der Staatsanwaltschaft, des Angeklagten und seines Vertheidigers. Eine Incompetenzerklärung, welche sich auf die örtliche Begrenzung des Gerichtsbezirks gründet, kann im Hauptverfahren von Amtswegen nicht mehr ausgesprochen werden. Vom Angeklagten kann aber der betreffende Einwand noch bei der Hauptverhandlung, jedoch nur vor Beginn des Beweisverfahrens und nur dann wenn er bisher noch nicht vernommen ist, erhoben werden. In diesem Falle wird durch einen Beschluß darüber entschieden. Wird die Einrede für gerechtfertigt erachtet, so ist der Beschluß im Beschwerdewege anfechtbar, wird dieselbe verworfen, so kann der Beschluß nur zugleich mit der Entscheidung in der Hauptsache angefochten werden*). Wenn dagegen nach internationalen Verträgen die Untersuchung vor ein fremdländisches Gericht gehört, so ist die Erhebung des Einwandes an keine Frist gebunden und kann noch in der Nichtigkeitsinstanz erfolgen, dort aber nur auf die vom Instanzrichter festgestellten Thatsachen begründet werden**).

An die Aufnahme des Beweises schließen sich die Vorträge des Staatsanwalts und des Vertheidigers an, welche die Ergebnisse der Verhandlung und die daraus herzuleitenden Folgerungen zum Gegenstande haben. Wie der Staatsanwalt schon im Laufe der Verhandlung durch Anträge insonderheit durch eine selbstständige Betheiligung an der Beweisaufnahme zur Herstellung der materiellen Wahrheit mitwirken kann, so tritt er auch in dem eben erwähnten Vortrage nicht bloß als einseitiger Ankläger auf, sondern als Vertreter des Staats hat er dessen Interessen in vollem Umfange wahrzunehmen, und diese Interessen sind nicht bloß bei Verfolgung der Schuld, sondern ebenso sehr bei Wahrung der Unschuld betheiligt***). Soll daher auch der Staatsanwalt nicht im einseitigen Interesse des Angeklagten handeln, so kann und soll er doch im öffentlichen Interesse geeigneten Falls auch zu Gunsten des Angeklagten seine Wirksamkeit äußern. Zurücknehmen kann er zwar die Anklage nicht, weil jede einmal eingeleitete Untersuchung durch Erkenntniß zu erledi-

*) Ges. v. 3. Mai 1852. Art. 5. Materialien S. 259.

**) Urk. des Ober-Tribunals v. 21. Septbr. 1854. Lanz Präjudicien S. 30.

***) Verordn. v. 3. Jan. 1849. §. 6.

gen ist, dagegen kann er einer milderen Auffassung der Sache das Wort reden und selbst auf Freisprechung antragen, wenn die Anklage sich nicht aufrecht erhalten läßt. Eine Ergänzung der Anklage, wo sie nach den schon früher angedeuteten Gesichtspuncten statthaft ist, findet ebenfalls in diesem Vortrage ihren Platz*). Dem Angeklagten bleibt es unbenommen, auch neben seinem Vertheidiger sich selbst in seinem Interesse zu äußern. Ihm und dem Vertheidiger gebührt allemal das letzte Wort. Wenn in diesen Vorträgen neue Beweismittel vorgebracht werden, so steht der Wiederaufnahme des Beweisverfahrens kein rechtliches Hinderniß entgegen**).

Ueber die mündliche Verhandlung wird vom Gerichtsschreiber ein Protocoll aufgenommen, welches am Schlusse von ihm und dem Vorsitzenden unterzeichnet wird. Dies Protocoll muß im Eingange die Bezeichnung des Orts, Jahres und Tages der Aufnahme enthalten und die Anwesenheit der Richter, des Beamten der Staatsanwaltschaft und des Gerichtsschreibers constatiren***), desgleichen den Namen des Angeklagten und seines Vertheidigers so wie des etwa zugezogenen Dollmetschers. In dem Protocolle soll von dem Hergange im Termin eine übersichtliche Kunde gegeben werden. Es muß daher außer den Namen der Zeugen und Sachverständigen von dem Inhalte ihrer Erklärungen und der Auslassungen des Angeklagten dasjenige wiedergeben, was von ihren im Vorverfahren abgegebenen Erklärungen in erheblichen Puncten abweicht. Sofern sie noch nicht vernommen, wird das Wesentliche ihrer Aussagen protocollirt. Die formelle Feststellung von Geständnissen und Zeugenaussagen durch Verlesung und Unterzeichnung des Protocolls behufs ihrer Benützung in einem anderweitigen Verfahren ist nirgends untersagt und entspricht der Pflicht des Richters zur Förderung der Rechtspflege durch jedes geeignete Mittel mitzuwirken†). Die zur Entscheidung gestellten Anträge der Staatsanwaltschaft und des Angeklagten und die auf dieselben erfolgten Entscheidungen mit den Gründen müssen in das Protocoll

*) G.-A. B. 5. S. 60.

**) J.-M.-Bl. pro 1854. S. 195. G.-A. B. 2. S. 400 u. 531.

***) Ges. v. 3. Mai 1852. Art. 78. Verfügung v. 21. April 1853. J.-M.-Bl. S. 166. Verordn. v. 3. Jan. 1849. §. 37.

†) J.-M.-Bl. pro 1852. S. 307.

aufgenommen oder demselben als Beilage einverleibt werden*). Wird das Urtel besonders abgefaßt, so muß das Protocoll doch stets den entscheidenden Theil des Urtels enthalten und die Publication desselben unter mündlicher Angabe der Gründe constatiren**). Ueber Inhalt und Fassung des Protocolls hat allein der Vorsitzende zu bestimmen, und der Gerichtsschreiber hat der Anweisung desselben Folge zu leisten, erforderlichen Falls das unrichtige und unvollständige Protocoll umzuarbeiten, vorbehaltlich der Befugniß seine Bedenken höheren Orts anzuzeigen***). Die Beobachtung der vorgeschriebenen Förmlichkeiten kann nicht anders als durch das Protocoll bewiesen werden. Eine Anfechtung desselben durch Zeugenbeweis ist unstatthaft†). Da hiernach auch die stattgefundene Versäumniß vorgeschriebener Förmlichkeiten nur durch den Inhalt des Protocolls selbst bewiesen werden kann, so ist durch den Betheiligten jedesmal auf Aufnahme eines entgegenstehenden Vermerks in das Protocoll zu bringen††).

Das richterliche Erkenntniß enthält entweder eine Entscheidung in der Hauptsache, oder es spricht die Incompetenz des Richters aus. Der letzteren Gattung von Urtheilen kann, da sie nicht in allen Verfahrensarten vorkommt, erst später gedacht werden.

Was den Gegenstand der Entscheidung in der Hauptsache betrifft, so müssen Entscheidung und Verhandlung in einem entsprechenden Verhältnisse stehen. Schon oben wurde bemerkt, daß die Verhandlung sich nicht auf die Thatsachen der Anklage und des Anklagebeschlusses zu beschränken habe, beide gründen sich ja lediglich auf das Vorverfahren, welches weder den Zweck hat, noch die Mittel gewährt, um das Sachverhältniß nach allen Richtungen hin vollständig aufzuklären; das Hauptverfahren hat dagegen gerade die Aufgabe das wahre und ganze Sachverhältniß zu ermitteln und festzustellen, und dasselbe von den verschiedenen sich darbietenden Gesichtspuncten aus zu würdigen. Hieraus folgt aber die Ausdehnung der Verhandlung über den ausdrücklichen factischen Inhalt der Anklage hinaus und eine dem entsprechende Entscheidung unter Berücksichtigung der geeigneten rechtlichen Gesichtspuncte, gleichviel ob die

---

*) G.-A. B. 2. S. 231 u. 395. J.-M.-Bl. pro 1854. S. 7.

**) J.-M.-Bl. pro 1853. S. 432.

***) K.-O. §. 40 u. 54. G.-A. B. 3. S. 253.

†) G.-A. B. 1. S. 223. B. 5. S. 542.

††) G.-A. B. 1. S. 200.

Anklage dieselben im Auge gehabt hatte oder nicht. Der Richter kann demnach und unabhängig von irgend einem Antrage auch thatsächliche Umstände in den Kreis seiner Beurtheilung ziehen, deren die Anklage keine Erwähnung gethan, mögen diese Umstände erst in der Hauptverhandlung ermittelt, oder bereits Gegenstand der Voruntersuchung gewesen und durch den Anklagebeschluß aus factischen oder rechtlichen Gründen beseitigt sein; allein eine äußere Schranke ist dem Richter nichtsdestoweniger durch die Anklage in dieser Hinsicht gezogen, es müssen nämlich die neuen Thatumstände zu der unter Anklage gestellten That im Verhältnisse begleitender Umstände stehen.

Wenn daher die Verhandlung einen neuen Stoff zugeführt hat, so ist es für die Berücksichtigung desselben entscheidend, ob diesem Stoffe im Verhältnisse zu der unter Anklage gestellten That der Character begleitender Umstände beigelegt werden kann.

Das Sachverhältniß, welches der Anklage zum Grunde liegt, kann hiernach wohl modificirt werden, es darf aber niemals ein neues Sachverhältniß an die Stelle des den Gegenstand der Anklage bildenden gesetzt werden, und der Richter würde die Grenzen des concreten Strafprocesses überschreiten, wenn er aus den vorliegenden Verhandlungen neben der unter Anklage gestellten strafbaren That, eine zweite construiren wollte, auf welche weder Anklage noch Anklagebeschluß gerichtet sind. Solche außer aller Verbindung mit den Thatsachen der Anklage stehende strafbare Handlungen können, falls sie in der Sitzung angeregt werden, nur die erforderlichen Verfügungen begründen um ein strafrechtliches Einschreiten sicher zu stellen, bilden aber in der vorliegenden Sache weder den Gegenstand der Verhandlung noch der Entscheidung. In der rechtlichen Würdigung des thatsächlichen Stoffs, den der Richter überhaupt in den Kreis seiner Beurtheilung ziehen darf, ist sein Ermessen dagegen ein völlig freies. Er kann Strafbarkeit von einem Gesichtspuncte aus annehmen, der von dem in der Anklage aufgestellten ganz verschieden ist, und wird durch die Heranziehung neuer Thatumstände oft dazu gezwungen, wobei es auch nicht darauf ankommt, ob hiernach die That als eine Gesetzesverletzung einer anderen, selbst schwereren Gattung sich darstellt. Das Gesetz welches die Berücksichtigung erschwerender Umstände gestattet, wo dieselben nur die Strafbarkeit der That erhöhen, will diese Umstände auch dann in Anrechnung gebracht wissen, wenn durch ihr Hinzutreten die That unter den Begriff eines Verbrechens fällt, welches die Strafgesetzgebung nach der von ihr aufgestellten Eintheilung der strafbaren Handlungen, unter den Verbrechen einer anderen Gattung aufgeführt hat.

Was hier als eine Berechtigung des Richters dargestellt worden, ist aber zugleich für ihn eine Verpflichtung. Allerdings kann er mit Rücksicht auf die veränderte Sachlage oder die Veränderung des Gesichtspuncts eine Vertagung eintreten lassen, falls ihm eine bessere Vorbereitung der Anklage oder der Vertheidigung nothwendig erscheint, oder wenn er eine Vertagung nicht für angemessen hält, von der zur Anklage gestellten That den Beschuldigten freisprechen und in seinem Erkenntnisse die Anschuldigungspuncte, welche die veränderte Sachlage oder die Veränderung des rechtlichen Gesichtpuncts dargeboten, einem neuen Verfahren vorbehalten. Wenn er aber weder das Eine noch das Andere thut, so wird durch die richterliche Entscheidung in der Hauptsache die erhobene Anklage nicht bloß von dem Gesichtspuncte aus erledigt, unter welche dieselbe die ihr zum Grunde liegenden Thatsachen als strafbar gebracht hat, sondern auch von allen übrigen Gesichtspuncten aus, unter welche sie selbige als strafbar hätte bringen können. Das ganze Sachverhältniß mit den durch die mündliche Verhandlung gegebenen Modificationen ist ein für allemal abgethan; der Angeklagte ist im Falle einer Freisprechung nach allen Richtungen hin für freigesprochen zu erachten*) und selbst wegen neu aufgefundener Beweisstücke kann eine neue Verfolgung nicht eintreten. Ebensowenig kann im Falle der Verurtheilung, selbst wenn der Angeklagte durch Verheimlichung seiner Vorbestrafungen der härteren Rückfallsstrafe entgangen, ein neues Verfahren gegen ihn eingeleitet werden. Diese vollständige Erledigung der Sache setzt zwar die Rechtskraft des ergangenen Urtels voraus. Diese aber tritt ein, sobald das Urtel entweder nach gesetzlicher Vorschrift unanfechtbar ist, oder im concreten Falle innerhalb der gesetzlichen Frist nicht angefochten worden ist. Alsdann richtet sich nach den vorgetragenen Rücksichten auch der Umfang der Rechtskraft, wonach das durch die rechtskräftige Aburtheilung nach allen Richtungen hin erledigte Sachverhältniß nicht mehr zum Gegenstande eines neuen Strafverfahrens gemacht werden darf, wenn nicht der

*) Ges. v. 3. Mai 1852. Art. 30, 85 u. 86. Materialien S. 419 u. 426. J.-M.-Bl. pro 1852. S. 38. Oppenhof S. 33. G.-A. B. 3. S. 820 u. 822. J.-M.-Bl. pro 1857. S. 267. Verordn. v. 3. Jan. 1849. §. 119. G.-A. B. 4. S. 394 u. 374.

oben erwähnte Vorbehalt dem Erkenntnisse beigefügt worden ist*). Daß dieser Vorbehalt sich niemals auf solche Anschuldigungspuncte beziehen darf, welche schon durch die Anklage und den Eröffnungsbeschluß ausdrücklich zum Gegenstande des Verfahrens gemacht worden sind, wird der Erwähnung nicht erst bedürfen, denn diese Puncte müssen bei Strafe der Nichtigkeit in dem nämlichen Verfahren erledigt werden**).

Alle Erkenntnisse sind mit der Ueberschrift „Im Namen des Königs" und am Schlusse mit der Formel „von Rechtswegen" auszufertigen***).

Ein jedes Urtel besteht aus zwei Theilen, aus dem Urtelstenor und den Entscheidungsgründen. Die eigentliche thatsächliche Entscheidung findet aber der äußeren Anordnung nach nicht in dem Tenor des Urtels sondern in den Gründen ihre Stelle. In dem Tenor der Erkenntnisse erster Instanz heißt es nur, daß der Angeklagte des (zu bezeichnenden) Vergehens schuldig und deshalb zu der (nach Art und Höhe zu bezeichnenden) Strafe zu verurtheilen, auch die Kosten des Verfahrens zu tragen verbunden sei, oder im anderen Falle, daß er des (zu bezeichnenden) Vergehens nicht schuldig und deshalb von Strafe und Kosten freizusprechen sei. Abgesehen hiervon muß aber in den Gründen die eigentliche thatsächliche Feststellung auch äußerlich deutlich hervorgehoben und ausdrücklich gesagt sein, welche derjenigen Thatsachen, die zu den wesentlichen Merkmalen der den Gegenstand der Entscheidung bildenden strafbaren Handlung gehören, für festgestellt oder für nicht festgestellt zu erachten seien. Dies gilt insbesondere auch von solchen Umständen, welche nach Vorschrift des Gesetzes die Strafe ausschließen, mildern oder erschweren. Wo die Annahme mildernder Umstände überhaupt zulässig ist, bedarf es wenn sie angenommen werden einer darauf bezüglichen Feststellung. Auch setzt die Strafanwendung die Feststellung voraus, daß die That zu einer Zeit verübt sei, welche die Verjährung ausschließt. Ferner bedarf es noch bei Angeklagten, welche zur Zeit der That noch nicht das 16. Lebensjahr vollendet haben, der ausdrücklichen Feststellung, daß sie mit Unterscheidungsvermögen gehandelt haben. Endlich ist bei den im Auslande verübten Verbrechen der Ort der That und die Strafbarkeit nach dem fremden Gesetze festzustellen. Rechtsbegriffe, deren Bedeutung bei der An-

---

*) G.-A. B. 1. S. 557. B. 2. S. 789. B. 3. S. 385.

**) J.-M.-Bl. pro 1856. S. 77. G.-A. B. 4. S. 220.

***) Verordn. v. 3. Jan. 1849. §. 33. Verf.-Urk. Art. 86.

wendung des Strafgesetzes auf den gegebenen Fall einem Zweifel unterliegt, sind in die Feststellung nicht mit aufzunehmen sondern an deren Stelle sind die factischen Momente des concreten Falles zu setzen. Eine besondere wenn auch nur kurze Angabe des in Betracht zu ziehenden Strafgesetzes und des Rechtspuncts muß sich an die thatsächliche Feststellung anschließen*). Wo Richtercollegien erkennen, erfolgt die Berathung über das Urtel ohne Beisein anderer Personen, und wird dasselbe durch Stimmenmehrheit gefaßt**).

Das Urtel ist allemal mit den Gründen in öffentlicher Sitzung mündlich zu verkünden. Die schriftliche Abfassung der Gründe kann später erfolgen. Eine Vertagung zum Zwecke der Verkündung des Urtels soll nur stattfinden, wenn das Urtel mit den Gründen nach geschlossener Verhandlung auch nicht mündlich verkündet werden kann. Die Verkündung darf aber auch in diesem Falle nicht über acht Tage hinausgeschoben werden***).

Dem ausgebliebenen Angeklagten ist das Urtel in Ausfertigung zuzustellen, wenn das Strafurtel mehrere Angeklagte befaßt, so müssen so viele Ausfertigungen, als Angeklagte da sind, insinuirt werden, auch kann jeder Angeklagte auf besonderes Verlangen eine Abschrift des Urtels mit den Gründen erhalten†).

§. 41.

Verfahren vor der Gerichtsabtheilung.

Dem Obigen zufolge ist das Verfahren vor der Gerichtsabtheilung das regelmäßige Verfahren. Bei der Darstellung desselben werden wir uns hier auf wenige Bemerkungen beschränken können, da dasselbe sich meistens in den Formen bewegt, welche auf den allen drei Verfahrensarten gemeinsamen Vorschriften beruhen.

---

*) Ges. v. 3. Mai 1852. Art. 31. Verfügung v. 29. März 1855. J.-M.-Bl. S. 134. Materialien S. 429. G.-A. B. 4. S. 377. Entscheidungen des Ober-Tribunals B. 28. S. 368.

**) Verordn. v. 3. Jan. 1849. §. 57 u. 26.

***) Ges. v. 3. Mai 1852. Art. 32. Verordn. v. 3. Jan. 1849. §. 59.

†) Verordn. v. 3. Jan. 1849. §. 35. Ges. v. 3. Mai 1852. Art. 32. G.-A. B. 3. S. 677.

Was die Vorladung des Angeklagten betrifft, so wird derselbe unter Mittheilung einer Abschrift der Anklageschrift und des Eröffnungsbeschlusses schriftlich vorgeladen*). Diese schriftliche Verfügung muß die Thatsachen der ihm angeschuldigten Handlung angeben, und die Aufforderung enthalten, zur festgesetzten Stunde zu erscheinen und die zu seiner Vertheidigung dienenden Beweismittel mit zur Stelle zu bringen, oder solche dem Richter so zeitig vor dem Termin anzuzeigen, daß sie noch zu demselben herbeigeschafft werden können. Zugleich ist dem Angeklagten die Warnung zu stellen, daß im Falle seines Ausbleibens mit der Untersuchung und Entscheidung in contumaciam verfahren werden solle.

Ist der Angeklagte verhaftet, so wird ihm die Anklageschrift nebst dem Eröffnungsbeschlusse vorgelesen und er wird darüber vernommen, ob und welche Beweismittel zu seiner Vertheidigung er herbeigeschafft, insbesondere welche Zeugen er vorgeladen zu sehen verlangt. Kann der Angeklagte sich hierüber nicht auf der Stelle erklären, so ist ihm dazu eine angemessene Frist zu bestimmen**). Dies Verfahren findet auch dann statt, wenn der Angeklagte in einer anderen als der vorliegenden Sache verhaftet ist, oder wenn er im Arbeitshause, Polizei- oder Schuldarrest sich befindet***). Die Vorlesung der obgedachten Schriftstücke ist aber eine wesentliche Proceßvorschrift, deren Unterlassung Nichtigkeit zur Folge hat†). Dagegen hindert die in diesem Stadium des Verfahrens unterbliebene Anzeige der Beweismittel den Angeklagten nicht, solche noch im Audienztermin zu bezeichnen und auf deren Herbeischaffung zu dringen††).

Alle Zeugen und Sachverständige, welche der Staatsanwalt in Vorschlag gebracht hat, müssen vorgeladen werden und das Gericht ist nicht befugt, eine vom Staatsanwalt beantragte Zeugenvorladung abzulehnen†††). Dagegen werden die vom Angeklagten in Vorschlag gebrachten Zeugen nur vorgeladen, wenn das Gericht die Umstände, über welche die Abhörung beantragt ist, wesentlich findet. Auch steht es dem Gericht

---

*) Verordn. v. 3. Jan. 1849. §. 51 u. 32.

**) Verordn. v. 3. Jan. 1849. §. 49.

***) G.-A. B. 1. S. 65.

†) G.-A. B. 4. S. 814.

††) Ges. v. 3. Mai 1852. Art. 92.

†††) Verordn. v. 3. Jan. 1849. §. 25. G.-A. B. 1. S. 65. B. 2. S. 410.

frei, von mehreren vorgeschlagenen Entlastungszeugen nur Einige vorladen zu lassen, sofern es die Vernehmung Aller zur Aufklärung der Sache nicht für erforderlich hält*).

Hiervon ist dem Angeklagten so zeitig Nachricht zu geben, daß ihm selbst die Gestellung der übrigen Zeugen auf seine Kosten möglich bleibt**). Wenn die Vernehmung von Entlastungszeugen abgelehnt wird, so muß aus dem actenmäßigen Beschlusse erhellen, ob dies aus thatsächlichen oder aus Rechtsgründen geschehen ist***).

Wenn der Angeklagte oder ein Zeuge der deutschen Sprache nicht mächtig ist, so muß bei der Verhandlung ein besonderer namentlich auch von der Person des Gerichtsschreibers verschiedener Dollmetscher zugezogen werden†), dessen Anwesenheit aus dem Terminsprotocolle erhellen muß. Die Hauptverhandlung beginnt nach Vernehmung des Beschuldigten über seine Personalverhältnisse mit Verlesung der Anklageschrift durch den Staatsanwalt.

Dem schon früher ausgesprochenen Grundsatze gemäß, gebührt dem Vorsitzenden die Leitung der Verhandlung, sein Verhältniß zu den übrigen Mitgliedern des Collegiums bringt es aber mit sich, daß er bei allen Incidentpuncten, wo es sich um eine Entscheidung materiellen Inhalts handelt, wo z. B. die Befugnisse der Staatsanwaltschaft oder der Vertheidigung in Frage stehen, oder die Vereidung eines Zeugen bestritten wird, den Beschluß des Gerichtshofes einholt††).

Ueber die Verhandlung der Sache in Abwesenheit des Beschuldigten gelten folgende Bestimmungen: Die Einleitung des Contumacialverfahrens setzt in der Regel voraus, daß eine unter dem obigen Präjudiz ergangene Vorladung dem Angeschuldigten gehörig insinuirt ist. Verhafteten Angeklagten wird nun freilich dies Präjudiz nicht gestellt und gegen sie kann daher auch ohne diese vorgängige Androhung in contumaciam verfahren werden, wenn sie nach Vorlesung der Anklage und des Anklagebeschlusses, welche für sie die Vorladung vertritt, sich der Haft entziehen und in Folge dessen zur Hauptverhandlung nicht zugezogen wer-

*) Ges. v. 3. Mai 1852. Art. 26.

**) G.-A. B. 2. S. 246 u. 537.

***) G.-A. B. 2. S. 395. J.-M.-Bl. pro 1854. S. 263.

†) Ges. v. 3. Mai 1852. Art. 27. G.-A. B. 2. S. 104. B. 4. S. 222.

††) G.-A. B. 1. S. 532. B. 4. S. 532.

den können*). Meistens wird aber im letzteren Falle die vorgängige Wiederverhaftung unter einstweiliger Vertagung der Sache dem Contumacialverfahren vorzuziehen, und dieses nur einzuleiten sein, wenn jene unthunlich ist. Das Contumacialverfahren selbst unterscheidet sich nur durch die Abwesenheit des Angeklagten von dem gewöhnlichen Verfahren, durch welche zugleich das Auftreten eines Vertheidigers ausgeschlossen wird.

Außerdem kann unter Umständen noch ein Contumacialverfahren eingeleitet werden, wenn dem Angeklagten die Vorladung zur Hauptverhandlung entweder garnicht oder an seinem bekannten Aufenthaltsorte im Auslande nicht ohne erhebliche Schwierigkeiten auf die gesetzlich vorgeschriebene Weise zugestellt, oder wenn ihm die Anklage und der Eröffnungsbeschluß nicht den Gesetzen gemäß bekannt gemacht werden kann.

Gewöhnlich wird freilich in solchen Fällen, wenn auch die Verhaftung unausführbar erscheint, mit dem ferneren Verfahren inne gehalten, wodurch die Verhandlung gegen anwesende Mitangeklagte nicht ausgeschlossen wird**). Der Staatsanwaltschaft ist jedoch die Befugniß eingeräumt aus besonderen Gründen, deren Würdigung ihrem Ermessen anheimgegeben bleibt, die Einleitung des Contumacialverfahrens herbeizuführen. Von diesem Rechte wird dieselbe nur Gebrauch zu machen haben, wenn das Contumacialverfahren einen practischen Erfolg verspricht, alsdann aber erfolgt die Einleitung desselben mittelst öffentlicher Vorladung***).

Die öffentliche Vorladung muß enthalten:

1) Vor- und Zuname, Alter, Wohnort, Stand oder Gewerbe des Angeklagten, soweit sie bekannt sind,
2) die Bezeichnung der strafbaren Handlung, welche den Gegenstand der Anklage bildet, durch Aufnahme der Anklageformel in die Vorladung,
3) die Bekanntmachung des Audienztermins und die in der gewöhnlichen Vorladung enthaltene Aufforderung und Verwarnung†).

Diese Vorladung ist an dem Sitze des erkennenden Gerichts bis zum Termin öffentlich auszuhängen und in den öffentlichen Anzeiger des Amtsblatts, nach dem Ermessen des Gerichts auch in ein anderes inlän-

*) Ges. v. 3. Mai 1852. Art. 65. Verordn. v. 3. Jan. 1849. §. 56.
**) Ges. v. 3. Mai 1852. Art. 35, 36. Materialien S. 437.
***) Ges. v. 3. Mai 1852. Art. 46. G.-A. B. 1. S. 348.
†) Verordn. v. 3. Jan. 1849 §. 32.

disches Blatt dreimal einzurücken. Der Termin ist dergestalt anzuberaumen, daß von der letzten dieser Bekanntmachungen in den Blättern ab bis zum Termin eine Frist von mindestens einem Monat verstreicht*).

Hat demzufolge im Audienztermin das Contumacialverfahren durch Erhebung des Beweises stattgefunden, so wird eine Ausfertigung des Urtels, jedoch ohne Gründe durch öffentlichen Aushang an der Gerichtsstelle bekannt gemacht. Hat das Urtel 14 Tage lang ausgehangen, so wird die Zustellung desselben an den Angeklagten für gehörig bewirkt erachtet**).

Aus dem weiteren Verfahren vor der Gerichtsabtheilung ist hier nur noch zu erwähnen, daß die Vorträge des Staatsanwalts und des Vertheidigers, wo ein solcher aufgetreten, sich gleichzeitig über die Schuldfrage und die Anwendung des Gesetzes verbreiten. Beweisanträge, welche erst bei dem Plaidoyer gestellt werden, dürfen weder unbeachtet bleiben, noch als verspätet zurückgewiesen werden, sondern verpflichten zu materieller Beurtheilung und bei ablehnender Beschlußnahme zur Motivirung des Beschlusses***).

Was den Inhalt des Urtels betrifft, so muß dasselbe neben der eigentlichen thatsächlichen Feststellung der Bezeichnung des Strafgesetzes und der etwa erforderlichen Erörterung des Rechtspuncts, noch die Darlegung der Gründe enthalten auf denen die thatsächliche Feststellung beruht. In dieser Erörterung sind die Thatsachen und Beweismittel, auf Grund deren der Beweis des Thatbestandes für geführt oder für nicht geführt erachtet wird, die einzelnen Verdachtsgründe und Indicien, so wie die etwa vorhandenen factischen Entlastungsmomente in logischer und zweckmäßiger Ordnung anzugeben†), damit möglichst constire, welche Momente auf die Bildung der richterlichen Ueberzeugung eingewirkt haben.

Um in dieser Beziehung ein möglichst klares Bild zu geben, wird es erforderlich sein auch den Inhalt der einzelnen Beweismittel, des betreffenden Zeugnisses oder der betreffenden Urkunde anzuführen, und durch Anführung dieses Inhalts die gewonnene Ueberzeugung zu belegen. Daß

---

*) Ges. v. 3. Mai 1852. Art. 47.

**) Ges. v. 3. Mai 1852. Art. 49.

***) Ges. v. 3. Mai 1852. Art. 29. J.-M.-Bl. pro 1855. S. 198.

†) Ges. v. 3. Mai 1852. Art. 31. Verfügung v. 29. März 1853. J.-M.-Bl. S. 137. G.-A. B. 2. S. 622. Abhandl. von Voitus.

dabei der Strafrichter sich allemal genau nach dem Audienzprotocoll richte, kann von ihm nicht verlangt werden, da bei den im Audienztermin mündlich erhobenen Beweisen nur die vor ihm erfolgten Verhandlungen*) maaßgebend für ihn sind, und seine individuelle Auffassung der Beweise von der des Protocollführers abweichen kann, eine Berichtigung des Protocolls aber häufig unterbleibt. Wenn dagegen der Strafrichter sich im Erkenntniß auf Beweise bezieht, welche er im Audienztermin nicht selbst aufgenommen hat, sondern welche dort nur verlesen sind, bei denen also eine schriftliche Fixirung ihres Inhalts ein- für allemal stattgefunden hat, so ist er an den Wortinhalt dieser Beweise gebunden, und nur die daraus herzuleitenden Schlußfolgerungen sind seinem freien Ermessen anheimgegeben. Würde er hier bei Anführung des Inhalts im Erkenntnisse dasjenige was darin wörtlich steht, falsch wiedergeben, so würde er sich einer Actenwidrigkeit schuldig machen, welche in den vorausgesetzten Fällen wohl die Vernichtung des Verfahrens zur Folge haben dürfte, weil die Grundlage des Urtels dann als eine thatsächlich unrichtige sich darstellt**).

Die größte Sorgfalt ist bei Abfassung der Urtelsgründe erforderlich, weil an die Art, wie der erste Richter die Thatfrage festgestellt und begründet hat, das Bestehen der mündlichen Verhandlung überhaupt und der darin gefällten Entscheidung geknüpft ist.

Die Competenzfrage aus der Beschaffenheit der Sache kann im Hauptverfahren vor der Gerichtsabtheilung nur durch Erkenntniß entschieden werden. Aus dem Grunde, weil die That eine Gesetzesübertretung geringerer Art enthält, als derjenigen, welche der Competenz des Gerichts zunächst überwiesen ist, darf zwar nach eröffneter Untersuchung eine Incompetenzerklärung nicht mehr erfolgen, in diesem Falle soll vielmehr das Gericht in der Sache selbst entscheiden; findet das Gericht dagegen, daß die That, welche den Gegenstand der Verhandlung bildet, eine seine Competenz überschreitende strafbare Handlung darstellt, so muß es seine Incompetenz durch Erkenntniß aussprechen. In den Gründen desselben müssen die Thatsachen, welche den Gegenstand der Verhandlung bilden, so wie das Ergebniß der vorgebrachten Beweismittel insoweit aufgenommen werden, als sie auf die Competenz von Einfluß sind. Das Erkenntniß kann durch die gewöhnlichen Rechtsmittel angegriffen werden. Hat

*) Verordn. v. 3. Jan. 1849. §. 22.

**) G.-A. B. 5. S. 655.

dasselbe aber die Rechtskraft beschritten, so vertritt es die Stelle der vorläufigen Versetzung in den Anklagestand. Die Sache gelangt alsdann an den Anklagesenat wie in der Darstellung des Uebergangsverfahrens schon erwähnt worden*).

§. 42.

Verfahren vor dem Einzelrichter.

Das Verfahren vor dem Einzelrichter ist entweder ein gerichtliches Mandatsverfahren oder ein Verfahren mit mündlicher Verhandlung. Ersteres bildet die Regel und setzt, wie früher bemerkt worden, einen Strafantrag voraus. Die darauf ergangene Strafverfügung muß enthalten:

1) die Beschaffenheit der Uebertretung, so wie die Zeit und den Ort derselben,
2) die dafür angegebenen Beweise,
3) die Festsetzung der Strafe und des Kostenpuncts unter Anführung der Vorschrift, auf welche dieselbe sich gründet, und falls eine Geldbuße ausgesprochen ist, unter Bezeichnung der Kasse, an welche dieselbe gezahlt werden soll,
4) die Eröffnung, daß der Beschuldigte, wenn er sich durch die Strafverfügung beschwert finden sollte, innerhalb einer zehntägigen Frist von dem Tage nach der Zustellung der Verfügung angerechnet, seinen Einspruch dagegen bei dem Polizeirichter schriftlich oder zu Protocoll anzumelden, und die zu seiner Vertheidigung dienenden Beweismittel anzuzeigen habe, daß aber falls in dieser Frist ein Einspruch nicht eingehe, die Strafverfügung Rechtskraft erlangen und gegen ihn vollstreckt werden würde.

Die Strafverfügung wird dem Beschuldigten in beglaubigter Form zugestellt.

Ist die festgesetzte Strafe geringer oder von anderer Art als die beantragte, so wird die Strafverfügung zunächst dem Polizeianwalt mitgetheilt und erst dann dem Beschuldigten zugestellt, wenn der Polizeianwalt nicht innerhalb einer dreitägigen Frist die Einleitung des mündlichen Verfahrens beantragt.

---

*) Ges. v. 3. Mai 1852. Art. 6, 7. 8 u. 9. Materialien S. 343.

Die Straverfügung deutet bereits das weitere Verfahren an; wenn in der dort bezeichneten Frist ein Einspruch nicht erhoben wird, erlangt dieselbe die Kraft eines vollstreckbaren Urtels, wogegen ein weiteres Rechtsmittel nicht stattfindet*). Wird Einspruch erhoben, so tritt das mündliche Verfahren ein, ohne daß es der Einreichung einer Anklageschrift bedarf und ohne daß über die Eröffnung der Untersuchung Beschluß gefaßt wird. Beim Ausbleiben des Beschuldigten im Audienztermin wird der Einspruch für zurückgenommen erachtet, und ist daher durch Urtel zu verwerfen, ohne daß eine weitere Verhandlung stattfindet. Bei eintretender Hauptverhandlung kann der Polizeirichter auch auf eine andere Strafe erkennen als in der Strafverfügung festgesetzt war**).

Das Verfahren mit mündlicher Verhandlung setzt, wie ebenfalls schon erwähnt worden, gewöhnlich eine schriftliche Anklage und einen Eröffnungsbeschluß voraus, und gestattet nur ausnahmsweise die mündliche Anbringung der Anklage, auch tritt die bloße Bezugnahme auf den schriftlichen Strafantrag an die Stelle der Anklage und des Beschlusses, wenn die Strafverfügung abgelehnt oder derselben vom Polizeianwalt wegen Abweichung von seinem Strafantrage keine Folge gegeben, oder der Einspruch des Beschuldigten zur Hauptverhandlung führt. Die Vorladung des Beschuldigten zur Hauptverhandlung hat hier den nämlichen Inhalt wie im Verfahren vor der Gerichtsabtheilung. Bei Vorladung der Belastungszeugen hat der Polizeirichter hier die nämlichen Befugnisse, welche sonst dem Gericht nur hinsichtlich der Entlastungszeugen zustehen, ihre Vorladung erfolgt nämlich nur dann, wenn der Richter die Thatsachen welche sie bekunden sollen für erheblich hält, auch kann er ihre Zahl beschränken. Im Audienztermin hat der Polizeianwalt allemal die Anklage, auch wenn sie schriftlich eingereicht wird, mündlich vorzutragen. Für das Contumacialverfahren gelten hier die nämlichen Bestimmungen, wie im Verfahren vor der Gerichtsabtheilung, nur muß für die Einleitung des Contumacialverfahrens mit öffentlicher Vorladung der Polizeianwalt die Genehmigung des Ober-Staatsanwalts einholen. Der Zuziehung eines

*) Die Statthaftigkeit der Wiedereinsetzung in den vorigen Stand gegen den Ablauf präclusivischer Fristen wird dadurch nicht ausgeschlossen, weil diese kein eigentliches Rechtsmittel ist. Ges. v. 3. Mai 1852. Art. 125.

**) Ges. v. 3. Mai 1852. Art. 125, 126 u. 127. Instruction für die Polizeianwälte v. 24. November 1852. Materialien S. 169 u. 661.

besonderen Dollmetschers bedarf es hier nicht wenn der Richter oder der Protocollführer der fremden Sprache mächtig ist. Ueberschreitet die Strafbarkeit der That die Competenz des Polizeirichters, so hat er in gleicher Weise wie die Gerichtsabtheilung seine Incompetenz durch Erkenntniß auszusprechen. Auch dies Erkenntniß ist durch die gewöhnlichen Rechtsmittel anfechtbar. Hat dasselbe die Rechtskraft beschritten, so devolvirt es die Entscheidung auf die Gerichtsabtheilung, und hebt das ganze vor dem Polizeirichter stattgehabte Verfahren einschließlich des Einleitungsbeschlusses auf. Es bedarf daher einer neuen Anklage Seitens des Staatsanwalts, der jedoch zur Erhebung derselben nicht gezwungen werden kann, und daher nicht behindert ist von Verfolgung der Sache Abstand zu nehmen, wenn er z. B. den Beschuldigten nicht für hinreichend beschwert erachtet. Ebenso bleibt auch der Gerichtsabtheilung unbenommen die Anklage aus jedem anderen Grunde als dem, daß die Sache zur Competenz des Polizeirichters gehöre, zurückzuweisen.

Das Urtel nebst Motiven ist in diesem Verfahren vom Polizeirichter im Wesentlichen ebenso wie von der Gerichtsabtheilung abzufassen*).

§. 43.

Das Verfahren vor dem Schwurgerichte.

Das Schwurgericht tritt nur periodisch zusammen. Es werden daher, wie schon früher erwähnt, außerhalb der Sitzungsperiode desselben alle Functionen des Schwurgerichtshofes von dem Gerichte versehen, bei welchem das Schwurgericht abgehalten wird. Rein proceßleitende Verfügungen erläßt in Vertretung des Schwurgerichtspräsidenten, so lange dieser noch nicht ernannt, oder falls er behindert ist, der betreffende Kreis-Gerichts-Director, aber auch zu einem Collegialbeschlusse bedarf es nur der Mitwirkung von drei Richtern. Alle der Sitzungsperiode voraufgehende Beschlüsse von materieller Bedeutung haben regelmäßig nur einen provisorischen Character, wie die Zurückweisung des Antrags auf Vorladung von Entlastungszeugen, wo es dem Angeklagten freisteht hierüber

*) Verordn. v. 3. Jan. 1849. §. 30, 31, 32, 33, 34, 35, 37. Instruction §. 31. Ges. v. 3. Mai 1852. Art. 27. Art. 7, 8 u. 9. cf. auch: Das polizeigerichtliche Verfahren, von Schneider. Breslau 1853.

noch den Beschluß des Schwurgerichtshofes selbst zu verlangen*). Ebenso hat das stellvertretende Gericht auch nach Beendigung der Schwurgerichtsperiode Alles dasjenige zu besorgen, was gesetzlich zum Ressort des in erster Instanz erkennenden Gerichts gehört, ihm liegt sowohl die Vollstreckung der Strafe als die Berichterstattung über etwanige Begnadigungsgesuche, die Einziehung der Kosten, die Aufbewahrung der Acten u. s. w. ob. Zu den vorbereitenden Anordnungen gehört zuvörderst die Festsetzung der Periode zur Abhaltung der Schwurgerichtssitzungen, wofür gewöhnlich die Genehmigung des Apellationsgerichts eingeholt wird. Sobald die Sitzungsperiode feststeht, ernennt der erste Präsident des Appellationsgerichts den Assisenpräsidenten. Dem Appellationsgericht steht auch die Befugniß zu auf Antrag der Staatsanwaltschaft die Abhaltung des Schwurgerichts einem anderen Gerichte zu übertragen als dem gesetzlich competenten, in allen Fällen, wo erhebliche Gründe dazu vorliegen. Diese Befugniß gebührt dem Appellationsgericht nicht bloß bei Versetzung in den Anklagestand, sondern selbst während der Hauptverhandlung vor dem competenten Schwurgericht**). Wenn innerhalb des nämlichen Appellationsgerichtsbezirks ein anderes passendes Gericht nicht vorhanden ist, so erfolgt die Bestimmung des anderen Gerichts durch das Obertribunal, die Beschlußnahme darüber ob aus Gründen der öffentlichen Ordnung oder aus anderen Gründen die Verhandlung der Sache dem zuständigen Gerichte zu entziehen, erfolgt aber auch in diesem Falle durch das Appellationsgericht***).

Die Ladung der ausgewählten 30 Geschworenen auf den zur Eröffnung der Sitzung festgesetzten Tag geht auch von dem Gerichte aus, bei dem das Schwurgericht abgehalten wird. Das Gericht entscheidet auch schon vor Eröffnung der Sitzungsperiode so weit thunlich nach Anhörung der Staatsanwaltschaft über etwanige Entlassungs- und Beurlaubungsgesuche der vorgeladenen Geschworenen. Die Gesuche und Entscheidungen sind demnächst bei Eröffnung des Schwurgerichts in öffentlicher Sitzung

---

*) Ges. v. 3. Mai 1852. Art. 53 u. 54. Materialien S. 506. G.-A. B. 2. S. 661.

**) Verordn. v. 3. Jan. 1849. §. 69. Ges. v. 3. Mai 1852. Art. 59. Materialien S. 516. Verfügung v. 27. Febr. 1851. J.-M.-Bl. S. 66. G.-A. B. 5. S. 659.

***) Ges. v. 26. April 1851. Art. 5. N. 2a.

bekannt zu machen. An die Stelle der entlassenen Geschworenen sind, falls dies noch vor Eröffnung der Sitzungsperiode geschehen kann, aus dem vom Regierungspräsidenten eingesandten Verzeichnisse von 48 Personen durch den Vorsitzenden des Schwurgerichts andere Geschworene auf die Dienstliste zu bringen und einzuberufen. Die vom Kreisgericht bereits erledigten Dispensationsgesuche hat der Schwurgerichtshof nur dann einer abermaligen Prüfung zu unterwerfen, wenn wirklich neue Gründe geltend gemacht werden.

Ueber die bei Eröffnung der Sitzungsperiode noch unerledigten Entlassungs- und Beurlaubungsgesuche entscheidet der Schwurgerichtshof nach Vernehmung des Staatsanwalts in öffentlicher Sitzung. Geschworene welche ohne genügend befundene Entschuldigung nicht erscheinen oder sich entfernen, werden nachdem sie verantwortlich gehört worden in eine Geldstrafe bis zu 100 Thaler, im Wiederholungsfalle in eine Geldstrafe bis zu 200 Thaler genommen und es findet gegen eine solche Strafverfügung nur innerhalb einer 10tägigen präclusivischen Frist die Beschwerde statt. Nach Beendigung der Sitzungsperiode entscheidet auch hierüber in Vertretung des Schwurgerichtshofes das Gericht bei dem das Schwurgericht abgehalten wird*).

Sind beim Beginne der Verhandlung einer Sache in Folge des Nichterscheinens einzelner Geschworenen, oder der ihnen ertheilten Entlassung oder Beurlaubung weniger als 24 Geschworene vorhanden, so wird von dem Vorsitzenden die Zahl der Geschworenen aus der Ergänzungsliste durch das Loos auf 30 ergänzt. Die Ergänzungsgeschworenen müssen der Ladung des Vorsitzenden unverzüglich Folge leisten. Sie werden für alle noch zu erledigenden Sachen gezogen. Bei ihrer Ausloosung ist die Zuziehung des Angeklagten nicht erforderlich. Zur Bildung des Schwurgerichts für die einzelnen Sachen genügt es, daß unter Mitzählung der Ergänzungsgeschworenen 24 Geschworene anwesend sind. Erscheinen später wieder so viele der auf der Dienstliste befindlichen Geschworenen, daß mehr als 30 anwesend sind, so treten von den Ergänzungsgeschworenen und zwar in umgekehrter Reihenfolge, in welcher sie gezogen sind, so viele zurück, daß überhaupt nur die Zahl von 30 Geschworenen übrig bleibt. Die Zurücktretenden kommen für alle folgenden Sachen außer

---

*) Art. 60. Ges. v. 3. Mai 1852. Verordn. v. 3. Jan. 1849. §. 71 u. 72. G.-A. B. 3. S. 540. B. 1. S. 531.

Thätigkeit*). Die einzelnen Audienztermine werden vom Vorsitzenden des Schwurgerichts bestimmt.

Die Vorladung des nicht verhafteten Angeklagten unterscheidet sich von der Vorladung desselben im Verfahren vor der Gerichtsabtheilung durch die hinzugefügte Warnung, welche hier dahin lautet, daß im Falle seines Ausbleibens angenommen werden würde, er gestehe die in der Anklage behaupteten Thatsachen zu. Zwischen der Behändigung der Vorladung und dem Termine muß eine Frist von mindestens 8 Tagen liegen, es sei denn, daß der Angeklagte selbst auf diese Frist verzichtet. Dieser Verzicht kann auch stillschweigend dadurch geschehen, daß der Beschuldigte ohne Widerspruch auf die mündliche Verhandlung sich einläßt. Die achttägige Frist gilt für Verhaftete nicht, sie werden vielmehr nach den vor der Gerichtsabtheilung geltenden Vorschriften von dem Termin in Kenntniß gesetzt**). Auf diese Vorschriften kann auch hinsichtlich der Vorladung von Zeugen und Sachverständigen und der Zuziehung eines Dollmetschers lediglich verwiesen werden.

Um etwanige Unterbrechungen der Verhandlung zu vermeiden kann, wie schon früher erwähnt worden, gleich beim Beginn derselben der Schwurgerichtshof einen Ergänzungsrichter zuziehen, welcher den Verhandlungen beizuwohnen und im Behinderungsfalle eines Mitgliedes des Gerichtshofes einzutreten hat. Ist ein solcher Ergänzungsrichter bestellt, und es tritt während der Sitzung eine Behinderung des Vorsitzenden ein, so kann die Vertagung der Sache dadurch umgangen werden, daß der Vorsitzende durch den dem Dienstalter nach ältesten der beisitzenden Richter vertreten wird***). Ergänzungsrichter können auch den Berathungen des Gerichtshofes vor dem Falle ihres Eintritts in denselben beiwohnen*).

Ein Contumacialverfahren findet nur vor dem Schwurgerichtshofe unter Ausschließung der Mitwirkung der Geschworenen statt. Die Voraussetzungen sind hier die nämlichen, wie vor der Gerichtsabtheilung, entweder ist der nicht verhaftete gehörig vorgeladene Angeklagte ohne Grund ausgeblieben, oder der verhaftete Angeklagte hat sich nach Mittheilung der Anklage und des Anklagebeschlusses der Haft entzogen, oder er ist,

---

*) Verordn. v. 3. Jan. 1849. §. 73 u. 74. Ges. v. 3. Mai 1852. Art. 58 u. 61.

**) Verordn. v. 3. Jan. 1849. §. 79. Ges. v. 3. Mai 1852. Art. 64.

***) Ges. v. 3. Mai 1852. Art. 54.

†) G.-A. B. 3. S. 240.

weil ihm die Vorladung nicht insinuirt werden konnte, öffentlich vorgeladen und nicht erschienen. Ob es unter diesen Voraussetzungen im einzelnen Falle zum Contumacialverfahren kommt, hängt freilich auch hier wie vor der Gerichtsabtheilung von Zweckmäßigkeitsrücksichten ab. Die Einleitung des Contumacialverfahrens mittelst öffentlicher Vorladung ist dem Ermessen der Staatsanwaltschaft anheimgestellt. In den übrigen Fällen kann auch der Gerichtshof selbstständig eine Vertagung eintreten lassen, um aber das Ausbleiben vorgeladener Angeklagter möglichst zu vermeiden, soll wo nicht besondere Gründe entgegenstehen, kurz vor dem Termine eine Verhaftung der Angeklagten erfolgen*).

Wo das Contumacialverfahren stattfindet, sind aber die Wirkungen desselben von denen vor der Gerichtsabtheilung sehr verschieden. In der schriftlichen wie in der öffentlichen Vorladung ist die Warnung enthalten, daß beim Ausbleiben die unter Anklage gestellte That für zugestanden angenommen werde und von dieser Annahme wird auch da ausgegangen, wo dem verhafteten Angeklagten Anklage und Anklagebeschluß vorgelesen sind, und er demnächst ohne daß das betreffende Präjudiz ihm gestellt ist, der Haft sich entzogen hat. Der in contumaciam erkennende Gerichtshof prüft lediglich die Förmlichkeiten der Vorladung oder die derselben gleichgestellten Formalien nach Verlesung der Anklageschrift. Ist das beobachtete formelle Verfahren den gesetzlichen Vorschriften nicht entsprechend, so wird die Ergänzung oder Wiederholung desselben verordnet, andrenfalls wird auf Grund des fingirten Geständnisses das Urtel abgefaßt. Die Feststellung mildernder Umstände wird auch im schwurgerichtlichen Contumacialverfahren für zulässig gehalten**). Ist auf Strafe erkannt und gestellt sich der Angeklagte nicht innerhalb 10 Tage nach erfolgter Zustellung des Urtels mittelst öffentlichen Aushanges, so wird das Urtel so weit es geschehen kann vollstreckt***). Sobald aber später zu irgend einer Zeit der Angeklagte sich gestellt oder zur Haft gebracht wird, muß allemal zur Hauptverhandlung vor dem Schwurgericht und zur Fällung des Urtels in gewöhnlicher Weise geschritten werden.

Das Contumacialerkenntniß tritt dann mit Ausnahme des Kostenpuncts von Rechtswegen außer Kraft, die begonnene Vollstreckung wird

*) Ges. v. 3. Mai 1852. Art. 65, 35 u. 66. G.-A. B. 1. S. 36. B. 2. S. 85.

**) Ges. v. 3. Mai 1852. Art. 39 u. 65. G.-A. B. 1. S. 683 u. 350.

***) Ges. v. 3. Mai 1852. Art. 41 u. 43.

gehemmt, die Strafe so weit sie bereits vollzogen in dem neuen Strafurtel in Anrechnung gebracht, und bei demnächst erfolgender Freisprechung oder Verurtheilung zu einer anderen Strafart muß die bereits aufgeführte Vollstreckung der vorher erkannten Strafe, so weit es möglich ist, rückgängig gemacht werden*).

Das schwurgerichtliche Contumacialerkenntniß beruht hiernach nicht auf dem Ergebnisse einer in der Hauptverhandlung erfolgten Beweisaufnahme, sondern auf der rechtlichen Präsumtion, daß der nicht erschienene Angeklagte der ihm zur Last gelegten That geständig sei. Es ist daher vollkommen gerechtfertigt, daß dies Erkenntniß bei Gestellung des Angeklagten außer Wirksamkeit tritt, fraglicher könnte es nach den bisherigen practischen Erfahrungen erscheinen, ob nicht dasselbe ganz zu entbehren sei, da vor dem Schwurgericht nur sehr selten vom Contumacialverfahren Gebrauch gemacht wird, und dasselbe einen practischen Nutzen nur insofern gewähren kann, als für eine etwa zu erkennende Geldstrafe das zurückgebliebene Vermögen des Angeklagten haftet.

Wo eine öffentliche Vorladung erlassen wird, unterscheidet sie sich von der im §. 41. erwähnten nur dadurch, daß sie die Aufforderung an den Angeklagten enthält, binnen einer angemessenen Frist, welche auf mindestens einen Monat festzusetzen ist, vor dem Untersuchungsrichter des Gerichts, wo das Schwurgericht zusammentritt, zu erscheinen und sich wegen der ihm zur Last gelegten That zu verantworten, widrigenfalls dieselbe für zugestanden angenommen, und gegen ihn weiter nach den Gesetzen verfahren werden würde. Diese Vorladung ist an dem Sitze des Gerichts, wo die Voruntersuchung geführt worden, so wie am Sitze des Schwurgerichts bis zum Beginn der Sitzungsperiode, in welcher die Hauptverhandlung stattfindet, öffentlich an der Gerichtsstelle auszuhängen und in den öffentlichen Anzeiger des Amtsblattes, nach dem Ermessen des Gerichts auch in ein anderes inländisches Blatt dreimal einzurücken. Von dem Tage, an welchem die letzte dieser Bekanntmachungen in den Blättern geschehen ist, läuft die obgedachte Gestellungsfrist**).

Ist der Angeklagte im Audienztermin erschienen, so darf er von dem Zeitpuncte an, wo der Aufruf der Geschworenen zur Bildung des Schwur-

*) Ges. v. 3. Mai 1852. Art. 44 u. 45. G.-A. B. 1. S. 33. Materialien S. 94 u. 437.

**) Ges. v. 3. Mai 1852. Art. 37 u. 38.

gerichts in seiner Sache beginnt, bis zur Verkündung des Urtels den Sitzungssaal ohne Erlaubniß des Vorsitzenden nicht verlassen und dieser hat wie im Verfahren vor der Gerichtsabtheilung die geeigneten Vorkehrungen zu treffen, um seine Anwesenheit zu sichern. Der nicht verhaftete Angeklagte ist berechtigt am Tage vor der Verhandlung und bis zum Beginne derselben die Liste der einberufenen Geschworenen an der Gerichtsstelle einzusehen, oder eine Abschrift der Liste daselbst in Empfang zu nehmen. Dem verhafteten Angeklagten muß die Dienstliste am Tage vor der Verhandlung zugestellt werden. In Bezug auf die Liste der Ergänzungsgeschworenen kann er ein gleiches Recht nicht beanspruchen, die Namen der einberufenen Ergänzungsgeschworenen müssen dem Angeklagten aber vor Bildung des Schwurgerichts mitgetheilt werden, wenn er bei deren Ausloosung nicht zugegen war. Das Gesetz will hierdurch den Angeklagten in den Stand gesetzt wissen das Recusationsrecht mit gehöriger Ueberlegung auszuüben. Falls er durch die unterbliebene Mittheilung hierin beeinträchtigt worden und diesen Einwand sofort im Termin rügt, tritt sogar eine Nichtigkeit des Verfahrens ein*), weil ein wesentliches Recht der Vertheidigung verletzt worden. Dies ist insonderheit auch dann der Fall, wenn infolge von nachträglichen Dispensationen und Einberufung anderer Geschworener die mitgetheilte Dienstliste unrichtig war. Dem Staatsanwalte wird die Dienstliste vor Eröffnung der Sitzungsperiode in Abschrift mitgetheilt**).

Die Bildung des Schwurgerichts für jede Sache erfolgt an dem Tage an welchem sie verhandelt werden soll, in öffentlicher Sitzung. Der Vorsitzende, der Gerichtsschreiber und der Staatsanwalt müssen allemal zugegen sein, die übrigen Mitglieder des Gerichtshofes müssen nur zugezogen werden, wenn sich Streitigkeiten über die Bildung des Schwurgerichts erheben**). Wenn an demselben Tage mehrere Sachen zur Verhandlung stehen, so kann die Bildung des Schwurgerichts für alle diese Sachen vor Beginn der Verhandlung der ersten erfolgen. Das für eine Sache gebildete Schwurgericht verbleibt, wenn die Staatsanwaltschaft und der Angeklagte sich damit einverstanden erklären, auch für die folgenden

---

*) Verordn. v. 3. Jan. 1849. §. 82. Ges. v. 3. Mai 1852. Art 67. G.-A. B. 3. S. 662. B. 4. S. 665. B. 5. S. 343.

**) Verfügung v. 13. Mai 1850. J.-M.-Bl. S. 128.

***) Verordn. v. 3. Jan. 1849. §. 83 u. 84.

an demselben Tage zur Verhandlung anstehenden Sachen. Hiernach kommt es allerdings nur auf die Erklärung des Angeklagten selbst an, um ihm jedoch die Möglichkeit zu gewähren sich auch hierüber mit seinem Vertheidiger zu berathen, pflegt auch diesem von der Terminsstunde, in welcher die betreffende Erklärung seines Clienten abgegeben werden soll, Kenntniß gegeben zu werden. Verzögert sich der Anfang der Verhandlung einer Sache dergestalt, daß sie erst am vierten oder einem noch späteren Tage nach demjenigen beginnt, an dem das Schwurgericht gebildet worden war, so muß zur Bildung eines neuen Schwurgerichts geschritten werden. Auch darf eine unterbrochene Verhandlung vor Geschworenen nach Ablauf von mehreren Tagen vor denselben Geschworenen nicht mehr fortgesetzt werden*).

Die Bildung des Schwurgerichts beginnt in Gegenwart des Angeklagten mit dem Aufruf der Geschworenen durch den Gerichtsschreiber**). Die Namen sämmtlicher nicht beurlaubten Geschworenen müssen bei Strafe der Nichtigkeit aufgerufen werden, weil es nicht nur für die Entscheidung der Sache sehr erheblich ist, aus welchen Personen das Schwurgericht gebildet werden kann, sondern auch die Zahl der Ablehnungen von der Zahl der anwesenden Geschworenen abhängig ist***). Die Namen der anwesenden Geschworenen werden in eine Urne gelegt, aus welcher sie durch den Vorsitzenden ausgeloost werden. Sobald ein Name gezogen ist, erklärt zuerst der Staatsanwalt und demnächst der Angeklagte durch die Aeußerung: Angenommen oder Abgelehnt, ob er den Geschworenen annehme oder ablehne. Verweigert der Angeklagte die Erklärung, so ist er zu belehren, daß alle gezogenen Namen ihm gegenüber als angenommen anzusehen seien. Der Angeklagte kann die Ausübung des Ablehnungsrechts auch seinem Vertheidiger übertragen †). Die Ablehnung oder deren Zurücknahme ist nicht mehr zulässig, wenn ein fernerer Name aus der Urne gezogen ist. Das Schwurgericht für den einzelnen Fall ist gebildet, sobald die Namen von 12 nicht abgelehnten Geschworenen aus der Urne gezogen sind. Die Mitwirkung eines abgelehnten Geschworenen ist unzulässig, auch wenn die Betheiligten darein willigen, weil die Zurück-

---

*) Ges. v. 3. Mai 1852. Art. 68. G.-A. B. 1. S. 37 u. 193. B. 2. S. 798.

**) Verordn. v. 3. Jan. 1849. §. 83.

***) G.-A. B. 4. S. 203.

†) Verordn. v. 3. Jan. 1849. §. 85 u. 86.

nahme der Ablehnung gesetzlich untersagt ist. Im Ganzen sind nur so viel Ablehnungen zulässig, als Geschworene über 12 anwesend sind. Die Angabe von Gründen für die Ablehnung ist unstatthaft. Die Hälfte der Gesammtzahl der Ablehnungen steht dem Staatsanwalt, die andere Hälfte dem Angeklagten zu, bei ungerader Gesammtzahl hat der Staatsanwalt eine Ablehnung weniger als der Angeklagte. Mehrere Angeklagte in ein und derselben Sache haben sich über die gemeinschaftliche Ausübung des Ablehnungsrechts zu verständigen. Kommt unter ihnen eine Einigung nicht zu Stande, so entscheidet das Loos über die ungleiche Zahl und die Reihenfolge der Ablehnungen. Das Schwurgericht für die einzelne Sache muß aus 12 Personen bei Strafe der Nichtigkeit bestehen*). Wenn eine weitläuftige Verhandlung vorherzusehen ist, kann der Vorsitzende vor Beginn der Ziehung aus der Zahl der auf der Dienstliste befindlichen Geschworenen die Ziehung eines oder zweier Ersatzgeschworenen veranlassen, wodurch die Gesammtzahl der zulässigen Ablehnungen um die Zahl der Ersatzgeschworenen vermindert wird. Die Ersatzgeschworenen haben der Verhandlung beizuwohnen, müssen jedoch bis zu ihrem Eintritte von den Hauptgeschworenen getrennt bleiben und dürfen vor demselben namentlich auch den Berathungen der Geschworenen nicht beiwohnen. Der Eintritt des Ersatzgeschworenen darf nur bei objectiver Behinderung eines Hauptgeschworenen erfolgen, niemals wegen eines bloß subjectiven Bedenkens oder einer Abneigung des Hauptgeschworenen die ihm obliegenden Pflichten zu erfüllen. Ist kein Ersatzgeschworener ausgeloost, so muß im Erkrankungsfalle eines Geschworenen nach seiner Ausloosung zur Bildung eines neuen Schwurgerichts geschritten werden, vor dem die schon stattgefundenen Verhandlungen zu wiederholen sind**). Die Mitglieder des gebildeten Schwurgerichts nehmen in der durch das Loos bestimmten Ordnung ihre Sitze ein, und werden vom Vorsitzenden mit nachstehenden Worten vereidet:

„Sie schwören bei Gott dem Allmächtigen und Allwissenden in der Anklagesache wider N. die Pflichten eines Geschworenen standhaft zu erfüllen und Ihre Stimme nach besten Wissen und Gewissen abzugeben,

---

*) Verordn. v. 3. Jan. 1849. §. 86, 87, 90, 91, 92, 93. Ges. v. 3. Mai 1852. Art. 69 u. 70. G.-A. B. 2. S. 86. B. 4. S. 205.

**) Ges. v. 3. Mai 1852. Art. 71 u. 72. G.-A. B. 2. S. 396. B. 1. S. 351. J.-M.-Bl. pro 1851. S. 70. G.-A. B. 1. S. 531.

Niemandem zu Liebe, noch zu Leide, wie es einem freien und rechtschaffenen Manne geziemt, getreulich und ohne Gefährde.«

Die Geschworenen leisten diesen Eid, indem sie unter Erhebung der rechten Hand Einer nach dem Anderen die Worte aussprechen: »Ich schwöre es so wahr mir Gott helfe.«

Man hat der Vereidung der ausgeloosten Geschworenen zu jeder einzelnen Sache den Vorzug gegeben vor der Vereidung sämmtlicher Geschworenen bei Beginn der Sitzungsperiode für alle in derselben vorkommenden Sachen um dem Berufe der Geschworenen nicht den Stempel eines ständigen Amtes aufzudrücken. Mitglieder von Religionsgesellschaften, denen das Gesetz den Gebrauch gewisser Betheuerungsformeln an Stelle des Eides gestattet, wie dies namentlich bei den Mennoniten der Fall ist, können sich statt der Eidesworte jener Betheuerungsformeln bedienen. Hiervon abgesehen ist die obige Eidesformel für alle Geschworene ohne Unterschied der Religion mithin auch für Juden vorgeschrieben. Hat in einer Sache ein nicht gesetzlich vereideter Geschworener mitgewirkt, so sind die Verhandlungen nichtig*). Dasselbe ist der Fall wenn Jemand als Geschworener mitgewirkt hat, welcher nicht in der Urliste und in der Jahresliste derjenigen Personen, welche zu Geschworenen berufen werden können, eingetragen ist**), ferner wenn ein Geschworener die Eigenschaft eines Preußen nicht besitzt oder sich nicht im Vollgenuß der bürgerlichen Ehre befindet, wenn endlich ein Geschworener in einer Sache fungirt, in welcher er als Zeuge, Dollmetscher, Sachverständiger oder Polizeibeamte thätig gewesen, oder sonst nach allgemeinen gesetzlichen Vorschriften als Richter nicht würde mitwirken können, d. h. wenn er entweder ein Interesse am Ausfalle des Processes hat, oder mit dem Angeklagten in auf- und absteigender Linie oder noch im vierten Grad der Seitenlinie verwandt oder verschwägert ist, auch wenn er dem Angeklagten Rath ertheilt oder mit ihm in offenbarer Feindschaft lebt***). Eine diesen Vorschriften entnommene Vorhaltung pflegt, wiewohl sie nicht absolut nothwendig ist, den Geschworenen vor Bildung des Schwurgerichts in der speciellen Sache

*) Verordn. v. 3. Jan. 1849. §. 96. Ges. v. 3. Mai 1852. Art. 73. Materialien S. 534. G.-A. B. 5. S. 61.

**) Verordn. v. 3. Jan. 1849. §. 68.

***) Ges. v. 3. Mai 1852. Art. 56. Verordn. v. 3. Jan. 1849. §. 95. Allg. G.-O. Th. I. Tit. 2. §. 143. Allg. L.-R. T. II. Tit. 18. §. 145 u. 146.

vom Vorsitzenden gemacht zu werden, um eine Nichtigkeit des Verfahrens zu vermeiden, und die Geschworenen selbst zur Anzeige solcher Mängel zu veranlassen*). Wie aber von einer Selbstanzeige abgesehen die erwähnten Mängel anzuregen und festzustellen sind, hat unsere Gesetzgebung nicht entschieden. Die Perhorrescenz nur im Wege der Recusation zu bewirken dürfte nicht genügen, da die Zahl der zulässigen Ablehnungen geringer sein kann, als die Zahl derjenigen Geschworenen gegen welche der Einwand der Unfähigkeit erhoben werden soll. Da es sich hier um bestimmte Mängel des Verfahrens handelt, welche eine Nichtigkeit bewirken, so ist der Richter berufen dieselben von Amtswegen zu rügen und muß auch eine desfällige Rüge von Seiten des Staatsanwalts und des Angeklagten berücksichtigen. Mit der bloßen Versicherung des betreffenden Geschworenen, daß bei ihm dieses Hinderniß nicht bestehe, kann der Richter sich auch nicht immer begnügen, andrerseits ist eine rasche Erledigung des erhobenen Einwands dringend geboten, und man wird daher eine Beweisaufnahme nur durch sofort producirte Beweismittel zulassen können**). Die Verwandtschaft eines der mitwirkenden Geschworenen mit dem Beschädigten ist kein Nichtigkeitsgrund, weil der Beschädigte im Strafverfahren nicht als Parthei anzusehen ist***); aus gleichem Grunde steht dem Geschworenen die Verwandtschaft mit dem Staatsanwalt nicht entgegen, auch schadet die Verwandtschaft der Geschworenen unter einander und mit den Zeugen so wie mit Mitgliedern des Gerichtshofes nicht†). Außer den hier erwähnten Mängeln können andere gesetzliche Hindernisse für die Ausübung des Geschworenenamts vor den Gerichten nicht geltend gemacht werden. Wem ein solches Hinderniß entgegensteht††), soll schon in die Urlisten nicht aufgenommen werden, ist dies doch geschehen so kann gegen die ausgelegten Urlisten wegen mangelnder Berücksichtigung des Befreiungsgrundes im Verwaltungswege reclamirt werden, eine gerichtliche Erörterung über dergleichen Fragen hat man eben abschneiden wollen, und deshalb kann gegen die einmal festgestellte Urliste und die daraus gebildete Jahres- und Dienstliste vor Gericht kein Einwand mehr erhoben werden.

---

*) G.-A. B. 3. S. 392.

**) G.-A. B. 1. S. 192. B. 3. S. 782. Abhandl. von Tippelskirch.

***) G.-A. B. 1. S. 189.

†) G.-A. B. 2. S. 233, 530 u. 796.

††) Verordn. v. 3. Jan. 1849. §. 62. 63. Ges. v. 3. Mai 1852. Art. 55.

Stellen sich dort Thatsachen heraus, welche eine Erörterung darüber, ob nicht die Urliste einer Berichtigung unterliegen müsse, als wünschenswerth erscheinen lassen, so sind dieselben dem Regierungspräsidenten zur Prüfung und geeigneten Berücksichtigung bei Aufstellung der ferneren Listen mitzutheilen *).

Nach Vereidung der Geschworenen beginnt die Verhandlung der Sache selbst mit der Verlesung des Anklagebeschlusses und der Anklageschrift durch den Gerichtsschreiber. Den Geschworenen darf weder eine Abschrift der Anklage noch ein Auszug aus derselben mitgetheilt werden, ebensowenig darf ihnen eine Darstellung aus den Untersuchungsacten überreicht werden, es würden ihnen dadurch andere Quellen der Erkenntniß und der Ueberzeugung eröffnet werden als die mündliche Verhandlung, und das Princip der Mündlichkeit würde verletzt werden. Dagegen kann die Mittheilung von Zeichnungen zur Veranschaulichung des Orts der That, wenn sie zur Aufklärung des Sachverhältnisses als dienlich erscheinen, im Allgemeinen nicht für unzulässig erachtet werden. Es ist aber freilich in solchen Fällen vom Gerichtshofe zunächst festzustellen, ob der bezeichnete Zweck in der That dadurch befördert wird und ob die betreffende Zeichnung thatsächlich richtig ist, so daß insbesondere, wenn der Vertheidiger einseitig eine solche überreicht, vorerst über die Richtigkeit derselben verhandelt und entschieden werden muß, damit nicht die unbefangene Beurtheilung der Sache durch unzeitige oder unrichtige Darstellungen gefährdet werde**).

Ob aber in der anhängigen Sache die Mitwirkung der Geschworenen wirklich Platz greifen soll, geht erst aus der Vernehmung des Angeklagten hervor, denn wenn derselbe ein ausreichendes Schuldbekenntniß ablegt, wird ohne Zuziehung der Geschworenen vom Gerichtshofe erkannt. Daher soll der Vorsitzende nach Verlesung der Anklageschrift zuvörderst an den Angeklagten die allgemeine Frage richten, ob er sich der unter Anklage gestellten That schuldig bekenne. Verneint er diese Frage so erfolgt allemal die Verhandlung vor den Geschworenen***), bejaht er die-

*) G.=A. B. 1. S. 683. B. 3. S. 240 und 241. J.=M.=Bl. pro 1851. S. 293.

**) Ges. v. 3. Mai 1852. Art. 74. G.=A. B. 2. S. 597. B. 3. S. 241. B. 1. S. 195 u. 531.

***) Ges. v. 3. Mai 1852. Art. 74 u. 75. J.=M.=Bl. pro 1854. S. 202. G.=A. B. 2. S. 399. Materialien S. 125.

selbe so kommt es auf die ferneren Erklärungen an, welche er in dem mit ihm abzuhaltenden Verhöre abgiebt. Soll der Ausspruch der Geschworenen durch das Zugeständniß ersetzt werden, so muß dasselbe Alles was bei Zuziehung der Geschworenen deren Ausspruche anheim fällt, umfassen, mithin rücksichtlich des zur Anklage gestellten Verbrechens, dem thatsächlichen Inhalte der Anklage entsprechend, diese erschöpfen, sowohl den objectiven wie den subjectiven Thatbestand jenes Verbrechens dergestalt vollständig darstellen, daß es für eine thatsächliche Ergänzung Seitens des Gerichts nicht Raum läßt. Auch über solche Thatsachen, welche sich nicht auf unmittelbare Sinneswahrnehmungen, sondern auf anderweitig gewonnene Ueberzeugung stützen, kann ein rechtsgültiges Bekenntniß abgelegt werden*). Nicht nur die That in ihrer einfachen Gestalt, auch die erschwerenden Umstände müssen zugestanden sein, wobei es jedoch nicht in Betracht kommt, ob gerade die in der Anklage hervorgehobenen Umstände zugestanden werden oder andere von gleicher Wirkung; desgleichen muß die strafbare Absicht entweder mit den Worten des Gesetzes oder doch mit solchen Worten zugestanden werden, daß darin unter allen Umständen und ohne irgend einem Bedenken Raum zu geben, die im Gesetze vorausgesetzte Absicht gefunden werden muß**). Wenn der als Haupturheber des Verbrechens Angeklagte ein Geständniß ablegt, aus welchem rechtlich nicht die Urheberschaft, sondern nur die Theilnahme zu folgern ist, so bedarf es ungeachtet der meistens gleichen Strafbarkeit der Urheberschaft und Theilnahme doch der Mitwirkung der Geschworenen um die auf die Urheberschaft gerichtete Anklage zu erledigen.

Kommen beim Verhör des Angeklagten Thatsachen in Frage, welche die Ausschließung oder Minderung der gesetzlichen Strafe zur Folge haben, oder läßt das Gesetz mildernde Umstände überhaupt zu und werden solche behauptet, so kann die Verhandlung vor den Geschworenen nur dann unterbleiben, wenn die Erklärung des Staatsanwalts über diese Puncte zu Gunsten des Angeklagten lautet***). Es wird sogar für statthaft erachtet nach abgelegtem Geständnisse die Frage wegen mildernder Umstände oder wegen eines Strafausschließungsgrundes noch bei der

*) J.-M.-Bl. pro 1853. S. 414. G.-A. B. 5. S. 662. B. 4. S. 204.

**) G.-A. B. 4. S. 362. J.-M.-Bl. pro 1853. S. 267. G.-A. B. 2. S. 798.

***) Ges. v. 3. Mai 1852. Art. 75. G.-A. B. 1. S. 39 u. 354. B. 2. S. 231.

Discussion über die Anwendung des Strafgesetzes, oder noch vor dem Schluß der Verhandlung gegen die nicht geständigen Mitangeklagten in Betreff des Geständigen in Anregung zu bringen*). Ist aber wegen irgend eines bestrittenen Thatumstandes die Zuziehung der Geschworenen erforderlich, so unterliegt die Feststellung der Schuldfrage in ihrem ganzen Umfange ihrer Competenz und es ist unzulässig die Schuldfrage, theils auf Grund des Geständnisses, theils auf Grund eines von den Geschworenen einzuholenden Ausspruchs festzustellen**). Dagegen bleibt es in solchen Fällen dem Ermessen des Gerichtshofes überlassen, inwiefern er zum Zweck des abzugebenden Verdicts die Beweisaufnahme und in welchem Umfange veranlassen, oder den Geschworenen lediglich das Geständniß des Angeklagten unterbreiten will***).

Nach beendetem Verhör sind der Staatsanwalt und der Vertheidiger darüber zu hören, ob die Thatfrage als durch das Bekenntniß des Angeklagten festgestellt zu erachten sei. Dies geschieht jedoch nur zu dem Zwecke, um beiden Gelegenheit zu verschaffen, ihre etwanigen Bedenken gegen das Bekenntniß geltend zu machen und dem Gerichtshofe zur Erwägung anheimzugeben. Tritt er diesem Bedenken nicht bei, so kann er ebensowohl die Mitwirkung der Geschworenen ausschließen, als diese anordnen, wo er Bedenken findet, welche von dem Staatsanwalt und der Vertheidigung nicht getheilt werden. Es folgt eben aus seiner Stellung als Gerichtshof, daß er allein endgültig über die Richtigkeit des Bekenntnisses zu entscheiden hat†). Der Gerichtshof hat dabei lediglich nach seiner moralischen Ueberzeugung zu befinden, ob das Bekenntniß für ein wahrheitsgemäßes Gewissenszeugniß anzunehmen, wenn er der Ansicht ist, daß dasselbe die Merkmale des zur Anklage gebrachten Verbrechens enthält††). Um die Richtigkeit des Geständnisses zu prüfen und mit der ausdrücklichen Erklärung dieses Zwecks können einzelne Actenstücke der Voruntersuchung, z. B. Verhandlungen über den objectiven Thatbestand verlesen werden, ohne daß dadurch schon die Zuziehung der Geschworenen nöthig wird**).

*) G.-A. B. 1. S. 197 u. 198. J.-M.-Bl. pro 1857. S. 388.

**) J.-M.-Bl. pro 1853. S. 195.

***) G.-A. B. 4. S. 531. B. 2. S. 399.

†) G.-A. B. 1. S. 353. B. 5. S. 662.

††) G.-A. B. 4. S. 204.

†††) G.-A. B. 2. S. 231.

Auch ein nachträgliches nach erfolgter Beweisaufnahme abgelegtes Geständniß kann alsdann noch Berücksichtigung finden und die Mitwirkung der Geschworenen ausschließen*). Wenn von mehreren Angeklagten einer oder einige vollständig gestehen, so bedarf es in Ansehung dieser Geständigen ungeachtet ihrer Verbindung mit nicht Geständigen, so wenig der Zuziehung der Geschworenen, als wenn ein Angeklagter wegen mehrerer strafbaren Handlungen unter Anklage steht, in Ansehung der von ihm zugestandenen Handlung, denn die Schuld des einen Angeklagten und die Schuld wegen einer der mehreren strafbaren Handlungen ist unabhängig von der sonstigen Schuld, und da das Schuldig der Geschworenen nur das Geständniß vertritt, so kann jenes nicht eintreten, wenn dieses schon vorhanden ist**).

Es ist hiernach nicht in Abrede zu stellen, daß eine große Sorgfalt darauf verwendet worden ist, den Angeklagten vor jeder Uebereilung zu bewahren, ein erschöpfendes Bekenntniß von ihm zu verlangen, und der Vertheidigung und Staatsanwaltschaft dabei ihre Rechte zu wahren, dennoch lassen sich die Bedenken nicht ganz beseitigen, daß es der richterlichen Prüfung in diesem Stadium des Processes, wo nur noch die Acten der Voruntersuchung vorliegen, an geeigneten Mitteln fehlt, um die volle Glaubwürdigkeit des abgelegten Geständnisses richtig zu würdigen, und daß da, wo es noch auf eine rechtliche Beurtheilung der zugestandenen Thatsachen, oder darauf ankommt aus diesen das Dasein der inneren Schuldmomente zu abstrahiren, die Folgen des Geständnisses häufig weiter reichen, als sie nach dem Willen des Gestehenden reichen sollen***).

Wenn die Zuziehung der Geschworenen nicht entbehrt werden kann, wird zur Aufnahme des Beweises geschritten. Je nachdem der Angeklagte schon mehr oder minder vollständig vernommen ist, wird in dieser Beziehung das Erforderliche nachgeholt.

Hinsichtlich des Beweisverfahrens kann im Allgemeinen auf die früheren Abschnitte verwiesen werden. Im regelmäßigen Gange des Verfahrens kann auch den Geschworenen vom Vorsitzenden gestattet werden, Fragen, welche sie zur Aufklärung der Sache für angemessen erachten,

---

*) G.-A. B. 3. S. 242.

**) G.-A. B. 2. S. 662.

***) G.-A. B. 4. S. 513. Abhandl. von Triest. G.-A. B. 3. S. 213. Abhandl. von Krävell. B. 5. S. 62.

unmittelbar an die Betheiligten zu richten*). Ausnahmsweise kann die Vernehmung der Zeugen und Sachverständigen in die Hände des Staatsanwalts und des Vertheidigers gelegt werden, vorausgesetzt, daß beide mit dem Vorsitzenden hierüber einverstanden sind. In diesem Falle vernimmt der Staatsanwalt die Belastungszeugen, der Vertheidiger die Entlastungszeugen, und in Bezug auf jeden steht dem anderen Theil das Kreuzverhör zu. Der Vorsitzende hat dabei über die Ordnung des Verhörs zu wachen, unzulässige Fragen abzuschneiden und zu verbieten. Auch ist er befugt das Verhör in jedem Zeitpuncte wieder selbst zu übernehmen und dasselbe zu schließen**).

Diese Art der Beweisaufnahme hat sich jedoch bisher in der Praxis keine Geltung verschaffen können***).

An die Beweisverhandlungen schließen sich die Ausführungen der Staatsanwaltschaft, so wie des Angeklagten und seines Vertheidigers über die Thatfrage, wobei diesem das letzte Wort gebührt. Die Zahl der Vorträge ist gesetzlich nicht beschränkt, eine Replik des Staatsanwalts giebt aber dem Vertheidiger das Recht der Duplik. Bei mehreren Vertheidigungen kann nach jeder einzelnen der Staatsanwalt zur Replik auf dieselbe zugelassen werden, auch kann bei umfangreichen Verhandlungen über viele connexe Verbrechen in jedem Specialfalle im unmittelbaren Anschluß an die Verhandlung desselben die Staatsanwaltschaft und Vertheidigung über die Thatfrage gehört werden unbeschadet ihres Rechts nach Behandlung aller Specialfälle den Special-Plaidoyers ein General-Plaidoyer folgen zu lassen. Die desfälligen durch das Gesetz nicht untersagten Anordnungen fallen in das Gebiet der Proceßdirection, und können daher aus Rücksichten der Zweckmäßigkeit vom Vorsitzenden, bestrittenen Falls vom Gerichtshofe getroffen werden†).

Auf die eben erwähnten Vorträge folgt der Schlußvortrag des Vorsitzenden. Durch denselben hat unsere Gesetzgebung nach dem Vorbilde des englischen Verfahrens, welches in dem geeigneten Zusammenwirken des vorsitzenden Richters und der Geschworenen das beste Mittel zur

---

*) Ges. v. 3. Mai 1852. Art. 76.

**) Ges. v. 3. Mai 1852. Art. 77.

***) G.-A. B. 2. S. 508. Abhandl. von Dieterici. B. 4. S. 6. Abhandl. von Tippelskirch.

†) Ges. v. 3. Mai 1852. Art. 79. G.-A. B. 1. S. 223 u. 41. B. 2. S. 664.

Herstellung der Wahrheit erblickt, dem Vorsitzenden eine persönliche Einwirkung auf das Verdict der Geschworenen vindiciren wollen. Von diesem Grundgedanken geleitet, hat sie den Inhalt des Resumés näher bestimmt. Der Vorsitzende soll darnach in präciser, geordneter und sachgemäßer Darstellung die gesammte Lage der Sache auseinandersetzen, die gesetzlichen Vorschriften, welche bei Beurtheilung der Thatfrage etwa in Betracht kommen, nöthigenfalls erläutern und überhaupt alle diejenigen Bemerkungen machen, welche ihm zur Herbeiführung eines sachgemäßen Ausspruchs der Geschworenen als geeignet erscheinen*).

Die beiden ersten Bestimmungen sind mit einem objectiven Verhalten des Richters zur Sache wohl vereinbar, weniger die zusätzliche Bestimmung, welche der Auffassung Raum giebt, daß die historische Auseinandersetzung zugleich eine kritische sein dürfe und die abstracte Erläuterung der gesetzlichen Vorschriften den Character der concreten Anwendung auf den vorliegenden Fall erhalten dürfe. Hiervon ausgehend wird in der Praxis vielfach die Befugniß zu einer Kritik des Beweises und zur Darlegung der subjectiven Ueberzeugung dem Vorsitzenden beigelegt**).

Ich glaube nun zwar, daß diejenigen zu weit gehen, welche den Vorsitzenden für berechtigt halten seine Ansicht über das Gewicht der Beweisgründe zu äußern und seine Ueberzeugung von der Schuld oder Nichtschuld des Angeklagten auszusprechen, weil damit die Selbstständigkeit der Geschworenen sich kaum vereinigen läßt, andererseits muß aber zugegeben werden, daß es nach der gegenwärtigen Lage der Gesetzgebung dem Vorsitzenden nicht zum Vorwurfe gemacht werden kann, wenn er die Grenzen der Objectivität nicht strenge inne hält; das Bestreben sich möglichst objectiv zu halten, um nicht eine unzulässige Einwirkung auf die Geschworenen an die Stelle eines wohlthätigen Einflusses zu setzen, scheint mir aber immer noch eine gesetzlich begründete Pflicht zu sein, der der Vorsitzende sich nicht entziehen sollte***). Bei dem weiten Ermessen, welches die gesetzlichen Vorschriften dem Präsidenten überlassen haben, wird unendlich viel von seiner Persönlichkeit und seiner individuellen Anschauungsweise abhängig sein. Wenn es auch unter Umstän-

*) Ges. v. 3. Mai 1852. Art. 79. Materialien S. 562, 580, 587 u. 589; vgl. das Referirgeschäft von Thümmel. Halle 1858. S. 65.

**) G.-A. B. 1. S. 341. B. 2. S. 86. B. 4. S. 533.

***) G.-A. B. 4. S. 343. Abhandl. des Verfassers.

den zweckmäßig sein mag, den Geschworenen die Reihe der Eindrücke, welche sie im Laufe der Verhandlungen empfangen haben, in einer geordneten Darstellung und in einem geschlossenen Bilde wieder vorzuführen, so scheint es mir doch weit wichtiger zu sein, daß den Geschworenen eine richtige Anleitung zur Beurtheilung der Beweise gegeben wird, ohne sie durch überflüssige Wiederholungen zu ermüden, und ohne ihnen ein schon fertiges Urtheil zur Annahme zu empfehlen. Meines Erachtens hat der Vorsitzende auf die Würdigung solcher Momente hinzuweisen denen in den Vorträgen des Staatsanwalts und Vertheidigers eine zu hohe Geltung beigelegt worden, und dafür den richtigen Maaßstab anzugeben; er hat ferner alle Versuche die Geschworenen über die Auffassung der Gesetze und ihren Beruf irre zu leiten, aus dem Gesetze selbst durch Erörterung der einschlagenden Rechtspuncte zurückzuweisen, ihm liegt es ob mit Beziehung auf die Abschätzung der Beweise den Folgerungen aus dem gewöhnlichen Verlaufe der Dinge dasjenige gegenüberzustellen, was nach der Natur des besonderen Falls gegen die Untrüglichkeit derselben sprechen könnte, und überall diejenigen Thatsachen und Umstände hervorzuheben, welche die größere und geringere Glaubwürdigkeit der Beweismittel bedingen. Ein Vorsitzender, welcher in dieser Weise den Geschworenen durch Rath und Belehrung an die Hand geht, wird dieselben weit eher auf den Standpunct führen, wo sie unbefangen und richtig urtheilen können, als durch eine weitläuftige Darstellung des erörterten Sachverhältnisses, worauf nur zu häufig mit mehr oder minder partheilicher Färbung die Vorsitzenden in ihrem Schlußvortrage sich beschränken. Dieser Vortrag darf unter keiner Bedingung von der Staatsanwaltschaft oder von dem Angeklagten und seinem Vertheidiger unterbrochen werden, oder zum Gegenstande irgend einer Aeußerung oder eines Antrages in der Sitzung gemacht werden*).

Nach dem Resumé stellt der Vorsitzende die von den Geschworenen zu beantwortenden Fragen**). Ihm liegt daher zunächst die Abfassung derselben ob, wobei ihm die in der Anklage enthaltene Beschuldigungsformel zu einem sicheren Anhaltspuncte dienen soll, bei deren Fassung er es regelmäßig zu belassen hat, wenn nicht jene Formel an einer Unvollständigkeit leidet oder die mündliche Verhandlung Abweichungen als räth-

*) Ges. v. 3. Mai 1852. Art. 79.

**) Ges. v. 3. Mai 1852. Art. 79 ff.

lich erscheinen läßt. Wählt der Vorsitzende eine andere Fassung so ist es im Interesse der Sache ihm zu empfehlen, die neue Fassung vor Verkündung der Fragen so zeitig als möglich dem Staatsanwalt und Vertheidiger unter der Hand mitzutheilen*), um ihnen zu einer allseitigen Prüfung derselben Gelegenheit zu geben. Dasselbe gilt auch für den Fall, wo die mündliche Verhandlung den Vorsitzenden veranlaßt, neben der der Anklageformel entsprechenden Frage eine oder mehrere Zusatzfragen zu stellen. Es muß für den Inhalt der Fragen im Allgemeinen an dasjenige erinnert werden, was in einem früheren Abschnitte über den Gegenstand der Verhandlung und Entscheidung gesagt worden ist, weil danach sehr häufig mit Rücksicht auf die Ergebnisse der mündlichen Verhandlung eine in der Anklage nicht enthaltene Ausdehnung des Thatbestandes in Frage kommen kann.

Unsere Gesetzgebung**) unterscheidet daher auch zwei Arten von Fragen, die Hauptfrage und Zusatzfrage und hebt bei letzterer wieder als Unterart die eventuellen Fragen hervor. Für alle gilt die gemeinsame Regel, daß sie so gestellt werden müssen, daß sie sich mit Ja oder Nein beantworten lassen. Auch sind die Geschworenen befugt jede Frage theilweise zu bejahen und theilweise zu verneinen, wobei sie den Umstand, welchen sie nicht für erwiesen halten, als solchen besonders hervorzuheben haben***).

Unter der Hauptfrage ist die Frage wegen der Hauptthat zu verstehen, d. h. der That, welche schon in ihrer einfachen Gestaltung und abgesehen von den sie begleitenden Umständen nach der Anklage unter ein Strafgesetz fällt†). Diese Hauptfrage darf nicht in mehrere Fragen getheilt werden, um nicht die Geschworenen durch eine Zerlegung des Thatbestandes in seine einzelnen Elemente über den Gehalt ihrer Antwort in Zweifel zu lassen. Die Vorschrift ist eine wesentliche, wenn deren Nichtbefolgung zu einem in sich widersprechenden Ausspruche der Geschworenen geführt hat††). Ob die Umstände, welche die Strafe erschwe-

*) Verfügung v. 29. März 1853. J.-M.-Bl. S. 135.

**) Ueber die Fragestellung im Allgemeinen Materialien S. 590 und G.-A: B. 2. S. 167. Abhandl. des Verfassers.

***) Ges. v. 3. Mai 1852. Art. 50.

†) G.-A. B. 1. S. 360.

††) J.-M.-Bl. pro 1853. S. 427. G.-A. B. 2. S. 87.

ren, mildern oder ausschließen in die Hauptfrage oder in getrennte Nebenfragen aufzunehmen, ist regelmäßig Sache des richterlichen Ermessens*). Wo die Wahl sich für die erstere Alternative entscheidet, sollen jedoch die begleitenden Umstände, welche eine besondere Berücksichtigung in Anspruch nehmen, in der Frage auch äußerlich als solche kennbar gemacht werden, um die Geschworenen darauf hinzuweisen, daß dieser besonders hervorgehobene Bestandtheil der Frage von ihnen verneint werden kann, wenn auch im Uebrigen ihre Antwort bejahend ausfällt**). Collectivfragen für mehrere wegen eines und desselben Verbrechens Angeklagte sind unzulässig, beim Vorhandensein mehrerer Angeklagter muß vielmehr für jeden eine besondere Frage gestellt werden, wobei es zu vermeiden ist, den Namen des Mitangeklagten in der Frage zu bezeichnen, da es immerhin möglich, daß die That von diesem oder jenem in Gemeinschaft mit einem Anderen, wenn auch nicht mit dem Mitbeschuldigten begangen ist***). Die Hauptfrage muß auf das Verschulden Bezug nehmen und daher mit den Worten beginnen: Ist N. N. schuldig. Andere Ausdrücke dürfen dafür nicht gewählt werden, weil diese Fassung allein nicht nur das Verhältniß von Ursache und Wirkung in Betreff des Angeklagten zur äußeren That als Erscheinung, sondern auch die innere Seite des gegen das Strafgesetz sich auflehnenden Willens begreift.

Die Hauptfrage muß ferner bei Strafe der Nichtigkeit alle Thatsachen enthalten, welche die wesentlichen Merkmale der dem Angeklagten zur Last gelegten strafbaren Handlung bilden†), mögen dieselben den äußeren Thatbestand oder dasjenige betreffen, was im Inneren des Thäters vorgegangen sein soll. Alle über die Schuldfrage hinaus in das Rechtsgebiet hinüberstreifenden Momente sind dagegen aus der Frage auszuscheiden.

Die Bestimmungen des materiellen Strafrechts sind zunächst maaßgebend für den Inhalt der Frage, und zwar mit den im Gesetze selbst gebrauchten oder völlig gleichbedeutenden Worten. Einer näheren Specialisirung des Thatsächlichen bedarf es nur insoweit als dies zur Ver-

---

*) G.-A. B. 2. S. 805, 534, 668. B. 4. S. 372.

**) G.-A. B. 1. S. 533. Verfügung v. 29. März 1853. J.-M.-Bl. S. 134.

***) G.-A. B. 2. S. 87. J.-M.-Bl. pro 1852. S. 54.

†) Ges. v. 3. Mai 1852. Art. 81. G.-A. B. 3. S. 401. B. 2. S. 91.

anschaulichung und Individualisirung des concreten Falls erforderlich ist*). Dahin gehören außer der Bezeichnung der Personen, Zeit und Ort der That, überhaupt solche thatsächliche Momente, deren Feststellung erforderlich ist, um einen späteren Zweifel darüber auszuschließen, welche individuelle That Gegenstand des Strafverfahrens gewesen ist. In Betreff der Zeitbestimmung muß namentlich festgestellt werden, daß die That zu einer Zeit verübt ist, welche die Verjährung ausschließt**), die Feststellung des Orts der That ist mit Rücksicht auf die im Auslande verübten Verbrechen von entscheidendem Einflusse***). Bei der Frage über den strafbaren Versuch wird es ebenfalls zur Individualisirung der That oft rathsam sein, die Handlungen und Umstände auf welche das Gesetz nur hinweist, näher zu specificiren, in gleicher Weise werden auch bei der Anstiftung und Beihülfe die Mittel, welche das Gesetz im Sinne hat, ohne sie ausdrücklich zu nennen, in der Frage speciell angegeben werden müssen†). Ferner sollen die bei der gesetzlichen Beschreibung des Thatbestandes vorkommenden Rechtsbegriffe, welche nicht eine allgemein bekannte und im gegebenen Falle unbestrittene Bedeutung haben, durch solche gleichbedeutende Ausdrücke ersetzt werden, zu deren Verständniß Rechtskenntnisse nicht erforderlich sind††). Diese Auflösung von Rechtsbegriffen in ihre thatsächlichen Momente ist hiernach für zwei Fälle vorgeschrieben, zunächst da wo der Rechtsbegriff zu den Begriffen des gemeinen Lebens nicht gehört, sodann da wo der Rechtsbegriff im gegebenen Falle eine bestrittene Bedeutung erhält. Ob ein Fall der Auflösung vorliegt oder nicht ist in das freie richterliche Ermessen gestellt, und dies von thatsächlichen Umständen abhängige Ermessen kann einer Kritik in der Nichtigkeitsinstanz nicht unterzogen werden†††). Um so größere Vorsicht ist dem Gerichtshofe zu empfehlen, in dessen Gewalt es durch diese Befugniß gegeben, das Gebiet der Geschworenen nach subjectivem Ermessen zu erweitern und einzuschränken, dem aber dadurch zugleich die oft schwierige

*) G.-A. B. 3. S. 401. B. 2. S. 91. B. 1. S. 545. B. 3. S. 106. B. 3. S. 401 u. 550. B. 1. S. 548. B. 2. S. 533. B. 4. S. 210.

**) G.-A. B. 2. S. 549.

***) G.-A. B. 2. S. 112.

†) J.-M.-Bl. pro 1853. S. 57.

††) Ges. v. 3. Mai 1852. Art. 82.

†††) G.-A. B. 2. S. 97.

Aufgabe zu Theil geworden, den Rechtsbegriff in völlig entsprechender und erschöpfender Weise aufzulösen.

Da es allemal der Aufnahme des vollständigen Thatbestandes in die Frage bedarf, so kann diese selbstverständlich nicht in der Art vorgelegt werden: Ist N. N. schuldig des Diebstahls, des Mordes, der Brandstiftung u. s. w., die Frage darf aber ebensowenig der Beschreibung des Thatbestandes den Zusatz beifügen, ob der Angeklagte das näher bezeichnete Verbrechen begangen habe*). Thatsachen, welche zwar von Einfluß auf die auszusprechende Strafe sind, aber nicht zum Thatbestande des Verbrechens gehören, z. B. ob der Angeklagte sich im Rückfalle befinde, ob Verjährung eingetreten sei, ob ein Strafantrag des Verletzten vorliege in Fällen wo ein solcher vom Gesetz erfordert wird, dürfen in die Frage nicht mit aufgenommen werden**). Auch dürfen die Geschworenen nicht darüber befragt werden, ob die im Auslande verübte diesseits unter Anklage gestellte Handlung nach den Gesetzen des Auslandes strafbar sei, die desfällige Feststellung des auswärtigen Rechts gebührt vielmehr dem Gerichtshofe***). Dagegen haben die Geschworenen über die thatsächlichen Voraussetzungen des fortgesetzten Verbrechens zu befinden†).

Es ist nicht erforderlich, daß jedesmal alle vom Gesetze nur alternativ neben einander gestellte Requisite des Verbrechens in der Frage enthalten sein müssen, vielmehr genügt es, wenn die Frage nur die im vorliegenden Falle angemessene Alternative enthält und vermöge derselben den zur Anwendung des Gesetzes erforderlichen Thatbestand feststellt††). Die Aufnahme mehrerer Alternativen in die nämliche Frage ist jedoch statthaft und häufig nicht zu umgehen, es wird jedoch dabei vorausgesetzt, daß diese Alternativen der nämlichen Thatäußerung angehören und jede von ihnen, wenn sie festgestellt wird, eine gleiche Wirkung nach sich zieht. Wenn dagegen ein Strafgesetz mehrere von einander wirklich verschiedene Thätigkeiten alternativ zusammenfaßt und mit derselben Strafe bedroht, so bedarf es einer besonderen Frage für jede Thätigkeit um eine genü-

---

*) J.-M.-Bl. pro 1854. S. 15.

**) J.-M.-Bl. pro 1854. S. 182. G.-A. B. 2. S. 400. B. 1. S. 542. Art. 26. Einführungsges. zum Strafgesetzbuch.

***) G.-A. B. 3. S. 102. J.-M.-Bl. pro 1856. S. 124.

†) G.-A. B. 1. S. 219.

††) G.-A. B. 2. S. 536.

gende thatsächliche Unterlage für die Anwendung des Strafgesetzes zu gewinnen*). Die strafrechtlichen Bestimmungen über die Theilnahme enthalten Fälle für die Anwendung dieser Regel**). Bei Theilnehmern an einem Verbrechen muß auch nicht bloß der Thatbestand der Theilnahme an sich, sondern auch der Thatbestand desjenigen Hauptverbrechens an welchem theilgenommen, festgestellt werden. Es genügt dafür aber die ausdrückliche Bezugnahme auf vorhergegangene Fragen***). Nahmen mehrere Personen vorsätzlich zusammen die zur Hervorbringung des Verbrechens erforderlichen Handlungen vor, so muß die Gemeinschaftlichkeit der Handlungen in der Frage ausdrücklich hervorgehoben werden, damit die Haftbarkeit eines Jeden für die Thätigkeiten Aller und den durch sie hervorgebrachten Gesammterfolg begründet wird.

Neben der Hauptfrage werden häufig Zusatzfragen gestellt, wenn Thatumstände vorliegen, welche in den Strafgesetzen ausdrücklich hervorgehoben sind und nach den Bestimmungen derselben eine schwerere oder mildere Strafe begründen, oder wenn die Anwendung einer milderen Strafe von dem Vorhandensein mildernder oder erschwerender Umstände überhaupt nach dem Gesetze abhängig ist, oder endlich Strafausschließungsgründe behauptet werden. Im ersten Falle richtet sich die Fassung der Frage genau nach den Bestimmungen des materiellen Strafrechts, im zweiten Falle kann die Frage auf specielle Thatsachen nicht gerichtet werden, im dritten Falle ist die Thatsache oder der Zustand, welcher die Strafbarkeit, sei es nach ausdrücklicher Vorschrift der Gesetze oder nach allgemeinen strafrechtlichen Grundsätzen ausschließt, in die Frage mit aufzunehmen†).

Im Allgemeinen entscheidet das richterliche Ermessen darüber, ob derartige Fragen gestellt werden sollen; sobald indeß deren Vorlegung von Seiten des Staatsanwalts oder des Angeklagten und seines Vertheidigers verlangt wird, muß einem solchen Antrage bei Strafe der Nichtig-

---

*) J.-M.-Bl. pro 1856. S. 18. G.-A. B. 4. S. 208. B. 1. S. 204, 206, 364 u. 537. B. 2. S. 668.

**) Strafgesetzbuch §. 34.

***) G.-A. B. 2. S. 242 u. 357.

†) Die letztere Ansicht ist namentlich in Betreff der Unzurechnungsfähigkeit bestritten. G.-A. B. 1. S. 53 u. 202. J.-M.-Bl. pro 1853. S. 224. G.-A. B. 1. S. 50. B. 2. S. 535. B. 3. S. 247. B. 2. S. 219. B. 3. S. 246. B. 4. S. 807. B. 3. S. 672. B. 2. S. 422.

keit stattgegeben werden. Wo des jugendlichen Alters wegen die Zurechnungsfähigkeit in Zweifel gezogen wird, ist auch abgesehen von irgend einem Antrage den Geschworenen allemal die Frage vorzulegen ob der Angeklagte mit Unterscheidungsvermögen gehandelt habe*). Diese Zusatzfragen drücken wegen ihres engen Zusammenhanges mit der Hauptfrage das Verschulden nicht speciell aus, sondern umfassen nur das Thatsächliche.

Der Begriff der speciellen erschwerenden Umstände im processualischen Sinne ist nicht unbestritten. Im Gegensatz zu den wesentlichen Merkmalen, welche die Strafbarkeit einer Handlung bilden, umfassen sie meines Erachtens alle im Gesetz besonders genannten Umstände, welche die Strafbarkeit der Handlung erhöhen, gleichviel ob sie nur diese Wirkung haben, oder zugleich die Handlung ihrer Species und Gattung nach ändern und ihr im System des Strafrechts eine andere Stellung anweisen**).

Enthält das Gesetz mehrere erschwerende Umstände, deren jeder für sich die gleiche Strafe herbeiführt, alternativ, so ist es, wenn die Anklage mehrere solcher Umstände behauptet, zulässig dieselben in der Frage copulativ auszudrücken, weil die Geschworenen jede Frage theilweise bejahen und theilweise verneinen dürfen; um die Geschworenen nicht irre zu leiten, wird aber die alternative Fassung der Frage zweckmäßiger sein***). Sollen mehrere Thatäußerungen als fortgesetztes Verbrechen aufgefaßt werden, so muß auch desfalls auf Antrag eine besondere Frage gestellt werden, welche die thatsächlichen Merkmale des Begriffs enthält. Die Feststellung der im Strafgesetz nicht hervorgehobenen einzelnen Thatsachen, welche nur auf die Abmessung der Strafe von Einfluß sind, gebührt dem Gerichtshofe und kann niemals durch eine Zusatzfrage an die Geschworenen erfolgen†).

Als eine besondere Art der Zusatzfragen sind die eventuellen Fragen anzusehen, d. h. solche, die nur im Falle der Verneinung einer anderen Frage in Betracht kommen. Ihre solchergestalt bedingte Berücksichtigung gestattet aber keineswegs die Stellung derselben bis dahin vorzubehalten, daß die Geschworenen die Hauptfrage beantwortet haben, sie

---

*) Ges. v. 3. Mai 1852. Art. 81, 83, 84 u. 85.

**) G.-A. B. 4. S. 82. J.-M.-Bl. pro 1856. S. 2.

***) G.-A. B. 3. S. 94 u. 805.

†) G.-A. B. 3. S. 112, B. 2. S. 102.

müssen vielmehr mit der Hauptfrage gleichzeitig gestellt werden, wird diese bejaht, so sind jene als nicht gestellt zu erachten*). Die Gesetzgebung**) hat einige Fälle namentlich aufgeführt, in denen die Vorlegung eventueller Fragen Platz greift, wenn es nämlich darauf ankommt, festzustellen, ob der Angeklagte in Beziehung auf das unter Anklage gestellte Verbrechen nicht wenigstens des Versuchs der Theilnahme, der Begünstigung oder der Hehlerei schuldig ist, oder ob er die Handlung, welche die Anklage ihm als vorsätzlich verübte zur Last legt, nicht wenigstens aus Fahrlässigkeit begangen hat. Der maaßgebende allgemeine Grundsatz, worunter auch die eben aufgeführten Beispiele fallen, ist aber der, daß wenn die Thatsachen, welche der Anklage zum Grunde liegen oder die etwa hervorgetretenen näheren Umstände, von welchen dieselben begleitet waren, verbunden oder vereinzelt, von einem Gesichtspuncte aus als strafbar erscheinen, unter welchen sie die Anklage nicht gebracht hat, darauf bezügliche besondere Fragen vorgelegt werden können. Der Ausdruck besondere Fragen ist vom Gesetzgeber absichtlich gewählt, um anzuzeigen, daß dieselben nur der Hauptfrage hinzutreten, ihr aber niemals substituirt werden dürfen***). Eine solche Substituirung würde sogar die Nichtigkeit des Verfahrens zur Folge haben†). Die eventuellen Fragen haben im Unterschiede von den übrigen Zusatzfragen auch das Verschulden mit aufzunehmen. Dieselben dienen insonderheit dem Zwecke, eine vollständige Erledigung des der Anklage zum Grunde liegenden thatsächlichen und rechtlichen Thatbestandes nach allen Richtungen hin herbeizuführen, so weit die Grenzen des Untersuchungsverfahrens reichen††). Die Veranlassung zur Vorlegung dieser Fragen kann dadurch gegeben sein, daß die mündliche Verhandlung neuen Stoff zuführt, welcher weder als ein erschwerender Umstand noch als ein specieller Milderungsgrund angesehen werden kann, und eben so wenig geeignet ist, die Annahme mildernder Umstände im Allgemeinen zu rechtfertigen, der dagegen solche Thatsachen darbietet, welche in Verbindung mit der in

---

*) G.=A. B. 3. S. 543. B. 4. S. 667.

**) Einführungsges. zum Strafgesetzbuch, Art. 25.

***) Ges. v. 3. Mai 1852. Art. 86. J.=M.=Bl. S. 38.

†) U. des Ober=Tribunals v. 21. Jan. 1853. Entscheidungen B. 24. S. 465. G.=A. B. 1. S. 355. B. 2. S. 669.

††) G.=A. B. 1. S. 370 u. 534. B. 3. S. 820. B. 2. S. 400. B. 4. S. 374.

der Anklage aufgestellten That das Sachverhältniß dergestalt modificiren, daß dasselbe nunmehr unter den Begriff eines Verbrechens fällt, welches die Strafgesetzgebung als Verbrechen einer anderen Gattung aufgeführt hat. Die Grenzen der Modification des gegebenen Sachverhältnisses dürfen dabei freilich nicht überschritten werden, und wenn die Verhandlungen eine strafbare Handlung zu Tage fördern, welcher ein durchaus anderes Sachverhältniß zum Grunde liegt, so wird schon der Mangel des vorbereitenden Verfahrens, welches der Hauptverhandlung vorausgehen muß, von dieser die Würdigung des neuen Sachverhältnisses ausschließen*).

Der Character begleitender Umstände muß im Verhältnisse zu der unter Anklage gestellten That dem neu ermittelten Stoffe beigelegt werden können, wenn derselbe in einer eventuellen Frage Aufnahme finden soll. Dieselbe kann sich ferner auch daraus allein ergeben, daß für die unter Anklage gestellte That ein neuer strafrechtlicher Gesichtspunct sich darbietet, oder daß von den Thatsachen der Anklage die eine oder andere unerwiesen bleibt, und hiernach die Handlungsweise des Angeklagten von einem andern Gesichtspuncte aus als strafbar erscheint.

Eventuelle Fragen können von Amtswegen gestellt werden, aber auch da wo sie beantragt sind entscheidet über ihre Stellung das freie richterliche Ermessen, welches durch thatsächliche, der Beurtheilung des Nichtigkeitsrichters entzogene Erwägungen bedingt ist. Die der Anklage entlehnte Frage bildet regelmäßig die erste, die Zusatzfrage die zweite, es kann jedoch das richterliche Ermessen sich auch für die umgekehrte Reihenfolge entscheiden, wenn die Zusatzfrage das schwerere Verbrechen befaßt**). Andererseits ist auch dafür Sorge getragen worden, daß dies richterliche Ermessen nicht dahin führe, durch Ausschließung neuer Gesichtspuncte von der Würdigung der Geschworenen ein Erkenntniß eintreten zu lassen, welches durch die unabänderliche Feststellung seiner thatsächlichen Unterlage ein formelles Hinderniß abgiebt, die von der Anklage Entbundenen einer anderweitigen Bestrafung zuzuführen. Wenn nämlich dem Gerichtshofe mit Rücksicht auf die Veränderung des Gesichtspuncts eine bessere Vorbereitung der Anklage oder der Vertheidigung als nothwendig erscheint, so kann er allerdings von Vorlegung der eventuellen

*) Verordn. v. 3. Jan. 1849. §. 119.

**) G.-A. B. 1. S. 532. B. 4. S. 206. B. 2. S. 232. G.-A. B. 5. S. 829.

Frage Abstand nehmen, hat aber dann, wenn er auch die Vertagung der Sache nicht für angemessen hält, unter Vorlegung der der Anklageformel entsprechenden Frage eine anderweitige Verfolgung wegen der Thatsachen, welche der eventuellen Frage zum Grunde zu legen waren, ausdrücklich vorzubehalten*). Der Antrag des Staatsanwalts auf einen solchen Vorbehalt kann spätestens bei der Verhandlung über die Fragestellung normirt werden, weil durch diese regelmäßig die Sache ihre vollständige Erledigung finden soll, und der beregte Vorbehalt nur ausnahmsweise an die Stelle der regelmäßigen Erledigung tritt**).

Der Vorsitzende hat die von ihm entworfenen Fragen vor der Uebergabe an die Geschworenen öffentlich zu verlesen. Der Staatsanwalt sowohl wie der Angeklagte und sein Vertheidiger können gegen die gewählte Fassung reclamiren, auch die Stellung noch anderer Fragen beantragen. Wo Zusatzfragen nicht schon bei Strafe der Nichtigkeit gestellt werden müssen, kann der Vorsitzende, falls kein Widerspruch erhoben wird, nach seinem Ermessen dem Antrage stattgeben, andernfalls entscheidet der Gerichtshof***). Abänderungen und Zusätze sollen zwar der Regel nach unmittelbar nach Verlesung der Fragen durch den Vorsitzenden beantragt werden, zulässig sind aber solche Anträge auch später noch, nachdem bereits der Gerichtshof die Hauptfrage berathen und festgestellt hat, da für die Erörterungen in dieser Beziehung keine andere Grenze besteht, als die Uebergabe der Fragen an die Geschworenen†). Die Entscheidung des Gerichtshofes über eine streitig gewordene Fragestellung ist zu motiviren, da ohne solche Motivirung in der Nichtigkeitsinstanz nicht selten Zweifel hervortreten, ob die Entscheidung auf thatsächlichen oder auf, vielleicht unrichtigen, rechtlichen Gründen beruht und eventuell das Verfahren an einem wesentlichen Mangel leidet oder nicht††).

Der Zeitpunct der Uebergabe der Fragen an die Geschworenen bezeichnet zugleich nach der Natur des schwurgerichtlichen Verfahrens die Grenze der thatsächlichen Erörterungen über die Schuldfrage, welche in ihrer Totalität den Geschworenen zur Beurtheilung unterbreitet werden

*) Ges. v. 3. Mai 1852. Art. 86.

**) G.-A. B. 5. S. 394.

***) Ges. v. 3. Mai 1852. Art. 87.

†) Verfügung v. 23. März 1854. G.-A. B. 2. S. 401.

††) Verfügung v. 24. Decbr. 1853. G.-A. B. 2. S. 799.

soll. Bis dahin ist die Wiederaufnahme der Verhandlung statthaft. Sie kann erfolgen, wenn ein ausgebliebener Zeuge z. B. erst im Stadium der Plaidoyers erscheint. Der Staatsanwalt sowohl wie der Vertheidiger können noch nach geschlossener Beweisaufnahme in ihren die Thatfrage betreffenden Vorträgen neue Thatsachen unter Beweis stellen und die Erhebung neuer Beweise beantragen, und der Gerichtshof muß eine materielle Prüfung eintreten lassen, ob dem Beweisantrage stattzugeben sei*). Selbst nach dem Schlußvortrage des Vorsitzenden muß die Wiederaufnahme der Verhandlungen erfolgen, wenn bei Feststellung der Fragen vom Vertheidiger Zusatzfragen beantragt werden und der Staatsanwalt nachweisen will, daß der behauptete Strafausschließungsgrund nicht vorhanden; auch kann die Fragestellung, welche eine in der Anklage nicht enthaltene Ausdehnung des Thatbestandes im Auge hat, zu einer Wiederaufnahme des Beweisverfahrens zum Zwecke der Verneinung dieser erweiterten Fragestellung führen**).

Bis zu dem oben angegebenen Zeitpuncte sind auch die die Fragestellung betreffenden Anträge unbeschränkt, nachdem aber die Geschworenen in Berathung getreten sind, können ihnen nachträglich keinerlei Fragen mehr vorgelegt werden. Hinsichtlich der eventuellen Fragen und derjenigen Zusatzfragen, deren Bejahung die Verhängung einer schwereren Strafe begründen würde, ist dies unbestritten, dagegen ist in der Praxis verschiedentlich angenommen worden, daß Zusatzfragen wegen mildernder Umstände überhaupt und wegen solcher specieller Gründe, welche die Strafe mildern oder ausschließen, noch nach einem zum Nachtheil des Angeklagten abgegebenen Verdicte gestellt werden können, so lange noch kein Erkenntniß in der Sache ergangen ist, oder mindestens doch so lange das Verdict dem Angeklagten noch nicht verkündet ist***).

Ich halte diese Ansicht für unrichtig, weil dieselbe gegen den allgemeinen Grundsatz des Proceßrechts verstoßen würde, daß der Richter nach gefällter Entscheidung die nämliche Sache nicht nochmals seiner Beurtheilung unterziehen darf. Eine solche Entscheidung liegt aber vor, sobald die Geschworenen ihren Ausspruch durch das Organ ihres Vorstehers in der Sitzung abgegeben haben, und diese Entscheidung befaßt die

*) J.-M.-Bl. pro 1854. S. 195. G.-A. B. 2. S. 400 u. 531.

**) G.-A. B. 2. S. 232 u. 532, B. 3. S. 101.

***) G.-A. B. 3. S. 103 u. 542. B. 2. S. 803. B. 5. S. 62. B. 4. S. 207.

Frage nach der Schuld des Angeklagten in ihrem vollen Umfange mit allen Umständen, welche dieselbe erhöhen, vermindern, oder aufheben. In dieser Hinsicht zwischen einzelnen Puncten zu unterscheiden, würde in der That auf Willkühr beruhen, da Strafausschließungs- und Milderungsgründe in gleicher Weise die Schuldfrage berühren, wie erschwerende Umstände und eventuelle Thatbestände. Das gesammte Ergebniß der Untersuchung ist daher den Geschworenen gleichzeitig zur Entscheidung zu übergeben, die Berathung muß eine ungetheilte sein, und eine successive Beurtheilung ist unzulässig*).

Der Vorsitzende hat bei Vorlegung der Fragen an die Geschworenen für das richtige Verständniß derselben in thatsächlicher und rechtlicher Hinsicht zu sorgen, und so weit dies im Resumé nicht schon geschehen, die dazu geeigneten Bemerkungen zu machen**). Auch hat er dieselben über das von ihnen zu beachtende Verfahren nöthigenfalls speciell zu belehren. Die Fragen müssen vor der Uebergabe in endgültiger Fassung schriftlich abgefaßt und vom Vorsitzenden unterschrieben werden***), welcher sie dem Ersten der Geschworenen übergiebt. Anderweitige Schriftstücke dürfen den Geschworenen in der Regel nicht mit in das Berathungszimmer gegeben werden, weil dies dem Princip der Mündlichkeit entgegen sein würde. Diese Regel schließt jedoch nicht aus, daß einzelne Beweisstücke, welche bei der mündlichen Verhandlung vorgelegt worden sind, ihnen dennoch mitgegeben werden. Namentlich ist dies für statthaft erachtet worden bei Schriftstücken welche Gegenstand einer Handschriften-Vergleichung gewesen sind, bei Terrainzeichnungen, Bildern, bei Werkzeugen der That, gefälschten Münzen und Urkunden, auch bei der Eidesformel, wenn es sich um einen Meineid handelt. In allen diesen Fällen kann eine Verletzung des Princips der Mündlichkeit darin nicht gefunden werden, daß die Geschworenen die Beweisstücke mit in ihr Berathungszimmer nehmen†).

Die Verhandlung in der öffentlichen Sitzung bleibt suspendirt bis die Geschworenen ihre Berathung vollendet haben, der Angeklagte wird

---

*) G.-A. B. 4. S. 533.

**) Ges. v. 3. Mai 1852. Art. 88.

***) G.-A. B. 5. S. 502.

†) G.-A. B. 1. S. 38 u. 531. B. 2. S. 195, 233, 397. B. 4. S. 351. B. 3. S. 815. B. 5. S. 395.

während dieser Zeit aus dem Sitzungssaal entfernt, und der Eingang zum Berathungszimmer der Geschworenen wird auf Anordnung des Vorsitzenden, bis die Berathung vollendet ist, bewacht*).

Ueber den Hergang im Audienztermin wird vom Gerichtsschreiber ein Protocoll aufgenommen. Von den Audienzprotocollen ist schon früher die Rede gewesen, und im Allgemeinen kann darauf verwiesen werden. Als Specialbestimmungen treten hier folgende hinzu**).

Ueber die Bildung des Schwurgerichts wird ein besonderes Protocoll abgefaßt, dieses sowohl wie das Hauptprotocoll muß die Namen der Geschworenen enthalten. Auch muß die Nothwendigkeit des Eintretens eines Ersatzgeschworenen als ein wesentlicher Theil der Förmlichkeiten bei Strafe der Nichtigkeit durch das Protocoll festgestellt werden***). Bei abgelegtem Geständniß muß aus dem Protocolle erhellen, daß der Staatsanwalt und der Vertheidiger über die Richtigkeit desselben gehört worden sind, das Geständniß selbst muß seinen wesentlichen Bestandtheilen nach in das Protokoll aufgenommen, und dieser Theil des Protocolls verlesen werden, da dasselbe allein darüber entscheidet, ob durch das Schuldbekenntniß die Anklage erschöpft, die Thatfrage also erledigt worden ist†). Die den Geschworenen vorgelegten Fragen und die darauf ertheilten Antworten, mit dem vorgeschriebenen Stimmenverhältniß sowie die vom Staatsanwalt oder Vertheidiger beantragten Aenderungen in der Fragestellung, soweit dieselben schon in formulirter Fassung übergeben werden, desgleichen auch die Wahl des Vorstehers der Geschworenen, die Verkündung des Verdicts, eintretenden Falls auch der Ausspruch des Gerichtshofes über die Schuldfrage, und die Cassation des Verdicts durch den Gerichtshof, müssen ebenfalls im Protocolle Aufnahme finden. Um auch im Einzelnen eine Gleichmäßigkeit des Verfahrens bei den Schwurgerichten herzustellen, und um Nichtigkeiten zu vermeiden, welche bei nicht gehöriger Beobachtung der vorgeschriebenen Förmlichkeiten eintreten können, bedienen sich die meisten Gerichte, bei denen Schwurgerichtssitzungen abgehalten

---

*) Ges. v. 3. Mai 1851. Art. 88 u. 90.

**) Ges. v. 3. Mai 1852. Art. 78.

***) G.-A. B. 1. S. 352.

†) J.-M.-Bl. pro 1853. S. 366 u. 414. G.-A. B. 2. S. 86 u. 789. B. 4. S. 361. J.-M.-Bl. pro 1854. S. 98. pro 1856. S. 83.

werden, zur Aufnahme der Verhandlungen darüber bestimmter gleichmäßiger Formulare*).

Die schon vorher erwähnte Bewachung des Berathungszimmers soll die Geschworenen vor jeder Berührung mit der Außenwelt und dadurch gegebenen unzulässigen Eindrücken während ihrer Berathung bewahren. In diesem Sinne sind noch folgende Vorschriften erlassen: Kein Geschworener darf das Berathungszimmer verlassen, nur in Gemeinschaft kehren sie in den Sitzungssaal zurück, wenn sie ihren Ausspruch beschlossen haben. Eine Zuwiderhandlung gegen dies Verbot hat jedoch die Nichtigkeit des Verfahrens nur dann zur Folge, wenn dadurch der Zweck des gedachten Verbots gefährdet wird**). Niemanden darf der Eintritt zu den Geschworenen gestattet werden. Nur eine schriftliche Erlaubniß des Vorsitzenden kann die Berechtigung ertheilen. Wenn Jemand ohne eine solche Ermächtigung sich Zutritt verschafft hat, so wird in der Regel die Gefahr unzulässiger Einwirkung vorliegen, und daher eine Nichtigkeit des Verfahrens eintreten, namentlich auch dann, wenn der Ersatzgeschworene, dessen Eintritt in die Stelle des Hauptgeschworenen nicht nothwendig geworden ist, der Berathung der Geschworenen beiwohnt***).

Nachdem die Geschworenen in das Berathungszimmer sich begeben haben, wählen sie daselbst durch Stimmenmehrheit einen Vorsteher, welcher die Berathung zu leiten und deren Ergebniß zu verkünden hat†).

Eine Anweisung an die Geschworenen zur Erfüllung ihrer Berufspflichten soll im Berathungszimmer in mehreren Exemplaren ausliegen. Der Vorsteher hat dieselbe vor Beginn der Berathung zu verlesen.

Sie verweist die Geschworenen auf ihre aus dem Inbegriffe der Verhandlungen geschöpfte Ueberzeugung, für deren Bildung schon in einem früheren Abschnitte die leitenden Grundsätze angegeben wurden, sie macht darauf aufmerksam daß das Gesetz keine bindende Regeln über die Wirkung der Beweise aufgestellt und keine Angabe der Ueberzeugungsgründe fordere, nichts destoweniger aber eine eingehende Prüfung aller Beweise

---

*) Verfügung v. 8. April 1851. J.=M.=Bl. S. 158. Verfügung v. 17. Aug. 1852. J.=M.=Bl. S. 294. G.=A. B. 1. S. 199.

**) Ges. v. 3. Mai 1852. Art. 90. G.=A. B. 3. S 244.

***) Ges. v. 3. Mai 1852. Art. 90. J.=M.=Bl. pro 1854. S. 201. G.=A. B. 2. S. 396. B. 3. S. 244.

†) Ges. v. 3. Mai 1852. Art. 89.

verlange, sie macht es ferner den Geschworenen zur Pflicht innerhalb der durch die Fragen gezogenen Grenzen sich zu halten, und ihren Ausspruch ohne Rücksicht auf die gesetzlichen Folgen zu fällen*).

Nach gepflogener Berathung wird über die einzelnen Fragen in der Ordnung abgestimmt, in welcher sie vorgelegt worden sind. Der Vorsteher befragt zu diesem Behufe jeden Geschworenen einzeln um seine Meinung in der durch die Ausloosung festgestellten Ordnung und giebt seine Stimme zuletzt ab. Dabei ist es jedoch zulässig, daß ein Geschworener im Berathungszimmer nach bereits erfolgter Abstimmung und schriftlicher Vermerkung der Antwort auf die gestellten Fragen, wenn er sich bei Abgabe seiner Stimme im thatsächlichen Irrthum befunden zu haben bekennt, seine Abstimmung ändere, so lange das Verdict noch nicht vor dem Gerichtshofe abgegeben ist. Wird eine Frage nur theilweise bejaht, so ist die Beschränkung der Bejahung in unzweideutiger Weise, gewöhnlich durch die Formel auszudrücken, „Ja, aber es ist nicht erwiesen daß . . . . ." Wird die Frage in Betreff der Hauptthat verneint, so ist dadurch zugleich die Frage nach den dieselbe begleitenden Umständen erledigt. In dem entgegengesetzten Falle muß über das Vorhandensein eines jeden dieser begleitenden Umstände, selbst dann wenn dieselben in die Hauptfrage aufgenommen sind, besonders abgestimmt, und das Ergebniß dieser Abstimmung auch in Betreff der begleitenden Umstände in dem Ausspruche besonders erwähnt werden, um die Bejahung der ganzen Frage und das für dieselbe vorgeschriebene Stimmenverhältniß auszudrücken**).

Jede dem Angeklagten nachtheilige Beantwortung einer Frage kann nur mit Stimmenmehrheit beschlossen werden; im Falle der Stimmengleichheit hat die dem Angeklagten günstigere Meinung den Vorzug. In jedem Ausspruche durch welchen eine Frage zum Nachtheil des Angeklagten beantwortet wird, insonderheit auch dann, wenn Fragen wegen mildernder Umstände und wegen specieller Milderungs- oder Strafausschließungsgründe verneint werden, muß bei Strafe der Nichtigkeit ausdrücklich angegeben sein, ob der Ausspruch mit einer Mehrheit von mehr

---

*) Ges. v. 3. Mai 1852. Art. 95.

**) Ges. v. 3. Mai 1852. Art. 91. J.-M.-Bl. pro 1856. S. 27. G.-A. B. 4. S. 96. J.-M.-Bl. pro 1855. S. 398. G.-A. B. 3. S. 104. J.-M.-Bl. pro 1856. S. 2. G.-A. B. 2. S. 405.

als 7 Stimmen, oder nur mit 7 Stimmen gegen 5 beschlossen ist, weil letzterenfalls über diesen Punct noch eine Beschlußnahme des Gerichtshofes erforderlich ist*).

Auch von diesen bei der Berathung und Abstimmung zu beachtenden Vorschriften sollen im Berathungszimmer einige Exemplare zur Einsicht vorliegen. Da jedoch Fälle vorkommen, wo es wünschenswerth ist, daß die Geschworenen auch, nachdem sie sich zur Berathung zurückgezogen haben, noch um nähere Aufklärung bitten, so ist ihnen solches für die Fälle gestattet, wo bei ihnen Zweifel über das zu beobachtende Verfahren, über den Sinn der Fragen und die Fassung der Antworten entstehen. Die erbetene Aufklärung hat der Vorsitzende, jedoch um jeden Argwohn gegen eine unzulässige Communication zwischen dem Vorsitzenden und den Geschworenen abzuschneiden in Gegenwart der übrigen Mitglieder des Gerichtshofes zu ertheilen. Der Zuziehung des Gerichtsschreibers bedarf es dabei nicht. Auch haben der Staatsanwalt, der Angeklagte und dessen Vertheidiger keinen Anspruch darauf, bei diesem Acte gegenwärtig zu sein. Die Belehrung selbst erfolgt im Berathungszimmer, wohin der Vorsitzende und die Richter gerufen werden. Man hat es für bedenklich gehalten, die Geschworenen in den Sitzungssaal zurückzuführen, und sie in die Lage zu bringen, ihren Mangel an Verständniß vor dem Publicum anerkennen zu müssen**).

Der Ausspruch der Geschworenen ist niederzuschreiben und von ihrem Vorsteher zu unterzeichnen. Sollte dieser es unterlassen haben seine Eigenschaft als Vorsteher bei der Unterzeichnung des Wahrspruchs anzugeben, so wirkt dies keine Nichtigkeit, wenn nur das schwurgerichtliche Protocoll ergiebt, daß der Geschworene, der das Verdict unterschrieben, von den Uebrigen zu ihrem Vorsteher erwählt worden ist***).

Nachdem die Geschworenen mit dem Verdict in den Sitzungssaal zurückgekehrt und ihre früheren Plätze eingenommen haben, wird die Sitzung wieder eröffnet, nur der Angeklagte bleibt entfernt. Auf Be-

---

*) Ges. v. 3. Mai 1852. Art. 92 u. 93. J.-M.-Bl. pro 1854. S. 183. G.-A. B. 1. S. 357. B. 4. S. 534. G.-A. B. 2. S. 804 u. 401.

**) Ges. v. 3. Mai 1852. Art. 93. Materialien S. 634. G.-A. B. 3. S. 544 u. 244. B. 5. S. 243.

***) G.-A. B. 3. S. 104.

fragen des Vorsitzenden nach dem Ergebniß der Berathung, verliest der Vorsteher mit den einleitenden Worten:

„Auf meine Ehre und mein Gewissen vor Gott und den Menschen bezeuge ich als den Spruch der Geschworenen,“

die gestellten Fragen und unmittelbar nach jeder Frage die ertheilte Antwort. Wenn eine Berichtigung des Verdicts nicht mehr erforderlich ist, wird dasselbe vom Vorsitzenden und Gerichtsschreiber unterzeichnet. Die Unterzeichnung des Vorsitzenden zum Zwecke der formellen Beglaubigung ist eine wesentliche Proceßvorschrift *). Eine Berichtigung des Wahrspruchs soll erfolgen, wenn derselbe nicht regelmäßig in der Form, oder in der Sache undeutlich, unvollständig oder sich widersprechend ist **). Ist eine Thatsache, welche verschiedene Angeklagte betrifft, in den verschiedenen Verdicten nicht übereinstimmend festgestellt, so daß zwischen ihnen ein thatsächlicher Widerspruch besteht, so ist gleichwohl das Berichtigungsverfahren nicht anwendbar, weil die Feststellung der Schuld eines jeden Angeklagten als Thäter selbstständig erfolgt, daher die Zulässigkeit seiner Verurtheilung oder Freisprechung auf Grund des Verdicts nur allein nach Maaßgabe des in Beziehung auf ihn ergangenen Verdicts erfolgen muß ***). Wo die Berichtigung sich als nothwendig darstellt, hat der Gerichtshof von Amtswegen oder auf Antrag eine nochmalige Berathung der Geschworenen anzuordnen.

Die Geschworenen sind, wenn ihre erste Antwort einen Widerspruch enthält, bei der nochmaligen Berathung befugt, eine anfänglich bejahte Frage nunmehr zu verneinen †). In diesem Falle bleibt es ihnen auch unbenommen den früheren Spruch durch Durchstreichen unkenntlich zu machen, wo aber eine bloße Verbesserung durch Gerichtsbeschluß veranlaßt wird, da muß dieselbe ohne Durchstreichungen in der Art geschehen, daß äußerlich erkennbar bleibt wie der ursprüngliche Ausspruch gelautet hat ††), weil ebensowenig dem Angeklagten wie der Staatsanwaltschaft

---

*) Ges. v. 3. Mai 1852. Art. 96. G.-A. B. 4. S. 208. B. 3. S. 104. B. 5. S. 244. Entscheidungen des Ober-Tribunals B. 35. S. 264. G.-A. B. 1. S. 201.

**) Ges. v. 3. Mai 1852. Art. 97.

***) G.-A. B. 3. S. 548.

†) J.-M.-Bl. pro 1854. S. 119.

††) Ges. v. 3. Mai 1852. Art. 97. G.-A. B. 1. S. 540. B. 2. S. 405. B. 4. S. 362.

die ihnen durch die erste Beantwortung entstandenen Rechte durch die zweite entzogen werden können, wenn vom Gerichtshofe irrthümlicherweise die Voraussetzungen für eine Berichtigung des Verdicts angenommen worden sind. Wenn daher beide Antworten verschieden ausfallen und schon die erste über alle in der Frage enthaltenen thatsächlichen Momente unzweideutig sich geäußert hat, auch regelmäßig in der Form und in der Sache erschöpfend war, mithin keine Veranlassung bot, eine Verbesserung des Verdicts zu erlangen, so ist die zweite Antwort nichtig und auf die erste das Strafgesetz anzuwenden*).

Wiewohl das Gesetz nur von Mängeln im Ausspruche der Geschworenen redet, durch welche die Berichtigung veranlaßt werden kann, so muß bei gleichen Mängeln in der Frage auch diese fehlerhafte Fragestellung das Berichtigungsverfahren herbeiführen, wenn der Mangel des Ausspruches durch den Mangel der Frage bedingt wird**). In diesem Falle ist aber die nochmalige Verhandlung mit dem vorzuführenden Angeklagten über die zu verbessernde Frage nothwendig. Das Berichtigungsverfahren ist bis zur Abfassung des Straferkenntnisses zulässig, und kann deshalb noch nach Verkündung des Verdicts an den Angeklagten von diesem beantragt, ja sogar noch bei Berathung des Erkenntnisses vom Gerichtshofe angeordnet werden***). Thatsächliche Zusätze in der Erklärung der Geschworenen, welche in der Frage nicht enthalten sind, dürfen ebendeshalb vom Gerichtshofe garnicht beachtet werden. Dieselben sind vielmehr als nicht vorhanden anzunehmen.

Neben dem indirecten Einflusse des Gerichtshofes auf den Ausspruch der Geschworenen tritt unter Umständen eine unmittelbare Mitwirkung der Richter bei Entscheidung der Schuldfrage ein. Wenn nämlich die dem Angeklagten nachtheilige Beantwortung einer Frage in ihrer Gesammtheit oder in ihren einzelnen Theilen nur mit einer Mehrheit von 7 gegen 5 Stimmen von den Geschworenen beschlossen ist, so tritt der Gerichtshof selbst in Berathung und entscheidet in einfacher Stimmenmehrheit ohne Angabe von Gründen über den mit nur 7 Stimmen festgestellten Punct†). Verneint der Gerichtshof die von der Majorität

---

*) G.-A. B. 2. S. 94 u. 405. G.-A. B. 4. S. 362.

**) G.-A. B. 1. S. 357.

***) G.-A. B. 2. S. 88 u. 234. B. 3. S. 395.

†) Ges. v. 3. Mai 1852. Art. 98. G.-A. B. 4. S. 520. Abhandl. v. Triest.

der Geschworenen bejahte Frage, und war von Anfang an eine eventuelle Frage gestellt, so haben die Geschworenen diese nachträglich zu beantworten*).

Außerdem steht dem Gerichtshofe die Verweisung der Sache zur nächsten Sitzungsperiode des Schwurgerichts frei, wenn er einstimmig der Ansicht ist, daß die Geschworenen sich in der Sache zum Nachtheil des Angeklagten geirrt haben. Sind mehrere Angeklagte bei der Sache betheiligt, so erfolgt die Verweisung vor ein neues Schwurgericht nur in Ansehung derjenigen bei welcher der Gerichtshof einen Irrthum im Ausspruche der Geschworenen angenommen hat. Bei dem Ausspruche des zweiten Schwurgerichts hat es sein Bewenden, und muß der Gerichtshof danach das Urtel sprechen. Diese Verweisungsmaaßregel darf von Niemandem beantragt, oder im Beschwerdewege bemängelt werden, auch kann der Gerichtshof sie nur vor Verkündung des Verdicts an den Angeklagten anordnen**).

Wenn dem Ausspruche über die Schuldfrage kein gesetzliches Bedenken mehr entgegen steht, so wird derselbe dem in den Sitzungssaal zurückgeführten Angeklagten durch den Gerichtsschreiber verkündet. Die bloße Bekanntmachung des Verdicts durch den Dollmetscher an den der deutschen Sprache nicht mächtigen Angeklagten kann für ausreichend nicht erachtet werden***).

Die Geschworenen dürfen auch nach Publication ihres Spruches an den Angeklagten sich nicht entfernen, weil, wie schon oben bemerkt wurde, das Verdict noch bei Berathung des Erkenntnisses bemängelt und eine nachträgliche Verbesserung desselben verlangt werden kann†). Sie müssen vielmehr die Publication des Straferkenntnisses abwarten.

Das Schlußverfahren ist verschieden je nachdem ein Schuldig oder nicht Schuldig erfolgt. Im letzteren Falle verkündet der Gerichtshof sofort das freisprechende Erkenntniß, und verordnet die Freilassung des verhafteten Angeklagten, sofern dieser nicht in einer anderen Strafsache in Haft zu behalten ist. Ist der Angeklagte für schuldig erklärt worden, so folgen die Vorträge des Staatsanwalts und des Vertheidigers so wie

*) G.-A. B. 1. S. 357. B. 2. S. 89. J.-M.-Bl. pro 1853. S. 339.

**) Ges. v. 3. Mai 1852. Art. 99.

***) Ges. v. 3. Mai 1852. Art. 100. G.-A. B. 2. S. 667.

†) G.-A. B. 3. S. 394.

des Angeklagten selbst über die Anwendung des Gesetzes. Die in dem Ausspruche der Geschworenen festgestellten Thatsachen dürfen dabei nicht mehr in Zweifel gezogen werden. Sodann hat der Gerichtshof das Straferkenntniß abzufassen und zu verkünden. Er muß ebenfalls seiner Entscheidung die Thatsachen zum Grunde legen, welche durch den Ausspruch der Geschworenen festgestellt sind und darf bei Anwendung des Strafgesetzes auf andere Erkenntnißquellen nicht zurückgehen. Ist die That, deren der Angeklagte für schuldig erklärt worden, durch ein Strafgesetz nicht vorgesehen, so muß der Gerichtshof auch jetzt noch den Angeklagten freisprechen. Bei Abfassung des Erkenntnisses bildet das Verdict der Geschworenen die thatsächliche Feststellung. Da dasselbe nicht näher zu motiviren ist, so können die Motive des Straferkenntnisses sich nur auf den Rechtspunct und die Abmessung der Strafe beziehen.

Die Berathung über das Urtel erfolgt ohne Beisein anderer Personen, wodurch jedoch die Gegenwart des Gerichtsschreibers so wenig wie die des nicht in Function getretenen Ergänzungsrichters ausgeschlossen wird. Bei der Fällung des Urtels entscheidet Stimmenmehrheit. Ueber den Umfang der Rechtskraft des Straferkenntnisses wird auf die in §. 40 enthaltenen Bemerkungen Bezug genommen *).

Achtes Kapitel.

Von dem Rechtsschutz gegen das Verfahren der Gerichte.

Vorerinnerung.

Die Sicherung wahrer Gerechtigkeit hat es als nothwendig erscheinen lassen, gegen gerichtliche Verfügungen und Beschlüsse, gegen richterliche Erkenntnisse und richterliche Strafmandate, um möglichen Rechtsverletzungen vorzubeugen, dem Betheiligten einen Rechtsschutz zu gewähren. Zu diesem Zwecke hat unsere Gesetzgebung folgende Mittel gegeben:

1) Die einfache Beschwerde **).

---

*) Verordn. v. 3. Jan. 1849. §. 118, 120, 121, 122, 123, 124 u. 125. G.-A. B. 4. S. 535. G.-A. B. 3. S. 249.

**) Ges. v. 3. Mai 1852. Art. 11.

2) Der Einspruch, welcher von dem Verurtheilten gegen ein die Stelle eines Erkenntnisses vertretendes Strafmandat des Polizeirichters binnen 10 Tagen nach der Zustellung erhoben werden kann, und die Ansetzung eines Termins zur mündlichen Verhandlung vor dem Polizeirichter zur Folge hat*).
3) Die Wiedereinsetzung in den vorigen Stand gegen den Ablauf präclusivischer Fristen**).
4) Die kraft des Gesetzes eintretende Ungültigkeit der schwurgerichtlichen Contumacialerkenntnisse bei Gestellung des Angeklagten***).
5) Das Rechtsmittel des Recurses†).
6) Das Rechtsmittel der Appellation††).
7) Die Nichtigkeitsbeschwerde†††).
8) Die Restitution gegen rechtskräftige Erkenntnisse*†).

Von den unter Nr. 2 und 4 genannten Mitteln ist schon am geeigneten Orte die Rede gewesen, hier soll zuvörderst von der einfachen Beschwerde, sodann von den beiden ordentlichen Rechtsmitteln der Appellation und dem Recurse, demnächst von den außerordentlichen Rechtsmitteln der Nichtigkeitsbeschwerde und Restitution und endlich von der unter Nr. 3 erwähnten Wiedereinsetzung in den vorigen Stand gehandelt werden.

§. 44.

Die einfache Beschwerde.

Im Allgemeinen lassen sich zwei Arten von Beschwerden unterscheiden, je nachdem sie im Rechtswege oder im Aufsichtswege ihre Erledigung finden. Letzteres ist der Fall bei solchen Beschwerden in Rechtsangelegenheiten, welche die Disciplin, den Geschäftsbetrieb oder Verzögerungen betreffen. Sie werden schließlich durch den Justizminister entschieden**†),

*) Ges. v. 3. Mai 1852. Art. 125.
**) Ges. v. 3. Mai 1852. Art. 130.
***) Ges. v. 3. Mai 1852. Art. 44 u. 45.
†) Verordn. v. 3. Jan. 1849. §. 165.
††) Verordn. v. 3. Jan. 1849. §. 126.
†††) Ges. v. 3. Mai 1852. Art. 106.
*†) Verordn. v. 3. Jan. 1849. §. 151.
**†) Ges. v. 3. Mai 1852. Art. 17. Verordn. v. 3. Jan. 1849. §. 35.

bieten jedoch in ihrer Behandlung keine Eigenthümlichkeiten dar. Für die im Rechtswege zu erledigende Beschwerde sind dagegen besondere Vorschriften in unseren Strafproceßgesetzen enthalten*). Sie hat eine richterliche Verfügung oder einen gerichtlichen Beschluß zu ihrer Voraussetzung und bezweckt deren Aufhebung oder Abänderung als gravirend für den Betheiligten. Man hat diese Beschwerde regelmäßig überall zugelassen und die Fälle, wo von dieser Regel Ausnahmen nothwendig erscheinen, in den Gesetzen ausdrücklich hervorgehoben, oder durch Anordnung eines anderweitigen Verfahrens die Beschwerde indirect ausgeschlossen**). Die Beschwerde folgt dem Instanzenzuge der gegen Erkenntnisse in den betreffenden Sachen zulässigen Rechtsmittel***), wo also der Instanzenzug in Ansehung der Rechtsmittel aufhört, hört derselbe auch in Ansehung der Beschwerden auf.

Auch in Schwurgerichtssachen geht demgemäß die Beschwerde gegen Beschlüsse welche in der Hauptverhandlung erlassen sind, an das Ober-Tribunal, weil an dieses das Rechtsmittel gegen schwurgerichtliche Erkenntnisse devolvirt wird. So weit aber jene Verfügungen und Beschlüsse in Schwurgerichtssachen außerhalb der Hauptverhandlung erlassen sind, also z. B. sich auf die Untersuchungshaft, oder die Strafvollstreckung beziehen, hat das dem Gericht von welchem sie ergangen vorgesetzte Appellationsgericht über die Beschwerde zu befinden†).

Die Beschwerde hat an und für sich keine aufschiebende Wirkung, doch steht es dem Gericht welches den Beschluß gefaßt hat frei, die Aufschiebung des noch nicht vollstreckten Beschlusses anzuordnen, und eine gleiche Befugniß ist auch dem höheren Gerichte nicht abzusprechen.

Bei den zunächst an das Appellationsgericht gerichteten Beschwerden ist gegen den darauf gefaßten Beschluß dieses Gerichtshofes die Beschwerde an das Obertribunal zulässig, wenn der betreffende Beschluß aus Rechtsgründen angefochten wird. Da das Ober-Tribunal nicht über Thatsachen sondern über Rechtsfragen entscheiden soll, auf diesem Gebiete aber die Aufgabe hat dafür zu sorgen, daß nach richtigen und gleichmäßigen Rechtsgrundsätzen verfahren wird, so entspricht es der Stellung des obersten

*) Materialien S. 73 u. 368.

**) Ges. v. 3. Mai 1852. Art. 11. G.-A. B. 1. S. 64.

***) Verordn. v. 2. Jan. 1849. §. 35. Ges. v. 3. Mai 1852. Art. 12.

†) Ges. v. 3. Mai 1852. Art. 12.

Gerichtshofes, daß derselbe auch in Beschwerdesachen angegangen werden kann, so weit es sich um Rechtsfragen handelt. Mit dieser Beschränkung findet die Beschwerde an das Ober-Tribunal insonderheit auch in folgenden Fällen statt*):

1) gegen Haftbeschlüsse;
2) gegen Beschlüsse durch welche der Antrag auf Eröffnung der Untersuchung zurückgewiesen wird;
3) gegen Verfügungen nach welchen Geschworene, weil sie ohne genügend befundene Entschuldigung nicht erschienen sind, oder sich entfernt haben, in Strafe genommen worden sind;
4) gegen Beschlüsse auf Versetzung in den Anklagestand, wenn die Beschwerde bezweckt die Beurtheilung des Falls in größerer Ausdehnung dem Urtheil des erkennenden Richters zu unterbreiten;
5) gegen Beschlüsse des Appellationsgerichts, durch welche die Appellation als nicht rechtzeitig angemeldet, oder die Restitution als unbegründet zurückgewiesen worden ist.

Aber auch in manchen andern Beschwerdefällen dürfte die Beschwerdeführung beim Ober-Tribunal keinem Bedenken unterliegen, wenn z. B. der Richter aus Rechtsgründen verweigert, die vom Staatsanwalt beantragte Zeugenvernehmung zu bewirken, oder wenn ein Zeuge sich rechtlich nicht für verbunden erachtet Zeugniß abzulegen und die Instanzrichter ihn dazu nöthigen wollen, oder wenn ein Vertheidiger aus Rechtsgründen sich weigert eine Vertheidigung zu übernehmen, und mit dieser Weigerung bei den Instanzrichtern kein Gehör findet. Die Zahl der Beispiele ließe sich um manche vermehren, da jedoch eine erschöpfende Aufzählung nicht möglich ist, hat man sich an den aufgestellten allgemeinen Grundsatz zu halten.

Zur Beschwerdeführung über Verfügungen des Appellationsgerichts ist nicht der Staatsanwalt bei dem Gerichte erster Instanz sondern nur der bei dem Appellationsgerichte fungirende Ober-Staatsanwalt befugt**).

Einer besonderen Beachtung bedürfen mit Rücksicht auf die dagegen zulässige Beschwerde die Beschlüsse wegen Eröffnung oder Nicht-Eröffnung der Untersuchung. Wird die Eröffnung der Untersuchung beschlossen, so kann der Angeklagte dagegen keine Beschwerde führen, aber auch

---

*) Ges. v. 3. Mai 1852. Art. 13. G.-A. B. 1. S. 65.

**) Verfügung v. 7. Febr. 1851. J.-M.-Bl. S. 42. G.-A. B. 2. S. 810.

dem Staatsanwalt steht die Befugniß nicht zu den desfälligen Beschluß zu Gunsten des Angeklagten im Beschwerdewege rückgängig zu machen*), weil dadurch der Aufgabe des erkennenden Richters vorgegriffen und dessen Thätigkeit wesentlich geschmälert werden würde. Beschlüssen, durch welche eine Untersuchung eröffnet wird, stehen Beschlüsse, durch welche die Fortdauer der vorläufigen Beschlagnahme einer Druckschrift angeordnet wird, nicht gleich, es findet vielmehr gegen diese, wie gegen jede andere gerichtliche Verfügung die Beschwerde statt**).

Wird die Eröffnung der Untersuchung abgelehnt, so steht dagegen dem Staatsanwalt, resp. dem Polizeianwalt, nicht aber betheiligten Privatpersonen das Recht der Beschwerde zu***); letztere können nur durch den Ober-Staatsanwalt den betreffenden Staatsanwalt zur Erhebung der Beschwerde veranlassen. Der Angeklagte hat in diesem Falle selbstverständlich keinen Anlaß zur Beschwerde. Ueber das Verfahren bei Beschwerden des Staatsanwalts wegen Zurückweisung seines Antrags auf Eröffnung der Untersuchung gelten folgende Bestimmungen: der Staatsanwalt hat bei Absendung seiner Beschwerde an das Appellationsgericht gleichzeitig seine Bureauacten und die gerichtlichen Acten dem Ober-Staatsanwalt einzureichen. Von diesem werden die letzteren unter Mittheilung der seinerseits auf die Beschwerde etwa zu machenden Bemerkungen an das Appellationsgericht befördert. Wird die erfolgte Zurückweisung des Antrags für gerechtfertigt erklärt, so hat das Appellationsgericht die Acten mit dem Beschlusse dem Ober-Staatsanwalt zu übersenden, der, wenn er weitere Beschwerde dagegen bei dem Ober-Tribunal führen will, dabei ebenso zu verfahren hat, wie dies dem Obigen zufolge vom Staatsanwalt geschehen muß. In den Fällen wo die Beschwerde der Staatsanwaltschaft von dem Appellationsgerichte, beziehungsweise von dem Ober-Tribunal für begründet erachtet wird, haben dieselben die erforderliche Verfügung unmittelbar an das betreffende Gericht zu erlassen unter Mittheilung einer Abschrift des Beschlusses an den bei ihnen angestellten General-Staatsanwalt oder Ober-Staatsanwalt, oder sie lassen die Acten durch Vermittelung der Staatsanwaltschaft an das betreffende

*) G.-A. B. 1. S. 64. Ges. v. 3. Mai 1852. Art. 15.

**) G.-A. B. 2. S. 103.

***) G.-A. B. 3. S. 402.

Gericht zurückgelangen*). Dem Staatsanwalt steht auch dann, wenn er auf Einstellung des Verfahrens angetragen und diese beschlossen ist, die Befugniß zu gegen diesen Einstellungsbeschluß Beschwerde einzulegen**).

Ueberall wo die Beschwerde gegen einen Einstellungsbeschluß für begründet erachtet wird, ist der förmliche Beschluß auf Eröffnung der Untersuchung von dem Gerichte zu erlassen, welches über die Beschwerde entscheidet***). Auch das Ober-Tribunal kann danach in die Lage kommen, diesen Beschluß selbstständig zu fassen. Wenn nämlich der Antrag auf Versetzung in den Anklagestand von dem Appellationsgericht aus Rechtsgründen zurückgewiesen wird, ohne daß der Antrag nach seiner thatsächlichen Grundlage geprüft ist, so tritt das Ober-Tribunal, wenn es auf geführte Beschwerde befindet, daß der zurückweisende Beschluß auf einem Rechtsirrthum beruht, in Beziehung auf die Thatfrage an die Stelle des Appellationsgerichts und unterzieht sich deren Prüfung und Feststellung.

In allen Beschwerdesachen, welche an das Appellationsgericht oder Ober-Tribunal gelangen, muß die Staatsanwaltschaft bei dem Gerichte, welches über die Beschwerde zu beschließen hat, auf ihr Verlangen mit ihrem schriftlichen oder mündlichen Antrage gehört werden, auch kann das Gericht von Amtswegen die Beschwerde zur Stellung eines schriftlichen Antrags der Staatsanwaltschaft vorlegen lassen†). So weit die Beschwerden von der Staatsanwaltschaft erhoben werden, und nach den desfälligen reglementarischen Bestimmungen durch die Hände des Ober- oder General-Staatsanwalts an das höhere Gericht gelangen, ist allerdings die Anhörung des höheren Beamten der Staatsanwaltschaft gesichert, bei allen übrigen Beschwerden, welche unmittelbar bei dem Gerichte eingehen, hängt es aber lediglich von der größeren oder geringeren Bereitwilligkeit der Gerichte ab, in wie weit es dem Beamten der Staatsanwaltschaft möglich ist, sich Gehör zu verschaffen. Die innere Einrichtung des Geschäftsganges ist in dieser Hinsicht bei den verschiedenen Gerichten sehr verschieden.

---

*) J.-M.-Bl. pro 1851. S. 42. (Verfügung v. 7. Febr. 1851).

**) G.-A. B. 3. S. 676.

***) Ges. v. 3. Mai 1852. Art. 16.

†) Ges. v. 3. Mai 1852. Art. 1.

Die Beschwerde ist außer den im Gesetze ausdrücklich bezeichneten Fällen an keine Frist gebunden. Ist dagegen eine solche für die Beschwerde an das Appellationsgericht bestimmt, so muß sie auch für die weitere Beschwerde an das Ober-Tribunal beobachtet werden*). Die Gesetze schreiben eine Frist in folgenden Fällen vor:

Bei Beschwerden

a) gegen Beschlüsse durch welche der Antrag auf Eröffnung der Untersuchung zurückgewiesen wird**);

b) gegen Beschlüsse über den Einwand der Incompetenz, welche auf die örtliche Begrenzung des Gerichtsbezirks gegründet ist, und zwar in der Voruntersuchung gleichviel ob der Einwand für gerechtfertigt erachtet wird oder nicht, im Hauptverfahren jedoch nur wenn der Beschluß dem Einwande entspricht***);

c) gegen Beschlüsse durch welche Geschworene, weil sie unentschuldigt ausgeblieben oder sich entfernt haben, in Strafe genommen sind†);

d) gegen Beschlüsse durch welche die Appellation und Nichtigkeitsbeschwerde aus formellen Gründen, die Restitution als unbegründet zurückgewiesen wird††);

e) gegen Verfügungen des Recursrichters, durch welche der Recurs als nicht zulässig oder als nicht begründet zurückgewiesen wird†††), falls die Staatsanwaltschaft dagegen Beschwerde führen will.

Im letzten Falle wo überdies zur Beschwerdeführung die Ermächtigung des Justizministers einzuholen ist, ist die Frist eine sechswöchige, in den übrigen Fällen gilt eine präclusivische Frist von zehn Tagen. Beschwerden über Beschlüsse durch welche das angegangene Gericht wegen Beschaffenheit der Sache seine Incompetenz ausspricht, sind an keine Fristen gebunden*†).

---

*) Ges. v. 3. Mai 1852. Art. 14.

**) Verordn. v. 3. Jan. 1849. §. 13.

***) Ges. v. 3. Mai 1852. Art. 5.

†) Verordn. v. 3. Jan. 1849. §. 72.

††) Verordn. v. 3. Jan. 1849. §. 131. Ges. v. 3. Mai 1852. Art. 112. Verordn. v. 3. Jan. 1849. §. 154.

†††) Ges. v. 3. Mai 1852. Art. 129. Verordn. v. 3. Jan. 1849. §. 169.

*†) Urtel des Ober-Tribunals v. 17. April 1850. Grundsätze I. Fortsetzung S. 4.

§. 45.

Das Rechtsmittel der Appellation.

Die Appellation ist das ordentliche Rechtsmittel gegen die von den Gerichtsabtheilungen gefällten Urtheile. Dasselbe findet aber auch Anwendung gegen Erkenntnisse der Einzelrichter, welche eine Zuwiderhandlung wider die Vorschriften über Erhebung öffentlicher Abgaben und Gefälle betreffen, oder ein nach dem Gesetze vom 14. April 1856 zur Competenz der Einzelrichter gehöriges Vergehn zum Gegenstande haben*). Da bei uns alle Incidentfragen durch Beschlüsse erledigt werden, so giebt es nur Endurtheile in der Sache selbst und Incompetenzerkenntnisse, und gegen beide kann appellirt werden**).

Die Appellation ist im Allgemeinen sowohl in Ansehung der Rechtsfrage, wie der Thatfrage statthaft. Die Appellation bezüglich der Thatfrage, durch welche die Ueberzeugung des ersten Richters als thatsächlich unrichtig angefochten wird, ist allerdings vom Standpuncte der Theorie aus betrachtet mit dem Princip der freien Ueberzeugung, durch welche die Schuldfrage entschieden wird, unvereinbar, weil die freie Ueberzeugung ihrem inneren Wesen nach der Kritik des höheren Richters sich entzieht. Will man daher die Ueberzeugung eines zweiten Richters an die Stelle des ersten setzen, so wird man sich wenigstens veranschaulichen müssen, daß derselbe strenge genommen nicht die Ueberzeugung des ersten Richters einer Prüfung unterzieht, sondern nur als anderer Richter der Thatfrage seinerseits eine Ueberzeugung von neuem sich bilden kann. Er tritt damit in die Stellung des ersten Richters ein, und löst wiederholt die von diesem schon gelöste Aufgabe mit dem Erfolge, daß seine Ueberzeugung der des ersten Richters substituirt wird. Die Vorzüge eines solchen Verfahrens können nur auf der Annahme beruhen, entweder daß dem Appellationsgericht, durch höhere Befähigung oder verstärkte Zahl seiner Mitglieder besser qualificirt, ein richtigeres Urtheil über dasselbe factische Material, welches schon von dem Richter erster Instanz beurtheilt worden ist, beiwohne, oder daß dies Material sich in zweiter Instanz ver-

*) Verordn. v. 3. Jan. 1849. §. 126. Ges. v. 3. Mai 1852. Art. 101 u. 142. Ges. v. 14. April 1856. §. 2. G.-A. B. 1. S. 555.

**) Ges. v. 3. Mai 1852. Art. 8.

mehrt habe, dem Appellationsrichter daher ein weiterer Blick in das Sachverhältniß eröffnet sei. In letzterer Beziehung wird namentlich behauptet, daß das Mißverhältniß, in welchem bei Sachen, die nicht zur Competenz der Schwurgerichte gehören, die Vertheidigung des Angeschuldigten der Anklage gegenüber sich befinde, in vielen Fällen so groß sei, daß der Angeklagte erst durch das Urtel des ersten Richters inne werde, warum es sich eigentlich gegen ihn gehandelt habe; man will ihm daher in der zweiten Instanz das Feld einer wirksameren Vertheidigung eröffnen, nachdem für ihn das wahre Verständniß der Sache begonnen habe.

Wenn mit diesen Gründen die Appellationsinstanz im Allgemeinen gerechtfertigt wird, so sollte wenigstens dem Appellationsrichter außer dem neu gewonnenen thatsächlichen Material auch dasjenige ungeschmälert unterbreitet werden was dem ersten Richter vorgelegen hat, dies Alles aber auf dem nämlichen Wege zu seiner Kenntniß, wie zu der des ersten Richters gelangen. Er müßte daher, neben Erhebung der neuen Beweise, den vom ersten Richter erhobenen Beweis vollständig vor sich im mündlichen Verfahren wiederholen.

Ein solches Appellationsverfahren ist aber schon mit unserer Gerichtsverfassung völlig unvereinbar. Die große Ausdehnung der Appellationsgerichts-Bezirke, so wie die bedeutende Vermehrung der Kosten und die erhebliche Belästigung der bereits in erster Instanz vernommenen Zeugen lassen es nur selten statthaft erscheinen, die Beweisaufnahme vor dem zweiten Richter in der Audienz zu wiederholen, und zu derselben die schon vernommenen oder neu zu vernehmenden Zeugen vorzuladen. Wo daher in unserer Gesetzgebung von einer Beweisaufnahme in zweiter Instanz die Rede ist, begnügt sich die Praxis damit die Erhebung des Beweises commissarisch vornehmen zu lassen und die Aussagen der solchergestalt vernommenen Zeugen in der Audienz zur Lesung zu bringen.

Nachdem dies zum Verständniß unserer Gesetze vorausgeschickt, ist zu erwähnen, daß dieselben zwar den Grundsatz voranstellen, daß der Appellationsrichter an die thatsächliche Feststellung des ersten Richters, d. h. an die Feststellung der Thatsachen, welche zu den wesentlichen Merkmalen der den Gegenstand der Entscheidung bildenden strafbaren Handlung gehören, gebunden sei; von diesem Grundsatze aber so wesentliche Abweichungen zulassen, daß die allgemeine Regel fast illusorisch wird, auch bei allen diesen Abweichungen ein Verfahren statuiren, welches das Princip der Mündlichkeit geradezu verletzt. Der Appellationsrichter darf nämlich bei uns ein von den Feststellungen des ersten Richters abweichendes Sachverhältniß zum Grunde legen*):

1) wenn eine Beweisaufnahme über neue Thatsachen stattgefunden hat, oder über schon vor dem ersten Richter zur Sprache gebrachte Thatsachen neuer Beweis erhoben ist;
2) wenn wesentliche Bedenken gegen die Feststellung des ersten Richters oder die neue Beweiserhebung zugleich eine gänzliche oder theilweise Wiederholung der in erster Instanz stattgefundenen Beweisaufnahme rathsam erscheinen lassen.

Hiernach ist der Appellationsrichter durch nur theilweise Reproduction des Beweises, oder sogar ohne alle Reproduction durch bloße Erhebung des neuen Beweises zu neuer thatsächlicher Feststellung ermächtigt. Wenn freilich der neue Beweis nach der eigenen Ansicht des Appellationsrichters die zu erweisende Thatsache nicht dargethan, darf er zu einer Aenderung der thatsächlichen Feststellung des ersten Richters sich nicht etwa bloß deshalb herbeilassen, weil er ja überhaupt Beweis erhoben hat.

Sobald aber nur nach irgend einer Seite hin eine wenn auch noch so beschränkte nicht ganz erfolglose neue Beweisaufnahme oder eine theilweise Reproduction des Beweises erster Instanz stattgefunden, so liegt es in der Hand des Appellationsrichters, in jeder Richtung von den thatsächlichen Feststellungen des ersten Richters abzuweichen, und das ganze Sachverhältniß einer völlig freien und selbstständigen Beurtheilung zu unterziehen**), dieselbe also namentlich auch auf diejenigen Theile und Momente der Thatfrage auszudehnen, rücksichtlich deren eine Beweisaufnahme in zweiter Instanz garnicht stattgefunden hat.

Bei diesen weit greifenden Befugnissen des Appellationsrichters in Bezug auf die Abänderung der thatsächlichen Feststellung des ersten Richters ist aber die unerläßliche Bedingung für eine richtigere Beurtheilung der factischen Sachlage ganz übersehen worden. Abgesehen von den äußerst seltenen Fällen, wo die ganze Beweisaufnahme in der Audienz wiederholt wird, tritt die Bedingung niemals ein, daß er Alles das sieht und hört, was der erste Richter gesehen und gehört hat, er läuft daher allemal Gefahr ein dem wahren Sachverhältniß widersprechendes Urtheil zu fällen. Ihm liegt zunächst nur das motivirte Urtel des ersten Rich-

*) Ges. v. 3. Mai 1852. Art. 101.

**) G.-A. B. 3. S. 404. B. 5. S. 409.

ters vor. Dieses enthält aber niemals das gesammte Ergebniß der Verhandlungen erster Instanz und kann noch weniger den Eindruck darstellen und veranschaulichen, den dieses oder jenes Moment für die Ueberzeugung des ersten Richters bewirkt hat. Unter Umständen kann der Appellationsrichter freilich noch auf die Acten zurückgehen, um Bedenken gegen die Feststellung des ersten Richters zu beseitigen, allein die Acten werden ihm noch weniger einen sicheren Anhaltspunct gewähren als das Urtel, und sind zur Corrigirung des Urtels ganz untauglich, weil sie entweder nur das historische Material zur Begründung der Anklage oder die dürftigen Aufzeichnungen des Audienzprotocolls enthalten, vor denen die im Urtel verzeichneten Ergebnisse der mündlichen Verhandlung meistens noch den Vorzug verdienen. Der Appellationsrichter ist demgemäß nur auf Acten und zwar auf sehr unvollständige Acten verwiesen, sowohl bei Prüfung der Frage, ob die neu vorgebrachten Thatsachen und Beweise erheblich sind, als wo es sich um Wiederholung des Beweisverfahrens wegen wesentlicher Bedenken gegen die erstrichterliche Feststellung handelt. Nicht besser steht die Sache, wenn es in zweiter Instanz zu einer neuen oder wiederholten Beweisaufnahme kommt, denn wie schon oben bemerkt, werden die Zeugen gewöhnlich commissarisch vernommen, ihre Aussage wird im Audienztermin verlesen und der Appellationsrichter gründet seine Entscheidung wiederum auf die Acten. Wenn aber einerseits der gesammte Inbegriff der Verhandlungen, woraus der erste Richter seine Ueberzeugung geschöpft hat, nicht dergestalt actenmäßig wird, daß er der Prüfung des zweiten Richters in thatsächlicher Hinsicht vollständig unterbreitet werden kann, und wenn andererseits die todten Worte der Acten die unmittelbaren Erkenntnißquellen ersetzen sollen, so wird es anerkannt werden müssen, das die Appellationserkenntnisse, so weit sie von der thatsächlichen Feststellung des ersten Richters abweichen, keine Gewähr dafür leisten, daß sie auf einer richtigeren factischen Grundlage beruhen als die Urtheile erster Instanz*).

Nach diesen allgemeinen Bemerkungen gehen wir zur Darstellung des Appellationsverfahrens im Einzelnen über. Berechtigt zu appelliren ist sowohl der Staatsanwalt wie der Angeklagte**). Die Staatsanwalt-

*) G.-A. B. 2. S. 621. Abhandl. von Voitus. G.-A. B. 4. S. 603 u. 754. Abhandl. von Tippelskirch. G.-A. B. 4. S. 31. Abhandl. des Verfassers im Gerichtssaal Jahrg. 5. B. 2. S. 224.

**) Verordn. v. 3. Jan. 1849. §. 126.

schaft hat sich aber darauf zu beschränken nur in erheblichen Fällen und wenn gegen die unzweideutige Sachlage verstoßen, oder ein wichtiges Strafgesetz oder eine wesentliche Proceßvorschrift verletzt worden ist, Rechtsmittel einzulegen. Als Regel hat sie den Gesichtspunct festzuhalten, daß von einem Rechtsmittel nicht lediglich zur Aufrechthaltung eines Grundsatzes des Rechts oder des Verfahrens in Fällen Gebrauch zu machen ist, wo die ergangene Entscheidung sich als der eigenthümlichen Lage und Bedeutung des Falls entsprechend darstellt. Um einem verletzten Grundsatze seine Geltung zu verschaffen, ist ein solcher Fall abzuwarten, der auch nach seiner concreten Beschaffenheit die Anwendung der vollen Strenge des Gesetzes erheischt. Die Einlegung der Appellation wegen des Strafmaaßes wird sich nur selten als zweckmäßig empfehlen, meistentheils ist das öffentliche Interesse weniger dabei betheiligt, wie hoch oder wie niedrig, als vielmehr nur dabei, ob überhaupt gestraft oder ob freigesprochen worden*). Dagegen ist die Staatsanwaltschaft falls die Sache dazu angethan ist, so berechtigt wie verpflichtet, auch gegen ihre eigenen Anträge Rechtsmittel einzulegen, wenn sie sich hinterher überzeugt, daß sie selbst den wahren Sinn des Gesetzes verkannt, und das richterliche Urtel ihren unrichtigen Anträgen beigepflichtet hat**). Der Staatsanwaltschaft steht es endlich auch frei, im Interesse des Angeklagten Rechtsmittel einzulegen***), weil sie als Vertreterin des Staats berufen ist, die materielle Wahrheit und das wirkliche Recht zur Geltung zu bringen.

Nicht minder ist der Angeklagte selbst berechtigt in seinem Interesse zu appelliren†), und abgesehen von dem Falle, wo der Staatsanwalt zu Gunsten des Angeklagten appellirt, ist ihm allein die Entscheidung darüber beigelegt, ob das Rechtsmittel für ihn eingelegt werden soll. Gegen den Willen des Angeklagten kann daher weder vom Vertheidiger, noch von seinen nahen Verwandten für ihn appellirt werden††). Dagegen können der Vertheidiger sowohl wie die nahen Angehörigen, sofern sie vermuthete Vollmacht haben und zu den großjährigen Männern gehören,

---

*) Verfügung v. 25. Novbr. 1850. J.-M.-Bl. S. 399. Verfügung v. 4. April 1854. J.-M.-Bl. S. 149.

**) J.-M.-Bl. pro 1850. S. 150.

***) Ges. v. 3. Mai 1852. Art. 1.

†) Verordn. v. 3. Jan. 1849. §. 126.

††) G.-A. B. 2. S. 541. B. 3. S. 403. B. 5. S. 76.

in Erwartung nachträglicher Genehmigung, auch ohne besondere Vollmacht für den Angeklagten einstweilen appelliren. Ja es wird das Rechtsmittel selbst dann noch berücksichtigt, wenn Personen, die nicht einmal die Vermuthung einer Vollmacht für sich haben, appelliren und der Angeklagte auch nur nach Ablauf der Frist ihr Verfahren ausdrücklich oder durch concludente Handlungen genehmigt*).

Die Frist, welche das Gesetz zur Anmeldung der Appellation gestattet, ist eine zehntägige Präclusivfrist, d. h. eine solche, welche keine Verlängerung zuläßt**). War der Angeklagte bei Verkündung des Urtels erster Instanz persönlich anwesend, so beginnt für ihn die Frist mit dem Ablauf des Tages, an welchem das Urtel verkündet worden. Mit dem nämlichen Zeitpuncte beginnt sie allemal für den Staatsanwalt. Hat die Verkündung dagegen in Abwesenheit des Angeklagten stattgefunden, so nimmt die Frist für ihn erst mit dem Ablaufe desjenigen Tages ihren Anfang, an welchem ihm die Ausfertigung des Urtels behändigt worden ist***). Dies ist namentlich auch der Fall wenn er in zulässiger Weise durch einen Bevollmächtigten im Audienztermin vertreten war, weil die bloße Vertretung in dieser Hinsicht der persönlichen Anwesenheit nicht gleichgestellt ist†). Die mangelnde schriftliche Abfassung der Erkenntnißgründe ist zwar ohne Einfluß auf den Lauf der Appellationsfrist, wenn aber aus dem Audienzprotocoll nicht erhellt, daß das Urtel unter mündlicher Mittheilung der Gründe verkündet worden, so würde die Appellationsfrist, auch wenn der Angeklagte im Audienztermin erschienen wäre, nicht von der Verkündung des Erkenntnisses sondern erst von der Behändigung der Ausfertigung desselben zu berechnen sein††). Wenn die Anmeldungsschrift am letzten Tage der präclusivischen Frist bei der Post am Orte des betreffenden Gerichts eingeht, und aus irgend einem zufälligen Grunde nicht an diesem, sondern erst am folgenden Tage beim Gericht präsentirt wird, so gilt das Rechtsmittel noch als rechtzeitig eingelegt, sofern die Präsentation der bezüglichen Schrift bei Gericht innerhalb der gesetzlichen

*) G.-A. B. 2. S. 83. J.-M.-Bl. pro 1853. S. 419. J.-M.-Bl. pro 1850. S. 97. Materialien S. 149.

**) Verordn. v. 3. Jan. 1849. §. 126.

***) Verordn. v. 3. Jan. 1849. §. 127.

†) G.-A. B. 4. S. 544.

††) J.-M.-Bl. pro 1854. S. 175. G.-A. B. 2. S. 247. B. 4. S. 544.

Frist unter den obwaltenden Umständen möglich war*). Wenn ferner der verhaftete Angeklagte innerhalb der zehntägigen Frist die Vorführung vor den Untersuchungsrichter behufs Einlegung der Appellation verlangt, aber nicht erreicht hat, ihm demnach bei der Beschränkung seiner Freiheit nicht die gehörige Benutzung der Frist gestattet gewesen ist, so läuft die Frist gegen ihn nicht ab, weil dadurch die ordnungsmäßige Anwendung der Strafgesetze gehindert werden würde**). Der Verzicht auf die Appellation kann innerhalb der zehntägigen Anmeldungsfrist widerrufen werden***). Die Anmeldung erfolgt bei dem Gerichte erster Instanz entweder schriftlich oder mündlich zum Protocoll. Es wird aber auch durch Anmeldung bei einer Deputation oder Commission des betreffenden Kreisgerichts das Rechtsmittel gewahrt†). Die bei dem Appellationsrichter erfolgte Anmeldung ist unwirksam††). Zur Berufung ist nur die Form der richterlichen Imploration erforderlich und es kommt nicht darauf an, in welcher Weise die Absicht das Urtel anfechten zu wollen zu erkennen gegeben wird. Es wird nicht einmal die Angabe bestimmter Beschwerdepuncte verlangt, und selbst die mündlich in der Audienz erklärte Einlegung der Appellation wird für rechtlich wirksam erachtet†††).

Was die Wirkung der Appellationsanmeldung betrifft, so wird durch die Einlegung des Rechtsmittels Seitens des Angeklagten die Vollstreckung der Strafe aufgehalten. Eine vorläufige Abführung des zu einer Freiheitsstrafe Verurtheilten nach der Strafanstalt ist, selbst mit dessen Einwilligung, nicht mehr zulässig, das Gericht ist jedoch befugt und verpflichtet die erforderlichen Sicherheitsmaaßregeln gegen den Verurtheilten zu treffen*†). Die Appellation des Staatsanwalts hat dagegen keine Suspensivwirkung, sie hält bei dem zu einer Freiheitsstrafe Verurtheilten den Antritt der Strafe nicht auf, und hindert ebensowenig die Freilassung des Angeklagten, wenn das Urtel eine Freiheitsstrafe gegen ihn nicht verhängt hat*††).

---

*) G.-A. B. 3. S. 118. B. 4. S. 221.

**) G.-A. B. 1. S. 66. B. 5. S. 45 u. 75.

***) G.-A. B. 1. S. 373. B. 5. S. 74.

†) Verordn. v. 3. Jan. 1849. §. 128. J.-M.-Bl. pro 1858. S. 11.

††) Materialien S. 149.

†††) G.-A. B. 1. S. 372. B. 3. S. 681. B. 1. S. 553.

*†) Verordn. v. 3. Jan. 1849. §. 159.

*††) Verordn. v. 3. Jan. 1849 §. 157 u. 158. Ges. v. 3. Mai 1852. Art. 119.

Die Beschwerden des Appellaten können, wo solche überhaupt speciell angeführt sind, die Thatfrage, wie den Rechtspunct betreffen, sie können insonderheit das Strafmaaß berühren, oder auch dahin gehen, daß bei dem Verfahren und in der Entscheidung erster Instanz eine solche Nichtigkeit begangen sei, wie sie nöthigenfalls durch die Nichtigkeitsbeschwerde gerügt werden kann. Die Anfechtung der Thatfrage kann vom Appellanten nur mittelst Anführung neuer Thatsachen oder neuer Beweismittel erfolgen*). Die Angabe der Beschwerden, deren Rechtfertigung und die Anführung neuer Thatsachen und Beweise läßt sich schon mit der Appellationsanmeldung verbinden. Alles dies kann aber auch noch innerhalb der auf den Tag der Anmeldung nächstfolgenden zehn Tage geschehen. Diese sogenannte Rechtfertigungsfrist ist nicht ausdrücklich in den Gesetzen als präclusivische bezeichnet, sie kann daher vom Gericht auf den Antrag des Appellanten den Umständen nach noch verlängert werden, auch wird durch den unbenutzt gebliebenen Ablauf derselben das Rechtsmittel keineswegs desert, sondern der Appellant verliert nur das Recht zu fordern, daß von ihm späterhin vorgebrachte neue Thatsachen und Beweise noch zuzulassen und zu berücksichtigen seien**).

Der Richter erster Instanz kann die Nachfrist immer noch gewähren, sobald das desfällige Fristgesuch vor Ablauf der Rechtfertigungsfrist eingegangen ist***). Die Nachfrist datirt nicht vom Tage der Verfügung, sondern erst vom Tage der Bekanntmachung ihrer Bewilligung an den Interessenten†). Eine spätere Rechtfertigungsschrift darf der Richter erster Instanz nicht zurückweisen, sondern hat sie dem Appellationsrichter zu übermitteln, weil dieser nach Lage der Umstände sie noch berücksichtigen darf. Die rechtzeitig eingegangene Rechtfertigungsschrift wird vom Gerichte erster Instanz dem Appellaten mit der Aufforderung mitgetheilt, binnen einer Frist von zehn Tagen anzuzeigen, ob und welche neue Thatsachen oder Beweismittel er seinerseits zur Widerlegung der aufgestellten Beschwerden anzuführen habe††). Die Unterlassnng dieser Aufforderung begründet keine Nichtigkeit, weil die Versäumniß durch den Appellaten

---

*) Verordn. v. 3. Jan. 1849. §. 126.

**) Verordn. v. 3. Jan. 1849. §. 129.

***) G.-A. B. 1. S. 66.

†) G.-A. B. 3. S. 555.

††) Verordn. v. 3. Jan. 1849. §. 130.

noch vor dem Appellationsrichter geltend gemacht und durch Vertagung der Sache der etwanige Nachtheil beseitigt werden kann*). Auch die Frist zur Gegenerklärung kann das Gericht erster Instanz nach seinem Ermessen auf Antrag verlängern**). Bei einer Appellation des Staatsanwalts zu Gunsten des Angeklagten, muß diesem ebenfalls die Appellationsschrift mitgetheilt werden, da derselbe neue der Staatsanwaltschaft unbekannt gebliebene Thatsachen und Beweismittel zur Unterstützung der Beschwerden anzuführen haben könnte***). Ist im Falle der Appellation des Staatsanwalts der Angeklagte verhaftet, so wird demselben der Inhalt der Appellationsschrift vorgelesen und die obige Aufforderung zum Protocoll bekannt gemacht†). Besitzt er einen Vertheidiger, so ist diesem auf Verlangen Abschrift der Appellationsschrift zuzustellen.

Wo eine bloße Anmeldung des Rechtsmittels stattgefunden, eine Rechtfertigungsschrift aber nicht eingereicht worden ist, muß nichts destoweniger dem Appellaten von der Anmeldung Kenntniß gegeben werden††). Die Seitens des ersten Richters ergehende Zurückweisung der Appellation als nicht rechtzeitig angemeldet, darf im Beschwerdewege angefochten werden†††).

Um die Appellation zur Entscheidung des höheren Gerichts zu bringen, kann nach Ablauf der obigen Fristen die Uebersendung der gerichtlichen Acten an das Appellationsgericht durch Vermittelung der Staatsanwaltschaft oder vom Gerichte unmittelbar erfolgen. Letzterenfalls hat der Staatsanwalt, sobald ihm von Absendung der Acten Mittheilung zugeht, sofort seine Büreauacten mit Anführung dessen, worauf es bei der mündlichen Verhandlung zweiter Instanz etwa noch ankommen dürfte, dem Ober-Staatsanwalt zu übersenden, welchem der weitere Betrieb der Sache in zweiter Instanz obliegt*†), und dem das Appellationsgericht alsdann die Acten zur Kenntnißnahme mitzutheilen hat. Der Appellationsrichter kann schon vor Anberaumung eines Termins zum mündlichen

---

*) G.-A. B. 4. S. 680.

**) Ges. v. 3. Mai 1852. Art. 104.

***) J.-M.-Bl. pro 1850. S. 151.

†) Verordn. v. 3. Jan. 1849. §. 130.

††) Ges. v. 3. Mai 1852. Art. 105.

†††) Verordn. v. 3. Jan. 1849. §. 131.

*†) Instruction v. 13. Nov. 1849. §. 23. Verordn. v. 3. Jan. 1849. §. 133.

Verfahren eine commissarische Beweisaufnahme anordnen, und die in zweiter Instanz abzuhörenden Zeugen, statt selbige vorzuladen, durch das Gericht ihres Aufenthalts vernehmen lassen, wenn nach den dafür bestehenden früher schon vorgetragenen Rücksichten ein solches Verfahren statthaft erscheint*). Bei der meistentheils beträchtlichen Entfernung vom Sitze des Appellationsgerichts hat die Praxis diese Art der Beweisaufnahme zur Regel werden lassen und solchergestalt unter dem Schutze des Gesetzes, wiewohl gegen die Absicht des Gesetzgebers (vgl. Materialien S. 152.) das Princip der Mündlichkeit für die zweite Instanz fast ganz beseitigt. Der Anordnung einer solchen Beweisaufnahme muß selbstverständlich eine Prüfung der Erheblichkeit der neu vorgebrachten Thatsachen und Beweise**), oder der Voraussetzungen für die gänzliche oder theilweise Wiederholung der Beweisaufnahme erster Instanz vorausgehen. Denn auch zu dieser ist der Appellationsrichter und zwar von Amtswegen unter Umständen berechtigt***). Bezüglich des Begriffs der neuen Thatsachen und neuen Beweismittel ist anzunehmen, daß Thatsachen über welche in erster Instanz Beweis nicht erhoben ist, oder Beweismittel, welche in erster Instanz nicht aufgenommen worden, in zweiter Instanz als neue Thatsachen resp. neue Beweismittel zu betrachten sind. Insonderheit ist auch die Vereidung eines in erster Instanz nicht vereideten Zeugen als ein neues Beweismittel anzusehen†). Dagegen können Thatsachen über welche in erster Instanz bereits Beweis erhoben ist, und Beweismittel welche vom ersten Richter in gesetzlicher Form aufgenommen sind, bloß deshalb, weil das erste Urtel sie nicht berücksichtigt hat, als neue Thatsachen und Beweise nicht gelten, sondern geeigneten Falls nur eine Wiederholung des Beweisverfahrens rechtfertigen. Die Prüfung der Erheblichkeit der Nova ist durch specielles Eingehen auf die einzelnen Thatsachen und Beweismittel und ihr Verhältniß zur thatsächlichen Feststellung des ersten Richters vorzunehmen, nur durch eine selbstständige thatsächliche Beurtheilung der Sache und der vorhandenen Beweise in ihrem ganzen Zusammenhange kann der Appellationsrichter zu dem Resultate

*) Verordn. v. 3. Jan. 1849. §. 21.

**) Verordn. v. 3. Jan. 1849 §. 126.

***) Ges. v. 3. Mai 1852. Art. 101.

†) G.-A. B. 1. S. 65.

der concreten Erheblichkeit oder Unerheblichkeit der Thatsachen und Beweismittel gelangen.

In ganz gleicher Weise gelangt er auch zu dem Entschluß einer gänzlichen oder theilweisen Wiederholung des Beweisverfahrens. Auch hier hat er sich zu fragen, ob er die thatsächliche Feststellung des ersten Richters in ihrer Begründung und in ihren Folgerungen für gerechtfertigt hält, nur darf er hierbei noch weiter gehen, und aus dem übrigen Acteninhalt, also aus einer Erkenntnißquelle, aus welcher der erste Richter garnicht geschöpft hat, seine Bedenken erledigen*). Endlich ist es in das freie Ermessen des Appellationsrichters gestellt, ob er einen neuen Beweis allein erheben, oder mit ihm zugleich die Beweisaufnahme erster Instanz ganz oder theilweise reproduciren will. Auch um diesen letzteren Entschluß fassen zu können, hat er zu beurtheilen, wie sich die Lage der Sache bei dem vorausgesetzten die Behauptungen des Appellanten bestätigenden Resultate der neuen Beweisaufnahme gestalten würde. So lange dem Appellationsrichter gestattet ist, die thatsächliche Feststellung des ersten Richters abzuändern, ohne vollständige Wiederholung des Beweises erster Instanz, bei jedem an und für sich erheblichen neuen Vorbringen, so lange wird es ihm auch nicht versagt werden können, schon bei seiner vorläufigen Prüfung der Nova und der Bedenken gegen die Feststellung das ganze Sachverhältniß, sowie es in dem Urtel erster Instanz vorgetragen ist, oder wie es aus den Acten sich ergiebt, einer selbstständigen freien Beurtheilung zu unterwerfen**). Wie der Appellationsrichter durch Erhebung neuer Beweise vollständig Herr der Sache wird, so wird er auch schon vorher in freier Beurtheilung der ganzen Sache prüfen dürfen, wie er entscheiden würde, wenn der Beweis gelingt und den Beweis aussetzen, wenn er findet, daß die dadurch nicht berührten Momente der Feststellung noch genügen um die Schuldüberzeugung zu begründen. Wie er ferner bei theilweiser Wiederholung der Beweisaufnahme zu einer freien Kritik der Feststellung in ihrem vollen Umfange berechtigt wird, so steht es ihm auch frei, hiervon Abstand zu nehmen, wenn er seine Bedenken gegen die Feststellung aus dem Acteninhalt zu beseitigen vermag***).

*) Ges. v. 3. Mai 1852. Art. 101.

**) G.-A. B. 5. S. 374.

***) G.-A. B. 4. S. 45. B. 3. S. 118.

Unter Umständen kann auch schon vor Entscheidung der Frage über die Erheblichkeit neuer Thatsachen und Beweise eine vorläufige Vernehmung der neu vorgeschlagenen Zeugen zu dem Behufe angeordnet werden, um erst zu ermitteln, ob sie etwas zur Sache Erhebliches würden bekunden können*). Mit einer solchen Maaßregel ist denn die spätere Vorladung zum Audienztermin vereinbar, und empfiehlt sich dies Verfahren besonders in Fällen, wo die Auswahl einiger Zeugen unter vielen wünschenswerth ist, wo z. B. der Appellant über neue an sich erhebliche Thatsachen eine Menge von Zeugen nur auf die Möglichkeit hin in Vorschlag gebracht hat, daß sie etwas zu seinen Gunsten aussagen werden. Besondere Gründe können den Appellationsrichter auch veranlassen eine verspätete Appellations-Rechtfertigungsschrift oder Gegenschrift noch zuzulassen. Von welchen Gründen er diese Zulassung abhängig machen will, ist seinem Ermessen anheimgestellt, und die Praxis beschränkt dieselbe nicht bloß auf die Fälle, wo die verspätete Einreichung der Schrift entschuldbar erscheint, sondern dehnt sie auch auf solche Fälle aus, wo es im Interesse der materiellen Wahrheit und des wirklichen Rechts sich empfiehlt die Versäumniß der Frist zu übersehen und die Beeinträchtigung des materiellen Rechts durch formale Vorschriften zu verhindern**). Sollte jedoch der Appellationsrichter die Würdigung der Zulassungsfrage ganz unterlassen haben, so liegt hierin die Verletzung einer wesentlichen Proceßvorschrift, weil das Gesetz nicht die Frage, ob in dem bezeichneten Falle das richterliche Ermessen überhaupt eintreten soll, sondern nur das Ermessen selbst dem Appellationsrichter überlassen hat***).

Das Appellationsgericht muß allemal einen Termin zum mündlichen Verfahren bestimmen, und darf auch aus formellen Gründen die Appellation nicht, wie der erste Richter durch eine bloße Verfügung zurückweisen. Zu diesem Termin wird der nicht verhaftete Angeklagte vorgeladen und kann persönlich oder durch einen Vertheidiger als Vertreter erscheinen. Hat der Angeklagte nach Verhandlung der Sache in erster Instanz sich entfernt, so kann, falls der Aufenthaltsort desselben unbe-

---

*) Materialien S. 152. G.-A. B. 2. S. 676. J.-M.-Bl. pro 1850. S. 399.

**) Ges. v. 3. Mai 1852. Art. 104. G.-A. B. 5. S. 673. Materialien S. 150.

***) G.-A. B. 2. S. 246.

kannt ist, die Vorladung mittelst öffentlichen Aushanges erfolgen. Appellationsschriften bedürfen in diesem Falle der Mittheilung nicht*). Wenn auch der nicht verhaftete Angeklagte für die zweite Instanz einen mit Vollmacht versehenen Vertheidiger bestellt hat, oder ihm ein solcher auf seinen Antrag bestellt worden ist, so genügt doch nicht die Vorladung des letzteren allein, vielmehr muß auch die persönliche Vorladung des Angeklagten selbst erfolgen**). Dagegen ist es nicht erforderlich, daß daneben noch der Vertheidiger vorgeladen wird***), wenn es auch üblich ist denselben von der Vorladung des Angeklagten zu benachrichtigen. Ist der Angeklagte verhaftet, sei es in der anhängigen oder in einer anderen Sache, so kann er im Audienztermin durch einen Vertheidiger vertreten werden†). Der anberaumte Termin wird dem verhafteten Angeklagten persönlich bekannt gemacht; wenn er alsdann nicht selbst einen Vertheidiger ernennt, so wird die Zuordnung desselben von seinem Antrage abhängig gemacht, und wenn er einen solchen Antrag nicht gestellt hat, so wird wider ihn in contumaciam verhandelt, da es den für die Vertheidigung geltenden Grundsätzen entspricht, dieselbe dem Ermessen des Angeklagten anheimzugeben††). Die Person des amtlich zugeordneten Vertheidigers muß dem Angeklagten so rechtzeitig bekannt gemacht werden, daß er ihn mit Information versehen kann†††). Der dem verhafteten Angeklagten zur Seite stehende Vertheidiger muß persönlich vorgeladen werden. Die Gestellung oder Vorführung des verhafteten Angeklagten ist lediglich in das Ermessen des Gerichtshofes gestellt*†). Ein Recht seine Vorführung zu verlangen, hat er selbst dann nicht, wenn er in einer anderen als der anhängigen Sache verhaftet ist und wenn er auch die Kosten der Reise vorschießt*††).

Von der Anberaumung des Audienztermins wird dem Ober-Staats-

---

*) Ges. v. 3. Mai. 1852. Art. 50.

**) G.-A. B. 4. S. 222. J.-M.-Bl. pro 1856. S. 42. G.-A. B. 3. S. 679.

***) G.-A. B. 4. S. 545.

†) Verordn. v. 3. Jan. 1849. §. 134.

††) J.-M.-Bl. pro 1850. S. 122. Urtel des Ober-Tribunals v. 17. Jan. 1856. Entscheidungen B. 31. S. 477 und B. 33. S. 238.

†††) G.-A. B. 3. S. 252. J.-M.-Bl. pro 1855. S. 200.

*†) Verordn. v. 3. Jan. 1849. §. 135.

*††) G.-A. B. 2. S. 541. B. 3. S. 119.

anwalt Kenntniß gegeben. Diejenigen Zeugen, welche das Appellationsgericht nach den obigen Bestimmungen über Erhebung neuer Beweise oder Wiederholung des Beweisverfahrens erster Instanz im mündlichen Verfahren vernehmen will, werden zu demselben vorgeladen*).

Im Audienztermin, welcher nur mit Zuziehung des Ober-Staatsanwalts oder eines Vertreters desselben abgehalten werden kann, gebührt dem Vorsitzenden die Leitung des Verfahrens, welches selbst damit eröffnet wird, daß ein Mitglied des Gerichtshofes eine mündliche Darstellung der bis dahin stattgehabten Verhandlungen giebt, insoweit dieselben für die Entscheidung in zweiter Instanz noch von Erheblichkeit sein können. Diese Darstellung muß klar, vollständig treu, unter Weglassung unerheblicher Nebenumstände und Vermeidung jeder unnützen Wiederholung und jeder weitläuftigen Ausführung in gedrängter Kürze dergestalt abgefaßt sein, daß sich ohne Weiteres daran die rechtlichen Ausführungen der Staatsanwaltschaft und des Angeklagten anschließen können, und nach Anhörung beider der Gerichtshof in den Stand gesetzt ist, die Sache vollständig zu übersehen und ohne weitere thatsächliche Mittheilung aus eigener Ueberzeugung zu entscheiden**). Nach dieser Darstellung wird der Appellant mit seinen Beschwerden und der Appellat mit seinen Gegenerklärungen gehört, hierauf erfolgt die Beweisaufnahme, wenn eine solche überhaupt stattfindet, und demnächst haben der Ober-Staatsanwalt und der Angeklagte oder sein Vertheidiger ihre Anträge zu stellen. In allen Fällen aber gebührt dem Angeklagten oder Vertheidiger das letzte Wort***). Ist von beiden Seiten appellirt, so wird über die beiderseitige Appellation gleichzeitig verhandelt.

Ist eine commissarische Beweisaufnahme erfolgt, so werden die Beweisverhandlungen in der Audienz nur verlesen. Die Gültigkeit der commissarischen Beweisaufnahme ist aber in der Appellationsinstanz dadurch bedingt, daß sowohl der Angeklagte wie die Staatsanwaltschaft von dem Termin, in welchem die Zeugen vernommen werden, Nachricht erhalten, um in demselben erscheinen und ihre etwanigen Gerechtsame geltend machen zu können†). Haben sie jedoch die unterbliebene Bekannt-

---

*) Verordn. v. 3. Jan. 1849. §. 134.

**) J.-M.-Bl. pro 1853. S. 384.

***) Verordn. v. 3. Jan. 1849. §. 136.

†) G.-A. B. 3. S. 752.

machung in der Audienz nicht gerügt, so kann aus dieser Unterlassung keine Nichtigkeit hergeleitet werden*). Dem Angeklagten muß auf sein Verlangen auch Abschrift von der auf Antrag der Staatsanwaltchaft vorgenommenen commissarischen Beweisverhandlung gegeben werden**). Abgesehen von der Verlesung commissarischer Beweisverhandlungen kann die Beweisaufnahme im Verhandlungstermin zweiter Instanz auch durch Verlesung von Urkunden geschehen, diese Verlesung muß aber ausdrücklich als ein Act der Beweisaufnahme bezeichnet werden, um der Parthei die Gelegenheit zu geben, ihre Rechte in Beziehung auf die Folgen, welche aus solcher neuen oder wiederholten Beweisaufnahme für die Entscheidung der Sache sich ergeben können, und welche dadurch von dem Richter vorbereitet werden, wahrzunehmen***). Bei theilweiser Wiederholung der Beweisaufnahme erster Instanz ist dem Appellationsrichter nur die Auswahl unter den Beweismitteln, nicht aber eine Theilung des einzelnen Beweismittels gestattet. Ist daher in erster Instanz ein Sachverständiger, welcher ein schriftliches Gutachten abgegeben hatte, über dasselbe mündlich vernommen, so genügt es nicht, wenn in zweiter Instanz lediglich die Vorlesung des schriftlichen Gutachtens erfolgt†). Dagegen ist es dem Appellanten unbenommen zur Widerlegung der auf das Gutachten der Gerichtsärzte sich gründenden thatsächlichen Feststellung des ersten Richters unter Angabe bestimmter Puncte und Fragen, die Einholung eines Gutachtens des Medicinalcollegiums zu beantragen, welches geeigneten Falls zu bewirken und in der Audienz zu verlesen ist††). Wenn es sich um die Feststellung innerer Thatsachen handelt, so kann auch der bloßen persönlichen Abhörung des Angeklagten durch den Appellationsrichter der Character einer neuen Beweisaufnahme beigelegt werden†††). Wie der Appellationsrichter verspätete Appellationsschriften unter Umständen noch zulassen kann, so steht ihm auch frei, auf die im Audienztermin erst mündlich vorgebrachten neuen Thatsachen und Beweismittel einzugehen, er darf sie sogar nicht gänzlich ignoriren, muß vielmehr prüfen,

*) J.=M.=Bl. pro 1855. S. 391.

**) G.=A. B. 4. S. 677.

***) G.=A. B. 3. S. 251 u. 679. J.=M.=Bl. pro 1854. S. 11.

†) G.=A. B. 3. S. 555.

††) J.=M.=Bl. pro 1856. S. 375., pro 1855. S. 152.

†††) G.=A. B. 3. S. 554.

ob er dieselben als verspätet zurückzuweisen für gut findet, oder es im öffentlichen Interesse wie in dem des Beschuldigten gelegen erachtet, die nachträglich vorgebrachten Nova noch zu benutzen*). Beweisstücke, welche erst im Audienztermin gegen den abwesenden Angeklagten vorgebracht worden sind, dürfen jedoch vom Appellationsrichter nicht berücksichtigt werden, so lange dem Angeklagten keine Gelegenheit gegeben, sich gegen diese Beweisstücke zu vertheidigen**).

Nach stattgefundenem mündlichen Verfahren kann der Appellationsrichter je nach den Umständen die Sache vertagen, auf Beweis resolviren, oder erkennen. Hat sowohl der Staatsanwalt als der Angeklagte appellirt, so wird über beide Appellationen zugleich entschieden. Für den erkennenden Richter zweiter Instanz sind folgende Rücksichten maaßgebend:

Es ist schon mehrfach erwähnt worden, daß er ohne Beweiserhebung von der thatsächlichen Feststellung des ersten Richters nicht abweichen darf. Selbst mildernde Umstände darf er ohne neue oder wiederholte Beweisaufnahme nicht annehmen, weil die Qualification von Thatsachen als mildernde Umstände eine thatsächliche Feststellung überhaupt und selbst dann ist, wenn die Thatsachen an sich als festgestellt zu erachten sind, und es sich nur darum handelt, ihnen die im Gesetze bestimmte mildernde Wirkung beizulegen***).

Auch dann, wenn der Beweis in erster Instanz durch Schriften geführt ist welche in den Acten dem Appellationsrichter vorliegen, kann dieser von der Auslegung und den daraus gefolgerten thatsächlichen Feststellungen nicht ohne Weiteres, sondern nur dann abgehen, wenn er eine Wiederholung des Beweises durch Vorlegung aller oder einiger der zum Beweise producirten Schriften bei der mündlichen Verhandlung vornimmt†). Ebensowenig darf eine Abweichung von der thatsächlichen Feststellung des ersten Urtels auf Grund der Acten erfolgen, welche erst in der zweiten Instanz beigebracht werden, wenn nicht im Audienztermin zweiter Instanz eine förmliche Beweisaufnahme durch Vorlegung der Acten stattgefunden hat. Jede unzulässige Abweichung von der thatsächlichen Feststellung des ersten Richters enthält die Verletzung einer wesent-

*) J.-M.-Bl. pro 1854. S. 161 u. 162. G.-A. B. 4. S. 375.

**) G.-A. B. 4. S. 543.

***) J.-M.-Bl. pro 1853. S. 416. G.-A. B. 1. S. 696.

†) G.-A. B. 1. S. 553. J.-M.-Bl. pro 1854. S. 42.

lichen Vorschrift des Verfahrens, welche die Vernichtung des Appellations-Erkenntnisses und des mündlichen Verfahrens zweiter Instanz, sowie die Zurückweisung der Sache zur anderweitigen Verhandlung und Entscheidung in die zweite Instanz zur Folge hat*). Dagegen ist der Appellationsrichter berechtigt und verpflichtet, bei einem Rechtsirrthum des ersten Richters der von diesem festgestellten That eine andere, jedoch wenn der Angeklagte allein appellirt, nicht eine schwerere Qualification zu geben, als dies Seitens des ersten Richters geschehen ist**). Vorgebrachte Nova darf er niemals ignoriren.

Daß die Prüfung der in zweiter Instanz vorgebrachten neuen Thatsachen und Beweise wirklich stattgefunden, muß aus den Acten erhellen, und namentlich aus den Urtelsgründen oder einem schon vorher gefaßten besonderen Beschlusse hervorgehen, ob die Beweisaufnahme, soweit sie nicht stattgefunden, aus thatsächlichen oder aus rechtlichen Gründen für unentbehrlich oder für unzulässig erachtet worden ist***), die Nichtbeobachtung dieser Vorschrift hat Vernichtung des Verfahrens zur Folge, weil da wo in jure gefehlt ist, die Nichtigkeitsbeschwerde Platz greift, und der Nichtigkeitsrichter in den Stand gesetzt werden muß ihre Statthaftigkeit zu beurtheilen. Die Bedenken des Appellationsrichters gegen die Feststellung des ersten Richters, welche zu einer Wiederholung des Beweisverfahrens führen, brauchen dagegen nicht speciell angegeben zu werden†).

Da dem Appellationsrichter nicht zusteht die Appellation durch bloße Verfügung zurückzuweisen, so hat er auch noch bei Berathung des Urtels die wesentlichen Förmlichkeiten, insonderheit auch die Legitimation des Vertreters des Angeklagten††), und die Competenz des ersten Richters so wie seine eigene zu prüfen. Im Falle der Verurtheilung des Angeklagten ist auch bei unangefochten gebliebener thatsächlicher Feststellung des ersten Richters zu prüfen, ob das richtige Strafgesetz angewendet, und ob die vom ersten Richter erkannte Strafe angemessen ist, oder in wel-

*) Urtel des Ober-Tribunals v. 28. Mai 1853. Entscheidungen Bd. 25. S. 442. G.-A. B. 1. S. 552. J.-M.-Bl. pro 1854. S. 87.

**) G.-A. B. 3. S. 821. B. 4. S. 679.

***) J.-M.-Bl. pro 1853. S. 315., pro 1854. S. 161. G.-A. B. 1. S. 552. B. 2. S. 676.

†) Urtel des Ober-Tribunals v. 10. Novbr. 1853.

††) J.-M.-Bl. pro 1850. S. 47. und pro 1855. S. 199.

cher Weise sie abgeändert werden muß. Wenn auf die Appellation des Angeklagten, welcher mehrerer strafbaren Handlungen in erster Instanz schuldig befunden ist, in zweiter Instanz eine dieser Handlungen nicht als strafbar angesehen wird, so muß auch das Gesammtstrafmaaß entsprechend herabgesetzt werden, weil das entgegengesetzte Verfahren die zu Gunsten des ersten Angeklagten eingetretene Rechtskraft des ersten Urtels verletzen würde, wonach für zwei Vergehen ein bestimmtes Strafmaaß nicht überschritten werden sollte*).

Hat der Staatsanwalt im Interesse des Angeklagten appellirt, so ist die Sache auch zu Gunsten des Angeklagten, der sich bei dem Erkenntniß erster Instanz beruhigt hat, rechtshängig geblieben und seine noch weiter gehenden Anträge in der Audienz dürfen nicht unbeachtet bleiben. Selbst wenn der Staatsanwalt appellirt hat um eine dem Angeklagten nachtheiligere Entscheidung herbeizuführen, wird der zweite Richter dergestalt mit der Sache befaßt, daß er ganz abgesehen von der Richtung des eingelegten Rechtsmittels auch in größerem Umfange, wie bisher zu Gunsten des Angeklagten erkennen kann. Es ergiebt sich dies aus der Stellung der Staatsanwaltschaft, welche überhaupt keine Partheizwecke, sondern lediglich die Aufrechthaltung des wahren Rechts als Zweck zu verfolgen und im ganzen Strafverfahren darüber zu wachen hat, daß den gesetzlichen Vorschriften überall genügt werde**). Dies gilt jedoch nur von dem Falle, wo der in dem eingelegten Rechtsmittel gestellte Angriff das ganze Erkenntniß trifft; ist der Angriff nur gegen einen abgesondert für sich bestehenden Theil des Urtels gerichtet, so kann das oben Erwähnte auch nur auf diesen Theil bezogen werden***). Will der Appellationsrichter auf Grund eines neuen Belastungsbeweises strafen, so muß er auf den in erster Instanz abgebrochenen Defensionalbeweis, selbst ohne ausdrückliche Berufung des Angeklagten auf denselben eingehen, oder wenn er dies nicht will, über die Unerheblichkeit oder Unzulässigkeit desselben sich aussprechen.

Findet der Appellationsrichter, daß das angegriffene Urtel erster Instanz oder das demselben vorangegangene Verfahren an einer Nichtigkeit leidet, so hat er die Befugniß dies Urtel resp. Verfahren aufzuheben,

*) G.-A. B. 4. S. 220.

**) Verordn. v. 3. Jan. 1849. §. 6.

***) G.-A. B. 1. S. 60 u. 64. B. 3. S. 117. B. 2. S. 606.

und entweder die Sache aus besonderen Gründen zur anderweitigen Verhandlung und Entscheidung an den ersten Richter zurückzuweisen, oder auch sogleich, nach Befinden auf Grund eines neuen Verfahrens selbst zu erkennen. Nur in dem Falle, wenn der erste Richter sich mit Unrecht für competent erachtet hat, darf der Appellationsrichter nicht selbst in der Sache erkennen. Hat jener sich mit Unrecht für competent erklärt, so muß der Appellationsrichter, falls er selbst in der Sache erkennen will, den Beweis vollständig vor sich erheben*). Hiernach kann jede Nichtigkeit auch in der Appellationsinstanz gerügt werden, zur Auffindung und Annahme einer Nichtigkeit des ersten Urtels bedarf es für den Appellationsrichter aber auch nicht einmal einer speciellen Rüge derselben Seitens des Appellanten, sondern nur der Appellation überhaupt**). Die hier zugelassene Aufhebung des ersten Urtels als eines nichtigen darf aber niemals zum Nachtheil des Appellanten selbst gereichen. Diese Regel folgt aus dem allgemeineren mit der Rechtskraft der Erkenntnisse gegebenen Grundsatz, daß überhaupt nicht in pejus reformirt werden darf***). Von einer reformatio in pejus kann nur gegen den Angeklagten, nicht auch gegen den Staatsanwalt die Rede sein, weil derselbe dem Obigen zufolge eine Partheistellung garnicht einnimmt, und bei der von ihm allemal zur Verwirklichung des materiellen Rechts eingelegten Appellation die Sache zu Gunsten des Angeklagten rechtshängig bleibt, mithin eine günstigere Entscheidung, als sie der Staatsanwalt vorgesehen hatte, weder für ihn eine Benachtheiligung enthält, noch der Rechtskraft des ersten Erkenntnisses zuwiderläuft. Selbst die in ihrer Richtung gegen den Angeklagten erfolgte Einlegung des Rechtsmittels Seitens des Staatsanwalts hat, wenn sie zur Vernichtung des Erkenntnisses führt, zu Gunsten des Angeklagten die Folge, daß der neu erkennende Richter mit der ganzen Sache befaßt wird, und somit nach der wahren Lage der Sache auch zu Gunsten des Angeklagten erkennen darf†).

Wenn daher von einer reformatio in pejus die Rede ist, so ist darunter eine Entscheidung zum Nachtheil des Angeklagten auf die von ihm

---

*) Ges. v. 3. Mai 1852. Art. 102. Materialien S. 147 u. 643. G.-A. B. 2. S. 635. Abhandl. von Voitus.

**) Urtel des Ober-Tribunals v. 31. März 1853.

***) G.-A. B. 4. S. 69 u. f.

†) G.-A. B. 1. S. 60. B. 3. S. 116, 700.

eingelegte Appellation zu verstehen. Diese ist in jeglicher Form unzulässig. Unsere Gesetzgebung giebt dem Staatsanwalt nicht einmal das Recht Adhäsivbeschwerden aufzustellen wenn der Angeklagte appellirt hat*), und auf diesem Wege eine nachtheiligere Entscheidung für ihn herbeizuführen. Vielmehr muß er innerhalb der gesetzlichen Frist selbstständig appelliren, um seinen Erfolg zu erzielen. Die Appellation des Angeklagten erfolgt allemal in der Absicht, eine gänzliche Befreiung von der Strafe oder doch eine Milderung derselben zu erlangen, hierin stimmt sie mit dem früheren nach der K.-O. gültigen Rechtsmittel der weiteren Vertheidigung überein, und wie bei diesem die reformatio in pejus ausgeschlossen war**), so würde sie auch der Natur unserer heutigen Appellation des Angeklagten widersprechen. Auf Grund derselben darf daher der Appellationsrichter weder die im ersten Urtel verhängte Strafe verschärfen, noch der That eine schwerere Qualification beilegen, als vom ersten Richter geschehen ist, und endlich darf auch eine Vernichtung des Urtels nur im Sinn des eingewandten Rechtsmittels, mithin niemals zum Nachtheil des Angeklagten erfolgen. Der Appellationsrichter darf daher eine Incompetenz des ersten Richters, welche der Appellant nicht rügt, dann wenn diese Incompetenz wegen einer schwereren die Competenz des ersten Richters übersteigenden Gesetzesverletzung vorhanden ist, nicht zu dem Zwecke rügen, um durch Aufhebung des ersten Urtels die Verfolgung des Appellanten wegen dieser schwereren Gesetzesverletzung eintreten zu lassen. So darf auch die Verweisung der Sache vor das Schwurgericht niemals erfolgen, wenn der Angeklagte allein appellirt und seinerseits die Incompetenz nicht gerügt hat.

Ebensowenig erhält nach erfolgter Vernichtung des Urtels der neu erkennende Richter eine unbeschränkte Strafbefugniß, die reformatio in pejus erscheint nicht nur im Verhältniß bestehender Erkenntnisse zu einander als unzulässig, sondern ihre Unzulässigkeit erstreckt sich auch auf die Fälle, in denen auf Grund der nämlichen Anklage das bisherige Verfahren reproducirt wird. Auch hier wird angenommen, daß dasjenige bestehen bleibt, was in dem früheren Urtel zu Gunsten des Angeklagten festgestellt war, so daß der neu erkennende Richter nur innerhalb dieser Schranke an die Stelle des früheren tritt. Wenn daher auf die Appel-

---

*) G.-A. B. 5. S. 344 u. f.

**) K.-O. §. 528.

lation des Angeklagten das Erkenntniß vernichtet und die Sache zur anderweitigen Verhandlung und Entscheidung in die frühere Instanz zurückgewiesen wird oder auch auf Grund einer neuen Verhandlung eine Entscheidung in zweiter Instanz ergeht, so ist das Gericht der betreffenden Instanz nicht befugt, auf eine härtere als die im vernichteten Urtel ausgesprochene Strafe zu erkennen, oder der That eine schwerere Qualification beizulegen, worin selbst abgesehen von einer Erhöhung der Strafe schon mit Rücksicht auf einen künftigen Rückfall allemal eine Verschärfung liegt*).

Dagegen kann es als eine reformatio in pejus nicht angesehen werden, wenn auf Appellation des Angeklagten der zweite Richter nach neuer Beweisaufnahme unter Verwerfung des vom ersten Richter angenommenen Thatbestandes eines schweren Vergehens statt völliger Freisprechung auf den vom ersten Richter verneinten Thatbestand eines geringeren Vergehens zurückgeht**).

Bei Abfassung der Appellations-Erkenntnisse ist auch da wo die thatsächliche Feststellung des ersten Richters der Entscheidung in zweiter Instanz zum Grunde gelegt wird, diese Feststellung besonders und ausdrücklich wieder hervorzuheben, damit für den Fall, daß gegen das Appellations-Urtel die Nichtigkeitsbeschwerde eingelegt wird, bei der Entscheidung über dieselbe jeder Zweifel darüber, was als thatsächlich feststehend angenommen worden, ausgeschlossen bleibe. In allen Fällen, wo der erste Richter ein zum Thatbestande gehöriges Moment zwar angenommen, jedoch nicht deutlich genug hervorgehoben hat, ist dieser Mangel durch ausdrückliche Erklärung zu verbessern. Erfolgt in der Appellationsinstanz eine neue thatsächliche Feststellung, so ist diese in das Urtel aufzunehmen, und sind außerdem in demselben die Thatsachen und Beweismittel anzugeben, auf Grund deren diese neue Feststellung vorgenommen ist***).

Der Tenor des Appellationserkenntnisses lautet dahin, daß das erste Erkenntniß entweder als nichtig aufzuheben, oder daß und worin dasselbe abzuändern, oder daß es lediglich zu bestätigen, oder die Appellation der

*) G.-A. B. 4. S. 69 u. f. B. 1. S. 553. B. 4. S. 545. Die Ansicht, nach welcher auch im Falle der Vernichtung des Urtels eine ungünstigere Entscheidung nicht ergehen darf, ist allerdings bestritten, vgl. G.-A. B. 4. S. 77.

**) G.-A. B. 5. S. 837.

***) Verfügung v. 29. März 1853. J.-M.-Bl. pro 1853. S. 134 u. f.

Staatsanwaltschaft zu verwerfen. Im letzteren Falle werden die Kosten der Appellationsinstanz niedergeschlagen, während der Angeklagte die Kosten der Einlegung des Rechtsmittels zu tragen hat, wenn er nicht gänzlich freigesprochen wird*).

In allen übrigen Beziehungen kommen bei dem Verfahren zweiter Instanz die für die erste Instanz geltenden Vorschriften ebenfalls zur Anwendung**).

§. 46.

Das Rechtsmittel des Recurses.

Der Recurs ist das ordentliche Rechtsmittel gegen die vom Einzelrichter gefällten Urtheile. Die Fälle, in welchen ausnahmsweise gegen solche Erkenntnisse die Appellation Platz greift, sind schon bei Darstellung dieses Rechtsmittels angegeben. Hier ist nur noch zu erwähnen, daß in Holzdiebstahlssachen und einigen denselben gleichgestellten Forstpolizei-Uebertretungen der Recurs gewissen Beschränkungen unterliegt, von denen noch später die Rede sein wird, und daß bei Gewerbe-Polizei-Contraventionen, wo den Einzelrichtern eine über die Grenzen der Polizeistrafen hinausgehende Competenz beigelegt ist, von dem Erkenntnisse des Einzelrichters dennoch nur der Recurs und kein ferneres Rechtsmittel zulässig ist***), selbst wenn die Contravention zugleich ein Steuervergehen enthält, bei dem an und für sich die Appellation Platz greift. Abgesehen von diesem Ausnahmefalle findet der Recurs nur bei Uebertretungen statt. Für diese geringfügigeren Sachen ist eine schleunigere und weniger formelle Behandlung auch in zweiter Instanz erforderlich, und in diesem Sinne unterscheidet sich der Recurs von der Appellation im Wesentlichen dadurch, daß eine besondere Frist zur Rechtfertigung desselben nicht gewährt wird, daß die Anbringung neuer Beweismittel für sich garnicht, die Anbringung neuer Thatsachen nur insofern, als sie sofort bescheinigt werden, zugelassen wird, daß der Recurs durch eine bloße Verfügung des Recursrichters ohne vorangegangene mündliche Verhandlung als unzulässig und unter Umständen auch als unbegründet zurückgewiesen werden kann, daß endlich

---

*) J.-M.-Bl. pro 1855. S. 144. G.-A. B. 3. S. 405. B. 4. S. 680.

**) Verordn. v. 3. Jan. 1849. §. 136.

***) Einführungsges. zum Strafgesetzbuch Art. 20. G.-A. B. 1. S. 229.

gegen die auf den Recurs ergehende Entscheidung regelmäßig ein weiteres Rechtsmittel nicht gestattet ist*). Soweit nicht durch diese Verschiedenheiten ein abweichendes Verfahren begründet wird, kommen auch in der Recursinstanz die für das Appellationsverfahren geltenden Vorschriften zur Anwendung.

Im Einzelnen ist hier noch folgendes zu bemerken**):

Da eine besondere Frist zur Rechtfertigung des Recurses nicht besteht, so muß diese mit der Anmeldung des Rechtsmittels verbunden werden. Ist dasselbe rechtzeitig vorgebracht, so hat der Einzelrichter, gleichviel ob der Polizeianwalt oder der Beschuldigte recurrirt hat, die gerichtlichen Acten dem Polizeianwalt zuzustellen, welcher dieselben mit seinen Büreauacten an den Ober-Staatsanwalt zur weiteren Beförderung an das Appellationsgericht einsendet***). Die Bescheinigung, welche für die im Recursgesuche enthaltenen neuen Thatsachen verlangt wird, ist in der Art zu bewirken, daß Atteste von Behörden und Beamten, polizeiliche Verhandlungen über Zeugenvernehmungen, oder ähnliche Beweisstücke dem Gesuche beigefügt werden. Von Einlegung des Recurses Seitens des Polizeianwalts hat der erste Richter den Beschuldigten nicht erst zu benachrichtigen, da eine Gegenerklärung vom Unterrichter nicht eingezogen wird. Da die Acten allemal durch die Hände des Ober-Staatsanwalts gehen, so erhält derselbe Gelegenheit sich über das Recursgesuch zu äußern und geeignetenfalls dessen Zurückweisung ohne contradictorisches Verfahren zu beantragen. Diese Zurückweisung durch bloße Verfügung steht nämlich wie schon oben angedeutet wurde, dem Recursrichter nach Prüfung der bei ihm eingegangenen Acten in zwei Fällen zu:

1) Wenn der Recurs sich als verspätet oder als gesetzlich unstatthaft darstellt;
2) Wenn zur Begründung des Recursgesuches nur auf die Verhandlungen erster Instanz Bezug genommen, und die Einsicht der Acten ergiebt, daß der Recurs danach unbegründet ist.

Die zurückweisende Verfügung des Recursrichters kann vom Beschuldigten nicht mehr angefochten werden. Nur der Ober-Staatsanwalt kann mit ausdrücklicher Ermächtigung des Justizministers binnen 6 Wochen

---

*) Materialien S. 143 u. 173.

**) Verordn. v. 3. Jan. 1849. §. 165 — 170.

***) Instruction für Polizeianwälte v. 24. Novbr. 1852. §. 39.

nach der Bekanntmachung der zurückweisenden Verfügung die Beschwerde gegen dieselbe beim Ober-Tribunal erheben, falls er die Aufhebung dieser Verfügung zur Aufrechthaltung wesentlicher Grundsätze des Rechts oder des Verfahrens, oder im Interesse der Einheit der Rechtsprechung für nothwendig erachtet*).

Kann das Recursgesuch aus obigen Gründen nicht zurückgewiesen werden, so wird unter Mittheilung desselben an die Gegenparthei ein Termin zum mündlichen Verfahren vor dem Appellationsgericht anberaumt.

Gegen das auf den Recurs abgefaßte Urtel steht dem Beschuldigten die Nichtigkeitsbeschwerde nicht zu, dem Ober-Staatsanwalt nur unter der obengedachten Voraussetzung und zu dem dort angegebenen Zwecke, wie nach später dargestellt werden wird.

§. 47.

Die Nichtigkeitsbeschwerde.

Ueber die Nichtigkeitsbeschwerde entscheidet das Königliche Ober-Tribunal als höchster Gerichtshof des Landes.

Die Urtheile der Schwurgerichtshöfe und die in der Appellationsinstanz ergangenen Urtheile können durch die Nichtigkeitsbeschwerde angefochten werden**).

Allemal wird ein Urtheil vorausgesetzt, gegen Beschlüsse ist dies Rechtsmittel unstatthaft***). Zu den Erkenntnissen der Schwurgerichtshöfe gehören auch diejenigen, welche ohne Zuziehung der Geschworenen, sei es auf Grund des Schuldbekenntnisses oder eines vorausgegangenen Contumacialverfahrens ergangen sind. Die in der Appellationsinstanz ergangenen Erkenntnisse bilden zu den in der Recursinstanz ergangenen den Gegensatz. Ist das gegen das Erkenntniß des Einzelrichters eingelegte Rechtsmittel von dem zweiten Richter statt als Recurs unrichtig als Appellation behandelt, so ist die Nichtigkeitsbeschwerde an und für sich zulässig, es können aber keine anderen Nichtigkeitsgründe geltend gemacht werden, als diejenigen welche die Frage betreffen, ob die Appellation oder

*) Ges. v. 3. Mai 1852. Art. 129.

**) Ges. v. 3. Mai 1852. Art. 106.

***) J.-M.-Bl. pro 1857. S. 267.

der Recurs statthaft gewesen*). Auch wenn die unter Anklage gestellte Handlung erst in der Appellationsinstanz für eine Uebertretung erklärt wird, unterliegt die Zulässigkeit der Nichtigkeitsbeschwerde keinem Zweifel**). Ein in der Recursinstanz ergangenes Erkenntniß ist nur ausnahmsweise durch die Nichtigkeitsbeschwerde anfechtbar***).

Regelmäßig steht die Nichtigkeitsbeschwerde sowohl der Staatsanwaltschaft wie dem Angeklagten zu†). Was über die einstweilige Vertretung des Angeklagten bei Einlegung der Appellation gesagt worden, gilt auch von der Nichtigkeitsbeschwerde. Gegen ein Appellations-Urtel kann nur der Ober-Staatsanwalt, nicht der beim Untergericht fungirende Staatsanwalt die Nichtigkeitsbeschwerde erheben††). Wenn der Staatsanwalt gegen das erste Erkenntniß kein Rechtsmittel eingelegt hat, und auf die vom Angeklagten eingelegte Appellation das erste Erkenntniß bestätigt worden, so steht dem Ober-Staatsanwalt die Nichtigkeitsbeschwerde nicht zu dem Zwecke zu, um einen für den Angeklagten nachtheiligeren Erfolg herbeizuführen, da das erste Erkenntniß gegen die Staatsanwaltschaft rechtskräftig geworden ist.

Nur im Interesse des Angeklagten kann er auch in diesem Falle die Nichtigkeitsbeschwerde einlegen, da die Sache zu Gunsten des Angeklagten rechtshängig geblieben, und diese Rechtshängigkeit sowohl von dem Einen als dem Anderen verfolgt werden kann†††). Eine Nichtigkeitsbeschwerde die erklärtermaaßen den erstgedachten Zweck verfolgt, muß jedoch formell zugelassen und es muß näher geprüft werden, ob materiell eine günstigere Entscheidung für den Angeklagten begründet sei*†). Ebenso steht dem Angeklagten in dem Falle wo der Staatsanwalt allein in dessen Interesse appellirt hat, gegen das das erste Urtel bestätigende Appellationserkennt-

---

*) Urtel des Ober-Tribunals v. 9. Juli 1855. Entscheidungen B. 31. S. 361. J.-M.-Bl. pro 1855. S. 367. G.-A. B. 3. S. 821.

**) Materialien S. 153.

***) Ges. v. 3. Mai 1852. Art. 129.

†) Ges. v. 3. Mai 1852. Art. 109.

††) G.-A. B. 2. S. 810. J.-M.-Bl. pro 1854. S. 294.

†††) J.-M.-Bl pro 1853. S. 188. G.-A. B. 1. S. 63. B. 3. S. 116. Ges. v. 3. Mai 1852. Art. 1.

*†) G.-A. B. 1. S. 62.

niß die Nichtigkeitsbeschwerde zu*). Gegen die in der Recursinstanz ergangenen Erkenntnisse ist dem Angeklagten die Einlegung der Nichtigkeitsbeschwerde untersagt, dagegen ist sie dem Ober-Staatsanwalt mit Ermächtigung des Justizministers gestattet, um wesentliche Grundsätze des Rechts und des Verfahrens aufrecht zu erhalten, und um eine Einheit in der Rechtsprechung herbeizuführen**).

Gegen schwurgerichtliche Erkenntnisse hat der beim Schwurgericht fungirende Staatsanwalt die Nichtigkeitsbeschwerde einzulegen. Diese Befugniß unterliegt aber einer wesentlichen Beschränkung, indem er da, wo der Angeklagte von den Geschworenen für nicht schuldig erklärt worden ist, die Nichtigkeitsbeschwerde nur in zwei Fällen hat:

1) Wenn durch die Zusammensetzung des Schwurgerichts die Nichtigkeit begründet wird, und
2) wenn dieselbe aus der Stellung oder Nicht-Stellung von Fragen an die Geschworenen hergeleitet wird***), wohin namentlich auch der Fall gehört, wenn ein vom Staatsanwalt gestellter auf Abänderung der Frage an die Geschworenen gerichteter Antrag mit Unrecht abgelehnt wird†).

Diese Vorschrift ist nicht bloß auf die Fälle zu beschränken, in welchen die die Schuld des Angeklagten betreffenden Fragen sämmtlich und in ihrem vollen Umfange verneint sind, sondern muß nach dem Grunde des Gesetzes, das die Rechtskraft Alles dessen anerkannt wissen will, was zu Gunsten des Angeklagten durch den Wahrspruch festgestellt ist, auch da Platz greifen, wo der Angeklagte der Hauptthat für schuldig anerkannt worden, aber die die That begleitenden erschwerenden Umstände zum Vortheil des Angeklagten für nicht erwiesen angenommen worden sind. Die Nichtigkeitsbeschwerde, soweit sie sich auf diesen Theil des Wahrspruchs bezieht, ist unstatthaft, weil dieser Theil als eine partielle Nicht-Schuldigkeitserklärung anzusehen ist, wenn gleich die Verneinung des betreffenden Umstandes nicht durch die Formel „Nicht Schuldig“ sondern durch die Formel „es ist nicht erwiesen“, erfolgt ist††).

*) Urtel des Ober-Tribunals v. 15. Novbr. 1854. Entscheidungen B. 29. S. 280.

**) Ges. v. 3. Mai 1852. Art. 129. Materialien S. 665. u. f.

***) Ges. v. 3. Mai 1852. Art. 109.

†) J.-M.-Bl. pro 1857. S. 267.

††) G.-B. B. 3. S. 22. u. f. u. S. 667.

Wenn der Ausspruch der Geschworenen unzweideutig feststellt, daß der Angeklagte der angeschuldigten That schuldig ist, gleichwohl der Gerichtshof ohne gesetzlichen Grund die Geschworenen zur Verbesserung ihres Spruchs veranlaßt, und der zweite Ausspruch den Angeklagten nicht schuldig erklärt, so ist nicht eine solche Verneinung der Schuld vorhanden, welche die Nichtigkeitsbeschwerde der Staatsanwaltschaft ausschließt*). Diese kann vielmehr hier zu dem Zwecke erhoben werden das erste Verdict aufrecht zu erhalten und darauf das Strafgesetz anzuwenden. Eine weitere Beschränkung der Staatsanwaltschaft in Einlegung der Nichtigkeitsbeschwerde bezieht sich sowohl auf schwurgerichtliche wie auf Appellationserkenntnisse. Es darf nämlich die Verletzung von Proceß-Vorschriften, welche lediglich im Interesse des Angeklagten gegeben sind, von der Staatsanwaltschaft nicht zu dem Zwecke geltend gemacht werden, um eine Vernichtung des Urtels zum Nachtheil des Angeklagten herbeizuführen**).

Wenn endlich dem Angeklagten die Nichtigkeitsbeschwerde gegen schwurgerichtliche Contumacialerkenntnisse versagt worden ist, während dieselbe der Staatsanwaltschaft zusteht***), so liegt hierin keine Beschränkung der Vertheidigung, sondern es ist diese Vorschrift nur eine Folge des Grundsatzes, daß das schwurgerichtliche Contumacialerkenntniß bei Gestellung des Angeklagten von selbst außer Kraft tritt.

Fragen wir für welche Fälle die Nichtigkeitsbeschwerde gegeben ist, so ist dafür der leitende Grundsatz†), daß sie gegen Urtheile der Instanzgerichte bei solchen Rechtskränkungen Abhülfe gewähren soll, welche in Verletzung von Grundsätzen des materiellen Rechts oder in Verletzung von wesentlichen Grundsätzen des Verfahrens beruhen. Dadurch ist die Wahrung einheitlicher Rechtsgrundsätze in die Hand des Ober-Tribunals gelegt, während alle thatsächlichen Ermittelungen außer dem Bereiche dieses Gerichtshofes liegen. Die Nichtigkeitsbeschwerde findet dafür statt:

1) wegen Verletzung oder unrichtiger Anwendung eines Gesetzes oder eines Rechtsgrundsatzes;
2) Wegen Verletzung oder unrichtiger Anwendung wesentlicher Vorschriften oder Grundsätze des Verfahrens††).

*) Urtel d. Ober-Tribunals v. 12. April 1850. Grundsätze I. Fortsetzung S. 17

**) Ges. v. 3. Mai 1852. Art 109.

***) Ges. v. 3. Mai 1852. Art. 42.

†) Materialien S. 153 u. 74.

††) Ges. v. 3. Mai 1852. Art. 107.

Einen Nichtigkeitsgrund bildet daher nicht bloß die Verletzung des Strafgesetzes, sondern die Nichtigkeitsbeschwerde findet ebensowohl bei irrthümlicher Feststellung civilrechtlicher Fragen statt, von deren Entscheidung die Annahme des Thatbestandes abhängig ist. Da jede Prüfung der Thatsachen dem Nichtigkeitsrichter untersagt ist, so darf er auch die innere Thatsache des verbrecherischen Bewußtseins und der bösen Absicht keiner Kritik unterwerfen, es sei denn daß unrichtige Rechtsansichten die Feststellung der Thatsachen bewirkt hätten*). Der Nichtigkeitsrichter hat auch nur zu prüfen, ob dem Instanzrichter eine Rechtsverletzung zum Vorwurfe gereicht; wenn dieser daher das zur Zeit der Abfassung seines Urtels in Kraft bestehende Strafgesetz richtig angewendet hat, dies Gesetz aber durch ein nach Erlaß des Urtels, jedoch vor Eintritt der Rechtskraft desselben ergangenes milderes Strafgesetz geändert worden ist, so ist die Nichtigkeitsbeschwerde unbegründet, weil der Instanzrichter nach der ihm vorliegenden Gesetzgebung ganz richtig erkannt hat**).

Soweit die Nichtigkeitsbeschwerde aus dem Proceßverfahren begründet wird, hat unsere Gesetzgebung einmal bestimmte einzelne Verletzungen von Förmlichkeiten im Verfahren ausdrücklich mit Strafe der Nichtigkeit bedroht, sie hat sodann beispielsweise und zur allgemeineren Belehrung mehrere Verletzungen von Grundsätzen des Verfahrens aufgeführt, welche unzweifelhaft als wesentliche anzusehen sind, und außerdem, weil bei der Mannigfaltigkeit der Fälle, welche die Praxis darbietet, eine erschöpfende Bestimmung darüber, wann eine Vorschrift oder ein Grundsatz des Verfahrens sich als so wesentlich herausstelle, daß deren Verletzung Nichtigkeit zur Folge haben müsse, nicht getroffen werden kann, die Entscheidung dieser Frage der Beurtheilung des Ober-Tribunals anheimgegeben.

Es ergeben sich hieraus drei Kategorien der aus dem Verfahren hergeleiteten Nichtigkeitsgründe.

In die erste Kategorie d. h. zu den Vorschriften, welche ausdrücklich bei Strafe der Nichtigkeit vorgeschrieben sind***), gehören folgende Fälle:

1) Oeffentlichkeit und Mündlichkeit der Hauptverhandlung†).

---

*) Urtel des Ober-Tribunals v. 10. Juli 1850. Grundsätze I. Fortsetzung S. 22.

**) G.-A. B. 2. S. 689.

***) Ges. v. 3. Mai 1852. Art. 108.

†) Verordn. v. 3. Jan. 1849. §. 14.

2) Zusammensetzung des Schwurgerichts aus 12 Personen*).

3) Ausschließung derjenigen Personen von der Geschworenenfunction, welche in der betreffenden Sache als Zeuge, Dollmetscher, Sachverständiger oder Polizeibeamte thätig gewesen sind, oder sonst nach allgemeinen gesetzlichen Vorschriften als Richter nicht würden mitwirken können**).

4) Ausschließung derjenigen Geschworenen, welche die Eigenschaft eines Preußen nicht besitzen, oder sich nicht im Vollgenuß der bürgerlichen Ehre befinden***).

5) Ausschließung eines nicht gesetzlich vereideten Geschworenen†).

6) Erschöpfung des Thatbestandes durch die Fragen an die Geschworenen††).

7) Vorlegung der Frage über die Unterscheidungskraft des noch nicht 16 Jahre alten Angeklagten†††).

8) Vorlegung der beantragten Fragen wegen erschwerender oder mildernder Umstände*†).

9) Angabe im Wahrspruche, ob derselbe nur mit 7 Stimmen gegen 5, oder mit einer Mehrheit von mehr als 7 Stimmen beschlossen ist**†).

10) Verpflichtung der Instanzrichter die Rechtsgrundsätze, welche das Ober-Tribunal in einer Strafsache der Vernichtung zum Grunde gelegt, in dieser Sache zu befolgen†*).

In die zweite Kategorie gehören nachstehende Fälle††*):

1) Wenn die gesetzlichen Bestimmungen über die Competenz verletzt sind, sei es daß das Gericht mit Unrecht seine Competenz überschritten, oder sich mit Unrecht für incompetent erklärt habe.

2) Wenn an der Hauptverhandlung und Entscheidung nicht die gesetz-

---

*) Verordn. v. 3. Jan. 1849. §. 93.

**) Verordn. v. 3. Jan. 1849. §. 95.

***) Ges. v. 3. Mai 1852. Art. 56.

†) Ges. v. 3. Mai 1852. Art. 73.

††) Ges. v. 3. Mai 1852. Art. 81.

†††) Ges. v. 3. Mai 1852. Art. 83.

*†) Ges. v. 3. Mai 1852. Art. 84. Einführungsges. zum Strafgesetzbuch Art. 24.

**†) Ges. v. 3. Mai 1852. Art. 93.

†*) Ges. v. 3. Mai 1852. Art. 118.

††*) Ges. v. 3. Mai 1852. Art. 108. Nr. 2.

lich vorgeschriebene Zahl von Richtern theilgenommen hat, oder wenn bei der Hauptverhandlung ein Gerichtsschreiber nicht zugezogen ist*).

3) Wenn das Urtel erlassen ist, ohne daß vorher die Staatsanwaltschaft mit ihrem Antrage gehört worden.

4) Wenn unzulässigerweise dem Angeklagten die Vertheidigung abgeschnitten oder wesentlich beschränkt worden ist, oder wenn ohne gesetzlichen Grund das Hauptverfahren in Abwesenheit des Angeklagten stattgefunden hat.

5) Wenn ein rechtzeitig angebrachtes gesetzlich zulässiges Rechtsmittel als unstatthaft zurückgewiesen, oder wenn ein verspätetes oder sonst gesetzlich unstatthaftes Rechtsmittel zugelassen worden ist.

6) Wenn ohne das Vorhandensein der gesetzlichen Voraussetzung die Mitwirkung der Geschworenen ausgeschlossen worden ist.

In anderen als den vorstehend bezeichneten Fällen unterliegt es der Beurtheilung des Ober-Tribunals, ob eine Vorschrift oder ein Grundsatz des Verfahrens, auf deren Verletzung die Nichtigkeitsbeschwerde gegründet ist, als wesentlich zu betrachten sei. Die dahin gehörigen Fälle bilden die dritte Kategorie**).

Im Allgemeinen ist das Ober-Tribunal bemüht, eine strenge Beobachtung der vorgeschriebenen Formen des Verfahrens herbeizuführen, und die meisten Proceßvorschriften werden von demselben für wesentliche gehalten. Die wichtigsten Fälle in denen das Ober-Tribunal entweder in Folge seiner discretionären Befugniß, oder durch Unterstellung des betreffenden Falls unter die Regeln, welche der Art. 108. Nr. 1 — 7. des Gesetzes vom 3. Mai 1852 aufführt, die Verletzung wesentlicher Proceßvorschriften angenommen hat, sind folgende:

1) Abschriftliche Mittheilung der Anklageschrift an die Geschworenen***) als Verletzung des §. 14. der Verordnung vom 3. Januar 1849.

2) Verlesung der Verhandlungen einer commissarischen Beweisaufnahme ohne gesetzliche Motivirung dieser Maaßregel†), als Verletzung des §. 14. der Verordnung vom 3. Januar 1849.

---

*) Ges. v. 3. Mai 1852. Art. 108. Nr. 3 — 7.

**) Ges. v. 3. Mai 1852. Art. 108 ff.

***) G.-A. B. 2. S. 397.

†) G.-A. B. 2. S. 103.

3) Unterbliebene Zuordnung eines Vertheidigers von Amtswegen zur schwurgerichtlichen Verhandlung als Zuwiderhandlung gegen den Art. 21. des Gesetzes vom 3. Mai 1852 und als Beschränkung der Vertheidigung *).

4) Unterbliebene Benachrichtigung des Angeklagten von dem Termin einer commissarischen Beweisaufnahme für den Fall, daß der Angeklagte dies in der Hauptverhandlung rügt, als Beschränkung der Vertheidigung **).

5) Unterbliebene Beeidigung einer Zeugenaussage, weil dieselbe unerheblich ist ***), als Verletzung des §. 22. der Verordnung vom 3. Januar 1849.

6) Eidliche Vernehmung eines Zeugen, der eidlich nicht vernommen werden durfte †), als Verletzung des §. 22. der Verordnung vom 3. Januar 1849.

7) Verweigerung der Vorlesung eines Schriftstückes in der Audienz, welches die Auslassung eines Zeugen enthält, wenn der Zeuge mit Recht die Ablegung des mündlichen Zeugnisses verweigert ††), als Verletzung des Art. 25. des Gesetzes vom 3. Mai 1852.

8) Unterbliebene Vernehmung von Militairpersonen in der Audienz, ohne daß besondere Hindernisse obwalten, als Verletzung des Art. 25. des Gesetzes vom 3. Mai 1852 †††).

9) Unterbliebene Mittheilung der Zeugenliste an den Angeklagten als Verletzung des Art. 26. des Gesetzes vom 3. Mai 1852 *†), und Beschränkung der Vertheidigung.

10) Nicht rechtzeitige Benachrichtigung des Angeklagten, daß die von ihm über bestimmte Thatsachen nach Eröffnung der Untersuchung vorgeschlagenen Zeugen nicht zur Audienz geladen sind, als Beschränkung der Vertheidigung *††).

---

*) G.-A. B. 1. S. 348. B. 3. S. 249.
**) G.-A. B. 3. S. 740.
***) G.-A. B. 2. S. 680.
†) G.-A. B. 3. S. 677.
††) G.-A. B. 2. S. 675.
†††) G.-A. B. 4. S. 223.
*†) G.-A. B. 2. S. 357.
*††) G.-A. B. 2. S. 246.

11) Unterlassene Constatirung der ununterbrochenen Anwesenheit des Dollmetschers aus dem Protocolle, als Verletzung des Art. 27. des Gesetzes vom 3. Mai 1852*).

12) Mangelnder Vermerk im Audienzprotocolle über Verlesung der Fragen durch den Dollmetscher, als Verletzung des Art. 27. des Gesetzes vom 3. Mai 1852**).

13) Unterbliebene Wiederholung des Zeugenverhörs in Gegenwart des Angeklagten***), als Verletzung des Art. 28. des Gesetzes vom 3. Mai 1852.

14) Zurückweisung von Beweisanträgen während der Ausführung der Thatfrage als formell unzulässig. Verletzung des Art. 29. des Gesetzes vom 3. Mai 1852†).

15) Unzulässigkeit der Fragestellung auf ein außerhalb der Grenzen des eingeleiteten Untersuchungsverfahrens liegendes Verbrechen, als Verletzung des Art. 30 und 86. des Gesetzes vom 3. Mai 1852††).

16) Unterbliebene Begründung der Zurückweisung von Entlastungsbeweisen, als Beschränkung der Vertheidigung†††).

17) Nicht vollständige Erledigung der Anschuldigungspuncte, welche die Anklage resp. der Anklagebeschluß aufgestellt hat, als Verletzung des Art. 30. des Gesetzes vom 3. Mai 1852*†).

18) Versagung der vom Angeklagten geforderten Abschrift des Urtels erster Instanz*††), als Verletzung des Art. 32. des Gesetzes vom 3. Mai 1852 und Beschränkung der Vertheidigung.

19) Unterbliebene Benachrichtigung des Angeklagten von der Nicht-Auffindung seiner zur Audienz geladenen Entlastungszeugen, als Verletzung des §. 52. der Verordnung vom 3. Januar 1849 und Beschränkung der Vertheidigung*†††).

---

*) G.-A. B. 2. S. 140.

**) G.-A. B. 2. S. 105.

***) G.-A. B. 2. S. 105 u. 665.

†) G.-A. B. 2. S. 400.

††) G.-A. B. 1. S. 370.

†††) J.-M.-Bl. pro 1854. S. 161 u. 263.

*†) J.-M.-Bl. pro 1856. S. 77. G.-A. B. 4. S. 220. J.-M.-Bl. pro 1855. S. 369.

*††) G.-A. B. 3. S. 554.

*†††) G.-A. B. 3. S. 117.

20) Zuziehung eines Richters als Ergänzungsrichter, der obwohl bei der Verhandlung zufällig anwesend, doch nicht von Anfang an als Ergänzungsrichter zugezogen war, als Verletzung des Art. 108. Nr. 3. des Gesetzes vom 3. Mai 1852*).

21) Entfernung eines Richters während die Anklage, wenn auch in fremder Sprache, verlesen wird**), als Verletzung des Art. 108. Nr. 3. des Gesetzes vom 3. Mai 1852.

22) Zuziehung von Referendarien als Mitglieder des Schwurgerichtshofes, welche dem Kreisgerichte bloß zu ihrer Beschäftigung überwiesen waren***), als Verletzung des Art. 108. Nr. 3. des Gesetzes vom 3. Mai 1852.

23) Zuziehung dessen, der als Staatsanwalt in einer Sache fungirt hat, in der nämlichen Sache als Richter; (Verletzung der Vorschriften für die Richterqualität)†).

24) Zurückweisung von Anträgen auf nochmalige Entscheidung über Beschlüsse, welche das Kreisgericht in Vertretung des Schwurgerichts gefaßt hat, Seitens des Schwurgerichtspräsidenten††), als Verletzung des Art. 53. des Gesetzes vom 3. Mai 1852.

25) Zuziehung von Geschworenen, welche nicht in die Urlisten eingetragen sind, als Verletzung der Vorschriften über Aufstellung und Abschließung der Urlisten†††).

26) Zustellung einer ungenauen Dienstliste an den verhafteten Angeklagten, oder Unterlassung der Zustellung falls der Angeklagte diesen Mangel in der Audienz gerügt hat, als Beschränkung der Vertheidigung*†).

27) Unterbliebener Aufruf eines nicht dispensirten Geschworenen*††), als Verletzung des §. 85. der Verordnung vom 3. Januar 1849.

28) Gestattung des Austritts eines Geschworenen wegen Gewissens-

---

*) G.-A. B. 1. S. 350.

**) G.-A. B. 3. S. 540.

***) G.-A. B. 3. S. 253.

†) G.-A. B. 3. S. 253.

††) G.-A. B. 2. S. 661.

†††) G.-A. B. 1. S. 349.

*†) J.-M.-Bl. pro 1856. S. 190.

*††) G.-A. B. 4. S. 203.

zweifel*), als Verletzung des Art. 72. des Gesetzes vom 3. Mai 1852.

29) Anwesenheit eines Ersatzgeschworenen bei der Berathung der zwölf ordentlichen Geschworenen, als Verletzung der Art. 72 und 90. des Gesetzes vom 3. Mai 1852**).

30) Mittheilungen von Auszügen aus der Anklageschrift, oder von Darstellungen des Sachverhältnisses an die Geschworenen***), als Verletzung des Art. 74. des Gesetzes vom 3. Mai 1852, und des §. 14. der Verordnung vom 3. Januar 1849.

31) Ausschließung der Geschworenen, wenn der Angeklagte ein Geständniß abgelegt, sich aber nicht für schuldig erklärt hat, als Verletzung der Art. 75 und 108. Nr. 7. des Gesetzes vom 3. Mai 1852†).

32) Unterbliebene Anhörung des Vertheidigers über die Feststellung der Thatfrage durch das Bekenntniß des Angeklagten††), als Verletzung der Art. 75 und 108. Nr. 7. des Gesetzes vom 3. Mai 1852.

33) Unterbliebene Aufnahme des vollständigen Bekenntnisses des Angeklagten im Audienzprotocoll†††), als Verletzung der Art. 75 und 108. Nr. 7. des Gesetzes vom 3. Mai 1852.

34) Feststellung der Thatfrage theils durch Bekenntniß theils durch Geschworenen-Verdict, als Verletzung der Art. 75 und 108. Nr. 7. des Gesetzes vom 3. Mai 1852*†).

35) Unterlassung der Aufnahme der Gründe ins Audienzprotocoll aus welchen Anträge der Partheien zurückgewiesen sind*††), als Verletzung des Art. 78. des Gesetzes vom 3. Mai 1852.

36) Unterlassung der sofortigen Aufnahme des Protocolls über die Ausloosung der Geschworenen, und nachträgliche Anfertigung desselben aus Notizen, als Verletzung des Art. 78. des Gesetzes vom 3. Mai 1852*†††).

---

*) G.-A. B. 1. S. 351.

**) G.-A. B. 2. S. 396.

***) G.-A. B. 3. S. 241. B. 1. S. 195. B. 2. S. 397.

†) G.-A. B. 2. S. 399.

††) G.-A. B. 4. S. 361.

†††) J.-M.-Bl. pro 1853. S. 366 u. 414. pro 1856. S. 122.

*†) G.-A. B. 1. S. 197 u. 605.

*††) G.-A. B. 1. S. 199.

*†††) G.-A. B. 3. S. 663.

37) Theilung der Hauptfrage, als Verletzung des Art. 80. des Gesetzes vom 3. Mai 1852*).

38) Auflösung von Rechtsbegriffen in solche Worte, welche einem Bedenken Raum geben, ob darin der im Gesetze aufgeführte Rechtsbegriff gefunden werden kann**), als Verletzung der Art. 82 und 81. des Gesetzes vom 3. Mai 1852.

39) Zusatz in der Fragestellung, ob der Angeklagte das und das Verbrechen begangen habe***), als Verletzung des Art. 81. des Gesetzes vom 3. Mai 1852.

40) Stellung der Frage durch die drei Alternativen des §. 34. Nr. 2. des Strafgesetzbuchs und Nicht-Feststellung durch den Spruch der Geschworenen, welche dieser drei Alternativen hat bejaht werden sollen, als Verletzung des Art. 81. des Gesetzes vom 3. Mai 1852†).

41) Unterlassung der Stellung besonderer Fragen auf die besonderen Gesichtspuncte, welche sich bei der Verhandlung herausgestellt haben, sondern Berücksichtigung dieser Gesichtspuncte in der Hauptfrage††), als Verletzung des Art. 86. des Gesetzes vom 3. Mai 1852.

42) Gänzliches Verlassen des Thatbestandes der Anklage und ausschließliche Fragestellung auf den veränderten Gesichtspunct, als Verletzung des Art. 86. des Gesetzes vom 3. Mai 1852†††).

43) Stellung der Fragen nach abgegebenem Verdict*†), als Verletzung des Art. 86. des Gesetzes vom 3. Mai 1852.

44) Berücksichtigung von Anträgen auf Vorbehalt anderweitiger Verfolgung nach abgegebenem Verdict*††), als Verletzung des Art. 86. des Gesetzes vom 3. Mai 1852.

45) Nichtbefolgung des zweiten Absatzes des Art. 87. des Gesetzes vom 3. Mai 1852*†††).

46) Eintritt Fremder in das Berathungszimmer der Geschworenen ohne

---

*) J.-M.-Bl. pro 1853. S. 427.

**) J.-M.-Bl. pro 1856. S. 122. G.-A. B. 4. S. 211.

***) J.-M.-Bl. pro 1854. S. 15.

†) G.-A. B. 1. S. 537.

††) G.-A. B. 1. S. 355.

†††) G.-A. B. 2. S. 400.

*†) G.-A. B. 4. S. 206.

*††) G.-A. B. 5. S. 394.

*†††) G.-A. B. 3. S. 814.

schriftliche Erlaubniß des Vorsitzenden, als Verletzung des Art. 90. des Gesetzes vom 3. Mai 1852*).

47) Unterlassen der besonderen Abstimmung über die begleitenden erschwerenden Umstände, und der besonderen Erwähnung des Ergebnisses in dem Ausspruche der Geschworenen**), als Verletzung des Art. 91. des Gesetzes vom 3. Mai 1852.

48) Bloß einfache Bejahung der zugleich begleitende Umstände der Hauptthat enthaltenden Frage, ohne besondere Erwähnung des Ergebnisses der Abstimmung***), als Verletzung des Art. 91. des Gesetzes vom 3. Mai 1852.

49) Gänzlich unterbliebene oder nachträgliche Unterzeichnung des Spruchs der Geschworenen durch den Vorsitzenden, als Verletzung des Art. 96. des Gesetzes vom 3. Mai 1852†).

50) Verbesserungen des Verdicts bei dessen Verlesung durch den Vorsteher der Geschworenen, sofern diese Verbesserungen wirkliche Nova enthalten††), als Verletzung des Art. 96. des Gesetzes vom 3. Mai 1852.

51) Beantwortung eventueller Fragen durch den Gerichtshof nach Entscheidung der Hauptfrage durch die Geschworenen mit 7 gegen 5 Stimmen, als Verletzung des Art. 98. des Gesetzes vom 3. Mai 1852†††).

52) Unterlassung der Verlesung des Wahrspruchs durch den Gerichtsschreiber, als Verletzung des Art. 100. des Gesetzes vom 3. Mai 1852*†).

53) Nichtbeachtung von Aeußerungen des Angeklagten, welche eine Unzufriedenheit mit dem Erkenntnisse enthalten*††), als Verletzung des §. 126. der Verordnung vom 3. Januar 1849.

54) Nichtbeachtung des innerhalb der Präclusivfrist erfolgten Widerrufs

---

*) J.-M.-Bl. pro 1856. S. 126.

**) Urtel des Ober-Tribunals v. 17. Decbr. 1855. Entscheidungen B. 31. S. 476 u. 355.

***) Vgl. die vorige Note.

†) G.-A. B. 3. S. 104. B. 5. S. 244.

††) G.-A. B. 5. S. 245.

†††) G.-A. B. 1. S. 357. B. 2. S. 89.

*†) G.-A. B. 1. S. 224.

*††) G.-A. B. 1. S. 371.

der Erklärung des Angeklagten bei dem Urtel sich beruhigen zu wollen, als Verletzung des §. 126. der Verordnung vom 3. Januar 1849 *).

55) Beeinträchtigung der Staatsanwaltschaft durch Zurückweisung neuer Anführungen in der Appellationsinstanz über Vorbestrafungen des Angeklagten, als Verletzung des §. 126. der Verordnung vom 3. Januar 1849, der Art. 101 u. 108. Nr. 4. des Gesetzes vom 3. Mai 1852 **).

56) Abweichung des Appellationsrichters von der thatsächlichen Feststellung des ersten Richters ohne Erneuerung oder Wiederholung der Beweisaufnahme, als Verletzung des Art. 101. des Gesetzes vom 3. Mai 1852 ***).

57) Strafurtel durch den Appellationsrichter ohne Eingehen auf den in erster Instanz abgebrochenen Defensionalbeweis, wenn der Angeklagte dort freigesprochen war, als Verletzung des Art. 101. des Gesetzes vom 3. Mai 1852 †).

58) Unterbliebene Bezeichnung der Verlesung eines Schriftstückes als Act der Beweisaufnahme, als Verletzung des Art. 101. des Gesetzes vom 3. Mai 1852 ††).

59) Theilung der Beweismittel erster Instanz, statt theilweiser Wiederholung der Beweisaufnahme †††), als Verletzung des Art. 101. des Gesetzes vom 3. Mai 1852.

60) Vernichtung eines Urtels erster Instanz von Amtswegen durch den Appellationsrichter in einer Richtung, welche von dem eingelegten Rechtsmittel nicht getroffen wird, als Verletzung des Art. 102. des Gesetzes vom 3. Mai 1852 *†).

61) Gänzliches Ignoriren verspätet eingebrachter Nova in der Appellationsinstanz, als Verletzung des Art. 104. des Gesetzes vom 3. Mai 1852 *††).

---

*) G.-A. B. 1. S. 372. B. 5. S. 75.

**) J.-M.-Bl. pro 1853. S. 210.

***) G.-A. B. 1. S. 552. J.-M.-Bl. pro 1853. S. 854. pro 1854. S. 14 u. 87. G.-A. B. 1. S. 696.

†) G.-A. B. 2. S. 676.

††) G.-A. B. 3. S. 251.

†††) G.-A. B. 3. S. 555.

*†) G.-A. B. 1. S. 553.

*††) G.-A. B. 2. S. 246.

62) Unterbliebene Vorladung des nicht verhafteten mit einem Vertheidiger versehenen Angeklagten zur Audienz in der Appellationsinstanz, als Beschränkung der Vertheidigung*).

63) Unterlassene oder nicht rechtzeitige Benachrichtigung des verhafteten Angeklagten von dem Audienztermin in zweiter Instanz und von der erfolgten Zuordnung eines Vertheidigers, als Beschränkung der Vertheidigung**).

64) Bestellung eines gemeinschaftlichen Vertheidigers für solche Angeklagte, deren Interessen collidiren, als Beschränkung der Vertheidigung***).

65) Die widerrechtliche Ausschließung einzelner Angeklagter von der Verhandlung über solche Anklagepuncte, bei welchen sie nicht unmittelbar betheiligt sind, als Beschränkung der Vertheidigung†).

66) Der Verstoß gegen die Anwesenheit aller am Erkenntnisse theilnehmenden Richter in der Sitzung in welcher die Beweisaufnahme erfolgte.

Was die Anmeldung der Nichtigkeitsbeschwerde betrifft, so muß diese innerhalb einer präclusivischen Frist von zehn Tagen bei dem Gerichte, welches das Urtel erster Instanz erlassen hat, schriftlich angemeldet werden. Der Angeklagte kann sie auch zu Protocoll erklären††). Letzteren Falls ist es nicht erforderlich, daß ein Richter zur Aufnahme des Protocolls mitwirkt, es genügt, daß dasselbe durch einen Gerichtsschreiber, Actuar oder vereideten Protocollführer aufgenommen wird. Erfolgt die Anmeldung Seitens des Angeklagten mittelst einer Schrift, so muß dieselbe von einem zum Richteramt befähigten Rechtsverständigen legalisirt sein†††). Wie bei der Appellation wird auch hier die Anmeldungsfrist von der Verkündung, resp. oer Behändigung des Urtels angerechnet, so daß in Betreff der näheren hierüber geltenden Vorschriften auf das früher Erwähnte verwiesen werden kann. Die Anmeldung hat auch hier

*) G.-A. B. 4. S. 221. B. 3. S. 679

**) G.-A. B. 3. S. 252.

***) G.-A. B. 3. S. 123.

†) G.-A. B. 1. S. 224. J.-M.-Bl. pro 1857. S. 427. Ges. v. 3. Mai 1852. Art. 110.

††) G.-A. B. 2. S. 44.

†††) Verordn. v. 3. Jan. 1849. §. 157 — 159.

Suspensivwirkung, wenn sie vom Angeklagten ausgeht, entbehrt aber diese, wenn sie von der Staatsanwaltschaft erfolgt*); nur ausnahmsweise, wo letztere gegen Erkenntnisse aus der Recursinstanz die Nichtigkeitsbeschwerde einlegen will, hemmt schon die Anzeige, daß sie die Ermächtigung des Justizministers nachgesucht habe, die Vollstreckung des Urtels bis die Ermächtigung versagt oder die Entscheidung des Ober-Tribunals ergangen ist**). Die Anmeldung der Nichtigkeitsbeschwerde verliert aber abweichend vom Appellationsverfahren ihre Wirkung, wenn nicht rechtzeitig eine Angabe der Beschwerdepuncte erfolgt. Die Frist hiezu ist ebenfalls eine zehntägige, ihre Verlängerung ist unstatthaft, auch darf der Nichtigkeitsrichter die Beschwerdepuncte nach Ablauf der Fristen nicht mehr zulassen***). Da es in der Regel nicht möglich sein wird, die Beschwerdepuncte und die Gründe, welche diese rechtfertigen sollen, zweckmäßig anzugeben, so lange nicht die Gründe des anzufechtenden Erkenntnisses in schriftlicher Abfassung vorliegen, so ist erst von Mittheilung dieser Urtels-Ausfertigung der Lauf der Frist abhängig gemacht. Dem Staatsanwalt, der die Nichtigkeitsbeschwerde angemeldet, hat daher das Gericht sofort das mit Gründen abgefaßte Erkenntniß vorlegen zu lassen. Ebenso ist dem Angeklagten, der die Nichtigkeitsbeschwerde angemeldet hat, sofort von diesem Acte von Amtswegen eine Ausfertigung des Erkenntnisses zu behändigen. Ist bei Verkündung des Urtels der Angeklagte nicht persönlich anwesend gewesen, so wird ihm schon aus diesem Grunde eine Ausfertigung des Erkenntnisses behändigt, entweder sofort nach der Verkündung oder bei Appellations-Urtheilen nach dem Eingange der Acten bei dem Gerichte erster Instanz; in diesem Falle wird aber eine besondere Rechtfertigungsfrist nicht gewährt, sondern innerhalb zehn Tagen nach der Behändigung des Urtels muß die Anmeldung wie die Angabe der Beschwerdepuncte erfolgen†). Zur Einlegung der Nichtigkeitsbeschwerde mit Ermächtigung des Justizministers gegen Erkenntnisse aus der Recursinstanz ist eine sechswöchige Frist vom Tage der Verkündung des Urtels an gegeben, doch umfaßt dieselbe sowohl die Anmeldung wie die Rechtfertigung ††). Für

*) Ges. v. 3. Mai 1852. Art. 129.

**) Ges. v. 3. Mai 1852. Art. 110. J.-M.-Bl. pro 1854. S. 20. pro 1853. S. 419.

***) Ges. v. 3. Mai 1852. Art. 110. J.-M.-Bl. pro 1853. S. 418. J.-M.-Bl. pro 1853. S. 174.

†) G.-A. B. 2. S. 679.

††) G.-A. B. 1. S. 697. B. 5. S. 250.

die Angabe der Beschwerdepuncte besteht die nämliche Form wie für die Anmeldung. Zur Legalisirung der Beschwerdeschrift des Angeklagten genügt die Unterschrift des Rechtsverständigen*). Referendare sind zur Legalisation der Nichtigkeitsbeschwerde befugt, nicht aber Auscultatoren**). Die bloße Uebergabe einer nicht legalisirten Schrift zum gerichtlichen Protocoll kann die protocollarische Angabe der Beschwerdepuncte nicht ersetzen**). Wo letztere Platz greift soll die Aufnahme des Protocolls, bei dessen Abfassung es besonders darauf ankommt die Puncte, in denen eine Verletzung von Rechtsgrundsätzen oder Proceßvorschriften behauptet wird, sorgfältig zu präcisiren, nicht unbefähigten Subalternen und ungeübten Auscultatoren, sondern nur solchen Beamten übertragen werden, welchen die zu diesem Geschäfte erforderlichen Rechtskenntnisse beiwohnen***). Damit die Qualification nöthigenfalls geprüft werden kann, hat der betreffende Beamte jedesmal bei seiner Unterschrift unter dem Protocoll seine amtliche Stellung anzugeben.

Wenn gleich eine Belehrung des Angeklagten über die ihm zustehenden Rechtsmittel nicht mehr gesetzlich vorgeschrieben ist†), und es daher im Allgemeinen Sache des Angeklagten ist, die Anmeldung sowohl als die Rechtfertigung der Nichtigkeitsbeschwerde zur rechten Zeit und in der gehörigen Form anzubringen, so gehört es doch immer noch zum nobile officium des Richters daß er, insonderheit bei protocollarischer Aufnahme des Rechtsmittels, den unerfahrenen Angeklagten über die gesetzlichen Vorschriften und die Folgen der Versäumniß belehre††). Unterläßt dies der Richter so kann zwar der nicht verhaftete Angeklagte aus solcher Unterlassung niemals die Statthaftigkeit des desert gewordenen Rechtsmittels herleiten, denn er hat allemal die Folgen seiner Versäumniß zu tragen. Bei dem verhafteten Angeklagten, der irgendwie seinen Willen erklärt hat, die Nichtigkeitsbeschwerde einlegen zu wollen, hat jedoch der Richter für deren ordnungsmäßige rechtzeitige Aufnahme in der Weise Sorge zu tragen, daß eine Versäumniß in dieser Beziehung den Verlust des Rechtsmittels nicht zur Folge hat. Die Haft des Angeklagten welche ihm selbst

---

*) G.-A. B. 5. S. 78. B. 4. S. 815.

**) G.-A. B. 5. S. 79.

***) J.-M.-Bl. pro 1855. S. 199.

†) Verordn. v. 3. Jan. 1849. §. 24.

††) G.-A. B. 4. S. 354. u. f.

die Wahrnehmung des Erforderlichen erschwert, legt hier dem Richter strengere Pflichten auf.

Die Angabe der Beschwerdepunkte ist wie schon bemerkt unerläßlich und der Nichtigkeitsrichter darf nicht auf das bloß angemeldete Rechtsmittel von Amtswegen prüfen, ob in irgend einer Beziehung eine Rechtsverletzung stattgefunden habe, andrerseits wird aber auf eine präcise An- und Ausführung der Gründe, welche die Beschwerdepuncte rechtfertigen sollen, kein entscheidendes Gewicht gelegt. Sobald nur aus der Angabe der Beschwerdepuncte erhellt, daß die Nichtigkeitsbeschwerde auf Verletzung des materiellen Rechts gegründet wird, darf das Rechtsmittel, mag es vom Angeklagten oder der Staatsanwaltschaft eingelegt sein, nicht mehr aus dem Grunde zurückgewiesen werden, weil das Gesetz oder der Rechtsgrundsatz garnicht oder unrichtig bezeichnet worden ist, und ebenso genügt es bei einer auf Verletzung der Proceßvorschriften gegründeten Nichtigkeitsbeschwerde, wenn die Thatsachen hervorgehoben werden, welche der Beschwerde zur Grundlage dienen*).

Diese Bestimmungen erleichtern die Verfolgung der Nichtigkeitsbeschwerde und lassen das richterliche Ergänzungsamt in ziemlich weitem Umfange eintreten.

Wenn bei Anmeldung der Nichtigkeitsbeschwerde oder bei Angabe der Beschwerdepuncte die vorgeschriebenen Fristen oder Formen nicht beobachtet sind, so weist das Gericht erster Instanz die Nichtigkeitsbeschwerde durch Verfügung zurück, wogegen dem Imploranten binnen 10 Tagen die Beschwerde an das Ober-Tribunal zusteht**). Andrenfalls wird die Nichtigkeitsbeschwerde in Abschrift dem Gegentheil zu seiner Erklärung innerhalb einer zehntägigen Präclusivfrist mitgetheilt, und zwar die Beschwerde des Staatsanwalts dem Angeklagten und seinem Vertheidiger. Nach Ablauf der Fristen werden die Acten vom Gericht unter Benachrichtigung der Partheien, welche die Stelle der nicht erfolgenden Vorladung vor das Ober-Tribunal vertritt, an letzteres abgesendet, worauf die Staatsanwaltschaft ihre Büreauacten dem General-Staatsanwalt überreicht***). Wo die Nichtigkeitsbeschwerde des Angeklagten sich auf Verletzung wesentlicher Proceßvorschriften stützt, und dem Nichtigkeitsrichter

*) Ges. v. 3. Mai 1852. Art. 111. Materialien S. 161.

**) Ges. v. 3. Mai 1852. Art. 112.

***) Verordn. v. 3. Jan. 1849. §. 144. Instruction v. 13. Novbr. 1849. §. 24.

die Prüfung der der Beschwerde zur Grundlage dienenden Thatsachen obliegt, hat die Staatsanwaltschaft in ihrer Gegenerklärung sich über die Richtigkeit oder Unrichtigkeit dieser Thatsachen unter Verweisung auf die betreffenden Stellen der Acten speciell zu äußern, und namentlich bei behaupteter Abschneidung des Entlastungsbeweises anzugeben, ob und wo der Angeklagte die betreffenden Zeugen oder sonstigen Beweismittel bezeichnet hat, und ob und wo darauf eine Verfügung oder ein Beschluß des Gerichts ergangen ist*).

Findet das Ober-Tribunal nach Eingang der Acten, daß die Fristen und Formen nicht beobachtet sind oder die Angabe der Beschwerdepuncte den vorgeschriebenen Inhalt nicht hat, so kann nach vorgängiger Erklärung der Staatsanwaltschaft bei dem Ober-Tribunal, die Beschwerde von dem Gerichtshofe ohne mündliches Verfahren zurückgewiesen werden**). In allen anderen Fällen wird vor dem Ober-Tribunal ein Termin zur öffentlich mündlichen Verhandlung anberaumt, welcher durch Aushang an der Gerichtsstelle bekannt gemacht wird. In der Sitzung erfolgt zuvörderst ein mündlicher Vortrag von Seiten eines Mitglieds des Ober-Tribunals. Da die Nichtigkeitsbeschwerde eine Kritik der in den früheren Instanzen als wahr festgestellten Thatsachen weder nach ihrer äußeren Erscheinung noch nach ihrer inneren Qualification zuläßt, und nur die Anwendung des Gesetzes auf das Sachverhältniß oder die wesentlichen Erfordernisse des Verfahrens einerseits und die Angriffe und Rügen des Imploranten andrerseits der vergleichenden Prüfung des Gerichtshofes unterstellt, so wird durch diesen Standpunct des Nichtigkeitsrichters auch die Richtung des hier vorgeschriebenen Referenten-Vortrags bestimmt. Will der Angeklagte in der Sitzung sich Gehör verschaffen, so hat er auf die Mittheilung von Absendung der Acten einen Bevollmächtigten aus der Zahl der beim Ober-Tribunal angestellten Rechtsanwälte zu bestellen, der durch den öffentlichen Aushang vom Termin Kenntniß erhält und für den Angeklagten vor dem Gerichtshofe auftreten kann. Mag aber ein solcher erscheinen oder nicht, so hat allemal die Staatsanwaltschaft bei dem Ober-Tribunal ihren Antrag am Schlusse der Verhandlung zu stellen, weil dieselbe hier einen von jeder Partheistellung völlig unab-

---

*) J.-M.-Bl. pro 1855. S. 199.

**) Ges. v. 3. Mai 1852. Art. 113.

hängigen Beruf hat, und auch nicht einmal formell als Parthei erscheint*), sondern lediglich im Interesse des Gesetzes auftritt.

Ist die Nichtigkeitsbeschwerde begründet, so vernichtet das Ober-Tribunal das angefochtene Urtel**). Sein Erkenntniß ist daher zunächst cassatorischer Natur, und im Allgemeinen ist es mit den Grundlagen des öffentlichen und mündlichen Verfahrens nicht vereinbar, wenn nach Vernichtung eines Erkenntnisses der höchste Gerichtshof in der Sache selbst erkennt. Nur da, wo es auf thatsächliche Ermittelungen nicht mehr ankommt, faßt das Ober-Tribunal sofort das neue reformatorische Erkenntniß ab, wo aber der Grund der Vernichtung in Mängeln des Verfahrens liegt, wird die Sache allemal zur Verhandlung und Entscheidung an die Instanzgerichte zurückgewiesen***).

Wo das Ober-Tribunal selbst erkennt, hat es nach der jetzigen Lage der Gesetzgebung zu entscheiden, und darf auch das während der Nichtigkeitsinstanz ergangene mildere Gesetz zur Anwendung bringen, wenn auch, wie wir früher gesehen, die Milderung in der Gesetzgebung nach Erlaß des angefochtenen Urtels nicht zur Vernichtung desselben führen durfte†).

Die partielle Vernichtung des Erkenntnisses und des demselben vorangegangenen Verfahrens ist völlig statthaft und oft nothwendig um eine reformatio in pejus abzuwenden. Wenn z. B. das Verdict der Geschworenen die Hauptfrage bejaht, die erschwerenden Umstände aber verneint, so kann die Vernichtung sich regelmäßig nur auf die Hauptfrage beziehen und der dem Angeklagten günstige Theil des Verdicts bleibt bestehen. Bei Verweisung der Sache in die Instanzen sind für deren fernere Verhandlung und Entscheidung die dem cassatorischen Erkenntnisse zum Grunde gelegten Rechtsgrundsätze maaßgebend††), weil wenn dies nicht geschähe, die Sache nicht zu Ende kommen würde, und wiederholt durch alle Instanzen gebracht werden könnte. Ein Urtheil, welches hiegegen verstößt, unterliegt der Vernichtung†††).

---

*) Verordn. v. 3. Jan. 1849. §. 145 u. 147. Ges. v. 3. Mai 1852. Art. 114. Materialien S. 653.

**) Ges. v. 3. Mai 1852. Art. 115.

***) Ges. v. 3. Mai 1852. Art. 116 u. 117.

†) G.-A. B. 4. S. 689.

††) Ges. v. 3. Mai 1852. Art. 118.

†††) Urtel des Ober-Tribunals v. 9. Oct. 1854. Entscheidungen B. 28. S. 477.

Der wiederholt erkennende Instanzrichter darf aber wenn die Vernichtung auf die vom Angeklagten eingelegte Nichtigkeitsbeschwerde erfolgt ist, niemals auf eine höhere als die im vernichteten Erkenntnisse ausgesprochene Strafe erkennen, oder der That eine schwerere Qualification beilegen*). Dagegen hat er bei seiner neuen Entscheidung auf die bestehende Lage der Gesetzgebung Rücksicht zu nehmen und wenn dieselbe inzwischen milder geworden, so hat er das mildere Strafgesetz anzuwenden**).

Da es sich bei der Nichtigkeitsbeschwerde der Staatsanwaltschaft gegen Erkenntnisse aus der Recursinstanz nur um Wahrung richtiger Grundsätze des Rechts und Verfahrens handelt, so ist um diesen Gesichtspunct recht klar hervor treten zu lassen, dem Justizminister die Befugniß beigelegt, wenn nach erfolgter Vernichtung eine dem Beschuldigten nachtheiligere Entscheidung ergeht, die Nichvollstreckung derselben, in soweit sie dem Beschuldigten nachtheiliger ist, zu verfügen***).

Eine Ausfertigung des Urtels des Ober-Tribunals erhält der Richter erster Instanz zur Verkündung oder Behändigung an den Angeklagten†).

§. 48.

Die Restitution.

Man hat von jeher die Nothwendigkeit empfunden selbst gegen rechtskräftige Erkenntnisse in Strafsachen zum Schutze der Unschuld außerordentliche Rechtsmittel zu gestatten. Als solches stellt sich unserer Gesetzgebung zufolge die Restitution dar, welche nur dem Verurtheilten zusteht††). Der Staatsanwalt kann weder durch dies Rechtsmittel, noch anderweitig in der Form der Wiederaufnahme der Untersuchung oder der neuen Anklage die rechtskräftige Entscheidung anfechten, welche einen Angeklagten verurtheilt oder freispricht. Dagegen schließt die unter der Herrschaft der früheren Proceßgesetze oder im Auslande erkannte vorläufige Freisprechung eine neue Verfolgung auf Grund neuer Beweise eben-

---

*) G.-A. B. 4. S. 82 u. 71.

**) G.-A. B. 4. S. 689.

***) Ges. v. 3. Mai 1852. Art. 129.

†) Verordn. v. 3. Jan. 1849. §. 150.

††) G.-A. B. 2. S. 785. u. f. B. 3. S. 198 u. 472.

†††) Verordn. v. 3. Jan. 1849. §. 151.

sowenig aus, wie die heutige Einstellung des Verfahrens wegen unzureichender Belastung*).

Eine Frist zur Geltendmachung dieses außerordentlichen Rechtsmittels ist dem Verurtheilten nicht gesetzt. Eine solche könnte überhaupt erst von der Bekanntwerdung des Restitutionsgrundes datiren, und der Gesetzgeber hat wohl mit Recht angenommen, daß das Interesse des Verurtheilten ihn dann von selbst zur ungesäumten Anbringung seines Restitutionsgesuches veranlassen werde.

Das ältere Recht**) gestattete gegen ein rechtskräftiges Erkenntniß dem Verurtheilten nicht nur auf neue Untersuchung und Entscheidung anzutragen, wenn er auf Grund eines zu seinem Nachtheil verfälschten Dokuments oder bestochener Zeugen verurtheilt worden war, sondern gewährte ihm auch ein Restitutionsgesuch um seine gänzliche Unschuld durch neue in der bisherigen Untersuchung nicht aufgenommene directe Beweismittel darzuthun. Die Restitution aus dem letztangegebenen Grunde hat unsere neuere Gesetzgebung fallen lassen, und diese Aufhebung durch die veränderte Beweistheorie sowie dadurch motivirt, daß bei dem mündlichen Verfahren der Inbegriff der Verhandlungen, woraus der erkennende Richter seine Ueberzeugung geschöpft habe, nicht überall actenmäßig werde.

Diese Argumente beweisen aber offenbar zu viel, da sie mit gleichem Rechte auch den beiden nach neuerem Rechte geltenden Restitutionsgründen, dem Nachweis daß das Erkenntniß auf eine falsche Urkunde oder auf die Aussage eines meineidigen Zeugen gegründet sei***), entgegenstehen, denn aus dem Umstande daß falsche Urkunden vorgelegen und meineidige Zeugen aufgetreten, folgt an und für sich noch garnicht, daß ohne selbige die Entscheidung anders ausgefallen sein würde, und diesen Nachweis im concreten Falle zu führen wird gerade wegen der veränderten Beweistheorie und der fehlenden Actenmäßigkeit unseres Verfahrens in den seltensten Fällen gelingen. Eben deshalb verlangt unsere Gesetzgebung auch nur, daß das Urtheil auf die falschen Beweismittel gegründet war, eine Bestimmung welche bei den mit Motiven abgegebenen Erkenntnissen die Auslegung zuläßt, daß das falsche Beweismittel in den Urtelsgründen als maaßgebend für die Bildung der richterlichen Ueber-

*) G.-A. B. 2. S. 790.

**) K.-O. §. 532, 588 u. 589.

***) Verordn. v. 3. Jan. 1849. §. 151. Materialien S. 166.

zeugung aufgeführt sein muß, bei schwurgerichtlichen Erkenntnissen dagegen nur so zu verstehen ist, daß von dem falschen Beweismittel im Hauptverfahren Gebrauch gemacht und die Unmöglichkeit der Berücksichtigung desselben nicht ausgeschlossen ist, wobei es aber immer noch ungewiß bleibt ob die demselben zu entnehmenden Beweismomente auf die Ueberzeugung der Geschworenen wirklich eingewirkt haben. Der Richter welcher das Restitutionsgesuch prüft, kann in solchem Falle immer nur erwägen, ob die falsche Urkunde oder das falsche Zeugniß an sich geeignet waren, auf die Ueberzeugung der Geschworenen einen Einfluß zu üben. Im Bejahungsfalle wird er annehmen müssen, daß das frühere Urtel auf die falschen Beweismittel mitgegründet war, und das Restitutionsgesuch zuzulassen haben. Daß hiernach durch unsere Restitution für solche Fälle gar keine Sorge getragen wird, wo der Verurtheilte nachweist, daß die strafbare Handlung, wegen deren er verurtheilt worden, garnicht begangen ist, oder daß sie doch von ihm nicht begangen sein kann, liegt auf der Hand. Ein sorgfältiges und geordnetes Rechtsverfahren wird allerdings solche Fälle nicht häufig vorkommen lassen, außer dem Bereiche der Möglichkeit liegen sie aber nicht, und es wird alsdann immer als ein Uebelstand erscheinen nur im Wege der Gnade Abhülfe gewähren zu können.

Sofern die Restitution auf ein falsches Zeugniß sich stützt, genügt nicht die Unrichtigkeit des Zeugnisses, sondern das Gesetz verlangt, daß der Zeuge sich des Meineids schuldig gemacht habe. Hienach kann es selbst zweifelhaft erscheinen, ob die Aussage eines Zeugen, der aus Fahrlässigkeit etwas Unwahres eidlich versichert, zur Begründung der Restitution geeignet ist, gewiß aber steht die falsche Zeugenaussage, welche auf entschuldbarem Irrthum beruht, und die falsche Bezüchtigung eines Mitschuldigen*) der Aussage eines meineidigen Zeugen in dieser Beziehung nicht gleich. Falsche Urkunden dienen dagegen nicht bloß dann zur Begründung der Restitution, wenn sie in der äußeren Form gefälscht sind, sondern eben so wohl auch, wenn sie materiell Unwahres enthalten**).

Da die Restitution an keine Frist gebunden ist, so kann es noch immer vorkommen, daß ein nach dem Verfahren der K.-O. Verurtheilter

*) G.-A. B. 3. S. 119. Urtel des Ober-Tribunals v. 30. Octb. 1854. Entscheidungen B. 29. S. 283.

**) Verfügung v. 24. Novbr. 1853. I. 4827.

Restitution nachsucht. In solchem Falle kommt nicht das neuere Restitutionsverfahren zur Anwendung, sondern für die Behandlung derartiger Restitutionsgesuche sind sowohl die materiellen, wie die formellen Bestimmungen der K.-O. noch heute maaßgebend*), weil das Restitutionsverfahren als Fortsetzung des früheren Processes, als eine neue Instanz anzusehen ist, und die neuere Proceßgesetzgebung sich auf früher eingeleitete Strafsachen nicht bezieht**).

Das Restitutionsgesuch neueren Rechts wird allemal bei dem Gerichte, welches in erster Instanz erkannt hat, angebracht.

Kann der Fälscher oder der meineidige Zeuge auf welchen das Gesuch Bezug nimmt, noch gerichtlich verfolgt werden, so darf dem Gesuche erst stattgegeben werden, wenn derselbe dieses Verbrechens wegen rechtskräftig verurtheilt ist. Es muß daher vorerst das gewöhnliche Verfahren eingeleitet werden um diese Verurtheilung herbeizuführen, aber auch in den Fällen, wo die gerichtliche Verfolgung gegen die gedachten Personen nicht eingeleitet werden kann, hat die Staatsanwaltschaft, welcher zu dem Behufe das Restitutionsgesuch mitzutheilen ist, zu prüfen, ob über die zur Begründung der Restitution angeführten Thatsachen eine gerichtliche Voruntersuchung zu veranlassen ist. Ohne vorausgegangene thatsächliche Ermittelungen wird nur selten eine Beschlußnahme darüber erfolgen können, ob das Restitutionsgesuch begründet ist. Nachdem die Ermittelungen vorgenommen, legt der Staatsanwalt das Gesuch mit seiner Erklärung dem Gericht wieder vor***). Ueber die Zulassung des Restitutionsverfahrens entscheidet das Gericht erster Instanz, bei der Restitution gegen schwurgerichtliche Erkenntnisse dasjenige Gericht bei dem das Schwurgericht abgehalten worden ist.

Wird das Gesuch als unbegründet zurückgewiesen, so steht dem Imploranten frei, innerhalb der nächsten zehn Tage nach dem Empfange des Bescheides bei dem Gerichte der höheren Instanz Beschwerde zu führen†). Der Staatsanwalt hat keine Beschwerde über die zugelassene Restitution.

---

*) G.-A. B. 1. S. 67.

**) Verordn. v. 3. Jan. 1849. §. 184. Das Ober-Tribunal hat neuerdings die entgegengesetzte Ansicht hinsichtlich der formellen Vorschriften ausgesprochen. G.-A. B. 5. S. 840.

***) Verordn. v. 3. Jan. 1849. §. 152 u. 153.

†) Verordn. v. 3. Jan. 1849. §. 154.

Ist das Appellationsgericht die nächste Beschwerde-Instanz, so kann das Ober-Tribunal noch angegangen werden, wenn die Verfügung des Appellationsgerichts aus Rechtsgründen angefochten wird*). Wenn das Restitutionsgesuch gegen ein schwurgerichtliches Urtel gerichtet ist, geht die Beschwerde über die zurückweisende Verfügung zunächst an das Appellationsgericht. Dies ist zwar bezweifelt worden**), dürfte jedoch aus den Vorschriften des Art. 13. des Gesetzes vom 3. Mai 1852 sich ergeben.

Wird das Restitutionsgesuch zugelassen, so hat das Gericht von dem das angefochtene Urtel ergangen war, nach der für die in Rede stehende Gesetzesübertretung vorgeschriebenen Form sofort das mündliche Verfahren zu erneuern und unter Aufhebung seines früheren Urtels ein neues zu fällen, gegen welches die gewöhnlichen Rechtsmittel zulässig sind***). Ein nochmaliges Vor- und Uebergangsverfahren findet nicht statt, vielmehr bleibt in Restitutionsfällen die Concurrenz der Rathskammer und des Anklagesenats ausgeschlossen, und tritt nur eine Erneuerung des Beweisverfahrens ein auf Grund der ursprünglichen Anklage und des Anklage- resp. Eröffnungsbeschlusses†). Bei der nach zugelassener Restitution erfolgenden Entscheidung der Hauptsache ist jede weitere Erörterung über die Zulässigkeit und Gesetzlichkeit der Restitutionsgründe durch die Instanzen unstatthaft. Die Staatsanwaltschaft kann daher auch das neue Urtel nicht aus dem Grunde anfechten, weil die Restitution aus den dafür angeführten Gründen überhaupt nicht hätte zugelassen werden sollen. Die Zulässigkeit der Erneuerung des Verfahrens ist mit der Entscheidung über das Restitutionsgesuch rechtskräftig festgestellt, und dem Staatsanwalt, dem nicht einmal gegen diese Vorentscheidung eine Beschwerde zusteht, kann es um so weniger nach Entscheidung der Hauptsache gestattet sein, die Zulässigkeit der Restitution noch anzufechten††).

§. 49.

Die Wiedereinsetzung in den vorigen Stand.

Die Einführung präclusivischer Fristen in das neuere Strafverfahren hat es im Interesse der Gerechtigkeit nothwendig erscheinen lassen, gegen

*) Ges. v. 3. Mai 1852. Art. 13.

**) Materialien S. 167.

***) Verordn. v. 3. Jan. 1849. §. 155.

†) G.-A. B. 2. S. 235.

††) G.-A. B. 3. S. 119.

den Ablauf dieser Fristen unter Umständen Wiedereinsetzung in den vorigen Stand zu gewähren, und diese auch in dem Falle zuzulassen, wenn in Uebertretungssachen gegen das richterliche Strafmandat Einspruch erhoben und der in Folge dessen angesetzte Verhandlungstermin von dem Beschuldigten nicht wahrgenommen ist*). Die gemeinschaftliche Voraussetzung aber für die Statthaftigkeit dieser Maaßregel ist die, daß Naturbegebenheiten, oder andere unabwendbare Zufälle die Versäumung der gesetzlichen Präclusivfrist oder des gedachten Termins herbeigeführt haben. Daß dies der Fall gewesen, ist in einem Gesuche anzuführen und zu bescheinigen. Das Gesuch kann schriftlich oder mündlich zu Protocoll bei dem betreffenden Gerichte angebracht werden. Die dafür bestehende Frist ist eine Frist von zehn Tagen, welche entweder von dem betreffenden Termin oder dem Ablauf der betreffenden Frist, gegen welche man restituirt werden will, oder aber, wenn das Hinderniß erst später gehoben wird, von der Zeit der Wegräumung desselben an gerechnet wird. Vor der Beschlußnahme über das Gesuch wird die Staatsanwaltschaft resp. Polizeianwaltschaft mit ihrem Antrage gehört.

Was unter Naturbegebenheiten und unabwendbaren Zufällen zu verstehen, hat der Richter im einzelnen Falle nach seinem Ermessen zu bestimmen. Eine erschöpfende Specialisirung ist hier nicht möglich. Eine Beschwerde über die Zurückweisung des Gesuchs steht dem Angeklagten innerhalb zehntägiger Frist zu, der Staatsanwaltschaft ist aber zugleich die Ausführung der Unstatthaftigkeit der Wiedereinsetzung in der Hauptverhandlung gestattet, und es sind darüber also auch die Erörterungen und Entscheidungen der verschiedenen Instanzen zulässig**).

Neuntes Capitel.

Besondere Proceßarten.

§. 50.

1. Administratives Strafverfahren.

Da die vorliegende Schrift dem gerichtlichen Strafverfahren gewidmet ist, so kann ein näheres Eingehen auf die speciellen Anordnungen über

*) Materialien S. 176.

**) Ges. v. 3. Mai 1852. Art. 130.

die Strafbefugniß der Verwaltungsbehörden und die Art und Weise wie dieselbe ausgeübt wird, hier nicht erwartet werden. Es soll daher nur auf einige allgemeine Gesichtspuncte aus dem administrativen Strafverfahren aufmerksam gemacht werden, welche für die gerichtliche Behandlung der Strafsachen von Wichtigkeit sind.

Das ältere Recht kannte ein gleichmäßiges administratives Strafverfahren für Uebertretungen der Polizei- und Finanzgesetze, für welches die §§. 243 u. f. des Anhangs zur Allg. Gerichtsordnung Tit. 35. Abschn. 2. die gesetzliche Grundlage bildeten, und welches im Einzelnen durch zahlreiche Gesetze weiter entwickelt war. Dies Verfahren ist für Uebertretungen der Polizeigesetze als beseitigt anzusehen, da für diese jetzt ein eigenes administratives Strafverfahren nach dem Gesetze vom 14. Mai 1852 besteht, wogegen für alle Abgaben-Contraventionen das Fortbestehen des älteren Verfahrens mit einzelnen Modificationen ausdrücklich anerkannt worden ist*). Für das ältere administrative Strafverfahren lassen sich folgende leitende Grundsätze aufstellen.

Ausgeschlossen ist auch bei Abgaben-Contraventionen die Competenz der Verwaltungsbehörde und die des Gerichts tritt von vorn herein ein:

1) wenn unmittelbar auf Freiheitsstrafe oder auf Verlust des Gewerbebetriebs zu erkennen ist;
2) wenn die Abgaben-Contravention mit anderen strafbaren Handlungen zusammentrifft;
3) wenn der Contravenient zur gerichtlichen Haft genommen wird.

In allen anderen Fällen kann die Verwaltungsbehörde die Strafe durch ein Resolut festsetzen. Sie kann aber auch, selbst wenn es nur auf eine Ordnungsstrafe ankommt, sich der Entscheidung enthalten und wegen Einleitung des gerichtlichen Verfahrens das Erforderliche veranlassen. Der Beschuldigte kann vor Erlaß des Resoluts und zehn Tage nach Bekanntmachung desselben auf rechtliches Gehör antragen, oder den Recurs an die vorgesetzte Verwaltungsbehörde anmelden, nachher aber nicht mehr auf richterliche Entscheidung zurückgehen. Die Unterbehörden (Hauptsteuer- und Hauptzollämter, Postämter) führen gewöhnlich die sehr summarische Untersuchung und die Provinzial-Verwaltungsbehörde (Regierung, Provinzialsteuer-Director, Ober-Postdirection) erläßt den Straf-

---

*) Verordn. v. 3. Jan. 1849. §. 181. Ges. v. 3. Mai 1852. Art. 135 u. 136. Forberg Sammlung der Gesetze über das Strafverfahren. S. 267.

bescheid mit Entscheidungsgründen, der Recurs aber geht an die Centralbehörde. In geringeren Straffällen erlassen auch schon die Unterbehörden die Resolute und die ihnen unmittelbar vorgesetzten Behörden entscheiden über den Recurs.

In Stempel-Defraudationssachen können alle richterlichen und Polizeibeamte, welche überhaupt eine Strafe festsetzen dürfen, auch die Stempelstrafe bei Angelegenheiten welche in ihr Ressort fallen festsetzen und einziehen. Nur gegen Beamte, sofern denselben eine Nichtbeachtung der Stempelgesetze bei ihrer Dienstverwaltung zur Last fällt, kann die Stempelstrafe immer nur von der ihr vorgesetzten Dienstbehörde ausgehen. Im administrativen Strafverfahren kommen außer den baaren Auslagen an Porto, Stempel, Zeugengebühren u. s. w. keine Kosten zum Ansatz. Bei Eröffnung des administrativen Strafbescheides sind dem Beschuldigten zugleich die ihm dagegen zustehenden Rechtsmittel bekannt zu machen, auch ist derselbe auf die Erhöhung der Strafe aufmerksam zu machen, welche er im Wiederholungsfalle zu erwarten hat. Sobald das Resolut nicht mehr angefochten werden kann, wird die festgesetzte Strafe im Verwaltungswege vollstreckt.

Das administrative Strafverfahren nach dem Gesetze vom 14. Mai 1852 giebt der Polizei die Befugniß, so lange der Polizeianwalt nicht im strafgerichtlichen Wege eingeschritten ist, wegen der in ihrem Bezirke verübten ihr Ressort betreffenden Uebertretungen mit Ausschluß der schon erwähnten Abgaben-Contraventionen, der Beleidigungen und der Diebstähle an stehendem Holz und anderen Waldproducten die Strafe, falls dieselbe im concreten Falle fünf Thaler Geldbuße oder dreitägiges Gefängniß nicht überschreitet, vorläufig durch Verfügung festzusetzen. Für dies Verfahren sind weder Stempel noch Gebühren zu berechnen. Gegen die Strafverfügung findet keine Beschwerde bei der vorgesetzten Verwaltungsbehörde statt, dagegen kann der Beschuldigte binnen zehn Tagen bei dem Polizeiverwalter, dem Polizeirichter oder dem Polizeianwalt auf richterliche Entscheidung antragen, in welchem Falle ohne Anklageschrift und Einleitungsbeschluß ein Termin zur Hauptverhandlung angesetzt wird. Wenn innerhalb der angegebenen Frist auf richterliches Gehör nicht provocirt wird, so wird die Strafverfügung vollstreckbar*).

---

*) Ges. v. 14. Mai 1852. §. 1, 4, 5, 7 u. 9. Verfügung v. 30. Septbr. 1852. J.-M.-Bl. S. 342.

Das Verfahren findet namentlich auch auf Feldpolizei-Uebertretungen Anwendung und hat die betreffenden Bestimmungen der Feldpolizeiordnung modificirt*).

Das administrative Strafverfahren hat sich bisher als zweckmäßig bewährt, weil durch dasselbe ohne die Gerechtsame des Beschuldigten zu gefährden eine schleunige Bestrafung mit sehr geringem Aufwande von Kosten und Arbeitskräften herbeigeführt wird, und weil es bei Abgaben-Contraventionen oft auf technische Fragen ankommt, die Steuerbehörden auch befugt sind, bei der Entscheidung Billigkeitsrücksichten obwalten zu lassen, welche die Gerichte nicht beachten können.

§. 51.

2. Gerichtliches Strafverfahren bei Abgaben-Contraventionen.

Mit Ausnahme der oben erwähnten Fälle, welche von vorn herein der richterlichen Competenz unterliegen, haben die Gerichte und ebenso die Staats- und Polizeianwälte bei Abgaben-Contraventionen nur eine abgeleitete Competenz. Sie können erst einschreiten, wenn die Sache auf dem oben bezeichneten Wege durch die Beschuldigten oder die betreffende Verwaltungsbehörde an sie gebracht wird, der Beschuldigte kann sogar bis zum Beginn der Hauptverhandlung den von ihm gestellten Antrag auf rechtliches Gehör zurücknehmen und dem ergangenen administrativen Strafbescheide sich unterwerfen. Wo ein solcher ergangen, bedarf es auch bei dem nachfolgenden gerichtlichen Strafverfahren weder der Einreichung einer Anklageschrift noch der Beschlußnahme über Eröffnung der Untersuchung, es mag die Sache vor der Gerichtsabtheilung oder dem Einzelrichter je nach den vorliegenden Competenzverhältnissen verhandelt werden**). Wenn, ohne daß ein administrativer Strafbescheid ergangen ist, die Staatsanwaltschaft von der betreffenden Verwaltungsbehörde um Einleitung der gerichtlichen Verfolgung angegangen wird, so ist diesem Antrage in der Regel stattzugeben***), es sei denn, daß die gerügte Thatsache nach Ansicht der Staatsanwaltschaft eine strafbare Handlung garnicht

---

*) Forberg S. 300.

**) Ges. v. 3. Mai 1852. Art. 135. u. 136.

***) G.-A. B. 1. S. 229. Instruction für die Polizeianwälte v. 24. Novbr. 1852. §. 48.

enthält. Jedenfalls sind bei Verweigerung der gerichtlichen Verfolgung die Gründe der Verwaltungsbehörde mitzutheilen, welche in diesem Falle selbst befugt ist die Anklage vor den Gerichten zu erheben. Ueber die von der Behörde eingereichte Anklageschrift wird nach Vernehmung des schriftlichen Antrags der Staatsanwaltschaft Beschluß gefaßt. Wird die Untersuchung eröffnet, so bestellt die Behörde einen Beamten ihres Ressorts oder einen Rechtsanwalt als Vertreter. Der Vertreter ist zur Hauptverhandlung vorzuladen, und hat in derselben die Anklage vorzutragen. Der Vorsitzende kann dem Vertreter gestatten, Fragen, welche derselbe zur Aufklärung der Sache für angemessen erachtet, unmittelbar an die Betheiligten zu richten. Nach beendeter Beweisaufnahme wird zuerst der Vertreter und dann auch die Staatsanwaltschaft gehört.

Beschwerden und Rechtsmittel, welche der Staatsanwaltschaft im Falle einer von ihr erhobenen Anklage zustehen, können auch von der Behörde eingelegt werden*). Die zulässigen Rechtsmittel sind hier allemal die Appellation und Nichtigkeitsbeschwerde, auch wenn der Einzelrichter in erster Instanz erkannt hat. Die Anmeldungsfrist ist auch für die Verwaltungsbehörde, welche selbstständig Anklage erhoben hat, eine zehntägige, welche jedoch erst von der Mittheilung des Erkenntnisses an sie berechnet wird, zur Rechtfertigung des Rechtsmittels steht ihr sogar von diesem Zeitpuncte ab ein vierwöchige Frist zu, welche auf Antrag noch verlängert werden kann**). Die Staatsanwaltschaft ist befugt, in jeder Lage der Sache, bis zu deren rechtskräftiger Entscheidung die Verfolgung für sich zu übernehmen, und ebenso kann die Behörde im Laufe des Processes einer von der Staatsanwaltschaft erhobenen Anklage sich anschließen, wo alsdann der Behörde die nämlichen Befugnisse zustehen, als wenn die Anklage von ihr selbst erhoben wäre. Die ihr gewährten besonderen Fristen stehen indessen der Staatsanwaltschaft nicht zu***). Eine von der Verwaltungsbehörde gegen den Angeklagten ergriffene Appellation gestattet dem höheren Richter Abänderung des angegriffenen Urtels auch zu Gunsten des Angeklagten†). Das gerichtliche Mandats-

---

*) Ges. v. 3. Mai 1852. Art. 138 — 141.

**) Ges. v. 3. Mai 1852. Art. 141, 142 u. 143. G.-A. B. 2. S. 812.

***) Ges. v. 3. Mai 1852. Art. 144 u. 145. G.-A. B. 2. S. 542.

†) J.-M.-Bl. pro 1857. S. 126.

verfahren ist auch bei geringfügigen Abgaben-Contraventionen ausgeschlossen*).

§. 52.

3. Verfahren wegen Diebstahls an stehendem Holze und anderen Waldproducten.

Für die in der Ueberschrift bezeichneten strafbaren Handlungen kommen in Beziehung auf die Competenz und das Verfahren die Vorschriften des Gesetzes vom 2. Juli 1852. §. 24—40. zur Anwendung. Der Holz- und Harzdiebstahl im dritten Rückfalle, so wie der von Holzhändlern begangene Holzdiebstahl im Rückfalle gehört zur Cognition der Gerichtsabtheilung, und richtet sich das Verfahren nach den Vorschriften für Vergehen; alle anderen in diesem Gesetze vorgesehenen strafbaren Handlungen unterliegen der Cognition des Einzelrichters. Für diese gelten folgende Bestimmungen: Der Gerichtsstand ist nur bei demjenigen Gerichte begründet, in dessen Bezirk die strafbare Handlung begangen ist. Die gerichtliche Verfolgung steht dem Polizeianwalt zu, die Verrichtungen können aber auch verwaltenden Forstbeamten übertragen werden. Einer besonderen Anklageschrift bedarf es nicht. Die Stelle derselben vertritt ein vom Forstbeamten über die in seinem Revier vorgekommenen Defraudationsfälle angefertigtes Verzeichniß, welches eine kurze Beschreibung derselben, den Thäter und die Beweismittel enthält, und welches vom Polizeianwalt bei Gericht mit dem Antrage auf Bestimmung eines Audienztermins eingereicht wird. Zu der bestimmten Gerichtssitzung werden die Beschuldigten mittelst Zufertigung eines Auszugs aus dem erwähnten Verzeichnisse unter der Verwarnung vorgeladen, daß sie bei ihrem Ausbleiben der ihnen zur Last gelegten Thatsachen für geständig werden erachtet werden. Die Behändigung der Ladung darf nicht in den letzten acht Tagen vor der Gerichtssitzung geschehen. Erscheint der gehörig vorgeladene Beschuldigte nicht im Audienztermin, so wird er dem gestellten Präjudiz gemäß ohne Beweiserhebung in contumaciam verurtheilt, anderen Falls wird wenn der Beschuldigte läugnet zur Beweisaufnahme geschritten; den dienstlichen Angaben der vereideten Forstschutzbeamten ist vom Gesetze Beweiskraft bis zum Gegenbeweise beigelegt. Von Contu-

*) G.-A. B. 3. S. 673.

macialerkenntnissen wird dem Beschuldigten nur der Tenor in einer vom Gerichtsschreiber beglaubigten Abschrift zugestellt. Wenn der Angeklagte in Holzdiebstahlssachen die Einrede vorbringt und bescheinigt, daß er zu der ihm zur Last gelegten Handlung berechtigt gewesen, so ist zu unterscheiden:

a) ob die Einrede sich auf die Behauptung des Eigenthums gründet. In solchem Falle wird das Erkenntniß lediglich ausgesetzt, und bleibt es demjenigen, dessen Rechte durch die Einrede zunächst berührt werden, überlassen, seine Ansprüche im gesetzlichen Wege geltend zu machen, oder

b) ob die Einrede sich auch auf ein anderes Sachverhältniß als das des Eigenthums gründet. Dann muß dem Angeschuldigten eine nach den Umständen zu bemessende, höchstens zweimonatliche Frist bestimmt werden, binnen welcher derselbe entweder das Anerkenntniß des Eigenthümers oder den Nachweis der Einleitung der Klage zur Ausführung der behaupteten Befugniß beizubringen hat. Das Verfahren beziehungsweise das Erkenntniß wird bis nach Ablauf der Frist ausgesetzt*).

Der Recurs steht dem Beschuldigten**) in Holzdiebstahlssachen nur dann zu,

1) wenn auf eine Geldbuße von mindestens fünf Thaler oder unmittelbar auf eine Gefängnißstrafe erkannt worden ist;
2) wenn der Polizeianwalt sich mit Unrecht für zuständig oder unzuständig erklärt hat;

dem Polizeianwalte dagegen außer dem Falle unter Nr. 2:

1) wenn die Freisprechung des Beschuldigten ausgesprochen, oder
2) wenn das Strafgesetz verletzt oder unrichtig angewendet worden ist.

§. 53.

4. Verfahren bei anderen Wald-, Feld- und Jagd-Frevelsachen.

Nach dem Gesetze vom 14. April 1856 kommt außer in Holzdiebstahlssachen auch in allen anderen Wald-, Feld- und Jagdfrevelsachen das ursprünglich nur für die Rheinprovinz ergangene Gesetz vom 31. Januar

*) Ges. v. 31. Jan. 1845. Ges.-S. S. 95. Ges. v. 2. Juni 1852. §. 49.

**) Ges. v. 2. Juni 1852. §. 38 u. f.

1845. über die Behandlung der Civileinreden und ihre Einwirkung auf das anhängige Strafverfahren zur Anwendung*).

Worin die Bestimmungen desselben bestehen ist schon bei den Holzdiebstahlssachen angegeben worden, hier soll nur auf die neuerdings erfolgte Ausdehnung dieser Bestimmungen hingewiesen werden.

§. 54.

5. Verfahren gegen ausgewanderte Militairpflichtige und gegen beurlaubte Landwehrmänner, welche ohne Erlaubniß auswandern.

Der §. 110. des Strafgesetzbuchs enthält die materiellen Strafbestimmungen für Preußen, welche sich ihrer Militair- und Landwehrpflicht entziehen. Für diese Vergehen ist zwar nach dem Gesetze vom 10. März 1856. (Ges.-S. S. 133.) im Allgemeinen der Untersuchungsproceß, jedoch zugleich ein in mehrfacher Hinsicht von den Regeln desselben abweichendes Verfahren angeordnet, welches auch auf die Marinepflichtigen und die Seewehr Anwendung leidet.

Die der Erhebung der Anklage vorhergehenden Ermittelungen werden von den mit der Controle der Militairpflichtigen beauftragten Verwaltungsbehörden vorgenommen, und auf Grund derselben stellt die Provinzialregierung folgende Erklärung aus:

1) bei Militairpflichtigen
   a) daß derselbe sich zu den von der Verwaltungsbehörde angeordneten Revisionen nicht gestellt,
   b) daß der Aufenthaltsort desselben im Inlande nicht ermittelt worden, und
   c) daß der angestellten Erkundigungen ungeachtet sich keine Umstände ergeben, welche die Annahme ausschließen, daß der Militairpflichtige die Königlichen Lande ohne Erlaubniß verlassen und sich dadurch dem Eintritt in den Dienst des stehenden Heeres zu entziehen gesucht habe;
2) bei Landwehrpflichtigen
   a) daß der Aufenthalt des Landwehrmannes im Inlande nicht ermittelt,

*) Ges.-S. pro 1845. S. 95.

b) daß ihm eine Erlaubniß zur Auswanderung nicht ertheilt worden,

c) daß der angestellten Erkundigungen ungeachtet sich keine Umstände ergeben haben, welche die Annahme ausschließen, daß er ausgewandert sei.

Diese Erklärung ist dem Staatsanwalt bei dem Gerichte des letzten Wohnsitzes oder des letzten gewöhnlichen Aufenthaltsorts zu übersenden. Dieselbe bildet die Grundlage für die Anklage und regelmäßig auch für die Verurtheilung, falls nicht erwiesen wird, daß der Beschuldigte die Königlichen Lande nicht ohne Erlaubniß verlassen, oder daß Umstände vorhanden seien, welche die Annahme ausschließen, daß er sich dem Eintritt in den Dienst des stehenden Heeres zu entziehen gesucht habe. Mit der Anklage ist der Antrag zu verbinden die Beschlagnahme des Vermögens des Beschuldigten so weit herbeizuführen, als sie zur Deckung der den Angeklagten möglicherweise treffenden höchsten Strafe und der Kosten erforderlich erscheint. Der Nachweis ob der Angeklagte Vermögen besitzt und wo sich dasselbe befindet, liegt dem Staatsanwalt nicht ob. Die Recherchen nach den Vermögensstücken hat der Richter vorzunehmen, da dieselben nur Vorbereitungen zur Beschlagnahme sind, die Beschlagnahme aber nur die Sicherung der Strafvollstreckung bezweckt und alle darauf bezüglichen Maaßregeln zu den richterlichen Functionen gehören*).

Das Verfahren kann auch ohne daß Connexität vorliegt, gleichzeitig gegen verschiedene Personen gerichtet werden und die Verhandlung, falls dies nicht unangemessen erscheint, gegen die zugleich vorgeladenen Personen ungetrennt erfolgen. Der Beschuldigte wird allemal mittelst Edictalien nach den darüber geltenden Vorschriften geladen, in Fällen wo der Aufenthalt desselben bekannt ist, wird ihm zugleich eine Benachrichtigung von der Edictalcitation durch die Post übersandt, ohne daß es eines Behändigungsscheins bedarf. In diesem Verfahren ist auch die Vertretung des nicht erschienenen Beschuldigten durch Personen, die als Vertheidiger auftreten können, durch Vormünder und nahe Anverwandte gestattet, obschon das Vergehen, um das es hier sich handelt, nicht bloß mit Geldbuße bedroht ist**).

---

*) G.-A. B. 5. S. 418. J.-M.-Bl. pro 1857. S. 215.

**) G.-A. B. 4. S. 284.

§. 55.

6. Verfahren zur Untersuchung und Entscheidung von Staatsverbrechen.

Für die wichtigeren Verbrechen gegen den Staat ist das Königliche Kammergericht zu Berlin als Central-Gerichtshof constituirt worden*), dessen Gerichtsbarkeit sich über das ganze Staatsgebiet ausdehnt und welcher eben dadurch mehr in der Lage ist, den Zusammenhang zu erforschen und zu erkennen, der zwischen verschiedenen isolirt scheinenden Unternehmungen besteht. Diesem Gerichtshofe sind die Verbrechen des Hochverraths, des Landesverraths, der thätlichen Beleidigung der Majestät und der Mitglieder des Königlichen Hauses, und der hochverrätherischen Handlungen gegen einen deutschen Staat und dessen Regenten überwiesen, mit Einschluß des Versuchs und der Theilnahme. Auch kann der Gerichtshof seine Competenz auf die mit jenen Verbrechen connexen strafbaren Handlungen ausdehnen**). Da jedoch unter den vorbenannten Verbrechen auch solche vorkommen können, welche an sich von geringerer Wichtigkeit sind, und auch nicht etwa durch ihren Zusammenhang mit anderen Unternehmungen eine größere Bedeutung haben, so soll, wenn hierüber zwischen der Staatsanwaltschaft und dem Gerichtshofe Einverständniß obwaltet, dieser die Befugniß haben, die Sache an dasjenige Gericht zu verweisen, welches nach den allgemeinen Competenzbestimmungen zuständig sein würde.

Die Mitwirkung der Geschworenen ist bei diesem Gerichtshofe ausgeschlossen. Es werden bei dem Kammergerichte, wie schon früher erwähnt, zwei besondere Senate gebildet, ein Anklagesenat aus sieben Mitgliedern und ein Urtelsenat aus zehn Mitgliedern. Letzterer hat sowohl über die Schuld des Angeklagten, wie über die Anwendung des Gesetzes zu erkennen***).

Das Vorverfahren verbleibt regelmäßig den gewöhnlichen Gerichten, nur in außerordentlichen Fällen kann das Kammergericht auf den Antrag der Staatsanwaltschaft bei demselben eine jede zu seiner Zuständigkeit ge-

---

*) Art. 95. der Verf.-Urk. Ges. v. 21. Mai 1852. Art. 3. Ges. 25. April 1853. G.-S. S. 162. G.-A. B. 1. S. 104.

**) Ges. v. 25. April 1853. §. 1 u. 2.

***) Ges. v. 25. April 1853. §. 3 u. 4.

hörige Sache an sich ziehen, um durch seine eigenen Mitglieder oder in sonst geeigneter Weise die Voruntersuchung unter seiner unmittelbaren Leitung führen zu lassen*).

Damit von dieser Befugniß der geeignete Gebrauch gemacht werden kann, haben die Staatsanwälte nach Eingang der betreffenden Denunciation dem Ober-Staatsanwalt beim Kammergericht von derselben Mittheilung zu machen, unter Anführung der Gründe für und gegen die Avocation der Voruntersuchung; bis die Antwort hierauf ergangen, haben jedoch die Staatsanwälte die durch die Aufklärung der Sache gebotenen Ermittelungen und die etwa erforderliche Verhaftung des Beschuldigten zu veranlassen. Ebenso ist zu verfahren, wenn sich im Laufe der Voruntersuchung bei den gewöhnlichen Gerichten Gründe für die Avocation herausstellen, und wenn nach geschlossener Voruntersuchung der Staatsanwalt auf Einstellung des weiteren Verfahrens antragen will, oder die Rathskammer einen derartigen Beschluß faßt, so ist im ersten Falle die Ermächtigung des Ober-Staatsanwalts beim Kammergerichte, im zweiten Falle dessen Entscheidung darüber einzuholen, ob gegen den Gerichtsbeschluß Beschwerde zu führen ist**). Wird die Voruntersuchung unter unmittelbarer Leitung des Kammergerichts geführt, so fällt der Beschluß der Rathskammer fort***).

Der Anklagesenat für Staatsverbrechen beim Kammergericht hat in den an ihn gelangenden Sachen, wenn er den Thatbestand eines der ihm überwiesenen politischen Verbrechen verneint, nicht zugleich durch seinen Beschluß die Eröffnung der Untersuchung wegen der geringeren von ihm gefundenen Gesetzesübertretung auszusprechen†); sondern die fernere Entscheidung in dieser Hinsicht vor das hierfür zuständige Gericht zu überweisen.

Erfolgt die Hauptverhandlung vor dem Urtels-Senat des Kammergerichts, so kommen die für das Verfahren wegen Verbrechen bestehenden Vorschriften insoweit zur Anwendung, als dieselben sich nicht auf die Mitwirkung der Geschworenen beziehen, insonderheit die Bestimmungen wegen Bestellung eines Vertheidigers, wegen der Formen und Wirkungen des

---

*) §. 6 u. 7. l. c.

**) Verfügung v. 11. Juli 1853. I. 2500.

***) Ges. v. 25. April 1853. §. 7.

†) G.-A. B. 2. S. 810.

Contumacialverfahrens und andere Vorschriften, welche als besondere Garantien für den Angeklagten anzusehen sind. Dagegen können bei Abfassung des Urtels nur die Vorschriften maaßgebend sein, welche für die Gerichtsabtheilungen gelten. Spricht der Urtels-Senat seine Incompetenz durch Erkenntniß aus, so kann, nachdem dasselbe rechtskräftig geworden, kein Gericht sich aus dem Grunde für incompetent erklären, weil die That zur Competenz des Kammergerichts gehöre. Gegen die Urtheile des Gerichtshofes für Staatsverbrechen kann nur die Nichtigkeitsbeschwerde, nicht die Appellation eingelegt werden*).

§. 56.

7. Verfahren in Strafsachen gegen mittelbar gewordene deutsche Reichsfürsten und Grafen.

Für die Häupter und Mitglieder der vormals reichsständischen Familien ist, wie schon früher erwähnt worden, der Gerichtsstand in peinlichen Sachen vor demjenigen Appellationsgericht begründet, zu dessen Bezirk das Gericht gehört, welches nach den allgemeinen Competenzbestimmungen zuständig sein würde. Den Polizeibehörden verbleibt das Recht des ersten Angriffs, die gewöhnlichen Gerichte führen die gerichtliche Voruntersuchung, nur bedarf die Beschlußnahme über die Haft des Beschuldigten der Bestätigung des zuständigen Ober-Gerichts. Das Vorverfahren sowohl wie das Hauptverfahren richten sich nach den Vorschriften der neueren Proceßgesetze mit der Maaßgabe, daß ohne Unterschied, ob es sich um ein Verbrechen oder Vergehen handelt, die Bestimmungen für das Verfahren wegen Vergehen zu Anwendung kommen. Die Entscheidung erster Instanz erfolgt von einer aus fünf, die der zweiten Instanz von einer aus sieben Mitgliedern bestehenden Abtheilung des Obergerichts.

Für die Häupter der vormals reichsständischen Familien kann, wenn es sich nicht um ein im Königlichen Dienste begangenes Verbrechen handelt, eine Austrägalinstanz auf ihren Wunsch gebildet werden. Nach geschlossener Voruntersuchung werden vom Justizminister zehn ebenbürtige Standesgenossen, oder in deren Ermangelung Personen, die ihnen an Rang oder Geburt am nächsten stehen, dem Beschuldigten in Vorschlag gebracht, von denen dieser binnen 24 Stunden fünf auswählt. Die Ausgewählten wer-

*) Ges. v. 25. April 1853. §. 9 — 12.

den durch Königliche Berufung zur Abhaltung des Austrägalgerichts nach Berlin beschieden. Der Justizminister verpflichtet die Austrägalrichter zur gewissenhaften Erfüllung ihrer Functionen, führt im Gerichte den Vorsitz, läßt durch zwei Justizbeamte vor ihnen die Sache aus den Acten referiren, sammelt demnächst die Stimmen der Austrägalrichter und bildet hieraus nach der Stimmenmehrheit als Beschluß das Endurtel, welches von den Richtern zu unterzeichnen und vom Vorsitzenden zu beglaubigen ist. Vor Publication des Urtels ist dasselbe zur Königlichen Bestätigung vorzulegen. Eine fernere Instanz ist nicht gegeben*).

§. 57.

8. Verfahren bei Verletzungen durch den Gebrauch des Waffenrechts.

Den Forst- und Jagdbeamten, auch Privat- und Gemeindeförstern unter gewissen Bedingungen, sowie den Grenzaufsichtsbeamten steht im Dienste die Befugniß zu, zum Schutze ihrer Person sowohl zur Abwehrung eines Angriffes als zur Ueberwindung eines Widerstandes von ihren Waffen Gebrauch zu machen. Ist dies geschehen und dadurch Jemand verletzt worden, so soll aber jedesmal die Frage näher erörtert werden, ob ein Mißbrauch der Waffen stattgefunden habe. Zu dem Behufe hat das Gericht des Orts wo die Verletzung erfolgt ist resp. unter Zuziehung eines Oberforstbeamten, des Landraths oder eines Obersteuerbeamten den Thatbestand festzustellen, und die Anträge welche der zugezogene Verwaltungsbeamte zu machen für nöthig erachtet zu berücksichtigen. Vor Einleitung der gerichtlichen Voruntersuchung und wo eine solche nicht geführt wird, vor Erhebung der Anklage sind die Acten durch Vermittelung der Staatsanwaltschaft der Provinzialbehörde vorzulegen. Ist sie der Meinung daß der Beschuldigte seine Amtsbefugnisse nicht überschritten habe, so wird ihr von erfolgter Eröffnung der förmlichen Untersuchung Nachricht gegeben, damit sie den Competenzconflict erheben kann.

Mit der Verhaftung des Beschuldigten darf nicht eher verfahren werden, als bis die Eröffnung der gerichtlichen Untersuchung definitiv

---

*) Ges. v. 12. Novbr. 1855. G.-S. S. 686. Instruction v. 30. Mai 1820. §. 17. G.-S. S. 86. ff. Verfügung v. 17. Decbr. 1855. J.-M.-Bl. S. 414.

feststeht, es sei denn daß die vorgesetzte Dienstbehörde selbst schon früher darauf anträgt*).

§. 58.

9. Verfahren bei strafbaren Amtshandlungen.

Wenn gegen einen Beamten wegen einer in Ausübung oder in Veranlassung der Ausübung seines Amts vorgenommenen Handlung, oder wegen Unterlassung einer Amtshandlung im Wege des Strafverfahrens eine gerichtliche Verfolgung eingeleitet worden ist, so steht der vorgesetzten Provinzial- oder Centralbehörde des Beamten, falls es sich nicht um richterliche Beamte oder solche Justizbeamte handelt, welche weder der Staatsanwaltschaft noch der gerichtlichen Polizei angehören, die Befugniß zu den Competenzconflict zu erheben, wenn sie glaubt, daß dem Beamten eine zur gerichtlichen Verfolgung geeignete Ueberschreitung seiner Amtsbefugnisse, oder Unterlassung einer ihm obliegenden Amtshandlung nicht zur Last fällt. Damit den Verwaltungsbehörden zur Aeußerung ihrer Ansicht und zur Erhebung des Conflicts Gelegenheit gegeben werde, findet schon vor Einleitung der gerichtlichen Voruntersuchung, und wo eine solche nicht geführt wird, vor Erhebung der Anklage zwischen der Staatsanwaltschaft und der Verwaltungsbehörde eine Communication statt von der schon im §. 35. die Rede war; sobald der Beschluß über Einleitung der Hauptuntersuchung gefaßt ist, hat die Verwaltungsbehörde ihre Erklärung über den Competenzconflict dem Gerichte mit dem Antrage zu übersenden, das Rechtsverfahren bis zur Entscheidung über denselben einzustellen. Diesem Antrage wird in allen Fällen durch einen unanfechtbaren Bescheid entsprochen. Nachdem dem Angeklagten und der Staatsanwaltschaft eine vierwöchige Frist zu ihrer Erklärung über den Competenzconflict gewährt worden, werden die Acten mit Bericht dem Justizminister durch Vermittelung des Obergerichts überreicht. Die Verwaltungsbehörde hat an den betheiligten Verwaltungschef gutachtlich zu berichten.

Durch den Justizminister gelangen die Acten mit seinen Bemerkungen an den Gerichtshof zur Entscheidung der Competenzconflicte. Wenn

*) Ges. v. 31. März 1837. G.-S. S. 65. §. 4 — 9. Ges. v. 28. Juni 1834. G.-S. S. 83. §. 7. u. f. Ges. v. 13. Febr. 1854. G.-S. S. 86, Ges. v. 8. April 1847. G.-S. S. 170.

der betreffende Verwaltungschef den Competenzconflict nicht für begründet hält, benachrichtigt er hievon den Gerichtshof, der alsdann mit der Sache befaßt wird. Andrenfalls erfolgt die Entscheidung des Gerichtshofes über die Zulässigkeit oder Unzulässigkeit des Rechtsweges auf schriftlichen Vortrag eines Referenten und Correferenten unter Theilnahme von mindestens 7 Mitgliedern. Erachtet der Gerichtshof noch thatsächliche Ermittelungen für erforderlich, so kann er solche durch die Verwaltungs- oder Gerichtsbehörden veranlassen, muß aber nach Aufnahme derselben dem Beschuldigten und der Staatsanwaltschaft Gelegenheit geben, sich hierüber zu äußern. Ist die Entscheidung gegen die Zulassung des Rechtsweges ausgefallen, so hat das Gericht das Rechtsverfahren aufzuheben und die gerichtlichen Kosten niederzuschlagen. So lange ein rechtskräftiges richterliches Erkenntniß noch nicht vorliegt, ist die Erhebung des Competenzconflicts statthaft, durch dieselbe werden der Lauf der Präclusivfristen und das Vollstreckungsverfahren gehemmt*).

Das vorstehende Verfahren kommt auch gegen mittelbare Staatsbeamte und gegen solche, die bereits aus dem Dienste ausgeschieden sind, desgleichen gegen Inhaber der polizeiobrigkeitlichen Gewalt und deren Stellvertreter zur Anwendung. Bei Amtsvergehen der Geistlichen sind die Acten durch Vermittelung des Justizministers dem Minister der geistlichen Angelegenheiten zu seiner Aeußerung über die Statthaftigkeit der gerichtlichen Verfolgung vorzulegen**).

§. 59.

10. Verfahren bei Preßvergehen.

Bei den mittelst der Presse verübten Verbrechen, Vergehen und Uebertretungen wird das Verfahren im Wesentlichen durch die allgemeinen Strafproceßvorschriften bestimmt.

In den meisten Fällen geht eine Beschlagnahme des Preßerzeugnisses dem eigentlichen Strafverfahren voraus. Wo die zur Veröffentlichung gelangende Druckschrift den Thatbestand einer strafbaren Handlung darstellt, oder wo gegen die preßpolizeilichen Vorschriften über Be-

*) Ges. v. 13. Febr. 1854 und v. 8. April 1847.

**) Verfügung v. 16. Aug. 1854. I. 2415. Ges. v. 14. April 1856. §. 20. Ges.-S. S. 358.

zeichnung des Namens und Wohnorts des Druckers, Verlegers oder Redacteurs gefehlt wird, sind die Staatsanwaltschaft und deren Organe (Polizeibehörden und Sicherheitsbeamte) berechtigt die Druckschriften und die zur Vervielfältigung derselben bestimmten Platten und Formen vorläufig mit Beschlag zu belegen. Eine Frist von 24 Stunden ist den Polizeibehörden und eine gleiche Frist der Staatsanwaltschaft gegeben, um die gerichtliche Bestätigung der Beschlagnahme zu beantragen. Fehlt es an einer verantwortlichen Person im Bereiche der richterlichen Gewalt, so kann bei dem Gerichte desjenigen Bezirks, in welchem die erste Beschlagnahme erfolgte, ein auf Vernichtung der Schrift gerichtetes Verfahren nach den für Vergehen vorgeschriebenen Proceßformen eingeleitet werden*), wobei diejenigen Personen bei welchen die Beschlagnahme erfolgt ist, zur Sitzung vorgeladen und auf Verlangen gehört werden müssen.

§. 60.

11. Verfahren bei strafbaren Handlungen auf Preußischen Schiffen.

Das Preußische Schiff auf offenem Meere und in fremden Gewässern ist als Preußisches Territorium anzusehen. Die auf Preußischen Schiffen auf offenem Meere begangenen strafbaren Handlungen sind daher als in Preußen begangen zu betrachten. Dieselben verlieren diesen Character und die daraus folgende Unterwerfung des Thäters unter das Preußische Strafgesetz dadurch nicht, daß das Schiff hiernächst in den Hafen eines Landes einläuft, dem der Thäter als Unterthan angehört. Selbst die in fremden Häfen unter der Schiffsmannschaft oder den Reisenden auf dem Schiffe verübten, weder gegen das fremde Land selbst, noch gegen dessen Unterthanen gerichteten strafbaren Handlungen sind als in Preußen begangen anzusehen. Abgesehen von der dem Schiffscapitän in weiter Ausdehnung ertheilten Disciplinarstrafgewalt ist die Competenz der inländischen Gerichte zur Untersuchung und Bestrafung aller auf dem Schiffe begangenen, die Strafgewalt des Capitäns überschreitenden strafbaren Handlungen anerkannt. Vermöge einer gesetzlichen Fiction wird der Gerichtsstand des begangenen Verbrechens bei dem Gerichte des Sprengels angenommen, dem der inländische Hafen angehört, welchen das Schiff zuerst erreicht. Die Befugniß zur Verhaftung des Thäters

*) Ges. v. 12. Mai 1851. G.-S. S. 273. §. 27 u. f. §. 50.

und zur Erhebung des Thatbestandes ist dem Schiffscapitän oder dessen Stellvertreter beigelegt. Der Schiffscapitän soll mit Zuziehung des Steuermanns, Hochbootsmanns, Zimmermanns oder anderer glaubwürdiger Personen Alles dasjenige genau aufzeichnen, was auf den Beweis des Verbrechens und dessen künftige Bestrafung Einfluß haben kann.

Insonderheit müssen, wenn eine erhebliche Verletzung vorgefallen ist, die Zeit, wie lange der Verwundete noch gelebt, die Speise, die er genossen hat, und die Mittel, die zu seiner Heilung angewendet worden, genau verzeichnet werden. Befindet sich auf dem Schiffe ein Arzt oder Wundarzt, so muß dieser in Gegenwart der obgenannten Personen die Besichtigung vornehmen, und darüber sein ausführliches Gutachten, wie er solches eidlich bestärken kann, dem Schiffstagebuche beifügen. Findet der Schiffscapitän die Aufbewahrung des Verbrechers bis zur Erreichung eines inländischen Hafens gefährlich, so steht ihm frei, denselben einem auswärtigen Gerichte zur Untersuchung und Bestrafung zu übergeben. Er ist aber in diesem Falle verpflichtet, sich bei dem Gerichte des ersten inländischen Landungsorts über das Sachverhältniß und sein Verfahren auszuweisen*).

Zehntes Kapitel.

§. 61.

Von den Untersuchungskosten in Strafsachen.

Die Kosten der Untersuchungshaft, (Kur-, Bekleidungs- und Verpflegungskosten, auch Sitzgebühren) haben die Angeschuldigten und im Unvermögensfalle ihre alimentationspflichtigen Verwandten mit Ausschluß der Seitenverwandten in jeder Woche vorschußweise zu bezahlen. Sind dergleichen Personen nicht vorhanden, so werden diese Kosten vom Gericht vorgeschossen und sind nur im Falle der Verurtheilung später zu erstatten**), wenn die Vermögensverhältnisse des Verurtheilten sich bessern.

---

*) Ges. v. 31. März 1841. Ges.-S. S. 64. G.-A. B. 3. S. 651 u. f.

**) K.-O. §. 604. K.-O. v. 20. Octbr. 1822. Ges.-S. S. 216. Verfügung v. 6. Decbr. 1839. J.-M.-Bl. S. 427.

Bei einer gerichtlichen Leichenschau und Obduction sind die baaren Auslagen, wenn sich keine Spuren einer durch die Schuld eines Dritten erfolgten Tödtung ergeben haben, aus dem Nachlasse des Verstorbenen zu entnehmen*). Dagegen können die Kosten bei einem während der Untersuchung verstorbenen Angeklagten nicht mehr aus dem Nachlasse desselben entnommen werden**), da nur das rechtskräftige Erkenntniß den Kostenpunct definitiv regelt.

Mit der Verurtheilung des Angeklagten zu einer Strafe, ist zugleich die Verurtheilung desselben in alle Kosten des Verfahrens auszusprechen. Wird dagegen der Angeklagte für nicht schuldig erklärt, so hat derselbe die Kosten des Verfahrens nicht zu tragen und ist von der Verpflichtung hiezu, wenn ihm dieselbe durch ein Urtel früherer Instanz auferlegt war, freizusprechen. So lange der Angeklagte nicht gänzlich freigesprochen, fallen ihm auch die Kosten des von ihm eingelegten Rechtsmittels selbst dann zur Last, wenn dasselbe die Herabsetzung der in der früheren Instanz erkannten Strafe zur Folge gehabt hat***). Hat der Staatsanwalt ein Rechtsmittel ohne Erfolg eingelegt, so werden die dadurch veranlaßten Kosten niedergeschlagen.

Ist der Verurtheilte unvermögend und sind auch keine Angehörige vorhanden, welche subsidiär zur Tragung von Kosten verpflichtet sind, so werden dieselben niedergeschlagen. Die uneinziehbaren Kosten trägt jetzt durchweg der Staat, nachdem auch die Städte durch das Gesetz vom 1. August 1855 von der Verpflichtung zur Tragung der Criminalkosten entbunden sind†). Bei Berechnung der Untersuchungskosten giebt die rechtskräftige Entscheidung den Maaßstab für die Höhe des Ansatzes derselben††). Wenn eine Voruntersuchung gegen mehrere Angeschuldigte gerichtet ist, so ist der bestimmte Tarifsatz von jedem zu einer Strafe Verurtheilten besonders und nach Maaßgabe der gegen ihn erkannten Strafe zu erheben. Nur für die außer den tarifmäßigen Kostensätzen noch zum Ansatze kommenden, im fünften Abschnitte des Tarifs zum

*) K.-O. §. 606 u. 607. Ges. v. 3. Mai 1853. §. 13. Ges.-S. S. 170.

**) K.-O. §. 610. ist antiquirt. G.-A. B. 2. S. 107.

***) Verordn. v. 3. Jan. 1849. §. 178 u. 179. G.-A. B. 3. S. 405. B. 4. S. 680. B. 1. S. 373, B. 5. S. 380.

†) K.-O. §. 615.

††) Ges. v. 3. Mai 1853. §. 2. Ges.-S. S. 170.

Gesetze vom 10. Mai 1851. verzeichneten Nebenkosten haften alle in derselben Untersuchung verurtheilten Personen solidarisch, wenn nicht in dem Erkenntnisse für einen oder mehrere oder alle Verurtheilte etwas Anderes festgesetzt wird. Die solidarische Verbindlichkeit erstreckt sich aber nicht auf die jeden einzelnen Angeschuldigten oder Verurtheilten treffenden Detentions-, Verpflegungs- und Transportkosten*). Die einzelnen Positionen der in Untersuchungssachen zu liquidirenden Kosten sind enthalten im Gesetze vom 3. Mai 1853. §. 4 — 14.

Die Gebühren der Rechtsanwälte als Vertheidiger in Untersuchungssachen werden durch die Art der strafbaren Handlung bestimmt, wegen welcher die Untersuchung eingeleitet worden ist, mit Rücksicht auf die höchste im Gesetze dafür angedrohte Strafe. Die einzelnen Positionen sind im Gesetz vom 3. Mai 1853. §. 15. enthalten. Wegen der Defensionsgebühren kann der erwählte wie der bestellte Vertheidiger sich nur an den Angeklagten und die für ihn haftbaren Personen halten, gleichviel ob derselbe verurtheilt oder freigesprochen ist, in unzahlbaren Sachen kann er daher keine Gebühren verlangen, und die baaren Auslagen werden ihm alsdann aus dem Criminalfond erstattet**).

Zur subsidiarischen Haftung für Criminalkosten, sofern es sich nicht um die oben erwähnten Kosten der Untersuchungshaft handelt, sind überhaupt nur der Ehemann für seine Ehefrau und der Vater für die in seiner väterlichen Gewalt befindlichen Kinder verpflichtet. Der Ehemann haftet regelmäßig für sämmtliche Criminalkosten, und nur dann wenn das von der Ehefrau begangene Verbrechen ihn berechtigt auf Ehescheidung anzutragen, lediglich für die Kosten der Vertheidigung. Der Vater haftet bei Kindern in seiner Gewalt nur für die auf die Vertheidigung zu verwendenden Kosten***).

Die Gebühren der Zeugen und Sachverständigen sind nach der Verordnung vom 29. März 1844. (Ges.-S. S. 73.) zu bestimmen.

---

*) Ges. v. 3. Mai 1853. §. 3.

**) Ges. v. 3. Mai 1853. §. 15. K.-O. §. 463. G.-A. B. 2. S. 675. K.-O. §. 615, 616, 622. Verfügung v. 6. April 1833. Jahrb. B. 39. S. 473. Verfügung v. 9. Novbr. 1821. Jahrb. B. 18. S. 343.

***) K.-O. §. 611, 612 u. 613. Urtel des Ober-Tribunals v. 13. Juli 1854. Entscheidungen B. 28. S. 142.

Elftes Kapitel.

Von der Vollstreckung der Urtheile und von der Begnadigung.

§. 62.

Von der eigentlichen Vollstreckung.

Die Vollstreckung der Urtheile in Strafsachen steht dem Gerichte zu, welches in erster Instanz erkannt hat, die Gerichte der höheren Instanzen haben sich damit nicht zu befassen, und die Staatsanwaltschaft ist nur berechtigt Anträge zu stellen, welche auf die Vollstreckung Bezug haben*).

Freisprechende Erkenntnisse werden in der Regel schon durch ihre Verkündung vollzogen, doch können auch hier besondere Maaßregeln nothwendig werden, der Verhaftete muß freigelassen werden, wenn er nicht wegen einer anderen Sache in Haft zu behalten ist**), in Beschlag genommene Gegenstände können unter Umständen zurückgegeben werden, auch kann die Aufhebung der Suspension eines Beamten die Folge des freisprechenden Erkenntnisses sein. Dies Alles ist ohne Verzug nach Verkündigung des Urtels in Ausführung zu bringen.

Erkenntnisse durch welche eine Strafe ausgesprochen ist, sollen möglichst bald, nachdem sie rechtskräftig geworden, vollzogen werden***), falls sie nicht noch der Königlichen Bestätigung bedürfen, welche in Fällen wo auf Todesstrafe oder lebenslängliche Freiheitsstrafe erkannt worden, vorgeschrieben ist†), so wie in den Fällen, wo der Verlust des Adels in Folge des Straferkenntnisses eintritt††). Es soll durch die Bestätigung festgestellt werden, daß der König von seinem Begnadigungsrechte keinen Gebrauch machen will.

Bei Vollstreckung des Urtels hat der Richter alle in demselben enthaltenen Bestimmungen, soweit sie nicht im Gnadenwege gemildert sind,

---

*) K.-O. §. 536. Ges. v. 3. Mai 1852. Art. 1. J.-M.-Bl. pro 1851. S. 66.

**) Verordn. v. 3. Jan. 1849. §. 118 u. 119.

***) K.-O. §. 356. Verfügung v. 27. März 1822. Jahrb. B. 19. S. 202.

†) K.-O. v. 15. Juli 1809. Ges.-S. S. 577. Verfügung v. 12. Aug. 1850. J.-M.-Bl. S. 280.

††) Verfügung v. 12. Decbr. 1856. J.-M.-Bl. S. 374.

entweder durch seine unmittelbaren Verfügungen, oder durch Requisition anderer Gerichte oder Behörden auszuführen. Bei bestrittener Auslegung des Urtels, bei Zweifeln über die Dauer der darin erkannten Strafe und bei sonstigen Einwendungen des Verurtheilten entscheidet das vollziehende Gericht. Die Einziehung der Kosten erfolgt nach den früher vorgetragenen Grundsätzen.

Die Todesstrafe wird durch Enthauptung mit dem Beil vollzogen*).

Wer wegen Hochverraths oder Landesverraths zum Tode verurtheilt ist, verliert die Fähigkeit über sein Vermögen unter Lebenden und von Todeswegen zu verfügen**).

Die Vollstreckung der Todesstrafe soll in einem umschlossenen Raume, entweder auf einem Platze innerhalb der Mauern der Gefangenanstalt, oder auf einem anderen abgeschlossenen Platze stattfinden. Bei der Hinrichtung sollen zugegen sein: mindestens zwei Mitglieder des Gerichts erster Instanz, ein Beamter der Staatsanwaltschaft, ein Gerichtsschreiber und ein oberer Gefängnißbeamter. Von der Hinrichtung ist dem Gemeindevorstande des Orts, in welchem solche stattfindet, Nachricht zu ertheilen, derselbe hat zwölf Personen aus den Vertretern der Gemeinde oder aus anderen achtbaren Mitgliedern der Gemeinde abzuordnen, welche der Hinrichtung beizuwohnen haben. Außerdem ist einem Geistlichen von der Confession des Verurtheilten der Zutritt zu gestatten. Auch ist dem Vertheidiger und aus besonderen Gründen anderen Personen der Zutritt zu gewähren. Die Vollstreckung des Todesurtheils wird durch das Läuten einer Glocke angekündigt, welches bis zum Schlusse der Hinrichtung andauert. Die Execution ist in den langen Tagen um 6 Uhr, in den kürzeren Tagen um 7 oder 8 Uhr Vormittags vorzunehmen. Dem Delinquenten wird auf der Richtstätte das Urtel nochmals, aber ohne Gründe vorgelesen, worauf der Scharfrichter ohne Verzug sein Amt zu verrichten hat. Der Leichnam des Hingerichteten ist seinen Angehörigen auf ihr Verlangen zur einfachen, ohne Feierlichkeiten vorzunehmenden Beerdigung zu verabfolgen. Nach vollzogener Strafe soll durch Einrückung in die öffentlichen Blätter eine Warnungsanzeige bekannt gemacht werden, welche eine kurze actenmäßige Erzählung der Missethat und einen Auszug des

---

*) Strafgesetzbuch §. 7. K.-O. v. 19. Juni 1811, Ges.-S. S. 199.

**) Strafgesetzbuch §. 73.

Urtels enthält*). Ueber die Art der Hinrichtung wird ein gerichtliches Protocoll aufgenommen. Wegen geistiger Krankheit und Schwangerschaft ist die Todesstrafe auszusetzen.

Was die verschiedenen Arten der Freiheitsstrafen betrifft so kennt unser Strafgesetzbuch deren vier:

1) Polizeigefängniß,
2) Einschließung,
3) Gefängniß,
4) Zuchthaus.

Die Berechnung des Strafantritts ist eine verschiedene. Bei der Zuchthausstrafe beginnt die Strafzeit regelmäßig erst mit dem Tage nach der wirklich erfolgten Ablieferung in die Strafanstalt, es sei denn, daß die Ablieferung wegen Ueberfüllung der Zuchthäuser nicht gleich erfolgen kann. Alsdann beginnt die Strafzeit für den verhafteten Verurtheilten schon mit dem Tage an welchem das Schreiben der Direction der Strafanstalt, daß der Betreffende zur Aufnahme notirt ist, bei dem vollstreckenden Gerichte eingeht**).

Auch unheilbare Kranke dürfen in die Strafanstalt aufgenommen werden. Kranke, welche nicht zu den unheilbaren gehören, so wie Schwangere dürfen erst nach der Heilung resp. nach der Entwöhnung des Kindes von der Mutterbrust abgeliefert werden. Der Zeitraum, während welchem Verurtheilte in einer Irrenanstalt aufbewahrt werden, soll ihnen auf die Dauer der Strafzeit angerechnet werden, bei anderen Krankheiten ist dies nur der Fall, wenn sie in der Strafanstalt selbst verpflegt werden***).

Bei anderen Freiheitsstrafen beginnt die Strafzeit für nicht verhaftete Verurtheilte mit der wirklichen Einlieferung, für Verhaftete dagegen schon mit der Publication des von ihnen nicht mehr angefochtenen Erkenntnisses †).

Die Strafe der Einschließung wird in den Festungen verbüßt, die Gefängnißstrafe in den gerichtlichen Gefängnissen, so weit nicht besondere

*) Strafgesetzbuch §. 8 u. 9. K.-O. §. 541, 547. 549.

**) K.-O. §. 560. Verfügung v. 27. Mai 1840. J.-M.-Bl. S. 190.

***) Verfügung v. 10. Juni 1839. J.-M.-Bl. S. 208. Verfügung v. 7. Aug. 1825. Kamptz Annalen B. 9. S. 705. K.-O. §. 566.

†) G.-A. B. 4. S. 817.

Centralgefängnisse für Verbüßung der Gefängnißstrafen wegen Vergehen eingerichtet sind.

Zur Vollziehung der Freiheitsstrafen haben die Gerichte meistens nur die Einleitung zu treffen, während die eigentliche Vollstreckung nach bestimmten gesetzlichen oder in besonderen Instructionen für den Vorsteher der Strafverbüßungsanstalten ertheilten Anweisungen erfolgt.

Die vier verschiedenen Arten der Freiheitsstrafe haben das mit einander gemein, daß der davon Betroffene in seiner persönlichen Freiheit beschränkt, in einem öffentlichen Gebäude festgehalten wird. Sie unterscheiden sich aber darin, daß die freie Willensbestimmung des Gefangenen mehr oder weniger eingeschränkt, einer größeren oder geringeren Controlle unterworfen wird.

Im polizeilichen Gefängniß kann der Gefangene Alles thun und lassen, was er will, so weit es mit dem Festhalten in einem öffentlichen Gebäude und der nothwendigen Hausordnung vereinbar ist. Mit der Einschließung ist eine Beaufsichtigung der Beschäftigung und Lebensweise des Gefangenen verbunden, so daß ihm das Unangemessene darin verboten werden kann.

Bei der Gefängnißstrafe müssen die Gefangenen die Arbeiten verrichten, welche ihnen aufgetragen werden, nur sollen sie in einer ihren Fähigkeiten und Verhältnissen entsprechenden Weise beschäftigt werden.

Bei der Zuchthausstrafe muß der Sträfling alle und jede Arbeit verrichten, welche in der Anstalt eingeführt ist, so weit er sie verrichten oder erlernen kann. Der Verurtheilte ist ein äußerlich durchweg unfreier Mensch, die bürgerlichen Ehrenrechte hat er verloren, sein Vermögen darf er während der Strafzeit nicht verwalten, auch darüber unter Lebenden nicht verfügen, es wird vielmehr, wenn er Vermögen besitzt, eine Vormundschaft für ihn bestellt. Sowohl die Züchtlinge wie die zur Gefängnißstrafe wegen Vergehen Verurtheilten können auch zu Arbeiten außerhalb der Anstalt unter Fortdauer der Gefängnißdisciplin angehalten werden*).

Die Geldbußen gebühren in der Regel der Staatskasse und sind deshalb zu den gerichtlichen Salarienkassen einzuziehen. Wo sie ausnahmsweise einer Kämmerei-, Gemeinde- oder Armenkasse gebührt, ist sie dieser

*) Strafgesetzbuch §. 11, 13, 14, 334. Ges. v. 11. April 1854. Ges.-S. S. 143.

zur Selbsteinziehung vom Richter zu überweisen*), wo sie in einzelnen Fällen dem Verletzten zufällt, ist sie nichtsdestoweniger vom Richter beizutreiben. Die gerichtliche Beitreibung geschieht nach den für die Execution im Allgemeinen gegebenen Vorschriften**). Grundstücke dürfen behufs Beitreibung von Geldbußen gewöhnlich nicht subhastirt werden. In den Nachlaß eines Verurtheilten können Geldstrafen nur dann vollstreckt werden, wenn die rechtskräftige Verurtheilung bei seinen Lebzeiten erfolgte***).

Die Confiscation findet nur in Beziehung auf einzelne Gegenstände statt†). Das Eigenthum an confiscirten Sachen gebührt regelmäßig dem Fiscus, in einigen wenigen Fällen dem Beschädigten, ausnahmsweise der Armenkasse des Wohnorts des Verurtheilten††). In allen Fällen wo die Confiscation als Strafe sich darstellt, geht das Eigenthum der confiscirten Sache durch die strafbare Handlung unmittelbar über, und das Strafurtel dient in dieser Hinsicht nur zur rechtlichen Feststellung der That. Deshalb kann die Confiscation, auch wenn das Urtel bei Lebzeiten des Angeklagten noch nicht ergangen war, in dessen Nachlaß geltend gemacht werden†††). Wo nicht eine Vernichtung des Confiscats stattfinden muß, wird die öffentliche Versteigerung desselben veranlaßt und der Erlös geht zur gerichtlichen Salarienkasse.

Bei Untersagung der Ausübung der bürgerlichen Ehrenrechte auf Zeit, so wie bei Stellung unter Polizeiaufsicht beginnen die Wirkungen mit der Rechtskraft des Urtels, die Dauer dieser Strafen wird jedoch erst von dem Tage an berechnet, an welchem die Freiheitsstrafe verbüßt ist*†). Bei der Strafe der Landesverweisung ist die Vollziehung eine polizeiliche Maaßregel, welche von den Gerichten requirirt wird*††).

Bei Einsperrung in einem Arbeitshause, so weit darauf noch als

*) Verfügung v. 14. Mai 1856. J.-M.-Bl. S. 160.

**) J.-M.-Bl. pro 1850. S. 261. vgl. Schneider polizeigerichtliches Verfahren S. 93. J.-M.-Bl. pro 1856. S. 192.

***) Strafgesetzbuch §. 20.

†) Strafgesetzbuch §. 19.

††) vgl. Schneider l. c. S. 101. J.-M.-Bl. pro 1856. S. 193.

†††) Allg. Landrecht Th. II. Tit. 20. §. 285 u. 297. Strafgesetzbuch §. 20.

*†) Strafgesetzbuch §. 21 u. 26.

*††) K.-O. v. 25. Mai 1835. Jahrb. B. 45. S. 543.

Strafe erkannt wird*), hängt deren Dauer von der Bestimmung der Regierung ab, der dabei nur gewisse gesetzliche Schranken gezogen sind. Die Gerichte haben sich daher wegen Vollziehung dieser Strafe mit den Verwaltungsbehörden in Communication zu setzen.

Wo die Einsperrung in einem Arbeitshause bei gewissen Vergehen als polizeiliche Maaßregel angeordnet wird, kann statt derselben auch verfügt werden, daß der Verurtheilte zu gemeinnützigen Arbeiten verwendet werde**).

Im Anschluß an die Bestimmungen des Holzdiebstahls=Gesetzes vom 2. Juni 1852, wonach Freiheitsstrafen auch durch Arbeiten zu öffentlichen Zwecken oder im Interesse des beschädigten Forstbesitzers abgebüßt werden konnten, ist jetzt allgemein durch das Gesetz vom 11. April 1854. Nr. 7. (Ges.=S. S. 143.) betr. die Beschäftigung der Strafgefangenen außerhalb der Anstalt, angeordnet, daß die polizeiliche Gefängnißstrafe gegen solche Gefangene, welche sich auf ihre Kosten zu verpflegen außer Stande sind, auch in der Weise vollstreckt werden kann, daß dieselben während der für die Gefängnißstrafe bestimmten Dauer ohne in einer Gefangenanstalt eingeschlossen zu sein, zu Arbeiten, welche ihren Fähigkeiten und Verhältnissen angemessen sind, angehalten werden. Sie können zu dem Ende einer anderen öffentlichen Behörde überwiesen werden, um sie so viele Tage zur unentgeltlichen Verrichtung von dergleichen Arbeiten anzuhalten, als polizeiliches Gefängniß gegen sie erkannt ist. Die Behörden sind ermächtigt gewisse Tagewerke zu bestimmen, so daß die Verurtheilten, wenn sie durch angestrengte Thätigkeit mit der ihnen zugewiesenen Arbeit früher zu Stande kommen, auch früher entlassen werden können. Zum Zwecke der Ueberweisung solcher Gefangenen zur Strafarbeit haben die Gerichte sich mit den Polizeibehörden in fortlaufender Verbindung zu erhalten, und auf die Anzeige, daß der Gefangene die Arbeit nicht verrichtet oder dieselbe ohne Erlaubniß verläßt, auf die Gefängnißstrafe zurückzugehen***).

Die Kosten, welche durch die Vollstreckung der Strafen verursacht werden, fallen dem Verurtheilten zur Last. Die während der Strafzeit

---

*) Strafgesetzbuch §. 146.

**) Ges. v. 14. April 1856. Ges.=S. S. 210.

***) Instruction v. 30. Mai 1854. G.=A. B. 3. S. 4. J.=M.=Bl. pro 1853. S. 326.

aufgelaufenen Verpflegungskosten, welche durch den Arbeitsverdienst des Sträflings nicht gedeckt werden, sollen auf den Antrag der Strafanstalt aus dem Vermögen des bemittelten Gefangenen vom Gericht beigetrieben werden, ohne daß jedoch ein Rückgriff auf das Vermögen der alimentationspflichtigen Verwandten stattfindet.

Unter Umständen kann eine Ermäßigung und Verwandlung von Strafen als nothwendig sich darstellen, und können diese Fälle, sowie die Substitution einer Freiheitsstrafe an die Stelle von Geldbußen ein besonderes Verfahren in der Executionsinstanz herbeiführen*).

Nach dem Strafgesetzbuch darf nämlich, wenn auf mehrere zeitige Freiheitsstrafen vereinigt zu erkennen ist, in dieser Vereinigung bei Verbrechen die Dauer von 20 Jahren, bei Vergehen die Dauer von 10 Jahren nicht überschritten werden, auch soll, wenn die in Vereinigung zu erkennenden Strafen von verschiedener Art sind, unter Verkürzung ihrer Gesammtdauer auf die schwerste Strafe erkannt werden**). Nun kann es sich ereignen, daß die nämliche Person durch verschiedene Strafurtheile zu gleichartigen oder ungleichartigen Strafen verurtheilt wird, deren Höhe zusammen dasjenige Maaß übersteigt, welches bei gleichzeitiger Aburtheilung hätte inne gehalten werden müssen. Alsdann ist eine Ermäßigung resp. Umwandlung der Strafen geboten. Die Ermäßigung kann aber nur eintreten, wenn die gleichzeitige Aburtheilung der verschiedenen selbstständigen Handlungen, durch welche mehrere Verbrechen oder Vergehen begangen worden, nach der Zeit dieser Begehung möglicherweise hätte erfolgen können, denn nur für diesen Fall ist dem Strafmaaß eine Grenze gesetzt, welche nicht überschritten werden darf. Wenn diejenigen Handlungen, welche den Gegenstand des zuletzt ergangenen Strafurtels bilden, erst begangen wurden, nachdem das frühere Strafurtel bereits erlassen war, kann der Betreffende immerhin eine Strafe erleiden, welche in Verbindung mit der früheren die Dauer von resp. 20 und 10 Jahren übersteigt***). Sind da, wo eine Ermäßigung eintreten soll, die Strafen verschiedenartig, so müssen Freiheitsstrafen geringerer Art nach dem §. 16. des Strafgesetzbuchs in die der erkannten schwereren Art verwandelt wer-

*) Ges. v. 3. Mai. 1852. Art. 131 — 133.

**) Strafgesetzbuch §. 57.

***) G.-A. B. 1. S. 555. Urtel des Ober-Tribunals v. 11. Juli 1853. Entscheidungen B. 25. S. 443.

den. Eine solche Umwandlung tritt auch dann ein, wenn verschiedene gegen die nämliche Person ergangene Strafurtheile, welche Freiheitsstrafen von schwererer oder geringerer Art verhängen, gleichzeitig zur Vollstreckung zu bringen sind. Sowohl im Falle der Ermäßigung, wie in dem der Umwandlung ist aber allemal auf die gesetzliche Strafe zu erkennen, wenn gleich nichts entgegensteht, daß der erkennende Richter zugleich im Strafurtel die Reduction oder Umwandlung mit der Maaßgabe eintreten läßt, daß die zuletzt erkannte Strafe in die und die Strafe umzuwandeln, oder daß dieselbe nur zu vollstrecken sei, insofern und insoweit die früher erkannten Strafarten nicht zur Vollstreckung kommen sollten*).

So lange die früher erkannten Strafen noch nicht vollständig verbüßt sind, muß die Reduction und Umwandlung vorgenommen werden**). Der Umwandlung steht auch der zufällige Umstand nicht entgegen, daß aus besonderen Gründen in ein und der nämlichen Anstalt Gefängniß- und Zuchthausstrafen vollstreckt werden***).

Die Herabsetzung und Umwandlung geschieht durch das Gericht, bei welchem die Hauptverhandlung erster Instanz in Ansehung derjenigen strafbaren Handlung stattgefunden, welche die schwerste Strafart, oder bei Strafen gleicher Art die schwerste Strafe nach sich gezogen hat, und falls hiernach mehrere Gerichte competent sein würden, durch dasjenige derselben, welches zuletzt erkannt hat.

Wo auf Geldbuße erkannt wird, soll im Urtel schon die Freiheitsstrafe ausgesprochen werden, welche im Unvermögensfalle an die Stelle der Geldbuße tritt. Ist dies gleichwohl nicht geschehen und ergiebt sich bei der Vollstreckung, daß der Verurtheilte zur Entrichtung der Geldbuße unvermögend ist, so hat der vollziehende Richter die Geldbuße in eine verhältnißmäßige Freiheitsstrafe umzuwandeln†).

Ein gleiches muß geschehen, wenn die im Verwaltungswege bei Abgaben-Contraventionen festgesetzte Geldbuße nicht beigetrieben werden kann††). Im letzteren Falle sind die Verhandlungen an die Staatsan-

---

*) G.-A. B. 4. S. 242. J.-M.-Bl. pro 1856. S. 66.

**) G.-A. B. 2. S. 811.

***) Verfügung v. 30. Juni 1854. I. 2690.

†) Strafgesetzbuch §. 17 u. 335.

††) Ges. v. 3. Mai 1852. Art. 137.

waltschaft abzugeben, welche die Sache mit ihrem Antrage auf Strafumwandlung dem competenten Gerichte vorlegt. Aber auch in den übrigen Fällen entscheidet das Gericht erst nach Vernehmung des schriftlichen Antrags der Staatsanwaltschaft, jedoch ohne mündliches Verfahren. Gegen den ergangenen Gerichtsbeschluß steht dem Staatsanwalt wie dem Verurtheilten in einer präclusivischen Frist von zehn Tagen die Beschwerde frei.

Wird vom Verurtheilten die Umwandlung einer gegen ihn erkannten Freiheitsstrafe in eine Geldbuße nachgesucht, weil erstere nicht ohne Gefahr für die Gesundheit des Verurtheilten an ihm vollzogen werden kann, so entscheidet hierüber der Justizminister mit Vorbehalt des Rechtsmittels der Appellation für den Verurtheilten in Ansehung des Rechtspuncts*).

§. 63.

Aussetzung und Theilung der Strafe.

Wegen unerheblicher Vergehen soll während der Erndte und anderer dringender Arbeitszeit gegen Landleute keine Gefängnißstrafe vollstreckt werden**). Auch kann der zu mehreren Freiheitsstrafen in verschiedenen Untersuchungen Verurtheilte verlangen, solche nicht in ununterbrochener Zeitfolge zu verbüßen***). Wird anderweitig die Aussetzung und Unterbrechung der Strafe nachgesucht, so kommt es darauf an, ob dies geschieht entweder

1) wegen Veränderungen in der Person des Verurtheilten (Krankheit, Schwangerschaft), oder
2) weil ohne Gewährung des Gesuchs der Gewerbe- und Nahrungsstand oder die häuslichen und öffentlichen Verhältnisse des Verurtheilten einen bedeutenden Nachtheil erleiden würden.

Im ersten Falle ist, sofern die Frist vier Wochen nicht übersteigt, das vollstreckende Gericht befugt das Gesuch ohne Anfrage zu bewilligen, bei einer längeren Frist hat das Appellationsgericht die Genehmigung zu ertheilen.

Im zweiten Falle hat das vollstreckende Gericht ebenfalls eine Frist

---

*) K.-O. §. 590. G.-A. B. 3. S. 831.

**) Verfügung v. 7. Septbr. 1830. Jahrb. B. 36. S. 172.

***) Verfügung v. 28. Jan. 1838. Jahrb. B. 37. S. 128. Verfügung v. 20. Aug. 1834. Jahrb. B. 44. S. 146.

bis zu dem Zeitraume von vier Wochen zu gewähren mit Ausschluß der Gerichts-Commissionen, welche nur eine achttägige Frist bewilligen können. Zu einer weiter gehenden Bewilligung muß die Genehmigung des Obergerichts, und wenn die Frist den Zeitraum von sechs Monaten übersteigt, die Genehmigung des Justizministers eingeholt werden*).

Bezüglich der Steuerstrafen sind die Regierungen und Provinzialsteuerdirectionen befugt, der Vollstreckung noch nicht angetretener so wie schon angetretener Strafen Anstand zu geben.

Wann bei Begnadigungsgesuchen die Strafvollstreckung ausgesetzt wird, wird weiter unten erwähnt werden.

§. 64.

Die Begnadigung.

Die Begnadigung als Erlaß oder Milderung der gesetzlichen Strafe ist entweder Schenkung der gerechten Strafe, oder auch erst das Austheilen der gerechten Strafe durch das Staatsoberhaupt unmittelbar. Eine solche Schenkung erfolgt bald aus Billigkeitsrücksichten, bald aus politischen Gründen, am häufigsten aus Mitleid; wenn aus dem früheren Leben des Verurtheilten erhellt, daß er besser ist als seine That, oder sein Verhalten während der Strafzeit auf Besserung schließen läßt. Den Character einer Austheilung der gerechten Strafe trägt die Begnadigung in denjenigen Fällen, in welchen es einer Ausgleichung des formellen oder doch des positiven Rechts mit dem allgemeinen Rechtsbewußtsein des Volkes bedarf, sei es daß nach rechtskräftigem Erkenntnisse der Mangel des objectiven Thatbestandes oder die Thäterschaft eines Anderen als des Verurtheilten sich herausstellt, sei es daß das Fortbestehen veralteter Gesetze die Lösung ihres Widerspruchs mit dem neueren Rechtsbewußtsein fordert. Uebrigens gehört die Begnadigung ihrer materiellen Seite nach in das System des Criminal-Rechts, wir haben es hier nur mit der processualischen Seite derselben zu thun.

Das Recht erkannte Strafen ganz oder theilweise zu erlassen stand nach unserer älteren Gesetzgebung dem König nicht ausschließlich zu, viel-

*) Verfügung v. 20. Juli 1832. Jahrb. B. 40. S. 257. K.-O. v. 14. Aug. 1846. J.-M.-Bl. S. 151. K.-O. v. 23. Novbr. 1853. Verfügung v. 30. Novbr. 1853. J.-M.-Bl. S. 410. J.-M.-Bl. pro 1854. S. 303.

mehr hatte der Justizminister bei geringfügigen Feld- und Gartendiebstählen und bei straffälligem Queruliren, der General-Postmeister (Minister für Handel, Gewerbe u. s. w.) in Post-Contraventionssachen bei Strafe bis 10 Thaler, der Finanzminister in Forst-Contraventionssachen bei Strafe bis 10 Thaler, sowie in Zoll- und Steuer-Contraventionssachen mit Ausschluß der Fälle wo es sich um eine directe Steuer handelt, die Befugniß die rechtskräftig erkannte Strafe zu erlassen*). Ob diese Einschränkungen des Königlichen Begnadigungsrechts noch neben der Bestimmung des Art. 49 der Verfassungs-Urkunde fortbestehen, ist zwar bestritten, wird jedoch, da die Verfassungs-Urkunde nur einen allgemeinen Grundsatz ausspricht, angenommen werden müssen; außerdem läßt der Art. 129 des Gesetzes vom 3. Mai 1852 noch eine Art der Begnadigung durch den Justizminister zu, indem demselben gestattet ist, wenn durch den Angriff der Staatsanwaltschaft gegen ein in der Recursinstanz ergangenes Erkenntniß, eine nachtheiligere Entscheidung für den Angeklagten herbeigeführt wird, die Nicht-Vollstreckung der Strafe, insoweit sie härter ist als die früher verhängte, anzuordnen.

Begnadigungsgesuche sollen die Vollstreckung der Strafe in der Regel nicht aufhalten. Ausnahmen von dieser Regel kommen in folgenden Fällen vor:

1) bei der Todesstrafe, wenn der Verurtheilte noch vor dem Tage der Hinrichtung Umstände anführt, welche bisher in der Untersuchung ganz unbekannt geblieben, und von der Beschaffenheit sind, daß sie den König zur Begnadigung bestimmen könnten**);
2) bei der Zuchthausstrafe, wenn der Verurtheilte bisher eine gleiche Strafe noch nicht erlitten hat;
3) in anderen Fällen, wenn die Gerichte die Begnadigung für unzweifelhaft und deshalb die Suspension der Strafvollstreckung für angemessen halten.

---

*) K.-O. v. 19. März 1834. Jahrb. B. 43. S. 216. K.-O. v. 16. Aug. 1834. Jahrb. B. 44. S. 202. K.-O. v. 3. Decbr. 1828 u. v. 22. Jan. 1829. Jahrb. B. 50. S. 230 u. 231. K.-O. v. 11. Octbr. 1830. Verfügungen v. 15. April u. 8. Juni 1834. Jahrb. B. 43. S. 647 u. 618. J.-M.-Bl. pro 1854. S. 296. Abhandl. v. Lemmer.

**) K.-O. v. 29. Aug. 1838. Verfügung v. 31. Octbr. 1838. Jahrb. B. 52. S. 233 u. 637. K.-O. v. 13. Octbr. 1810. Verfügung v. 31. Jan. 1836. Jahrb. B. 47. S. 382.

Gehen Begnadigungsgesuche bei den Gerichten ein, so haben dieselben zu prüfen ob dem Verurtheilten Begnadigungsgründe zur Seite stehen, und ihre Ansicht hierüber dem Appellationsgerichte unter Zusendung der Untersuchungsacten und eines Actenauszuges berichtlich zu äußern. Die förmliche gutachtliche Berichterstattung an den Justizminister ist Sache des Appellationsgerichts *). Zur Befürwortung nicht geeignete Begnadigungsgesuche welche bei den Gerichten zur weiteren Beförderung eingehen, können von ihnen zurückgewiesen werden, wobei jedoch dem Bittsteller die unmittelbare Einreichung bei des Königs Majestät unbenommen bleibt. Wird ein Begnadigungsgesuch dem Könige unmittelbar überreicht und von ihm ohne weitere Bestimmung zurückgesandt, so ist solches als zurückgewiesen nicht anzusehen, vielmehr vom Justizminister zu prüfen, ob Begnadigungsgründe für den Bittsteller vorhanden sind, in welchem Falle derselbe weiter zu berichten hat**).

Vor eingeleiteter Untersuchung kann im Wege einer allgemeinen Amnestie durch Königliche Entschließung die gerichtliche Verfolgung ausgeschlossen werden. Schon eingeleitete Untersuchungen, in denen noch kein rechtskräftiges Erkenntniß ergangen, kann der König nur auf Grund eines besonderen Gesetzes niederschlagen***).

*) Verfügung v. 12. Aug. 1850. J.-M.-Bl. S. 280.

**) K.-O. v. 8. Novbr. 1838. Jahrb. B. 46. S. 582.

***) Verfassungs-Urkunde §. 49.

Druck von Carl Schultze in Berlin.
Neue Friedrichsstr. 47.